U0459384

严加红◎著

中西文化理解与
中国主体观的兴盛

以清末出洋游学游历为
实证个案

（第2版）

吉林出版集团股份有限公司

图书在版编目（CIP）数据

中西文化理解与中国主体观的兴盛：以清末出洋游学游历为实证个案 / 严加红著. — 2 版. — 长春：吉林出版集团股份有限公司，2019.6

ISBN 978-7-5581-6919-9

Ⅰ．①中… Ⅱ．①严… Ⅲ．①教育现代化—研究—中国—清后期 Ⅳ．① G529.52

中国版本图书馆CIP数据核字(2019)第104099号

中西文化理解与中国主体观的兴盛：以清末出洋游学游历为实证个案

著　　　者	严加红
责任编辑	齐　琳　姚利福
责任校对	周　骁
封面设计	刘　伟
开　　　本	710mm×1000mm　1/16
字　　　数	348千字
印　　　张	22
版　　　次	2019年6月第1版
印　　　次	2019年6月第1次印刷

出　　　版	吉林出版集团股份有限公司
电　　　话	总编办：010-63109269
	发行部：010-85173824
印　　　刷	河北盛世彩捷印刷有限公司

ISBN 978-7-5581-6919-9　　定价：198.00 元

版权所有　侵权必究

致　谢

北京大学阎凤桥教授

中国传媒大学王保华教授

致　敬

北京大学教育学院

国家教育行政学院

致　献

父亲严树生先生

母亲杨兰英女士

目　录

导　论

　　明清之际到清末时期，"中西文化理解"进入崭新的发展阶段，西方近代文化和先进的科学技术（即"西学"）突破封闭与保守的传统禁锢，促使传统中国形成"西学东渐"的社会思潮。选题基于"大历史"和"大教育"的研究范式，构建"中西文化理解"的分析框架，深入地探究"西学输入"及其本土化的发展进程中所存在"中国主体"意识的阶段发展与深刻变化，深刻地揭示中国近代化思维发展逻辑形态特征，并且以清末中国出洋游学游历为实证个案。清末中国出洋游学游历的思想生成与政策演进鲜明地呈现出"西学输入"及其本土化的发展进程中所存在"中国主体"意识的阶段发展与深刻变化，充分地体现出中国近代化思维发展逻辑形态特征。本部分主要阐述选题研究的缘起，分析历史传统与社会环境，提出研究问题，划定研究对象的范畴，阐述核心概念及其内涵，搭建撰文的基本构架，阐明研究的目标及其意义，以及选择主要的研究方法。

一、选题研究的相关背景

　　教育近代化是笔者从事教育研究工作长期关注的学术领域。从社会发展环境的角度来讲，明清之际传统中国社会内部出现资本主义社会生产关系的最初萌芽，同时传教士携带"西学"来华。"西学输入"及其本土化促使"中学"与"西学"之间的关系更为凸显，导致中国近代化中的思想理论形态和社会实践路径等出现阶段发展与深刻变化。清末中国出洋游学游历是中国近代化中社会实践路径的重要组成部分，充分地体现出"中学"与"西学"之间的紧密关系及其阶段发展与深刻变化，由此有力地推动中国社会和教育近代化的发展进程。

（一）选题的缘起

　　笔者于 1990 年开始进行教育学专业的学习与研究，对传统中国的教育如何从古代发展阶段过渡到近代的发展进程中的诸多问题存在浓厚的兴趣。本科和硕士阶段的毕业论文都与上述的相关领域存在紧密的关联。硕士阶段学习期间，笔者翻阅大量的文献资料，撰成《中国近代早期改良思潮教育思想研究》，通过集中探讨古代向近代的转型发展中的典型群体教育思潮和典型人物教育思想的阶段发展与深刻变化，试图从思想变迁的角度深刻地揭示教育近代化的发展进程及其内在的本质特征。硕士论文的研究加深了笔者对"中西"和"体用"等哲学范畴及其概念内涵之间关系的认识，更加深化了对教育近代化的发展进程及其内在本质特征的认识与理解。在撰文的过程中，笔者慎重地提出教育近代化出现前移的思想观点，即强调在中国古代和近代的思想发展之间存在历史的联系，而非呈现出简单断裂的发展状态，教育近代化的发生远远早于鸦片战争之前，而延伸至明清之际，同时提出传统中国教育对外开放思维发展的研究范畴。历经深层地思考之后，选题聚焦在教育近代化思维发展逻辑形态特征的专题研究。在梳理相关研究问题的过程中，笔者认识到"中西文化理解"在中国社会和教育近代化的发展进程中的重要作用，由此将研究的视阈集中到深入地探析"中学"与"西学"之间的关系以及文化与教育之间的关系等重点问题。随着中国近代化的发展进程中诸多关系问题的深化，笔者对"中西文化理解"与教育近代化之间紧密关系的认识也更深入、更透彻。为了清晰地阐述相关的研究问题，于是撷取清末中国出洋游学游历为实证个案，深入分析其思想生成与政策演进的过程及其内在的本质特征，由此深刻地揭示了中国近代化（包括教育近代化）思维发展逻辑形态特征，揭示教育近代化的历史影响、时代局限与当代启示。

（二）社会的环境

明清之际到清末时期，传统中国社会的内外部环境发展到重要的转型阶段，东西方都在进行近代化的先期探索，并且引发迥然相异的社会变革进程。明代（1368—1644 年）是传统中国封建社会发展的鼎盛时期。郑和率领的庞大船队实现七次"下西洋"（1405—1433 年），横渡印度洋并且远达非洲海岸，把悠久的中华传统文化（即"中学"）播至世界的角落，同时带回外界的"器物"文化等信息。明清之际是"中西文化理解"的重要发展阶段，沿海发达地区已经出现资本主义社会生产关系的最初萌芽，工场手工业（即"作坊"）兴起并且获得了初步地发展。但由于受到强大封建专制的制度束缚，传统中国资本主义社会生产关系的最初萌芽发展极为缓慢，以致清朝时期传统中国依然处在以封建社会生产关系为主要特征的农业社会。明清之际，西方传教士到达路途遥远的传统中国，"西学"开始在传统中国的境内传播，并且形成"西学东渐"的社会思潮。西方传教士获得明代中国政府的宠信与重用，"西学"得到传统中国开明士大夫的认可与支持，并且在传统中国的学术环境和社会氛围中产生"中西会通"思想，由此出现最初的"采西学"进程。清末时期是传统中国社会环境出现巨变的历史发展阶段，长期的"闭关锁国"政策，促使中西方社会生产关系和社会生产力出现具有阶段性发展差距的特征变化，即当传统中国社会依然长期处在封建社会生产关系和社会生产力发展缓慢状态之时，西方却已历经文艺复兴、宗教改革和工业革命等阶段的发展进程，社会生产关系和社会生产力迅猛发展，因而中西方社会出现阶段性发展差距的时代变化。同时，在建构、完善和扩展科学技术知识及其研究体系方面，传统中国也显著落后于西方，由此形成清末中国面临落后挨打的悲惨社会局面。15世纪至16世纪，意大利（西方）出现资本主义社会生产关系，以致欧洲掀起文艺复兴和宗教改革运动，摒弃传统经院哲学的思想禁锢，走出中世纪——"黑暗时代"，由此创新西方社会的思维模式，注重研究现实问题，自然科学、社会科学以及科学研究方法等获取空前发展，特别是科学技术出现前所未有的时代进步，并且建立和完善以先进科学技术为核心的知识及其研究体系，发起"环球航行"和"发现新大陆"的旷世壮举。西方近代大学创设法律、医学、文法和修辞等专门学科："前两者"具有社会实用价值；"后两者"具有文化传承价值。西方近代大学的实用功能获得发展与充实，作为教育和科研的机构不断拓展，由此有力地推动西方社会发展进程。从上述时代和社会背景的角度来讲，中西方社会发展的阶段特征尚不存在显著区别，基本上在相近的历史发展时期出现资本主义社会生产关系的最初萌芽，但由于中西方文化传统存在显著的差异，特别是传统中国历经长期封建社会的发展进程，以及承受长期"闭关锁国"政策的深刻影响，资本主义社会生产关系难以在坚实封建意识的基础之上获得持续发展，从而在社会的阶段发展方面出现日趋落伍的局面，由此引发中西方社会生产力的显著差距。文艺复兴之后的西方先进文化存在多元与兼容的特征，由此导致西方资本主义社会生产关系顺利发展，从而有效地促进西方社会生产力的发展，以及有力地推动西方社会的近代化进程。19世纪前后，西方出现诸多的列强国家，比如英荷葡西法等以及后起的美国，甚至包括在东亚的明治日本——上述的列强国家掀起侵略与殖民的全球"狂潮"，并且波及远离美欧大陆的传统中国——促使传统中国逐步沦为半封建半殖民地社会，以及形塑出中国近代化发展的悲壮"图景"，由此为传统中国创设具有时代性特征的发展环境与社会条件。

（三）研究的前沿

明清之际以来，传统中国逐渐确立以学习"西学"为核心的文化教育理念，重点解决"中学"与"西学"之间的关系问题。从思想理论的角度来讲，明清之际传统中国产生"中西会通"的思想，同时出现"西学中源"的观点。但由于清代康雍乾时期传统中国采取"闭关锁国"的"教禁"政策，因而导致"西学东渐"渐入低潮。鸦片战争之后，清末中国"西学东渐"的社会思潮"波起"，"采西学"思想获得进一步的发展。随着清末中国"西学输入"及其本土化的阶段发展与深刻变化，传统中国的社会文化心态出现显著地发展与变化，即更加积极和主动地学习"西学"，并且不断地拓展学习"西学"的内容与方式。但"西学中源"思想依然具有重要的地位，以及拥有巨大的市场，并且对新思想的发展产生深刻的影响作用，以致引发"中西学论争"。甲午中日战争之后，清末中国的"传统日本观"发生阶段性发展与深刻变化，"朝贡"体制日渐崩解，同时"采西学"思想发展到"倡新学"的阶段，学习"西学"的内涵获得新的发展，由此致使传统中国社会的开放程度日益增大，从而促使中国近代化获得深入的发展。清末中国出洋游学游历充分体现出中国近代化中对外开放思维发展的逻辑模式、"西学输入"及其本土化的逻辑过程，以及传统及其内外部现代性因素交互作用的逻辑关系，由此对中国社会和教育近代化的发展进程产生重要的推进作用。明清之际到清末时期，传统中国出现"西学输入"及其本土化的发展进程：从社会实践层面来讲，可以划分为"以西学东渐为主""以采西学为主"和"以倡新学为主"等阶段性发展过程；从思想理论层面来讲，主要存在"中主西辅"（包括"中道西器"和"中本西末"等）"中体西用"和"弥合中西"（即"新学"）等阶段发展过程，但其中深受"西学中源"思想的影响作用，呈现出鲜明的历史性特征。"中体西用"是清末中国社会理论和文化实践等发展的核心指导思想，对中国社会和教育近代化的发展进程产生重要的推进作用。西方传教士首先提出

"新学"的概念①，但很快受到传统中国知识精英和地方督抚官吏等阶层人士的支持与阐扬②，由此促使"西学中源"思想失去立论的基础，以致出现"新学"思想——仅仅倡导"新旧之别"，而不纠缠"中外之分"，从而促使学习"西学"的形式与内容都囊入"中学"的范畴，由此导致"中西文化理解"出现阶段性发展与深刻变化，由此具有思想解放的重要意义。鸦片战争之后，清末中国加速社会和教育近代化的发展步伐，由此，如何处理"中西学关系"的问题就更突出地呈现出来。作为中国社会和教育近代化中的历史现象，出洋游学游历是清末时期传统中国"中西学关系"的现实表现形式，充分体现出清末中国由封闭走向开放以及由被动对外开放走向主动对外开放的阶段性发展过程。但文化传统是社会生活和心理模式的发展成果——它是对长期社会实践经验的积累与总结，具有历史继承性与发展性的特征。在长期的封建社会发展中，传统中国的农业经济促使形成封闭的社会心理结构状态，并且存在深化发展的长期过程。传统中国社会封闭心理结构状态的转变并非突变而是渐变的发展过程，以致在学习"西学"的内容历经器物技能层次、制度层次和思想行为层次的阶段性发展与深刻变化——上述的过程对清末中国思想理论形态的构建与社会实践路径的发展产生深刻的影响作用。"中西学关系"是清末中国思想理论形态构建和社会实践路径发展的重要内容，导致"中学"与"西学"之间不断产生论争和交融。清末中国社会的转型范围极为广泛，并且深度地融入"西学输入"及其本土化的阶段发展进程——学习"西学"的发展经历即"西学本土化"的发展进程。通过探究清末中国出洋游学游历的思想生成与政策演进的过程，可以深入地阐述"西学输入"及其本土化的阶段性发展与深刻变化、新式教育发展的思想背景与实践特征，以及深刻地揭示"中西学关系"及其内在的本质特征。

清末中国出洋游学游历是现代中国开展出国留学与参观考察（即游学游

---

① 熊月之著：《西学东渐与晚清社会》（上海：上海人民出版社，1994），页590–592。又参见钱钟书主编：《万国公报文选》（北京：三联书店，1998），页356–365、518–519、581–585、662–663。

② 严加红著：《中国近代"中体西用"文化教育思想的内涵发展及其历史价值》，《国家教育行政学院学报》，2005（9），页179–183。

历）等重要的历史渊源。通过深入地探讨清末中国出洋游学游历思想生成和政策演进中的相关思想理论与社会实践问题，可以在历史经验与时代教训中吸取必需的营养，从而有力地推动现代中国教育对外开放的发展进程。在全球化日益发展的重要时期，基于"大历史"和"大教育"的研究范式，构建"中西文化理解"的分析框架，即立足于"中西文化理解"的研究视野，并且以清末中国出洋游学游历为实证个案，可以更深入地探究教育近代化的发展进程及其思维发展逻辑的形态特征，因而具有重要的理论价值与实践意义。随着现代中国对外开放的深入发展，教育的对外开放呈现出蓬勃发展的态势，比如出现遍布全球的"孔子学院"，出国留学与参观考察也已成为重要的时代潮流。建国（1949 年）之前，出国留学的人员数量为 15 万人；建国之后，1950 年至 1965 年为 1 万人。改革开放（1978 年）以来，特别是 21 世纪之后，出国留学的人员数量出现前所未有的增长：2000 年近 4 万人；2001 年近 8.5 万人；2002 年近 12.5 万人；2003 年、2004 年和 2005 年都在 11 万至 12 万人之间；2006 年升至 13.4 万人；2007 年再增至 14.4 万人（国家公派人数为 8853 人；单位公派人数为 6957 人；自费留学人数为 12.9 万人）。1978 年到 2007 年年底，出国留学的人员总数达 121.17 万人（归国的人数为 31.97 万人），并且日益呈现出加速增长的发展态势[①]，而且短期出国访问和参观考察（包括观光旅行等）的人员更难胜数。现代中国的教育已经呈现出国际化和全球化的发展趋势，教育的国际交流与合作对现代中国政治经济和文化教育等的发展日益具有重要的影响作用，出国留学和参观考察已经成为现代中国教育对外开放实现的重要实践形式，亦已成为现代中国教育研究的重要领域。

二、研究问题的正式提出

研究问题提出的思路历经从整体到局部以及从局部回归整体的发展过程。从问题视阈范围的角度来讲，鲜明地呈现为从宏观到微观以及从微观到宏观

---

① 数据来源于 2008 年 4 月 3 日在《中国教育报》上发表的《教育部公布留学人员情况统计结果》；4 月 6 日在《北京晚报》上发表的《教育部统计结果：30 年 30 余万留学生学成归国》；以及综合参考了其他相关信息与资料。

的发展过程。但从研究整体过程的角度来讲，更加关注宏观与中观（战略与政策）层面的分析与探究。依照如下步骤，提出相关的研究问题：

（一）运用相关的思想理论观点，阐明选题研究的主要任务与基本思路

选题研究涉及中国教育史论的相关问题，需要从中国近代化的不同侧面，以及运用文化传播等思想理论观点，深入地推进相关研究问题的探究，同时不能脱离教育理论的基础性支撑——上述的相关研究问题既包括中国教育史研究中的问题，比如中国近代化原点的前移造成教育近代化研究时限范畴的变化，同时包括需要重点阐明的研究问题，比如中国近代化中文化和教育之间的关系，以及"中学"与"西学"之间的关系等。选题研究主要存在如下工作任务：一是涉及各种基本概念范畴之间的关系——需要明确的关键问题。选题研究包含"中西文化理解"、中国近代化和清末出洋游学游历等基本概念范畴："前两者"处在宏观层面；"第三者"处在中观和微观层面，同时"前两者"是选题研究的根本任务，即深入地阐述"中西文化理解"在中国近代化中的重要地位与影响作用，深刻地揭示中国近代化思维发展逻辑形态特征，而"第三者"则是选题研究的实证个案，即通过清末中国出洋游学游历的实例分析，深入地诠释中国社会和教育近代化中相关思想理论和社会实践问题及其内在的本质特征。二是认识选题研究的核心与例证关系，有针对性地分析相关的研究问题。选题研究的核心是通过深入地分析"中西文化理解"的发展过程中所存在"中国主体"意识的阶段发展与深刻变化，从而达成深刻揭示中国近代化思维发展逻辑形态特征的研究目标，而选择以清末中国出洋游学游历为实证个案，目的则在于更具体地深入探究中国近代化中的相关思想理论与社会实践问题。在探讨传统中国如何走向近代化的过程中，教育近代化是其中的重要内容，同时教育近代化的深入探讨难以脱离考察传统中国社会的近代变迁。因此在深入地探究"中西文化理解"与教育近代化之间的关系问题时，需要考虑社会开放系统与文化系统、教育系统等之间的紧密关联。

在实施清末中国出洋游学游历的实证个案分析时，显著存在既具有联系又存在差异的探究途径：一是深入探讨中国近代化的发展进程，以及清末中国出洋游学游历的思想生成与政策演进，主要是划分传统中国文化变迁中的明清之际与清末时期；清末中国社会变革中的"洋务西化运动""戊戌维新"

和"新政"改革，以及清末中国出洋游学游历目的地国家选择中由美欧到日本再到美欧的赓续发展；二是深入地探讨"中西文化理解"的阶段发展与深刻变化，集中体现为明清之际以来传统中国"西学输入"及其本土化的发展进程中所存在"中国主体"意识的阶段发展与深刻变化。从社会实践的角度来讲，历经"以西学东渐为主""以采西学为主"和"以倡新学为主"等发展阶段；从思想理论的角度来讲，历经"中西会通""中主西辅""中体西用"和"弥合中西"等发展阶段；三是深入地探讨中国近代化思维发展逻辑形态特征内涵的阶段发展与深刻变化，主要是从"中国主体"意识的阶段发展与深刻变化出发，深入探讨"中西学关系"以及文化与教育之间的紧密关系，深刻地揭示中国近代化思维发展逻辑形态特征。从对外开放社会心态类型的角度来讲，明显地存在被动与主动——两种对外开放的社会心理结构状态：由于社会外部因素的影响作用，促使传统中国采取对外开放的发展策略，同时社会内部因素积极地吸收和借鉴传统中国与近代西方的优秀文明成果，以及主动地通过对外开放的发展策略，推进中国近代化的发展进程。从学习"西学"内容的角度来讲，历经器物技能层次、制度层次和思想行为层次等发展阶段[①]。

（二）透过具体的社会历史现象，深入地阐释研究问题的核心内涵及其内在的本质特征

中国近代化通过典型人物的活动和具有重大意义的事件等具体社会历史

---

① 中国现代化运动，本质上，是一文化与社会的变迁，也可以说是中国文化与西方文化"会面"后，中国文化的一种"形变之链"（chains of transformation）的过程。中国文化的"形变之链"的过程是契合于汤恩培所创的"文化的反射律"的说法。我依其说法，加以推衍，中国的现代化大致说来是循着下面三个层次而变的：第一，器物技能层次（technical level）的现代化。第二，制度层次（institutional level）的现代化。第三，思想行为层次（behavioral level）的现代化……我们应理解的是，上面所述中国现代化进程的三个层次，它们是中国对西方冲击的实际反应程序，也是一般文化变迁的共有现象，但是，这三个层次在事实上是不能清楚地划开来的。器物技能、制度与思想行为常是不能分的，也是彼此影响的。思想行为层次是一个文化的基本价值之所在，因此它的现代化最难，也最必需，唯有这一层次的现代化才能促进中国全面的现代化。但是，这并不意含着说，前面两个层次的现代化不重要。金耀基著：《中国的现代化》。参见姜义华、吴根梁、马学新编：《港台及海外学者论近代中国文化》（重庆：重庆出版社，1987），页8、12。

现象而鲜明地呈现出来，因此，研究的策略是通过深入分析具体的社会历史现象，合理地阐释研究问题的核心内涵及其内在的本质特征。社会开放系统包括政治经济和军事外交等广泛的领域，文化系统和教育系统是社会开放系统的重要组成部分。文化现象和教育现象往往又存在密切的关联，而且承载这种关联的具体社会历史现象之间存在交互作用的机制。在"中西文化理解"与教育近代化中，明清之际以来，传统中国出现诸多具有典型表现和历史意义的社会现象。在中国近代化的发展进程中，文化现象和教育现象相互伴随产生与变迁，以致形成整体性的结构体系：第一，社会生产关系和社会生产力的发展造成文化出现深刻的时代变化，从而促使教育出现新的现象；第二，文化现象的变化直接促使教育产生新的现象。明清之际到清末时期，传统中国资本主义社会生产关系萌芽的发展与近代西方列强的侵略殖民导致文化出现新的现象，其中"西学东渐""采西学"和"倡新学"是显著的具体表现——上述新的文化现象通过社会因素的交互作用，促使教育也产生新的现象。明清之际"西学输入"及其本土化的出现造成传统中国的教育观念产生深刻的变化。"中西会通"既是明清之际传统中国文化思想的最新概括，同时也是明清之际传统中国教育理论的重要论述，由此对重新提倡传统实学教育思想具有重要的推动作用；第三，教育现象的变化对文化现象产生影响与作用。清末中国"游日浪潮"的掀起既是阶段发展与深刻变化中的教育现象，也是崭新的文化现象。游日现象出现、"游日浪潮"勃兴，以及后来步入低潮——上述教育现象的发展轨迹充分体现出文化现象的变化过程。探究清末中国出洋游学游历的思想生成与政策演进及其内在的本质特征，难以脱离深入地阐述"中西学关系"的研究目标，即"中西文化理解"的发展过程中所存在"中国主体"意识的阶段发展与深刻变化特征。为什么清末中国出洋游学游历以美国为开端；为什么清末中国出洋游学游历以解决"中西学关系"问题为核心；为什么清末中国游学游历美国及其政策的演进出现挫折，而清末中国游学游历欧洲及其政策的演进却可以确立"蝉联"制度；为什么清末中国游学游历日本及其政策的演进充分地体现出"以日本为中介"学习"西学"的思想本质；为什么20世纪初期传统中国出现"游日浪潮"的消退，同时出现游学游历美欧的赓续及其政策发展？通过深入地探究清末中国出洋游学游历思想生成与政策演进及其内在的本质特征，从而例证中国近代化的发展进程及其思维发展逻辑的形态特征。

（三）聚焦选题研究的核心问题，寻求基础理论的有力支撑

明清之际以来，传统中国的"中西文化理解"对中国近代化的发展进程具有关键性的影响，同时传统中国社会的内外部现代性因素又对"中西文化理解"的发展过程具有重要的推进作用。选题研究的核心是深入地探究"中西文化理解"与教育近代化之间的关系，深刻地揭示中国近代化思维发展逻辑形态特征。核心聚焦之后，需要寻求合适的思想理论，指导深入分析具体的相关研究问题。需要考虑如下相关的思想理论问题：第一，文化变迁和教育变革不能脱离社会开放系统的发展与变化，而且文化系统和教育系统都是社会开放系统的重要组成部分。针对选题研究的特点以及研究问题的理论需要，可以在社会开放系统中考察中国近代化发展进程中的相关思想理论和社会实践问题。从教育的层面来讲，需要基于"大历史"和"大教育"的研究范式，构建"中西文化理解"的分析框架，深入地探究中国近代化在发展进程中的相关具体研究问题；第二，文化迁移与文化交互并非偶发的社会历史现象，而是不同区域、国家和民族文化交流与合作中的必然社会历史现象。文化迁移与文化交互的社会历史现象充分反映出在动态的层面上，不同类型和性质文化之间的交互作用，其影响涉及政治经济、军事外交和文化教育等广泛领域。文化迁移和文化交互中往往会历经或引发某些具有典型特征与历史意义的社会历史现象，并且会对区域、国家和民族的社会历史发展产生深刻的影响作用，因而具有时代价值与历史意义；第三，现代性理论具有复杂的概念范畴与理论内涵，文化现代性理论是其中的重要组成部分。选题研究力求在思维发展的层面上清晰地阐述中国近代化中对外开放思维发展的逻辑模式、"西学输入"及其本土化的逻辑过程，以及传统及其内外部现代性因素交互作用的逻辑关系，即深刻地揭示中国近代化思维发展逻辑形态特征，以及阐明其时代价值与历史意义及其对中国社会和教育近代化的深刻影响作用。

三、研究范畴与核心概念

提出研究问题之后，需要确立选题的研究范畴与核心概念，以及辨析与其他相关的研究范畴和概念内涵之间的联系与区别。选题的研究范畴可以划分为两大类别：时限范畴与对象范畴。

（一）时限范畴及其阶段划分

教育近代化是中国近代化的重要组成部分。选题研究的时限范畴是以中国近代化的阶段划分为基本标准和依据，而对象范畴则集中于教育近代化——不同于通常的近代教育研究。"前者"关注发展过程，时限与"后者"的相比则较为长期，而"后者"为"前者"研究的重要组成阶段。选题基于"大历史"和"大教育"的研究范式，构建"中西文化理解"的分析框架，即在"中西文化理解"的视野中深入探究中国社会和教育近代化中的相关思想理论与社会实践问题，而且倾向于将中国近代化研究的时限范畴确定为1557年至1949年，即葡萄牙人租居澳门之际至中华人民共和国成立，而较多涉及的时限范畴是1557年至1911年，即明清之际至清末时期，但选择以清末中国出洋游学游历为典型个案，实证研究的重点时限为1861年至1911年。同时尚将中国近代化研究的时限范畴划分为启动阶段、发展阶段和成型阶段，鲜明地呈现出阶段发展与深刻变化特征。

一是启动阶段（1557—1840年）：明代中国的开明知识人（即士人）痛感传统中国社会内部"正统"文化思想的弊端，出现李贽——深刻地批判传统文化的思想者，并且重新提倡边缘地位的传统实学思想。随着传教士带来西方近代文化特别是先进科学技术（即"西学"），传统中国出现"中西会通"思想，传统外部的现代性因素获得形成与发展，并且产生内外部的现代性因素之间最初相对平等的交互作用。随着明清朝代的更迭，传统中国的先进知识人总结明亡的历史教训，深切地感受传统文化的理论缺陷与思想束缚，提出具有民主主义意识特征的早期启蒙思想。传统实学思想和早期启蒙思想基本上奠定了中国近代化在启动阶段中内部现代性因素形成与发展的思想基础。但由于长期经受传统文化的浸润与熏陶，传统内部的保守性思想意识尚很浓厚，并且与内外部现代性因素产生激烈的冲突与论争，导致传统中国不但产生"西学中源"的思想理论形态，而且出现清代康雍乾时期的"禁教"政策，最终西方传教士遭受驱逐，由此促使"西学东渐"趋向低潮。由此充分地表明，传统及其内外部现代性因素的交互作用存在长期发展与变化的过程，同时鲜明地昭示中国近代化在启动阶段中必将历经挫折与发展交替的复杂过程。

二是发展阶段（1840—1905年）。1840年前后，清代中国的开明知识人继承和发展传统实学思想和早期启蒙思想，提出社会政治和文化改革的时代要求。龚自珍提出"更法"的主张，魏源倡导"师夷长技以制夷"的思想，而林则徐则为了抗击英国侵略殖民的行径，组织编辑西方的新闻报纸，收集西方国家社会、经济和文化等广泛的信息，同时明清之际以来传统实学思想获得总结性的发展，"经世文编"成为清末中国早期进步知识人案头必备的参考书目。上述的发展充分表明，传统内部现代性因素的影响作用重新增强，并且引起思维发展逻辑形态特征出现显著的发展与变化。从清末中国教育实践的角度来讲，洋务教育和维新教育促使教育近代化的社会实践路径获得拓展，容闳的"幼童赴美教育计划"开创教育近代化的社会实践新路径。甲午中日战争前后是教育近代化的重要转折发展阶段，并且由此标志中国近代化（包括教育近代化）思维发展逻辑形态特征出现重大的阶段性进步，即实现从被动对外开放向主动对外开放的转变发展，同时出洋学习"西学"的方式由直接出洋游学游历变成借鉴明治日本的维新经验，促使传统内部现代性因素的影响作用摆脱"禁教"政策的长期束缚而更大限度地释放出来，并且与清末以降传统中国外部现代性因素产生更激烈的交互作用，乃至在教育思维的基本模式、教育思想的理论形态和教育实践的路径选择等层面上，都充分地体现出教育近代化思维发展逻辑形态特征，催生出新式学校教育的崭新形式与制度，从而有力地推动清末中国出洋游学游历的思想生成与政策演进，最终导致传统中国科举考试制度遭到废止。

　　三是成型阶段（1905—1949年）。传统科举考试制度的废止标志清末中国的教育制度实现历史性的转变发展，从而为新式学校教育和出洋游学游历的发展扫清制度性的障碍。20世纪初期，传统中国的新式学校教育系统初步形成，并且教育近代化进入制度化的发展阶段，即成型阶段：从思想理论的层面来讲，"中体西用"逐步地失去清末中国教育近代化中思想理论的根本指导地位，促使传统中国接受"西学"影响作用的自觉性显著增强，西方近代教育理论成为清末中国新式教育发展的重要理论来源，并且不断地对清末中国新式学校教育和出洋游学游历等事业的发展产生深刻的思想影响与社会作用，导致教育思想理论形态呈现出五彩斑斓的生动场景。从社会思维的层面来讲，孙中山的"开放主义"标志对外开放思维发展到政治哲学的高度——充分表明对外开放思维发展逻辑模式的广泛性明显增强，并且在传统中国的社会意识形态中逐步占据"主流"地位，同时这也是民国时期传统中国出洋游学游历及其政策获得重大发展的促进因素。从新式学校教育实践的层面来讲，清末到民国时期传统中国逐步出现公立、私立和教会等学校教育类型，建立幼稚园到大学相对完整的新式学校教育体系，制订较为完备的学校教育制度。由此可见，中国近代化的成型阶段是"交互文化性"发挥影响作用激烈的时期[①]。随着"中西文化理解"的日益深度发展，教育近代化更鲜明地呈现出新式学校教育的制度化与体系化特征。

但是，由于选题研究对时限范畴的特殊界定，即集中在 1861 年至 1911 年，因此在相关研究问题的探究过程中，选题冷却地处理成型阶段中超越 1911 年的相关研究问题，尽量将研究的主题集中在界定的时限范畴之内，即围绕明清之际到清末时期传统中国"中西文化理解"和教育近代化之间的紧密关系及其阶段发展与深刻变化的核心研究问题，即聚焦相关的研究问题，力图保持核心研究问题探究的针对性与逻辑性，由此深刻地揭示中国近代化思维发展逻辑形态特征。

（二）对象范畴及其核心的概念

选题研究的对象范畴可以划分为"上位"层次和"下位"层次："上位"层次深入地探讨明清之际到清末时期（1911 年止）传统中国"中西文化理解"和中国近代化之间的紧密关系及其阶段发展与深刻变化，深刻地揭示中国近代化思维发展逻辑形态特征；"下位"层次是以清末中国出洋游学游历为实证个案，从而例证传统中国"中西文化理解"和教育近代化之间的关系及其阶段发展与深刻变化，以及中国近代化（包括教育近代化）思维发展逻辑形态特征——上述的两个层次虽然在研究目标上存在一致性，但具有不同的核心概念。核心的概念是涉及选题研究的基本概念，也是区别其他研究的内涵界定。弄清核心的概念及其内涵，是做好选题研究的基本前提。诸多核心概念的确立对选题研究具有特别重要的意义。

"上位"层次的核心概念：宏观和重点地分析相关思想理论与社会实践的层次，集中于传统中国"中西文化理解"和中国近代化之间的紧密关系及其

---

① 成型阶段出现了相对比较激进的社会历史现象，如新文化运动中出现以吴虞为代表所掀起的"打倒孔家店"和民国时期出现以胡适、陈序经为代表所倡导的"充分世界化"或"全盘西化"思想就是鲜明的例证。

阶段发展与深刻变化的核心问题，涉及"中学"与"西学"、"中西文化理解"、现代性与现代化，以及教育近代化等核心的概念，分析上述的相关概念及其内涵对选题研究非常必要——具有基础性的重要地位。从"上位"层次的角度来讲，基于"大历史"和"大教育"的研究范式，构建"中西文化理解"的分析框架，深入探究中国近代化中的相关思想理论与社会实践问题，即深入探究明清之际以来传统中国"西学输入"及其本土化的阶段发展过程，以及由此所产生"中西""体用"论争与融合的过程，深刻地阐述"中西文化理解"的复杂性、阶段性和长期性等特征，从而阐明"中西文化理解"的发展过程中所存在"中国主体"意识阶段发展与深刻变化及其对中国近代化的深刻影响作用，由此深刻地揭示"中西文化理解"和中国近代化之间的紧密关系，以及中国近代化思维发展逻辑形态特征，同时立足于中国近代化的历史经验与时代教训，审视中国现代化（包括教育现代化）的发展趋势。

1. "中学"与"西学"

在选题研究中，"中学"是指中华传统文化，"西学"是指西方近代文化和先进的科学技术，中西方文化关系则是特指明清之际以来传统中国的"中西学关系"，主要是"西学输入"及其本土化中的相关思想理论和社会实践问题。明清之际以来，传统中国"中学"与"西学"接触和互动，产生"西学输入"及其本土化的阶段发展过程，"中西学关系"逐步成为中国近代化中思想理论与社会实践的论争主题，同时成为中国近代化亟须解决的重要问题。明清之际至清末时期，传统中国"西学输入"及其本土化（近代化）的社会实践历经"以西学东渐为主""以采西学为主"和"以倡新学为主"等发展阶段；思想理论鲜明地呈现"中西会通""中主西辅"（包括"中道西器"和"中本西末"）"中体西用"和"弥合中西"等思想变迁。同时尚存在"西学中源"思想，而且渗入在"西学输入"及其本土化的发展进程之中，其中不仅存在传统中华文化的"抱残守缺者"，而且包括思想开明进步的"改良者"，甚至思想意识激进的"革命者"。"中学"与"西学"是选题研究中的重要概念，选题研究的重要方面就是"中西学关系"的问题，因此"中学"与"西学"是选题重点关注的研究对象范畴。

2. "中西文化理解"

若要认识"中西文化理解"的概念及其内涵，首先需要弄清文化的概念及其内涵。《美国传统词典》对文化的规范定义是"人类群体或民族世代相传的行为模式、艺术、宗教信仰、群体组织和其他一切人类生产活动、思维活动的本质特征的总和[①]"。从文化自身组成的角度来讲,广义的文化包含物质文化与精神文化,而狭义的文化则指精神文化。王佐书查证的资料显示,文化的概念导源于拉丁文"Culture"——存在多种含义,比如耕种、居住、注意、敬神和练习等,而德语、英语和法语中的文化概念也源于拉丁文[②]。关于确切的文化定义,由于存在社会人类观点上的显著差异,因此存在不同的阐释。传统中国文化的概念源于《周易·贲卦》中的论述:"观乎天文,以察时变;观乎人文,以化成天下。"即通过观察天象在不同时期的变化规律,可以了解不同时节气候的发展趋势;通过观察人类社会发展进程中发生的各种现象,总结其中蕴涵的规律,可以涵育文化乃至达成治理天下的目标。

选题集中地探讨明清之际传统中国"中西文化理解"与教育近代化之间的紧密关系及其阶段发展与深刻变化。朱谦之将中欧(西)文化接触划分为物质的、美术的和思想的"三大"时代[③],而在中欧(西)近代化的发展进程中,"中学"与"西学"的接触和互动起到重要的影响作用。当然,上述文化的接触和互动是双向的交互影响作用,而不仅仅是西方对中国的影响作用,或中国对西方的影响作用。中西文化的接触和互动奠定明清之际传统中国"中西文化理解"的社会实践基础,由此"西学"对"中学"产生深刻的影响作用,而"中学"不断吸收和借鉴"西学"的具体内容,由此充分地反映出"中西学关系"及其阶段发展与深刻变化,以及对中国社会和教育近代化的重要推进作用。

"中西文化理解"是中华传统文化与西方近代文化以及先进的科学技术(即"中学"与"西学")发生接触和互动之后所产生的交互影响作用,从而实现相互之间的吸收、借鉴与本土的发展。从"西学输入"及其本土化的角

---

① 约翰·科特、詹姆斯·赫斯克特著,曾中、李晓涛译,李晓涛校:《企业文化与经营业绩》(北京:华夏出版社,1997),页2-3。

② 王佐书著:《中国文化战略与安全研究》(北京:人民出版社,2007),页1-2。

③ 朱谦之著:《中国哲学对欧洲的影响》(上海:上海世纪出版集团、上海人民出版社,2006),页55-91。

度来讲，明清之际传统中国"中西文化理解"的阶段发展过程对教育近代化的时代性推进具有重要的意义，因此，"中西文化理解"成为选题的研究对象范畴与重要核心概念。

3. 现代性与现代化

现代性（modernity）与现代化（modernization）都是复杂的研究对象范畴，也是充满争议的重要理论领域。上述的"两者"既存在紧密的联系，又具有明显的区别。

依据马泰·卡林内斯库的语源考察，现代性的概念最早见于《牛津英语词典》，据称 1672 年英国已经使用现代性的概念。但美国后现代哲学家詹姆逊认为，现代性的概念"早在公元 5 世纪就已存在"。依照陈嘉明的说法，现代性的概念存在如下著名的界说：①

吉登斯将现代性看作是现代社会或工业文明的缩略语，它包括从世界观（对人与世界关系的态度）、经济制度（工业生产与市场经济）到政治制度（民族国家和民主）的一套架构。他着眼于"从制度层面上来理解现代性"，因此他的现代性概念主要是指在后封建的欧洲所建立、并在 20 世纪日益成为具有世界历史性影响的行为制度与模式。在这个意义上，现代性大致等同于"工业化的世界"与"资本主义"，包括其竞争性的产品市场和劳动力的商品化过程中的商品生产体系。在吉登斯的现代性思想中，他特别突出了现代性与传统的"断裂"，视之为在这种断裂后建立起来的"一种后传统的秩序"。

哈贝马斯视现代性为"未完成的设计"——旨在运用新的模式和标准，取代中世纪已经分崩离析的模式和标准，以及建构崭新的社会知识和时代，其中个人"自由"构成现代性的时代特征，"主体性"则构成现代性的自我理解和自我确证原则，现代性的核心则是自我理解和自我确证的问题。福柯理解现代性为"一种态度"，而非一个历史时期或时间的概念。"所谓态度，指的是与当代现实相联系的模式；一种由特定人民所作的志愿的选择；最后，一种思想和感觉的方式，也就是一种行为和举止的方式，在一个和相同的时刻，这种方式标志着一种归属的关系并把它表述为一种任务。无疑，它有点

---

① 陈嘉明著：《现代性与后现代性十五讲》（北京：北京大学出版社，2006），页2-5。

像希腊人所称的社会的精神气质。"福柯解读现代性的"态度"或"精神气质"为"哲学的质疑",即"批判性质询"的时代品格——现代性根本上就是意味着一种批判的精神。中国社会的现代性则与西方的文化霸权存在紧密的联系。张颐武论述:

> "现代性"无疑是一个西方化的过程。这里有一个明显的文化等级制,西方被视为世界的中心,而中国已自居于"他者"位置,处于边缘。中国知识分子由于民族及个人身份危机的巨大冲击,已从"古典性"的中心化的话语中摆脱出来,经历了巨大的"知识"转换(从鸦片战争到"五四"的整个过程可以被视为这一转换的过程,而"五四"则可以被看作这一转换的完成),开始以西方式的"主体"的"视点"来观看和审视中国。①

现代化与现代性的概念内涵存在明显的区别。在解读何谓现代化时,罗兹曼论述:

> 我们把现代化视作各社会在科学技术革命的冲击下,业已经历或正在进行的转变过程。业已实现现代化的社会,其经验表明,最好把现代化看作涉及社会各个层面的一种过程。某些社会因素径直被改变,另外一些因素则可能发生意义更为深远的变化。因为新的、甚至表面上看来毫不相干的因素引入,会改变历史因素在其中运作的环境……现代化是人类历史上最剧烈、最深远并且显然是无可回避的一场社会变革。②

罗荣渠认为,"现代化这个概念是用来概括人类近期发展进程中社会急剧转变的总的动态的新名词",并且将"现代化"的含义概括为如下类型:③

① 张颐武著:《"现代性"终结——一个无法回避的课题》,《战略与管理》,1994(3)。参见李怡著:《现代性:批判的批判——中国现代文学研究的核心问题》(北京:人民文学出版社,2006),页14。
② 吉尔伯特·罗兹曼著:《中国的现代化》(国家社会科学基金"比较现代化"课题组译,南京:江苏人民出版社,2005),页3。
③ 罗荣渠著:《现代化新论——世界与中国的现代化进程》(北京:商务印书馆,2004),页8–18。

现代化是指近代资本主义兴起后的特定国际关系格局下，经济上落后国家通过大搞技术革命，在经济和技术上赶上世界先进水平的历史过程。

现代化实质上就是工业化，更确切地说，是经济落后国家实现工业化的进程。

现代化是自科学革命以来人类急剧变动过程的统称。按照这种观点，人类社会在现阶段发生的史无前例的变化，不仅限于工业领域或经济领域，同时也发生在知识增长、政治发展、社会动员、心理适应等各个方面。换言之，现代化可以看作是自科学革命以来，由于人类知识史无前例地增长而使人类得以控制其环境，各种传统制度适应于因知识增长而发生的各种功能性变化。

现代化主要是一种心理态度、价值观和生活方式的改变过程，换句话说，现代化可以看作是代表我们这个历史时代的一种"文明的形式"。

美国学者布莱克（C.E.Black）认为，现代性广泛运用于技术、政治、经济和社会发展诸方面处于最先进水平国家共有的特征；现代化则指社会获得上述特征的过程。由此论断出发，陈嘉明论述[1]：

就这一意义来说，现代化主要是一个在经济学与社会学层面上谈论的范畴，表明社会从农业文明进入工业文明，表明社会在这一文明变化过程中在生产力、生产方式、经济增长、社会发展上与传统农业社会相比的根本变化，以及社会在城市化、信息化、教育普及、知识程度提高等方面的巨大进步。"现代性"则主要是一个哲学范畴，从哲学的高度审视与批判文明变迁的现代结果，着眼于从传统与现代的对比上，抽象出现代化过程的本质特征，着眼于从思想观念与行为方式上把握现代化社会的属性，反思"现代"的时代意识与精神。

选题研究尚涉及现代性因素与近代化的概念。现代性因素指在现代化进程的社会环境中所具有现代性特征的本质要素；近代化则指现代化的早期阶段。区别现代性与现代化的概念及其含义对选题研究推进具有重要的意义。

4. 教育近代化

从社会开放系统的角度来讲，教育近代化是中国近代化的重要组成部分，它与文化近代化等存在紧密的联系。教育近代化是动态演进的过程，并且与

---

[1]　陈嘉明著：《现代性与后现代性十五讲》（北京：北京大学出版社，2006），页37。

"中西文化理解"的发展过程存在同步性与协和性。由于社会发展中存在深刻矛盾与激烈斗争，明清之际传统中国的"中西文化理解"也就存在长期发展与变化的过程，因此教育近代化必然历经曲折的变迁过程。从现代化的视角来讲，教育近代化是教育现代化的最初发展阶段，具备教育现代化的实现要素与动力机制，并且为教育现代化提供基础性的条件。选题研究中教育的概念具有"大教育"的内涵，涉及社会、文化和教育等系统之间的复杂联系，诸多教育问题的探究都是从教育系统与社会、文化等诸系统之间的关系入手，而非单纯地探究学校教育的问题；近代化的概念并非单指历史学研究中经常提及的近代时期，而是指传统社会朝向近代社会的转型发展过程。选题研究将中国近代化研究的时限范畴推进至明清之际传统中国资本主义社会生产关系的最初萌芽时期，从而与西方近代化（包括教育近代化）的历史分期保持相对的一致——这种划分方法存在合理性，并且有助于比较研究中外近代化（包括教育近代化）及其相关的研究问题。明清之际传统中国的"西学输入"即已开始，由此成为"西学本土化"的开端。在探讨明清之际传统中国"中西文化理解"和教育近代化之间的紧密关系及其阶段发展与深刻变化时，应该涉及明清之际、清末时期和民国时期，而选题研究主要涉及明清之际和清末时期。

"下位"层次的核心概念：以清末中国出洋游学游历为实证个案，深入地探讨其政策演进中思想理论和社会实践的阶段发展与深刻变化，从而例证中国近代化思维发展逻辑形态特征，即以翔实的社会历史素材对"上位"层次的研究目标进行富有逻辑的证实。"下位"层次主要涉及清末中国、游学游历和政策演进等核心的概念。第一个概念涉及"下位"层次研究的时空限定，即清末时期与中国空间的范畴；第二个概念涉及"下位"层次研究的中心类项，集中地探究游学与游历——两种出国学习"西学"的方法；第三个概念涉及"下位"层次研究的视角限定，即探究研究问题的政策视角。"下位"层次是分析"上位"层次中有关明清之际传统中国"中西文化理解"和教育近代化之间的紧密关系及其阶段发展与深刻变化的重要切入点，并且是推进选题研究重要的实证个案，因而界定"下位"层次的相关核心概念及其内涵非常重要——是深入探究选题相关研究问题的重要基础。

（1）清末中国

从字面意义的角度来讲，清末中国是指清代末期的中国——表明清末的时间概念，而并非指特定完整的朝代。近代历史分期的界定在中国历史研究界中存在明显的歧义。依照权威的界定，即清代划分为清代前期和清代后期，而清末中国是指清代后期的中国——上述的界定方式是以 1840 年鸦片战争的爆发作为时间界限，从而把传统中国的历史划分为古代和近代的发展阶段，由此把清代中国划分为两个时期，而且隶属不同的历史阶段，即清代前期属于古代中国；清代后期属于近代中国。当然尚存在其他界定中国古代与近代历史分期的观点，比如选题研究倾向于推进至明清之际传统中国资本主义社会生产关系最初萌芽的历史时期，而且描述为近代化的概念，由此区别通常所说近代的概念。选题研究选择清末中国出洋游学游历的实证个案，借此具体探讨中国近代化中的相关思想理论与社会实践问题，以及"中西文化理解"和教育近代化之间的紧密关系及其阶段发展与深刻变化，从而深刻地揭示中国近代化思维发展逻辑形态特征。

（2）游学游历

春秋时期孔子率领弟子周游列国，宋代时期胡瑗主张游历学习，可见游学游历在传统中国社会和教育的发展中存在悠久的历史。但游学和游历的概念含义最初并不存在显著的差异，不仅游学游历的区域范围在很大程度上局限于传统中国（孔子周游列国也在传统中国范围），而且游历基本上囊括游学的概念含义，在大多数情况下都统称游历。但随着清末中国出洋游学事业不断获取新的发展，游学和游历的概念含义逐步走向分离，最终游学的概念是专以接受国外正规或非正规教育为主要指向，特指出洋学习，有的文献称为留学[①]；游历则是指出国考察和观光游览等经历，旧称官绅和生徒短期出洋，即进行几个月至三年的出洋旅游和参观考察（清末中国也存在超过三年

---

① 《现代汉语词典》（北京：商务印书馆，1983）对"游学"一词含义的解释为，"旧时指离开本乡到外地或外国求学"，这里指出国留学；游历即指"到远地游览"（页1396），这里是指出国考察。"留学"一词的由来，现在笔者还尚未完全查清楚。依笔者考证，1905年，《清帝多派学生分赴欧美游学谕》指出，"现在留学东洋者，已不乏人，著再多派学生，分赴欧美，俾宏造就"，提到"留学"一词；1908年，外务部和学部联合制订《派遣美国留学生章程草案》，1909年，又联合上呈《会奏为收还美国赔款遣派学生赴美留学办法折》，其中都使用了"留学"一词。在庚款游美掀起之时，虽然在相关文件中使用"留学"一词，但清政府并未使用这个概念为所设置的管理机构命名，而仍旧沿用"游学"一词，如游美学务处、游美肄业局。

的多国游历）。从政策的角度来讲，清末中国并非同时提出游学政策和游历政策——其实游学政策比游历政策的提出相对早些。从概念的角度来讲，清末中国的政策文献较常采用游学游历的提法，但现在流行的提法是留学教育和出国考察。现在难以评判上述提法的优劣与长短，但游学游历的提法更符合概念的原初含义，基本的理由则在于游学游历的提法赋有更深刻的概念内涵：主体和客体定位明确；鲜明地体现出交游和非固定的特征；更符合传统中国的本土观念。参照清末中国出洋游学游历的相关文献与史实记载，选题研究沿用游学游历的提法，既力求保持游学游历概念的原初含义，同时与文献的文本保持一致，以便提升研究结论的信度与效度，以及增强游学游历概念的推广度。从社会历史和教育发展的角度来讲，清末中国出洋游学游历是全新的发展事业，也是新式教育的重要形式以及教育近代化的重要内容。清末中国出洋游学游历显著地存在时代性创新的含义，即不仅有助于促进近代中国出洋游学游历（即留学教育和出国考察等）事业的发展，而且有助于推动中国社会和教育近代化的发展进程。

（3）政策演进

依照《现代汉语词典》的释义，政策是指"国家或政党为实现一定历史时期的路线而制订的行动准则[①]"，由此明确政策含义的民族性与历史性特征，同时阐明政策制订的目的性特征，以及政策内涵的外在表象，即所呈现的"行动准则"。从学科含义的角度来讲，政策是指公共政策——它是建立在法律或法规基础之上、是政府意志的集中体现，具有权威性与强制性等特征。演进是指演变与进化，即事物发展过程、步骤与规律等方面的体现。政策演进是具有动态发展性特征的概念。从选题研究的角度来讲，它是"下位"层次的核心概念。概括地来讲，集中表现为如下层面的内容：一是在社会政策的层面，注重探究明清之际到清末时期传统中国从封闭走向开放以及由被动对外开放走向主动对外开放的政策演进过程，阐述中国近代化中对外开放思维发展的逻辑模式及其阶段发展与深刻变化特征。二是在文化政策的层面，阐述明清之际以来传统中国文化政策的发展路径，以及"西学输入"及其阶段发

---

① 中国社会科学院语言研究所词典编辑室编：《现代汉语词典》（北京：商务印书馆，1983），页1477。

展与深刻变化对中国近代化的影响作用。同时，在社会政策和文化政策层面上，阐释传统及其内外部现代性因素之间的交互作用机制。三是在教育政策的层面，集中以清末中国出洋游学游历为实证个案，深入地探讨明清之际传统中国"中西文化理解"的发展过程中所存在"中国主体"意识的阶段发展与深刻变化，深刻地揭示中国近代化思维发展逻辑形态特征及其对中国社会和教育近代化的深刻影响作用。

四、研究的目标及其意义

教育近代化是指从传统教育向近代教育的转型发展过程——标志传统中国教育体系出现具有本质性特征的阶段发展与深刻变化，并且逐步深入到教育制度的层面，从而导致传统科举考试制度废止以及新式教育制度确立，由此推动传统中国教育实现阶段性的发展。教育近代化并非传统中国教育发展中偶然出现的社会历史现象，而是具有发展规律性特征的变迁进程。选题确立明确的研究目标，具有重要的理论与实践意义。

（一）研究目标

选题基于"大历史"和"大教育"的研究范式，构建"中西文化理解"的分析框架，确立选题的研究目标：深入探讨中国社会和教育近代化中的发展规律性问题，即深入地探究明清之际以来传统中国"西学输入"及其本土化的发展过程，以及"中西文化理解"与教育近代化之间的紧密关系及其阶段发展与深刻变化，从而深刻地揭示中国近代化思维发展逻辑形态特征。上述的研究目标达成之前，需要分步骤地确立过渡性的研究目标：

第一，构建"中西文化理解"的分析框架。"中西文化理解"是基于中国近代化中的"交互文化性"，由此促使不同区域、国家和民族的文化之间产生交互作用，实现不同类型文化之间的互动交流，在中国近代化的发展进程中充分地表现为"中学"与"西学"之间的关系，即"中西学关系"。

第二，探究明清之际以来传统中国"中西文化理解"的阶段发展过程，阐述"中西文化理解"与中国近代化之间的紧密关系及其阶段发展和深刻变化。在中国近代化的发展进程中，"中西文化理解"集中表现为"西学输入"及其本土化的发展进程中所存在"中国主体"意识的阶段发展与深刻变化，充分地体现为思想理论形态和社会实践路径的阶段发展与深刻变化特征。

第三，拓展思维发展的衡量标准，确立中国近代化研究的"中国主体观"。"西方中心观"显著地存在西方文化霸权的心态，柯文的"中国中心观"也存在理论上的缺陷，同时"传统中心观"难以符合传统中国社会内外发展形势的基本趋向。因此，通过深入分析社会历史现象中的内在本质特征，提出中国近代化研究的崭新理论模式——"中国主体观"，其中的基点是"中国主体"意识的阶段发展与深刻变化，即基于思维发展的衡量标准。

综合上述过渡性的研究目标，可以概括出中国近代化思维发展逻辑形态特征，从而达成深化教育近代化研究的终极目标。

（二）选题研究的理论与实践意义

选题研究注重理论与实践的结合，特别是理论诠释与案例分析的结合，通过基于"大历史"和"大教育"的研究范式，深入探究中国近代化的发展进程中的相关思想理论与社会实践问题，由此深刻地揭示中国近代化思维发展逻辑形态特征。

从理论意义的层面来讲：构建"中西文化理解"的分析框架，深化中国近代化的发展进程中的相关思想理论、政策制度和社会实践研究；阐明"中国主体"意识的阶段发展与深刻变化，深刻揭示中国近代化思维发展逻辑形态特征，即对外开放思维发展的逻辑模式、"西学输入"及其本土化的逻辑过程，以及传统及其内外部现代性因素交互作用的逻辑关系；提出中国近代化研究的"中国主体观"模式，强调传统内部现代性因素的阶段发展与深刻变化在中国近代化中的重要作用。

从实践意义的层面来讲，明清之际以来传统中国产生"西学东渐"与"中学西传"的交互文化现象，清末中国出现新式教育的崭新形式（包括新式学校教育和出洋游学游历等），由此有力地推进"中西文化理解"的阶段发展过程。明清之际到清末时期，传统中国学习"西学"的思想理论历经"中西会通""中主西辅""中体西用"和"弥合中西"（即"新学"）等阶段发展过程；学习"西学"的社会实践历经"以西学东渐为主""以采西学为主"和"以倡新学为主"等阶段发展过程；学习"西学"的主体内容历经器物技能层次、制度层次和思想行为层次等阶段发展过程。综上所述，充分地反映出明清之际传统中国从传统教育向新式教育的转型发展过程、从封闭到开放以及从被动对外开放到主动对外开放思维发展逻辑模式的转变发展过程，以及传统内部现代性因素形成与发展以及传统外部现代性因素输入及其本土化的阶段发展过程，从而阐释"中国主体"意识的阶段发展与深刻变化在"中西文化理解"和中国近代化（包括教育近代化）的发展进程中的重要作用。

五、撰文架构与研究方法

选题研究基于"大历史"和"大教育"的研究范式，从"中学"与"西学"之间的关系，以及文化与教育之间的关系等视角出发，构建"中西文化理解"的分析框架，注重在战略和政策层面上深入地探究中国近代化的发展进程中的相关思想理论与社会实践问题，由此深刻地揭示中国近代化思维发展逻辑特征。

（一）撰文架构

除了导论之外，选题研究尚涉及如下四部分内容（共九章）。

第一部分：文献综述与理论基础（两章）。通过文献研究与理论检索，奠定中国近代化研究的相关理论基础。

第一章，文献综述。主要探究相关原始文献和研究文献的基本现状，阐释相关思想理论的核心内涵，促使分析、立论和探究的过程奠基于坚实的文献研究与理论分析：一是"西学东渐"与"中学西传"，分析相关研究文献的优势与不足；二是"西学输入"及其本土化，涉及"西学"的观念与"西学本土化"的政策、"西学输入"及其本土化的过程、"西学本土化"对教育发展的深刻影响作用，以及分析相关研究文献的局限；三是"中西文化理解"与清末中国出洋游学游历，包括"中西文化理解"对清末中国出洋游学游历的促动、清末中国出洋游学游历对"西学输入"及其本土化的推动等方面，阐明相关的研究文献尚待深化之处。

第二章，理论基础。一是检索与分析相关理论研究的现状及其理论基础，即探讨"西方中心观"与"中国中心观"，并且对比分析"传统中心观"，同时以"中国主体"意识的阶段发展与深刻变化为主要线索，探究"中西文化理解"的发展过程中所存在"中国主体"意识的阶段发展与深刻变化，阐明中国近代化的发展进程及其发展规律性特征——可以归结为现有研究的基础；二是检索与阐述中国近代化研究中的西方相关理论模式，阐述社会开放系统理论、交互文化理解理论和文化现代性理论的理论基础，以及分析上述的理论基础在中国近代化研究中的运用方式与重要作用。本章内容主要阐述相关研究问题探讨时所运用的理论，确立探讨"中西文化理解"和中国近代化之间紧密关系及其阶段发展与深刻变化的思维视野、过程特征和作用机制，同时探讨上述理论基础存在的问题及其局限，以及在选题研究运用中需要注意的方面，从而增强理论的说服力，具有重要的指导价值。

第二部分："中西文化理解"的阶段递嬗与传统中国的教育近代化（两章）。主要分析与诠释"中西文化理解"的发展过程中所存在"中国主体"意识的阶段发展与深刻变化，即中国社会和教育近代化中相关思想理论形态和社会实践路径的阶段发展与深刻变化，以及"中西文化理解"在中国社会和教育近代化中的重要影响作用。

第三章，"中国主体"意识的兴盛："西学东渐"与"采西学"思想的合流。主要从"中国主体"意识的阶段发展与深刻变化角度，深入地探究"中西文化理解"中相关思想理论形态和社会实践路径的内涵深化，深刻地揭示"西学输入"及其本土化的阶段发展过程及其内在的本质特征，即"中国主体"意识的阶段发展与深刻变化在"中西文化理解"和中国近代化中的影响作用，以及在中国社会和教育近代化中的重要地位。明清之际传统中国出现"中西会通"与"西学中源"思想，其与"西学东渐"的社会思潮存在紧密的关联。明清之际到清末时期，传统中国的"中西文化理解"历经从"以西学东渐为主"到"以采西学为主"的阶段发展与深刻变化，并且逐步形成"两者"的合流。本章内容划分明清之际传统中国"西学东渐"的兴衰与"采西学"的初萌、清代前期传统中国"西学东渐"的再兴及其社会影响，以及清末中国"采西学"的发展及其层次递嬗过程等部分。本章强调，"中西文化理解"和中国近代化之间的关系缘起于明清之际传统中国"西学东渐"的社会思潮，即西方传教士东来以及英国为首的西方国家派遣使节来华所形成的"中西文化理解"过程，而"采西学"思想则充分地体现出"中国主体"意识的阶段发展与深刻变化，由此表明明清之际以来传统中国"西学输入"及其本土化的程度日渐增大，集中体现为明清之际传统中国"中西会通"思想以及清末中国"中主西辅""中本西末"和"中道西器"等思想地出现，以及学习"西学"的主体内容由器物技能层次到制度层次、思想行为层次等阶段发展过程。"西学东渐"思想与"采西学"思想的合流对清末中国新式学校的产生与发展，以及清末中国出洋游学游历等社会历史现象地出现，都具有现实性的影响作用，不仅促进学习"西学"内涵的深化发展，而且充分体现出"中国主体"意识的兴盛，从而深化中国社会和教育近代化的本质内涵，因此具有重要的影响作用。

第四章，"弥合中西"的理论探索："中体西用"到"新学"思想的过渡。"中体西用"是清末中国"中西文化理解"中的重要思想理论，充分地体现出"中国主体"意识的显著增强，从而对认识中国社会和教育近代化具有重要的指导意义。清末中国"中主西辅"思想发展到"中体西用"思想是传统及其内外部现代性因素交互作用的结果。"中体西用"思想不仅促进清末中国新式学校教育的体系化与制度化发展，而且对清末中国学习"西学"内涵的深化以及出洋游学游历的发展等都产生巨大的社会影响，并且对中国社会和教育近代化的发展进程产生重要的推进作用。但"中体西用"思想存在先天性的缺陷，同样对清末中国新式学校教育与出洋游学游历的内涵发展具有负面的影响作用。"中体西用"思想发展到"新学"思想的阶段具有历史进步的意义，充分体现出"过渡时代"思想理论发展的显著特征。"新学"思想导源于"西学东渐"思想的"波起"。在"中国主体"意识的阶段发展与深刻变化中，清末中国"西学东渐"思潮逐步促使"西学输入"及其本土化产生阶段性发展的思想理论成果——康有为和梁启超的"新学"思想体系，由此导致"中西文化理解"步入新的发展阶段。本章强调，康有为和梁启超的"新学"思想体系确立"体用一源"与"不中不西，即中即西"的思想原则，打破传统中西方学术的界阈，促使"中西文化理解"进入"以倡新学为主"的发展阶段，充分体现出"中国主体"意识的显著增强，由此有力地推进中国社会和教育近代化的内涵发展。

第三部分：出洋学习"西学"的思想变迁与清末中国出洋游学游历的政策演进（三章）。集中以清末中国出洋游学游历为实证个案，深入探究学习"西学"的思想变迁与游学游历目的地国家（美欧与日本）选择的阶段发展与深刻变化，以及"中西文化理解"与中国近代化之间的紧密关系及其内在的本质内涵。

第五章，出洋学习"西学"取向的确立：清末中国出洋游学游历的政策制订与制度形成。主要阐述清末中国洋务前后出洋游学游历与游记、清末中国出洋游学游历政策制订的环境因素、清末中国游学游历美欧政策的制订，以及清末中国出洋游历制度的形成。本章强调，鸦片战争前后，随着西方侵略殖民势力的影响日益增长，清末中国"西学东渐"的社会思潮再次"波起"，"西学输入"及其本土化进入新的发展阶段，而且呈现出不同于明清之际的方式与过程特征。随着西方列强对清末中国的侵略殖民程度日益加深，传统中国社会的内部出现传统性与现代性之间的论争，比如"京师同文馆设置之争"，当然尚出现清末中国出洋游学游历（包括驻外出使）美欧的社会现象——由此标志中国近代化中对外开放思维发展的逻辑模式呈现出阶段性发展与深刻变化的特征，以及"中国主体"意识的显著增强，从而有力地推动中国社会和教育近代化的发展进程。清末中国游学游历美欧促使学习"西学"的场所由国内转移至国外，"走出国门"的先进中国人亲历西方社会和感受"西学"，由此撰述具有标志意义的游记资料，以及具有原创意义的学术著述，记述美欧文化的历史、现状与发展，涉及西方社会、政治经济和文化教育等各领域，由此促进传统中国对外开放思维发展逻辑模式的阶段性转变，并且有力地推动学习"西学"内涵的深化。清末中国游学游历美欧政策的制订存在复杂内外部社会环境因素的深刻影响作用，最终以奏准"幼童赴美教育计划"以及确立"闽厂"游欧的"蝉联"制度为标志，清末中国游学游历美欧政策获得显著地发展，而且促使传统中国制订出洋游历制度，由此有力地推动中国社会和教育近代化的发展进程。

第六章，出洋学习"西学"中介的出现：清末中国游学游历美欧的遇挫与"游日浪潮"的掀起。主要分析清末中国游学游历美欧的遇挫及其现实成因、清末中国游日政策思想的形成、清末中国游日政策的制订与发展，以及清末中国"游日浪潮"的掀起。清末中国游学游历美欧的遇挫存在诸多方面的成因，既存在国内政治经济、文化教育及其政策等因素的社会作用，也存在美欧国家接受态度和政策等因素的深刻影响。游美的遇挫虽然存在清末中国政策因素的影响作用，但也与19世纪80年代美国"排华浪潮"存在紧密的关联；"闽厂"游欧的遇挫固然存在某些国际因素的深刻影响，但却与19世纪末清末中国的社会景况恶化和"闽厂"经济困境等国内因素存在紧密的关联。19世纪中后期，日本通过"明治维新"与甲午中日战争，确立在东亚的殖民强权地位，并且抓住清末中国游学游历美欧遇挫的时机，游说清末中国的中央与地方政府官员，以及采取鼓励清末中国游学游历明治日本的策略与政策，同时日本具有邻近费省和语言便利等天然优势，以及甲午中日战争之后清末中国的"传统日本观"出现历史性的发展与变化，因而产生以明治日本维新为镜鉴以及主张社会改良的"维新思潮"，上述的因素促使清末中国的中央和地方政府官员以及主张"新学"和"维新变法"的知识人群体，普遍性地秉持游日的政策思想，故而力促清末中国以国家意志的形式，积极地落实鼓励游日的政策，从而导致"游日浪潮"掀起，由此标志清末中国出洋游学游历的政策发展，以及学习"西学"日本中介的出现。

第七章，出洋学习"西学"内涵的深化：清末中国游学游历美欧的赓续及其政策发展。主要阐述"游日浪潮"趋低之后清末中国游学游历美欧赓续发展的社会历史现象与教育政策表现，分析清末中国出洋学习"西学"内涵深化及其目的地国家选取历史性回归的深层成因，深入揭示"中西文化理解"和中国近代化之间紧密关系的新发展与新变化，以及对教育近代化的重要推进作用。20世纪初期之后，清末中国面临的社会发展环境日益恶化，"辛丑"战争赔款促使清末中国的中央与地方政府财政体系濒临崩溃，难以维系清末中国政权的经济运作，社会矛盾亦日益激化，"革命思潮"汹涌澎湃，因此清末中国实施"新政"改革，由此导致清末中国出洋游学游历政策出现新的措施，比如出洋学习"西学"目的地国家选取的回归，出现清末中国游学游历美欧的赓续及其政策发展——集中地体现在鼓励自费出洋游学、遴派学生出洋肄业实学、改由直省选派与资遣、强化游学措施与资格的管理、注重师资培养的质量、推择办理学堂员绅考察、奖励职官游历游学、遣派进士学员出洋游学，以及奖励宗王贵胄子弟游学游历等政策方面，表现出着眼于社会实际、强调内涵深化、注重师资培养，以及面向未来发展的政策制订宗旨，充分体现出"中西文化理解"和教育近代化之间的关系及其新的发展与变化。此时，另一重大的政策是美国返还部分超收"庚款"、用于资助清末中国游美教育的外交政策——政策的出台存在复杂的过程。中美政府的互动充分地体现出"中西文化理解"的发展过程特征：中美两国存在清末中国派遣学生"庚款"游美教育的战略目标差异，但现实的需求鲜明地存在契合性的特征。本章强调，清末中国游学游历美欧的赓续及其政策发展充分反映出"中西文化理解"和中国近代化之间的关系进入新的重要阶段，充分体现出洋学习"西学"内涵的深化发展；清末中国"庚款"游美教育及其政策兴起存在深刻的历史根源与复杂的形成过程，充分地体现出"中国主体"意识的阶段发展与深刻变化在清末中国出洋游学游历中的重要影响与作用，由此有力地推动中国社会和教育近代化的发展进程。

第四部分：结论与建议（两章）。深刻地揭示中国近代化（包括教育近代化）思维发展逻辑形态特征，获取选题研究的初步结论，同时深入地阐述中国近代化研究的历史启示与现实借鉴意义，并且提出深化研究的建议，即总结中国社会和教育近代化的历史经验与时代教训，以及阐明其对中国现代化（包括教育现代化）的重要启示意义。

第八章，思维发展与时代创新：中国近代化思维发展逻辑形态特征。深刻地揭示中国近代化思维发展逻辑形态特征，即对外开放思维发展的逻辑模式、"西学输入"及其本土化的逻辑过程，以及传统及其内外部现代性因素交互作用的逻辑关系，深度地融入中国近代化中相关思想理论和社会实践的阶段发展与深刻变化过程。中国近代化历经从传统封闭思维发展的逻辑模式发展到对外开放思维发展的逻辑模式（存在被动与主动"两大"阶段），同时历经由"以西学东渐为主"到"以采西学为主"和"以倡新学为主"，以及从"中西会通"到"中主西辅""中体西用"和"弥合中西"（即"新学"）等"西学输入"及其本土化的逻辑过程，而传统及其内外部现代性因素之间的逻辑关系深度地融入中国近代化的阶段发展与深刻变化过程。"三者"共同构成中国近代化思维发展逻辑形态特征，充分地体现出"中西学关系"的阶段发展与深刻变化，以及"中西文化理解"程度的逐步加深过程，充分地表明"中国主体"意识的阶段发展与深刻变化在中国近代化的发展进程中的重要影响作用。

第九章，历史启示与现实借鉴：教育近代化的经验及其现代价值。主要总结性地阐述"中西文化理解"和教育近代化之间的紧密关系及其阶段发展与深刻变化，归纳清末中国出洋游学游历的启示意义，从而在"中西文化理解"的视野中获取教育近代化的历史经验与时代教训，并且为教育现代化提供重要的历史启示与现实借鉴。本章阐明，"中西文化理解"在教育近代化的发展进程中具有重要地位与影响作用。通过概括明清之际以来传统中国"西学输入"及其本土化的阶段发展过程，阐明"中西文化理解"对教育近代化的深刻影响作用，并且在分析传统中国近代化研究理论模式现状的基础之上，强调"中国主体"意识的阶段发展与深刻变化在教育近代化研究中的重要地位与影响作用，由此阐明"中国主体观"理论模式的指导作用。清末中国出洋游学游历（即出国留学和游历考察等）对现代中国出洋游学游历及其政策的制订具有现实性的影响作用，既存在历史经验的继承与发扬，又存在历史教训的消化与吸取。本章强调，在现代中国出洋游学（即留学）教育和出洋游历考察日益发展的新时代，教育近代化的历史经验与时代教训具有重要的启示意义。

（二）研究方法

选题研究方法的选择与研究对象范畴、时限范畴等因素存在紧密的关联。选题主要采用如下研究方法：

一是文献的方法。历史研究的显著特点就是深入探究相关重要的社会历史现象，因而历史研究不能脱离文献资料的大量运用。选题研究通过认真地探析相关的历史文献，力求深入地阐释明清之际以来传统中国"中西文化理解"和中国近代化之间的紧密关系及其内在的本质特征，分析历史人物的基本特点和历史事件的深刻内涵，阐述中国近代化中相关思想理论与社会实践的现实呈现形式，从而深刻地揭示中国近代化思维发展逻辑形态特征。作为历史研究，文献的方法是选题研究采用的最根本方法。选题研究主要运用文本解读和历史诠释"两类"文献方法。文本解读方法是历史研究经常采用的方法。选题研究采用相当大数量的历史文献，并且力图对文献的文本进行还原历史本来面目的解读——当然是对历史文本自身的文献解释，而不涉及意义和价值层面的分析。历史诠释方法则与文本解读方法存在显著的区别，历史诠释是在"不断地重新规定历史文本和历史遗迹的意义的过程中"，对历史认识或观念的某种理解、反思和重构，"必须使许多历史活动者和原来历史文本作者尚未意识到的东西被意识到"[①]，从而对历史的文本进行符合当代需要的新诠释。

---

① 韩震、孟鸣歧著：《历史·理解·意义——历史诠释学》（上海：上海译文出版社，2002），页12。

二是理论的方法。选题研究不能脱离理论方法，需要从思想理论的角度对明清之际以来传统中国"中西文化理解"和中国近代化之间的紧密关系及其阶段发展与深刻变化进行分析探究。思想观念必须建立在一定理论建构的基础之上，才能为社会所接受并发挥指导社会实践的作用。选题研究注重理论的设计和论证：首先是选题研究本身的理论建构，即构建"中西文化理解"的分析框架，深刻地揭示中国近代化思维发展逻辑形态特征，包括对外开放思维发展的逻辑模式、"西学输入"及其本土化的逻辑过程；传统及其内外部现代性因素之间的逻辑关系；其次是诠释中国社会和教育近代化中的相关思想理论观点，比如"中西会通""西学中源""中主西辅""中体西用"和"弥合中西"（即"新学"）等。选题研究需要阐述中国社会和教育近代化的发展进程中相关思想理论的形成与发展过程，探究明清之际以来传统中国"中西文化理解"和教育近代化之间的紧密关系及其阶段发展与深刻变化。做好上述方面的深入探究，都需要运用理论方法。

三是案例的方法。作为实证分析的工具，案例方法具有不脱离社会实际情境的鲜明特征，因而在历史研究中具有广阔的应用前景。但案例的方法并非单纯的个案描述，而是具有特殊模式的技术工具。选题研究以清末中国出洋游学游历为实证个案，即深入地分析清末中国出洋游学游历的思想生成与政策演进过程，由此深化认识与理解"中西文化理解"过程中所存在"中国主体"意识的阶段发展与深刻变化，清晰地阐明"中西文化理解"与教育近代化之间的紧密关系及其内在的本质特征，从而鲜明地例证中国近代化（包括教育近代化）思维发展逻辑形态特征。

第一章　文献综述

　　用于历史研究的文献，可以划分为原始文献和研究文献两大类别。原始文献真实地再现历史发展的状况，虽然可能会存在某些非客观的东西，但毕竟这些素材更接近于历史发展的客观事实，值得在研究中参鉴；研究文献又可以划分为当时研究文献和现时研究文献：当时研究文献是过去历史人物的研究成果，可是对现在研究来讲具有原初证据的意义，而现时研究文献不仅可以提供搜集文献资料的可靠门径，而且可以提供研究参鉴的思路与启示。本章主要回溯性地分析明清之际以来传统中国"西学东渐"与"中学西传"及其历史影响、"西学输入"及其本土化对教育发展的推进作用，以及"中西文化理解"和清末中国出洋游学游历之间的紧密关联，并且指出相关研究文献所存在的局限。对过去研究成果的系统回顾有助于深入地探究"中西文化理解"，阐述"中西文化理解"的发展过程中所存在"中国主体"意识的阶段发展与深刻变化，揭示"中西文化理解"和中国近代化之间的紧密关系及其内在的本质特征，以及对中国社会和教育近代化的深刻影响作用，包括阐明清末中国出洋游学游历中思想理论、历史现象和社会实践等方面的内在逻辑，审视对教育现代化的影响作用与启示意义。

第一节　"西学东渐"与"中学西传"

　　"中西文化理解"的发展过程可以追溯久远的历史时代，但选题研究所论述的"中西文化理解"是指中华传统文化与西方近代文化以及先进的科学技术（即"中学"与"西学"）之间交互理解的含义，历经艰难和复杂的发展过程，其中充满突出的矛盾与激烈的斗争。"中西文化理解"的发展过程中存在"欧洲主体"或"中国主体"的问题。在"中西文化理解"的起始阶段，"欧洲主体"的特征表现得极为鲜明。"西学东渐"的伊始就是以西方传教士为主体的"西学输入"过程，它是明清之际以来传统中国"中西文化理解"的开端，同时对推进中国社会和教育近代化的发展进程具有重要的影响作用。15世纪前后，传统中国与欧洲诸国基本上同步踏入社会转型发展的历史发展时期，开始社会和教育近代化的发展进程。文艺复兴促进传统欧洲社会的思想解放，由此摆脱基督教的教义束缚，催生西方近代的人文主义和实验科学，科学技术取得巨大的成就，并且引起社会生产关系和社会生产力的历史性进步。哥伦布开辟"新航线"之后，西方的自然科学取得重大的进展；哥白尼的《天体运行论》提出著名的"日心学说"，后来布鲁诺、开普勒、第谷和伽利略等推进并证实上述天文学说的"宇宙观"①——此时正值传统中国封建社会发展的鼎盛时期。1405 年至 1430 年，明代中国郑和奉命七次"下西洋"，郑和船队的总人数达 27800 余人；"下西洋"期间，明代中国政府命令各地建造和改进海船的总数达 2658 艘，并且创新牵星板测量天体的高度，用以确定船在海中南北方向的位置（即地理纬度）；采取燃香或沙漏计来计算时间，用以确定海船所在的地理经度；制造罗盘确定 24 个方位，用以指示船行的方向②。

16 世纪开始，西方先行的资本主义国家沿着"新航线"，对非洲、美洲和亚洲开展侵略殖民的活动，导致全球"殖民化浪潮"掀起。1552 年，方济各·沙勿略登上珠江口外的上川岛，探索进入传统中国的可能途径。此后，罗明坚、利玛窦、庞迪我和南怀仁等相继来华传教。从 17 世纪 80 年代开始，随着法国实力的增长和海外事业的发展，在华法国耶稣会士的比例不断增大，洪约翰、白晋、张诚、刘应和李明等接受法国的派遣，来华从事传教和科学研究的活动。③16 世纪至 18 世纪，西方传教士远渡重洋来华，利马窦结合传统中国社会文化的实际，提出"学术传教"（或"科技传教"）和"上层路线"的策略，由此为成功登陆传统中国确立根本的指导方针。欧洲来华传教士在明清之际以来传统中国的"西学东渐"社会思潮伊始之时充分地体现出主体

---

① 王青建著：《科学译著先师徐光启》（北京：科学出版社，2000），页20-21。

② 杨槱著：《郑和下西洋史探》（上海：上海交通大学出版社，2007），页19-32。

③ 许明龙著：《欧洲18世纪"中国热"》（太原：山西教育出版社，1999），页3-17。

性的角色特征，由此对明清之际以来传统中国的"中西文化理解"过程产生重要的推进作用。

明清之际，"中学西传"是东西方世界出现的重要文化交流现象，"中学"对西方的文艺复兴和启蒙运动产生重要的时代影响与社会作用。西方传教士来华之后推进开展"西学东渐"的同时，积极地开展"中学西传"的工作，从而为17世纪至18世纪的欧洲出现传统"中国热潮"创造重要的社会文化条件，最终促使"中学"成为欧洲近代化发展的重要促进因素。在西方社会走向理性发展的新时代（即17、18世纪），笛卡儿、莱布尼茨、孟德斯鸠和伏尔泰等吸收中华传统文化的思想精华，促使中华传统文化对西方的文艺复兴和启蒙运动产生深刻的影响作用。法国著名作家格利姆描述：

在我们的时代里，中国帝国已成为特殊注意和特殊研究的对象。传教士的报告，以一味推美的文笔，描写远方的中国，首先使公众为之神往；远道迢迢，人们也无从反证这些报告的虚谬。接着，哲学家们从中国利用所有对他们有用的材料，用来论证和改造他们看到的本国的各种弊害。因此，在短期内，这个国家成为智慧、道德及纯正宗教的产生地，它们政体是最悠久而最可能完善的；它的道德是世界上最高尚而完美的；它的法律、政治，它的艺术实业，都同样可以作为世界各国的模范。①

莱布尼茨对"中学"存在浓厚的兴趣——关注中华传统文化特别是传统中国的语言、哲学和地理，并且与西方在华传教士保持书信等联系，借以收集传统中国的各种资料与信息②。莱布尼茨的《中国近事·致读者》论述：

肯定无疑的是，中华帝国之大，本身便决定了它的重要性；作为东方最聪明的民族，中华帝国的声望是卓越的，其影响被其他民族视为表率。基于以上几点，我们可以说，似乎从使徒时代以来，基督教信仰从未从事过比此

---

① 利奇温著：《18世纪中国与欧洲文化的接触》（北京：商务印书馆，1962），页86。参见张西平著：《中国与欧洲早期宗教和哲学交流史》（北京：东方出版社，2001），页223。
② 莱布尼茨著：《中国近事——为了照亮我们这个时代的历史》（梅谦立、杨保筠译，郑州：大象出版社，2005），译者的话，页1。

更伟大的事业。①

传统中国的文献通过耶稣会会士传入欧洲，由此对欧洲的近代化变迁起到重要的影响作用。哲学家朱谦之强调：

> 东西文化接触是文明世界的强大推动力。以哲学为例，东西哲学均有其自身的发展规律，但同时也发生相互影响。中国哲学对欧洲思想的影响，实以 1645 年至 1742 年天主教徒争论之礼仪问题，与耶稣会士对宋儒理学之态度为其关键。但欲明此，须先注意中国文化西传之历史。以吾所见，13 世纪至 16 世纪中国的重要发明，以蒙古人与阿拉伯人为媒介，其所传播中国文明，实予欧洲文艺复兴之物质基础创造了条件；而 16 世纪以来耶稣会会士来华传教，其所传播中国文化，则实予 17、18 世纪欧洲启明运动创造了思想革命的有利条件。②

朱谦之探究笛卡儿和莱布尼茨"中国文化观"的思想来源。莱布尼茨的《中国近事》就是耶稣会会士苏霖、白晋、南怀仁、闵明我、安多和张诚等所撰述中国问题的报告合集。莱布尼茨高度地评价"中学"的社会历史作用，莱布尼茨的《中国近事·致读者》论述：

> 人类最伟大的文明与最高雅的文化今天终于汇集在了我们大陆的两端，即欧洲和位于地球另一端的——如同"东方欧洲"的"Tschina"（这是"中国"两字的读音）。我认为这是命运之神独一无二的决定。也许天意注定如此安排，其目的就是当这两个文明程度最高和相隔最远的民族携起手来的时候，也会把它们两者间的所有民族都带入一种更合乎理性的生活。③

关于莱布尼茨的思想与"中学"的深厚关联问题，赖赫怀恩的观点非常

---

① 莱布尼茨著：《中国近事——为了照亮我们这个时代的历史》（梅谦立、杨保筠译，郑州：大象出版社，2005），页13。

② 朱谦之著：《中国哲学对欧洲的影响》（上海：上海世纪出版集团、上海人民出版社，2006），页23。

③ 莱布尼茨著：《中国近事——为了照亮我们这个时代的历史》（梅谦立、杨保筠译，郑州：大象出版社，2005），页001。

具有说服力。赖赫怀恩论述：

> 莱布尼茨实为承认中国文化大足贡献西方文化发展的第一个人。他的《单子论》极其和中国儒释道三教的德性论相同。他所提出的"预定的调和"又极像中国的"天下之道"。莱布尼茨和中国的哲人一样，深信实际世界有其统一性，精神上有日新又新的进步，所以非常乐观。他们都以为宗教的任务在于创造知识，目的在于教成对于社会有用的行为。这就是欧洲启蒙运动的福音。他们以为道德就是快乐，快乐为所有思想的最高目标。[①]

法国"百科全书派"和"重农学派"的思想观点也与"中学"存在紧密的关联。霍尔巴赫、孟德斯鸠、伏尔泰和魁奈等都从"西传"的传统中国文献中获取思想的滋养。另外，"中学"对康德、谢林和黑格尔等德国的古典哲学以及叔本华的自然意志哲学产生深刻的思想影响作用。[②]

传统中国的科举考试制度是"中学西传"的重要内容，属于制度层次的文化形式——可谓深层的文化。长期以来，传统中国的科举考试制度是欧洲对华认识的"盲点"。16世纪之后，耶稣会士向欧洲介绍传统中国的科举考试制度，利玛窦的《书信集》阐述传统中国的科举考试制度及其实施过程、防止舞弊办法、中举之后待遇等级，以及与传统中国社会的管理、政治和秩序等之间的关系，详细地介绍南昌"乡试"的情景，并且指出传统中国科举

---

① 参见朱谦之著：《中国哲学对欧洲的影响》（上海：上海世纪出版集团，2006），页223。
② 霍尔巴赫在所著《社会之体系》中以中国为实例建构社会体系中的道德政治论；孟德斯鸠在所著《法意》中评述中国文化之得失，进行中欧文化的比较，他所著《论法的精神》辟有专章论述中国，所著《波斯人信札》也涉及到对中国文化的态度；与孟德斯鸠批判中国文化的态度相比较，伏尔泰则高度赞赏中国文化精神的真价值，这在所著《诸民族风俗论》和《自然法赋》等著述中都有表现；魁奈著《中国专制政治论》和《经济表》，认为中国文化是欧洲的模范，自信是孔子学说的继承人，因此重农学派尊称其为"欧洲的孔子"；康德在所著《地文学讲义》和《永久平和论》中都引用中国的事例；谢林看重中国东方哲学的同一性，有人称其奉行"东方主义"；黑格尔在所著《历史哲学》中对中国文化做出评论，所著《精神现象学》也与中国《大学》存在神合之处；叔本华在其所著《自然之意志》中单独开辟"中国学"专章，评论中国儒释道三教，还承认朱子哲学的价值。参见朱谦之著：《中国哲学对欧洲的影响》（上海：上海世纪出版集团，2006），页266–353；潘玉田、陈永刚著：《中西文献交流史》（北京：北京图书馆出版社，1999），页45。

考试制度的利弊。^①虽然传统中国科举考试制度 "西传说" 存在学术上的争议，但从 "中学西传" 过程的角度分析，传统中国的科举考试制度对法英美等西方国家文官制度的影响作用存在相关资料的支持，可见其对世界文明的发展进程具有重要的影响作用。^②

由上可见，"中学西传" 是构成欧洲近代化促进因素的重要组成部分——突出地表明 "西学东渐" 与 "中学西传" 在 "中西文化理解" 的发展过程中同时存在。"中西文化理解" 是通过传统中国和近代欧洲之间文化交互实现的，但相关的研究文献明显地存在不足之处：

第一，忽视探究明清之际以来传统中国 "西学东渐" 的活动路径和策略转变以及 "交互文化性"。清代康雍乾时期，传统中国实施 "闭关锁国" 的政策，禁止西方文化（包括宗教）在传统中国的境内传播，有些西方传教士因在传统中国犯禁而遭到逮捕和受刑。为了在东方传播宗教和殖民扩张，西方传教士采取曲线迂回的策略，先行在日本和马六甲等周边地区传教，试图寻机前来传统中国。文献研究发现，诸多的研究忽视西方传教士的策略性应对，而过分地关注 "西学输入" 的过程，以西方传教士为主体进行研究，统称 "西学东渐"。但深入地分析之后发现，"西学东渐" 的统称存在某些不妥之处：一是忽视早期西方传教士开辟东方传播宗教和殖民扩张活动路径的策略性，特别是在日本和马六甲等周边地区传播宗教的中介地位；二是忽视西方传教士在华传播宗教的策略性转变过程，比如利玛窦最初以西方传教士的面目出现；后来依据对传统中国实际情况的感受，换成和尚的身份，穿上袈裟在传统中国的境内游走传教；再后来换上儒服，以 "西儒" 的身份开展传教活动；最后获得传统中国政府的承认与允诺，确立西方传教士在华传教的权利；三是忽视西方传教士与传统中国士人之间的交互理解。诸多的研究忽视上述交互理解的存在，把明清之际以来传统中国的 "西学输入" 统称 "西学东渐"，把其主体性完全归结为西方传教士，而不注意 "中国主体" 意识的觉醒，甚至把 "以采西学为主" 和 "以倡新学为主" 的阶段发展过程全部归结到以西方传教士为主体认识的 "西学东渐"，以致将 "中西文化理解" 的发

---

① 吴孟雪、曾雅丽著：《明代欧洲汉学史》（北京：东方出版社，2000），页94–113。

② 刘海峰著：《科举学导论》（武汉：华中师范大学出版社，2005），页380–397。

展过程简单地理解为"西学东渐"——上述的认识不利于深入探究明清之际以来传统中国"中西文化理解"和中国近代化之间的紧密关系及其内在的本质特征，更难进行相关思想理论和社会实践问题的深入阐释，当然也会对中国近代化研究产生深刻的影响作用。

第二，比较缺乏明清之际"中学西传"影响中国近代化的研究。乐善好施、好仁且礼，本为中华传统文化的良好品质，但西方"全球殖民思潮"泛滥以来，上述良好的品质反而对中国近代化产生严重的危害作用：第一，传统中国著名的"四大发明"（即火药、指南针、造纸术、印刷术）对欧洲的近代化变迁产生革命性的影响作用，但传统中国最终在西方列强的"炮火"中型塑、在西方侵略殖民的"掠夺"中前行，即对中国近代化乃至现代化的发展进程带来历史性的灾难；第二，"中学西传"既传播悠久的中华传统文化，同时赋予中国以文明发达、国家富庶和社会谐乐的氛围，从而为西方殖民者提供充满神秘色彩的遐想与急切探求的渴望，激发更大的探险动力；第三，"中学西传"的单极性传输方式（即指西方单极主体性）严重地导致和扩大传输信息的不对称性，由此加剧西方世界对中华传统文化及其发展信息的误读；第四，"中学西传"透漏出明清之际传统中国的虚弱民气与落伍科技状况，导致西方采取侵略殖民探险和深入传播宗教的现实行动，促使西方世界更清楚传统中国发展的实际情况。西方殖民者通过情报搜集和实际调查，掌握传统中国社会的发展脉络，以及极具价值的情报资源，由此为军事入侵准备前提性的条件。概括地讲，明清之际传统中国的"中学西传"与"西学东渐"是"中西文化理解"发展过程中的"两面"，但传统中国没有及时地把握上述"两面"的影响作用，不仅极力地拒斥西方传教士所带来的西方近代文化和先进科学技术（即"西学"），坚持文化保守的意识，而且充满"中国中心"的世界观和"传统中心"的"夷夏之防"（即"传统中心观"），实施"闭关锁国"的政策，主动"拿来"的精神很不充分，更谈不上在"中学西传"过程中主动接受"西学"的滋养，用以推动中国社会和教育近代化的发展进程。某些文献极力地推崇"中学"对西方近代化（包括教育近代化）的历史性贡献，而忽视对"中学西传"影响中国近代化的认识与理解，因而不利于借鉴西方近代化（包括教育近代化）的历史经验，以及中国近代化中的有益教训，严重阻碍从历史经验与时代教训中获取营养和智慧的积极性与主动性，从而对中国社会和教育近代化乃至现代化的发展进程产生迟滞与不良的社会影响作用。

第二节 "西学输入"及其本土化

明清之际伊始，传统中国社会与教育等步入近代化的发展进程，那么西方近代文化和先进的科学技术（即"西学"）是如何输入中国的，以及对中国社会和教育近代化的发展进程产生何种深刻的影响作用？若要回答上述的问题，就需要系统地阐述明清之际以来传统中国"西学输入"及其本土化的核心内涵及其对教育发展的重要推进作用，也就需要检索与分析相关的研究文献。

明清之际以来传统中国的"西学输入"及其本土化历经复杂矛盾与激烈斗争的过程。清代时期纪昀主纂的《四库全书》是论述明清之际传统中国"西学"观念与政策的代表性著作，"总目"介绍与评论明清之际西方传教士及其传统中国的"协作者"多部有影响的"西学"撰述，虽然其中严厉地批驳西方的宗教，但依然公正地评价西方科学技术的巨大成就，由此充分地反映出清代中国官方对"西学"所秉持的态度与观点，比如盛赞西方天文和历算取得的成就，据实地评价相关撰述的学术价值与实践意义；强调西方"制器之巧，实为甲于古今。寸有所长，自宜节取"，高度地评价西方的机械科学；介绍西方的取水蓄水方法，充分嘉许西方的水利科学；介绍与评论西方的文化知识、建国育才方法和教育体制，并且比较分析中西文化教育；视西方的地理书籍为异闻，充分地反映出"自我中心"的封闭世界观；高度地评价西方科学的同时，阐发"西学中源"的思想。[①]西方耶稣会士输入的"西学"内容包括科学技术和宗教神学，而输入科学只是手段，传播宗教才是根本目的。《四库全书》审视明清之际以来传统中国输入"西学"以及中西文化论战，阐述"西学输入"的社会价值以及清代中国政府的应对政策，积极地肯定西方科学技术的先进性，以及对传统中国"国计民生"的实用价值；提出"西

---

① 吴伯娅著：《〈四库全书总目〉对西学的评价》，《首都博物馆丛刊》，2002年。

学中源"——双重文化效应的社会思想观念，充分地体现出"自我中心"的定向性社会文化心态。但"西学中源"思想却是明清之际和清末时期传统中国社会认同西方科学技术的重要立足点，在特定社会文化的氛围中对传统中国的"西学输入"产生重要的影响，以致对中国社会和教育近代化的发展进程起到抑制的作用，同时排拒西方宗教神学的异端性与危害性，忧虑将会出现耶稣会士"以传天主之教者执国命"等负面的社会后果。①

清末中国的"西学输入"及其本土化可以划分为鸦片战争到"洋务西化运动""戊戌维新"到"辛亥革命"，以及民初到"五四运动"时期等阶段。鸦片战争时期，由于面临西方列强的侵略殖民威胁，因而推进向西方学习的步伐。在"洋务西化运动"中，出于了解与认识西方社会的现实需要，开始主动地引入"西学"，主要引进西方先进的科学技术，并且开始关注西方的政治体制，注重引进西方先进的学术思想，特别是西方的社会科学。20 世纪初期，传统中国出现学术民主与自由的社会气氛，马克思主义开始在传统中国传播，同时封建的文化出现回归的趋势，"新学"思想及其社会面临严峻的考验（但已超越选题研究的时限范畴）。从学科内容的角度来讲，从了解"夷情"（比如西方的地理、风土人情和军事等）到引入西方的自然科学与社会科学。在自然科学方面，从军事应用技艺联结到基础理论，从一般数理常识扩展到各分支学科以及某些新兴学科；在社会科学方面，从接触西方人文和社会状况入手，延伸到探察西方的政治制度，历经热衷君主立宪到追求共和的发展过程。学理上主要探讨西方政治中的"民主主义"、哲学上的"进化论"，清末后期传统中国出现从"民主主义"到"科学社会主义"、从"进化论"到"阶级论"的转化发展。上述的发展过程具有重要的社会作用：促进近代自然科学和社会科学的启蒙与建立；导致近代知识分子群的出现、士林风气的变化；推动近代官办和民办资本主义工厂企业的建立；提供"新学"的精神武器，推动社会的改革和革命的运动等。②

西方传教士艾儒略的"西学六科"（即文科、理科、医科、法科、教科

---

① 周积明著：《文化视野下的〈四库全书总目〉》（北京：中国青年出版社，2001），页 71–83。

② 皮明麻著：《近代西学东渐三个阶段及其社会影响》，《江汉论坛》，1986（10）。

和道科）充分地反映出西方的知识分类体系（当然，这与传统中国的"经史子集"知识分类体系存在显著的区别）的情形，利用导入的西方知识分类体系与课程设置体系，带来清末中国新式学校教育内容和课程设置的时代变革，其中包罗西方近代文化和学术发展成果，更符合人类知识结构和思维发展的规律。西方传教士介绍西方的科学技术发展成就与学校科学教育，由此为明清之际以来传统中国的近代化变迁注入"营养"与"血液"，并且对进步的知识分子产生深刻的思想影响作用，同时对传统实学思想的再兴创造必要的环境条件。西方的科学方法论（集中体现为亚里士多德的"逻辑学"和重视"观测"的科学方法）在传统中国的知识阶层传播，突破传统科学研究的固定方法模式，引进和创造崭新的方法体系，提出全新的方法理论，从而为清末中国的新式学校教育提供必要的方法与工具[1]。"西学输入"及其本土化掀起传统封建教育改革的社会思潮，从而引发教育变革，由此加速教育近代化的发展进程；促使近代西方的数学、天文、地理和科技等"西学"内容输入传统中国，引起传统中国学校教育内容和课程的发展，以及学校教学方式的深刻变革，由此加速清末中国新式学校教育及其教学模式的变迁；致使新式教育的形式与人才的标准发生重大的改变，创办各类新式学堂，出现教会学校和出洋游学游历等教育形式，以及依照"西学"的标准，培养与选拔社会所需要的新式专门人才；促进译书和办报事业的发展，启迪国民的思想与智慧，并且促使译才的培养成为清末中国新式教育的重要目标，由此有力地推动中国社会和教育近代化的发展进程[2]。

上述的文献对充分地阐述"西学输入"及其本土化的核心内涵，认识明清之际以来传统中国"西学"观念与政策的变化，理解"西学输入"及其本土化的阶段发展过程，以及明析"西学输入"及其本土化对教育发展的深刻影响等方面，具有极为重要的作用。但依然存在某些局限：

第一，比较消极地对待明清之际以来传统中国"西学中源"思想内涵对"西学"的容纳性及其历史进步性特征。"西学中源"思想虽然以传统文化的视角来看待"西学"，理论的构建依然存在复古的倾向，但客观上不能抹杀其

---

① 田正平主编：《中外教育交流史》（广州：广东教育出版社，2004），页73–88。

② 栗洪武著：《西学东渐与中国近代教育思潮》（北京：高等教育出版社，2002），页1–25。

所具有对"西学"的容纳性及其历史的进步性。首先，"西学中源"思想肯定"西学"价值的存在——这与固守传统而视"西学"为"奇技淫巧"以及无视"西学"价值的思想观点，存在本质上的差别；其次，"西学中源"思想为明清之际传统中国经世实学的复兴与启蒙思想的萌发，以及清末中国早期改良思潮的兴起等，提供基本的思想依据，从而为吸收与借鉴"西学"创造思想的条件与舆论的环境；最后，"西学中源"思想充分地体现出传统中外文明交流模式的时代性特征，成为中华文明融汇外来文明模式的新发展。其实应该辩证地评价"西学中源"思想，既不能完全否定其历史的进步性，也不能掩盖其落后时代性。虽然相比固守传统和排斥异己的文化观点，"西学中源"思想中的"西学"观念依然存在一定的容纳性和时代的进步性，但明清之际到清末时期——漫长的历史阶段，传统中国处在"西学输入"及其本土化的重要发展时期，"西学中源"思想的核心内涵并未发生实质的变化，因此相比当时具有发展与进步特色的思想理论，其落后时代性就鲜明地呈现出来，并且成为阻碍中国社会和教育近代化变迁的重要影响因素。

第二，尚未明确地划分明清之际以来传统中国"西学东渐""采西学"和"倡新学"之间的界限，难以凸显"中国主体"意识的阶段发展与深刻变化及其时代意义。随着"西学东渐"形成与发展，"中学"内部形成的现代性因素与"中学"外部输入"西学"的现代性因素之间产生激烈的互动作用，并且激发传统及其内外现代性因素之间的交互作用，由此促使传统中国社会与教育等逐步走向近代化的发展进程。但在国内中国近代化研究中，注重探究"西学东渐"的社会思潮，但其中都忽视传统内部现代性因素的重要作用，甚至将明清之际以来传统中国"西学输入"及其本土化的主体归诸传统外部现代性因素的作用。在国外中国近代化研究中，西方学者提出"冲击—反应"理论、"传统—近代模式"理论、帝国主义理论，而"西学东渐"则是其中的主要依据，即"以西方为主体"看待中国近代化的发展进程[①]。上述的研究理论模式也遭到西方其他学者的反驳与批判。美国著名汉学家柯文提出"中国中心观"，关注中华传统文化内部所具有近代化力量（即"内部取向"）的影

---

① 柯文著：《在中国发现历史——中国中心观在美国的兴起》（林同奇译，北京：中华书局，2002），译者代序，页7-9。

响作用①。因此需要以主体转换为标志，重新诠释明清之际以来传统中国"西学输入"及其本土化的发展过程，由此产生"以西学东渐为主""以采西学为主"和"以倡新学为主"的发展阶段划分，即确立以"中国主体"意识的阶段发展与深刻变化为基本标准，明确"西学东渐""采西学"和"倡新学"的界限，而"倡新学"则充分地体现出"中学"与"西学"之间的融合，以及上述"两者"的统一关系，由此更为突显"中国主体"意识的阶段发展与深刻变化在中国近代化的发展进程中的重要影响作用。

第三，没有足够重视中国近代化思维发展的逻辑关系。明清之际以来传统中国的"中西文化理解"不仅充分地体现出"西学输入"及其本土化的发展过程，而且存在中国近代化思维发展的逻辑关系。理清诸多复杂的逻辑关系，才能深刻地揭示中国近代化思维发展逻辑形态特征。但诸多中国近代化的研究文献注重探讨明清之际以来传统中国"西学输入"及其本土化的发展过程、中外相关历史人物的思想理论观点，以及突出与典型的社会历史现象与事件，而难以深刻地揭示和理性地阐释中国近代化思维发展逻辑形态特征。西方学者提出"西方中心观"（比如"冲击—反应论""帝国主义论""传统—现代论"）和"中国中心观"等研究理论模式，但依然是在"以西方为中心"或"以中国为中心"之间的选择，而并未深入地探讨中国近代化中客观和理性的逻辑模式、逻辑过程与逻辑关系。但上述的文献分析对推进中国近代化的研究却很重要。选题研究依据对上述研究理论模式的批判性解读，试图提出中国近代化研究的"中国主体观"理论模式。需要解决如下主要的问题：深入地探讨传统中国为何走向近代化的问题——宏观层面的研究问题，存在战略与决策上的内涵，需要从传统中国的社会内外发展环境和教育发展趋向等宏观背景出发，寻求问题解决的答案；深入地探讨传统中国如何走向近代化的问题——中观层面的研究问题，需要阐明明清之际以来传统中国"西学输入"及其本土化的发展进程中所存在"中国主体"意识的阶段发展与深刻变化，以及揭示中国近代化思维发展逻辑形态特征；深入地探讨传统中国以何走向近代化的问题——微观层面的研究问题，需要理性地分析与总结传统

---

① 柯文著：《在中国发现历史——中国中心观在美国的兴起》（林同奇译，北京：中华书局，2002），译者代序，页14–17。

中国文化教育等各领域的典型社会历史现象与事件，从而例证中国近代化（包括教育近代化）思维发展逻辑形态特征及其历史启示与借鉴价值。

第三节　"中西文化理解"与清末中国出洋游学游历

"中西文化理解"在清末中国出洋游学游历中具有重要的地位，并且对清末中国出洋游学游历的思想生成与政策演进产生深刻的影响作用，促使清末中国出洋游学游历在目的地国家选择策略和学习"西学"内容层次等方面鲜明地呈现出阶段性发展特征。"中西文化理解"与出洋游学游历共同推动清末中国近代化的发展进程。

清末中国出现官绅和学生等出洋游学游历的社会现象。上述现象的出现并非偶然，其实是由清末中国内外社会因素交互作用促成的发展结果。从清末中国内部社会因素的角度来讲，传统科举考试制度的改革与废止为清末中国出洋游学游历注入强大的发展动力。摆脱传统科举考试制度的束缚之后，清末中国政府转而以西方先进的科学文化知识为培养和选拔新式专门人才的主要标准，而清末中国的新式学堂甫行以及师资乏人，难以满足培养和选拔新式专门人才的现实需要，因此清末中国出洋游学游历是传统科举考试制度改革与废止之后的必然选择。清末中国人才选任标准的转变调动追求"新学"的热情，导致清末中国的民间出现出洋游学游历的社会"风潮"。从国外社会因素角度来讲，日美欧等西方国家实施鼓励清末中国派遣学生出洋游学游历的政策，由此对清末中国出洋游学游历趋向发展"高潮"起到推波助澜的社会作用：从游学游历日本的角度来讲，明治日本邻近费省和文化同源，并且已经初步地实现近代化，由此构成吸引清末中国游学生的基本因素。同时，明治日本为了争夺在东亚的战略利益，调整对华的战略与政策，采取各种积极措施，鼓励和吸引清末中国的游学生。从游学游历美国的角度来讲，美国抓住清末中国的资深"五大臣"抵达美国考察宪政的时机，表达采取赠予学额和免收学费等优惠的政策，鼓励清末中国学生赴美游学游历，同时美国退还部分超收的"庚款"，用以资助清末中国学生赴美游学游历。英法德等欧洲国家随后也改变对华的策略，效仿美国退还部分超收的"庚款"，用以吸引清末中国学生前往游学游历，参与对清末中国政治和文化等战略利益的争夺，从而清末时期之后传统中国再掀"庚款"出洋游学游历的社会"热潮"。①

清末中国的早期驻外使节和政府官员前往西方游历存在深层的成因。甲午中日战争之前，传统中国的驻外使节回国之后大多数面临同样的处境，即若真实地反映西方近代社会的实际情形，则可能会被国内的"顽固派"指责为崇洋媚外（郭嵩焘即为先例），但其又不能对国内"顽固派"的闭目塞听和冥顽不化熟视无睹，由此促使部分驻外使节开始认识到——只有事实胜于雄辩，于是鼓动清末中国派遣政府官绅，奔赴西方国家游历考察，即试图运用事实的教育来改变顽固官绅对西方的偏执态度与僵化看法。19世纪80年代，诸多的官绅前往西方游历考察。由于当时缺乏出身"正途"的新式外交人才，同时出洋游历的多数是同文馆的学员与技术人员——尽管后来部分人员成为驻外使节，但知识结构并不能获取认同，因而难能赋予重任。至于清末中国政府，最初希望更多的进士和翰林充任驻外使节，选用已有功名的官员出任公使，但最终难以选拔出胜任使命的人选，由此被迫选择非"正途"出身的人员来充任。②

概括地来讲，清末中国出洋游学游历经过复杂的演进过程，集中地体现在目的地国家选择上的阶段性变化：清末中国从游学游历美欧肇始，经历"以日本为中介"的发展阶段，最终回归到以美欧为主要目的地国家的发展阶段。清末中国出洋游学游历的政策演进与"中西文化理解"的发展过程存在紧密的关联，即"中西文化理解"的阶段发展与深刻变化促成清末中国出洋游学游历政策出现阶段性的演进过程。

文献研究发现，在当前清末中国出洋游学游历研究中，成就最突出的是

---

① 张亚群著：《论清末留学教育的发展》，《华侨大学学报》，2000（4）。

② 林琼著：《清末早期驻外使节对西方文化的传输》，《广西民族学院学报》（社会科学版），2000（5）。

钟叔河①与王晓秋②。从教育史研究的角度来讲,肖朗和田正平等深入地论述清末中国出洋游学游历及其历史意义。"中西文化理解"推进清末中国出洋游学游历的思想生成与政策演进过程,同时,清末中国出洋游学游历对"中西文化理解"的发展过程起到重要的推进作用。因此,上述的"两者"之间存在交互作用与相辅相成的紧密关系。

鸦片战争之后,清末中国的先进人士开始向西方寻求真理——"从东方走向西方"的实录具有文化意义与历史价值。鸦片战争到五四运动,西方"利己主义"的本质总要压迫与剥削发展落后的民族。清末中国的先进人士走向世界和接触西方,既存在学习西方长处的问题,又存在抵抗外国侵略的问题③,清末中国以学习"西学"为中心的出洋游学游历对了解西方与向西方寻求真理以及产生"洋为中用"思想起到重要的推动作用,同时是"中西文化理解"发展过程的生动写照。随着通商口岸的开辟以及新技术和新知识的输入,传统中国的士大夫阶层开始孕育和蜕变出第一批具有现代意义的知识分子。④"闭关自守"是传统中国专制宗法社会的特征。西欧在历经文艺复兴和"地理大发现",以及发展城市经济、航海通商和近代文明之时,传统中国却依然是封闭与落后的专制国家。中华民族从封闭社会走向现代社会的发展

① 钟叔河从1980年起开始收集、整理和出版《走向世界》丛书,先由湖南人民出版社出版20种(1980—1983年);后由岳麓书社将前述20种再加入16种,共36种合编成10册出版(1984年);其中有的已译成英文和法文;先后出版《走向世界——近代中国知识分子考察西方的历史》(北京:中华书局,2000)、叙论集《从东方到西方》(长沙:岳麓书社,2002)和《中国本身拥有力量》(南京:江苏教育出版社,2005)等相关研究专著。另外,还有其他著述,如《念楼集》《天窗》《念楼学短》和《学其短》等行世。
② 王晓秋主要专注于晚清改革和近代中日文化交流研究,代表性专著有:《近代中日启示录》(北京:北京出版社,1987)、《近代中日文化交流史》(北京:中华书局,2000)、《近代中国与世界——互动与比较》(北京:紫禁城出版社,2003)和《近代中国与日本——互动与影响》(北京:昆仑出版社,2005)。另外,还有《从鸦片战争到辛亥革命——日本人的中国观与中国人的日本观》(日文版,1991)和《台湾风云》(台湾版,1995)《近代中国与日本——他山之石》(韩文版,2002)等专著,以及主编《戊戌维新与近代中国的改革》《戊戌维新与清末新政——晚清改革史研究》《国外中国近现代史研究述评》等。
③ 钟叔河著:《走向世界》丛书叙论集(长沙:岳麓书社,2002),页4-5。
④ 钟叔河著:《中国本身拥有力量》(南京:江苏教育出版社,2005),序,页1-4。

历史，既是中外交往史又是文化思想史；既是政治史又是生活史；既是"西学东渐"史又是"反帝斗争"史。[①]鸦片战争之后，传统中国的知识分子亲历西方并且留下记述，生动地反映出清末时期先进中国人对西方由"知之甚少"到"有所了解"的发展过程，产生重大的社会影响与作用。在清末中国出洋游学游历者的翔实记述中，可以感受西方的科学技术、社会制度和意识形态等强烈时代性的视觉冲击，同时对中国近代化的发展进程产生深刻的社会影响与作用。[②]

中国近代化的发展进程与国际发展形势以及中外关系等社会因素的影响作用存在紧密的关联，因此需要用世界的眼光来研究中国近代史。所谓世界的眼光，即需要把传统中国放在国际关系的格局之中，从诸多特定的视角来考察和分析传统中国与世界各国之间的复杂互动关系，并且需要以广阔的视野来剖析中国与外国的历史，积极开展国际文化和学术的交流，努力借鉴国外学术研究的成果，充分地利用与发掘国内外研究的史料。[③]清末中国出洋游学游历是传统中国与近代世界之间互动关系中的重要实例，从世界的眼光以及中西文化比较的角度来讲，由于清末中国政府腐败保守以及国势江河日下，传统中国逐步沦为遭受西方列强欺凌和宰割的半殖民地，但"明治维新"之后日本进入世界强国的行列。甲午中日战争促使清末时期进步的中国人转变"传统日本观"，从而提出"效法日本"和"维新变法"的主张，把学习明治日本作为"救亡图存"和"振兴中华"的重要途径，但清末时期中日文化的交流承担西方文化传播媒介的时代性角色。[④]1887年，清末中国政府派遣出洋游历使——具有时代创新的意义。清末中国政府首次为中央各部保送出国官员举行选拔考试，同时派出12位官员分别前往亚洲、欧洲和南北美洲20余国家，进行为期两年的出洋游历考察。清末中国出洋游历使撰述大量的海外调查研究著作和考察报告，以及游记、日记和诗集等——重点、详略、体裁和文笔等各有特色，对清末中国认识与了解西方社会的发展形势，学习西

---

①　钟叔河著：《中国本身拥有力量》（南京：江苏教育出版社，2005），页1–5。

②　钟叔河著：《中国本身拥有力量》（南京：江苏教育出版社，2005），页147–154。

③　王晓秋著：《近代中国与世界——互动与影响》（北京：昆仑出版社，2003），自序。

④　王晓秋著：《近代中日文化交流史》（北京：中华书局，2000），序论。

方各国的发展经验，加强中外友好的关系，以及促进中外文化的交流等，都具有积极的社会影响与作用。[①]

　　清末中国"走向世界"的外交官与知识人是鸦片战争之后向西方寻求救国真理的先进中国人群体，其切身地感受与了解西方先进的近代文明与政治制度，深入地探索与强烈地追求中华民族的前途和命运。作为西方国家的"富强之本"——教育，自然成为关注的对象。外交官与出国知识人的见闻、思考和建议为清末中国教育的改革与发展注入活力和生机。严复翻译出版多部西方著名的社会科学文献，民族存亡之际给予传统中国振聋发聩的警醒作用，同时为清末中国的新式学校教育改革与发展指明时代性的方向，并且对中国社会和教育近代化的发展进程产生重要的影响作用。《教育世界》的创办促进美欧日等西方教育思想的导入，创办伊始即已刊载大量介绍明治日本教育法规和学校章程等译文与论文，以及西方教育科学及其分支学科文献，注重引进西方近代学科分类观念和学校教育制度，刊登介绍与探讨西方教育家事迹、著作和思想的论文，由此对清末中国的"学制"厘定与教育改革发展产生深刻的影响作用；西方教科书的译编起始于洋务时期传统中国的新式学堂和翻译机构，京师同文馆和江南制造局翻译馆产生最大的社会影响与作用。西方传教士创办的学校教科书委员会出版各类"西学"教科书，清末中国游日学生编译大量日本学校教科书。由此可见，美欧日近代新式教科书的输入对中国社会和教育近代化的发展进程具有重要的推进作用。[②]

　　19世纪末20世纪初，清末中国的中央和地方政府频遣人员赴日，专门考察明治日本的"学制"和"学务"，并且撰述考察报告。姚锡光的考察报告对张之洞撰述《劝学篇·学制》、罗振玉和缪荃孙的考察报告对张之洞参与厘定"癸卯学制"、吴汝纶的考察报告对张百熙主持厘定"壬寅学制"和"癸卯学制"等，都具有重要的影响作用。吴汝纶赴日教育考察期间，不仅了解日本近代学校教育的发展形态与精神实质，而且深入地探究日本近代教育转换的文化机制，与日本教育家的笔谈集中地体现出其试图解决清末中国教育的改革和发展中兼顾"中学"与"西学"的时代性问题，深入地探索明治日本

---

①　王晓秋著：《近代中国与世界——互动与比较》（北京：紫禁城出版社，2003），页33–50。

②　田正平主编：《中外教育交流史》（广州：广东教育出版社，2004），页311–377。

教育如何融合东西文化的思想过程，以致吴汝纶撰成的《东游丛录》被誉为日本近代教育的"百科全书"。赴日考察学务的人员出国之前一般都拥有广泛的教育活动经历，因而对传统中国教育的弊端具有亲身的体验，同时怀抱改革旧教育和发展新教育的强烈愿望，以及实际地体察日本近代教育的发展情形——上述的因素是导致赴日考察学务的人员都主张移植明治日本教育模式的重要原因。考察学务的人员参观异域时的文化反思对形成清末中国教育改革与发展的文化心理动力具有重要的推进作用，与日本教育家的思想交流更启迪清末时期先进的中国人改革与发展教育的时代意识，促使赴日考察学务的人员积极地导入明治日本维新教育的思想，归国之后的相关教育活动对制订清末中国教育改革与发展的大政方针，以及推进明治日本教育模式的导入等，都产生重要的影响作用。[1]

从分析深度的角度来讲，相关的研究文献已经深入地探讨清末中国"中西文化理解"与出洋游学游历之间的紧密关联，同时提出富有创见性的诸多思想观点，但依然存在尚待深化之处。

首先，清末中国"中西文化理解"与出洋游学游历的交互作用机制研究尚属薄弱环节。上述"两者"之间存在紧密的关联，由此促使依照相似的步骤与进程发挥作用，导致传统中国社会、文化和教育等各领域都朝着近代化的方向发展与进步。研究文献深入地分析上述"两者"的发展过程，但为什么会产生关联？存在什么样的关联？以及建立关联的作用机制是什么？对上述相对理性的研究问题阐释还尚不清晰。若要深入分析上述的研究问题，揭示其中内涵的本质，需要从如下方面入手：一是需要具有宽广的研究视野，细致地分析清末中国社会开放系统的发展进程，清楚地阐释清末中国"西学输入"的发展过程中所存在"中国主体"意识的阶段发展与深刻变化，深入地探讨清末中国"中西文化理解"的发展过程及其内在的本质，以及完整地把握清末中国传统及其内外部现代性因素交互作用的逻辑关系。从上述宏观视野的角度出发，在社会开放系统运动中探究相关的研究问题，阐明建立联系所依赖的宏观环境与文化背景，即回答为什么产生关联的问题；二是需要分别探究清末中国"中西文化理解"与出洋游学游历之间关系的影响因素，

---

[1]　田正平主编：《中外教育交流史》（广州：广东教育出版社，2004），页378–402。

随后分析交互作用的影响因素，由此寻求其中的作用机制。分析过程的第一步：探究上述"两者"发展的影响因素：从内部环境的层面出发，分析内部影响因素；从外部环境的层面出发，分析外部影响因素。分析过程的第二步：综合分析内外部影响因素，查找共同的内外部影响因素。基本做法：分别寻求内部和外部影响因素的交集，即回答存在什么样关联的问题；分析过程的第三步：寻求内部影响因素交集与外部影响因素交集的逻辑关联，即回答怎样建立关联的问题，即寻找其中的作用机制问题。

第二，尚待深化清末中国"中西文化理解"与出洋游学游历中的具体问题及其内在关联研究。第一，需要阐释"中西文化理解"的阶段发展中清末中国出洋游学游历的思想生成与政策演进形态问题。从认识过程的角度来讲，明清之际到清末时期，传统中国"中西文化理解"的发展过程鲜明地呈现出从"以西方为主体"的"西学东渐"逐步过渡到"以中国为主体"的"采西学"和"倡新学"发展阶段——上述"中国主体"意识的阶段发展与深刻变化促使清末中国出洋游学游历的思想生成与政策演进。但之前认识的"西学东渐"概念囊括"西学输入"及其本土化的所有发展阶段，即没有具体与细致地划分"中西文化理解"的发展阶段，即单纯地从"西学东渐"的社会思潮出发，探讨相关的具体研究问题，从而导致探究的深度相对浅显，因此需要将清末中国"西学输入"及其本土化的社会实践划分为"以西学东渐为主""以采西学为主"和"以倡新学为主"等发展阶段，深入地探讨各发展阶段中出洋游学游历的思想生成与政策演进形态，以及"中西文化理解"与出洋游学游历中具体发展形态之间的内在关联；第二，需要深化认识具体的相关研究问题，以及澄清相关概念及其内涵。在"西学东渐"和"采西学"交错发展的阶段，需要准确地定位西方传教士的特殊使命与历史贡献，同时需要深入地探究某些具体研究问题的产生与发展过程，比如明清之际传统中国西方传教士身份的变化、明清之际与清末时期西方传教士的特殊使命与策略行为变化、传统中国"西学中源"思想的历史形成及其对"西学本土化"的影响作用、西方传教士和洋员洋商等对清末中国出洋游学游历思想生成与政策演进的推动意义、传统中国"中国主体"意识的阶段变迁与逻辑形态特征，以及传统中国"西学中源"和"中主西辅"以及出洋游学游历和"新学"等相关概念的形成过程与内涵发展等；第三，需要关联性地分析清末中国"中西文化理解"和出洋游学游历中具体的相关研究问题。比如，清末中国"中西文化理解"的发展阶段之间的内在关联、西方传教士在清末中国出洋游学游历中的历史地位、清末中国出洋游学游历政策的转向发展及其文化逻辑等。解决上述具体的研究问题及其内在的关联，有助于深入地探究清末中国"中西文化理解"与出洋游学游历之间的紧密关系，阐释教育近代化的发展进程及其思维发展逻辑形态特征，以及概括出"中国主体"意识的阶段发展与深刻变化对"中西文化理解"和教育近代化乃至教育现代化变迁的深刻影响作用与启示借鉴意义。

第二章　理论基础

教育近代化是教育现代化的早期发展阶段，显著存在于教育现代化的基本特征。教育近代化描述人类社会由农业文明向工业文明过渡发展中的教育心理状态、教育价值观和教育教学方式等方面的深刻变化，以及由传统教育向近现代教育转型发展中传统及其内外部现代性因素的交互作用及其内在的本质特征。选题研究的理论基础涉及社会开放系统理论、交互文化理解理论和文化现代性理论。通过深入地探讨上述的理论基础，力图深刻地揭示明清之际以来传统中国"中西文化理解"与中国近代化之间的紧密关系及其内在的本质特征。社会开放系统理论阐述人类社会从农业社会走向工业社会中由封闭走向开放以及由被动对外开放走向主动对外开放的发展过程；交互文化理解理论阐述不同类型文化之间相互理解的基本特性（即"交互文化性"）；文化现代性理论阐述传统及其内外部现代性因素之间的交互作用机制。从文化哲学的角度来讲，中国社会和教育近代化是明清之际以来传统中国"中西文化理解"的阶段发展过程，充分体现出"中国主体"意识及其阶段发展与深刻变化的重要影响作用，涉及"文化潜移""文化迁移"和"文化交互"及其中的作用机制等理论内容："文化潜移"和"文化迁移"用于陈述"西学输入"的阶段发展过程；文化交互用于分析"西学本土化"的发展进程中所存在"中国主体"意识的阶段发展与深刻变化特征；文化现代性则用于阐述传统及其内外部现代性因素之间的交互作用机制，由此深刻地揭示中国近代化（包括教育近代化）思维发展逻辑形态特征。

第一节　西方研究理论模式的现状及其存在的问题

明清之际以来，传统中国"中西文化理解"的发展过程鲜明地呈现出阶段性发展特征，承受国际和国内复杂社会因素的深刻影响作用，需要站在社会开放系统的层面，深入地考察"中西文化理解"与中国近代化之间的紧密关联。传统中国具有悠久的文明历史，较早地进入封建社会的发展时代，而欧美国家则延迟很多。从封建社会发展时代结束的角度来讲，文艺复兴之后欧洲国家迅速地步入资本主义社会生产关系和社会生产力发展的新时代，"走向世界"和"殖民扩张"促使欧洲的近代文明获取全球性的比较强势地位。明清之际传统中国虽然已经出现资本主义社会生产关系的最初萌芽，但由于存在根深蒂固的封建强权以及频繁遭受外国入侵等传统中国社会内外部因素的深刻影响作用，资本主义社会生产关系萌芽的发展经受国际和国内的双重压制，新兴资本主义的社会生产关系和社会生产力发展缓慢并且曲折与多变，造成明清之际以来传统中国社会和教育等特别是科学技术的整体发展水平趋向落后，从而出现较大规模"西学输入"的社会局面。明清之际以来传统中国"西学输入"及其本土化的发展过程充分地体现出"中西文化理解"与中国近代化之间的紧密关系及其内在的本质特征。

深入探讨"中西文化理解"与教育近代化之间的紧密关系及其内在的本质特征是明清之际以来传统中国文化教育研究的重要课题，之前的"中西文化理解"探究集中在分析"西学东渐"的相关研究问题，认识、理解和意识等方面存在局限。从国内研究现状的角度来讲，现存的某些问题是传统史学研究中固有的问题，某些问题是特定社会发展阶段的必然产物，同时某些问题需要从理论研究本身去发现和探讨，比如研究方法的问题。在中国近代化的发展进程中，西方学者在很长时期秉持"西方中心观"，即"以西方为中心"，注重探究西方近代文化和先进科学技术（即"西学"）对中国近代化的深刻影响作用。从具体研究理论的角度来讲，提出"冲击—回应模式""传统—近代模式"和"帝国主义模式"等研究理论，放大西方近代文化等各领域对中国近代化的影响作用。随着探究中国近代化的程度日益加深，西方学者逐渐意识到"中国本土"社会因素的深刻影响作用，因此柯文提出"中国中心观"的理论模式，即重点从"中国本土"历史的内部因素出发，深入地探讨中国近代化的相关研究问题。在教育近代化研究中，西方学者也逐渐接受上述中国近代化研究的理论模式，但其中存在理论上的缺陷。当然，应该正视和分析上述中国近代化研究理论模式所存在的突出问题。

龚自珍说，"灭人之国，必先去其史。隳人之枋，败人之纲纪，必先去其史。绝人之材，湮塞人之教，必先去其史。夷人之祖宗，必先去其史[①]。"因此，对一个国家来讲，历史研究非常重要，而史学理论的研究具有更重要的意义。如何对待与处理历史知识，如何依据掌握的历史知识，选择合适的研究方法，是历史理论研究需要关注的重要问题。德罗伊森在论述历史知识理论的任务时强调：

历史知识理论不是历史知识的百科全书，不是历史哲学（或神学），也不是历史现象的物理方式的解释，更不是历史写作的修辞学。历史知识理论的任务在提出检讨历史思想与方法的准则[②]。

从教育学科的角度来讲，教育史学理论是教育其他学科理论构建与发展的重要基础。若忽视教育史学理论，就难以构建具有特色的教育学科群。教育近代化研究不能脱离教育史学理论的深入探究，而且必须建立在深厚教育史学理论的基础之上。中国史学理论的研究存在长期发展的过程，同时对文化教育的发展具有深刻的影响作用。"中西文化理解"与教育近代化之间关系的研究深受传统史学理论的影响。在中国近代化的发展进程中，明清之际以来传统中国出现与以往社会发展阶段相异的文化因素，充分地反映到"中西文化理解"与教育近代化之间的关系探究中，即造成有异于传统史学理论的新问题。

中国近代化的发展进程具有不同于传统中国封建社会的发展过程特征。

---

① 楼宇烈著：《向西方学习与弘扬民族文化》，《知与行》，1990（1）。

② 德罗伊森著：《历史知识理论》（耶尔恩·吕森、胡昌智编选，胡昌智译，北京：北京大学出版社，2006），页13。

西方近代文化和东方明治日本文化不断加强对传统中国社会的文化影响与现实作用，并且逐步地成为中国近代化的发展进程中比较强势的文化因素。因此中国近代化研究不能完全依照传统史学的基本原理与思想观点，而应该借鉴西方史学理论的某些原理与思想观点。其实西方史学对中国近代化研究的影响作用存在深化发展的过程，西方学者构建的中国近代化研究的理论模式存在某些矛盾之处，并且在不断发展与变化的新形势面前也会出现诸多其他问题。当然，上述中国近代化研究的理论模式对中国社会和教育近代化研究带来某种程度上的影响作用。

一、"西方中心观"的兴盛及其存在的问题

随着殖民主义思潮的兴起和殖民地范围的拓展，西方近代文明在世界范围获取迅速的扩展，由此对"西方中心观"的形成创造诸多有利的条件。长期以来，西方近代国家仅仅接受"西方中心观"，而冷淡与漠视其他文明的发展成果。黑格尔的《历史哲学》阐述"欧洲文明中心"的理论观点，注重以希腊文明为核心的欧洲文明中心地位，认为新世界不属于世界历史的范畴，而东方文明缺乏"真正的历史性"[1]，以传统中国儒学和古印度佛教为核心的东方文明是内部缺乏活力的惰性体系。汪荣祖在论述西方史家对中国传统史学的理解与误解时谈道：

近代西方独霸世界，在学术圈里也不免有文化的天朝观，认为一切现代学术的根源都在西方，所有非西方学术，莫不属于前现代的古文明。所以，不少著名的西方史学家，虽不曾真正接触到中国传统史学，却信心满满地说，历史意识（historical mindedness; historical conciousness）乃西方独有的东西，故史学史必须追溯到希腊与犹太之根，无论印度或中国皆属"无史"（ahistorical）。有不少西方史家认为，西方人到19世纪之具有近代史学意识，就像他们于17世纪已具备了科学意识一样，而亚非文明在过去既无历史意识，至近代欧化，才接受了近代西方的科技，以及获致近代西方的史学意识，并以欧洲的史学概念与名词来重新规划亚非国家的历史。[2]

---

① 杜成宪、邓明言著：《教育史学》（北京：人民教育出版社，2004），页426。
② 汪荣祖著：《史学九章》（北京：三联书店，2006），页89。

第一种"西方中心观"是"冲击—回应"的理论观点（即"冲击—回应论"）。20 世纪五六十年代，西方学者提出"以西方为中心"研究中国近代化的"冲击—回应"的理论观点——夸大传统中国社会的外部因素（即"西学东渐"）对中国近代化的影响作用，强调只有在西方近代文明的强力冲击之下，传统中国才被迫地做出回应性的近代转变。张岱年、方克立在评论"冲击—回应"的理论观点时谈道：

（它）肯定了西方近代工业文明在促成中国和其他落后国家从前资本主义社会走向近代社会过程中的历史性作用。从这个意义上说，它包含着一定的合理因素……但是，这种理论的片面性也是非常明显的。它只看到西方文化在中国走向近代化过程中所起的积极作用，只看到中国传统文化在这一过程中所起的消极阻碍作用，而没有看到中国传统文化内部富有活力的那些因素也起了一定的积极作用，因此它不能全面正确地解释中国文化近代化的历程和动因。[①]

邓嗣禹、费正清合著《中国对西方之回应》（1954 年），"序言"宣称：

既然中国是人口最多的大一统国家，又有着最悠久的绵延不断的历史，它在过去百年中遭受西方蹂躏就必然产生连续不断、汹涌澎湃的思想革命，对这场革命我们至今还看不到尽头……在充满"不平等条约"的整整一个世纪中，中国这一古代社会和当时居于统治地位的、不断扩张的西欧与美国社会接触日益频繁。在工业革命的推动下，这种接触对古老的中国社会产生了灾难深重的影响。在社会活动的各个领域，一系列复杂的历史进程——包括政治的、经济的、社会的、意识形态的和文化的进程——对古老的秩序进行挑战，展开进攻，削弱它的基础，乃至把它制服，中国国内的这些进程，是由一个更加强大的外来社会的入侵推动的。[②]

---

① 张岱年、方克立主编：《中国文化概论》（北京：北京师范大学出版社，1994），页443-444。

② 柯文著：《在中国发现历史——中国中心观在美国的兴起》（林同奇译，北京：中华书局，2002），页1-2。

保罗·H·克莱德（Paul H Clyde）、伯顿·F·比尔斯（Burton F Beers）合著《远东：西方冲击与东方之回应》（1966年），其中强调：

> 过去一百五十年，东亚一直是一场革命的舞台，这场革命的广度与深度很可能是史无前例的。它包括两个伟大的运动。第一个运动是西方文化生气勃勃地向中亚与东亚的古老社会全面扩展，这个运动从19世纪初开始，通称"西方之冲击"。到20世纪初，就政治权力而言，它几乎征服了整个亚洲。不过此时这场革命的第二部分已经相当深入地展开。亚洲对西方冲击的回应，开始是软弱无力，步调参差，方向不明的。但是到第二次世界大战结束时，已是汹涌澎湃，势不可挡。到20世纪中叶因此出现了一个个崭新的东亚。[1]

费正清、埃德温·O·赖肖尔（Edwin O Reischauer）、艾伯特·M·克雷格（Albert M Craig）合著的《东亚文明史》；梅谷（Franz Michael）、乔治·泰勒（George Taylor）合著的《近代世界中的远东》等，同样充分地体现出"冲击—回应"理论观点的影响痕迹。[2]

第二种"西方中心观"是"传统—近代"的理论观点（即"传统—近代论"）。林同奇概述：

> 此模式的前提是认为西方近代社会是当今世界各国万流归宗的"楷模"（norm），因此中国近代史也将按此模式，从"传统"社会演变为西方的"近代"社会，认为中国历史在西方入侵前停滞不前，只能在"传统"模式中循环往复或产生些微小的变化，只有等待西方猛击一掌，然后才能沿着西方已走过的道路向西方式的"近代"社会前进。[3]

第三种"西方中心观"是"帝国主义"的理论观点（即"帝国主义论"）——注重探讨西方对传统中国社会的影响作用，并且将其看成传统中国

---

[1] 参见柯文著：《在中国发现历史——中国中心观在美国的兴起》（林同奇译，北京：中华书局，2002），页2。

[2] 参见柯文著：《在中国发现历史——中国中心观在美国的兴起》（林同奇译，北京：中华书局，2002），页2-3。

[3] 柯文著：《在中国发现历史——中国中心观在美国的兴起》（林同奇译，北京：中华书局，2002），译者代序，页8。

实现近代发展的主因。佩克（James Peck）论述：

> 不论改良派还是革命派都只抨击西方帝国主义和日本军事入侵的直接的表现，而忽略帝国主义势力比较隐蔽的渗透渠道。其实，他们所主张的那些改革只会使中国越来越全面地陷入国际资本主义经济的泥沼中去。"近代化部门"的不断扩张，交通通信的改进，中国海关的近代化，中国银行体制的发展，所有这些对于正在形成的、越来越精密化的帝国主义体制都是必需的。①

第四种"西方中心观"是"文明冲突"的理论观点（即"文明冲突论"）。20世纪80年代，随着"苏联解体"与"东欧剧变"，"东方阵营"走向瓦解，出现"西方阵营"独霸的国际社会局面。但同时宣告"冷战时代"的结束。针对上述国际社会的发展形势，1993年萨缪尔·亨廷顿提出"文明冲突论"，认为"冷战时代"结束之后意识形态的冲突不再是国际冲突的主题，甚至国际冲突的主题不再是经济冲突，而主要是"文明冲突"。萨缪尔·亨廷顿强调：

> 文明就是人类不同族群间相互认同的最大共同体，再往上就是人与动物的区别了。维系文明的纽带就是传统的宗教信仰或者伦理价值系统，由于历史的原因，人类形成了几个最主要的文明体系，按照宗教信仰或价值系统来区分，就是西方基督教文明、中东伊斯兰教文明、东亚中国儒家文明，以及南亚印度教文明等。这些文明间曾经对峙了数千年之久，近代以来的西方化和殖民化浪潮使得各大文明间的传统边界逐渐消淡，而用社会主义与资本主义间的意识形态冲突取代了文明间的对垒。但是随着政治意识形态冲突的消失和冷战时代的结束，各大文明体系间的文化差异和冲突可能性将会再度凸显出来，成为21世纪国际格局的主题……在21世纪，这种威胁主要可能来自于伊斯兰教文明与儒家文明的联合，这两者将会携起手来共同对抗西方基督教文明。②

① 柯文著：《在中国发现历史——中国中心观在美国的兴起》（林同奇译，北京：中华书局，2002），页117。
② 赵林著：《文明冲突与文化演进》（北京：东方出版社，2006），页2。

萨缪尔·亨廷顿的"文明冲突论"是新的历史发展时期"西方中心观"的典型形态，对美国制订阿富汗和中东的政治与军事战略具有现实性的指导作用，同时对当代西方学者的史学研究产生重大的思想影响。

"西方中心观"的兴盛严重地影响西方学者选择中国近代化甚至现代化研究的分析视角。19世纪开始，西方社会在政治、经济、军事和文化等领域占有优势，"西方中心观"在西方社会各领域的研究中鲜明地呈现出来。秉持上述思想观点的西方学者，强调欧洲文明的比较优势，奉行"欧洲种族中心主义"的思想观点，妄图将西方的价值观凌驾世界所有国家的文明之上，并且以"文明传播使者"的身份竭力地为西方国家的侵略殖民行动辩护，而社会科学研究日益凸显"以西方为中心"分析问题的研究视角与霸权心态，忽视中国在内的东方其他国家既有悠久文明与科学技术成果。同样在教育史学研究中，过高地评价西方教育发展的成就，竭力地强调西方教育的独特性与影响性，而对其他异域教育的遗产和成就，采取排斥与贬低等消极的态度。

二、"中国中心观"的掀起及其存在的问题

"传统中心观"为传统中国原有的思想观念，但"传统中心观"与"中国中心观"存在本质的区别。利玛窦的《中国札记》深刻地阐述"传统中心观"。利玛窦论述：

> 因为不知道地球的大小而又夜郎自大，所以中国人认为所有各国中只有中国值得称美。就国家的伟大、政治制度和学术的名气而论，他们不仅把别的民族都看成野蛮人，而且看成是没有理性的动物。在他们看来，世界上没有其他地方的国王、朝代或者文明是值得夸耀的；这种无知使他们愈骄傲，一旦真相大白，他们就愈自卑。[①]

"中国中心观"运用到中国近代化研究的理论领域，应该归功于美国著名汉学家柯文（Paul A.Cohen）。针对"西方中心观"的"外部取向"局限，柯文从"内部取向"的角度出发，强调传统中国社会内部因素的影响作用，提

---

① 罗荣渠著：《现代化新论——世界与中国的现代化进程》（增订本，北京：商务印书馆，2004），页278。

出"中国中心观"——认为"内部取向主要是指在研究中国近代史时把注意力集中在中国社会内部因素，而不是放在外来因素上"①，并且强调：

中国本土社会并不是一个惰性十足的物体，只接受转变乾坤的西方的冲击，而是自身不断变化的实体，具有自己的运动能力和强有力的内在方向感。②

柯文坚持立足于传统中国社会的历史发展过程，深入地探究中国近代化中的相关思想理论与社会实践问题。柯文论述：

19、20世纪的中国历史有一种从18世纪和更早时期发展过来的内在的结构和趋向。若干塑造历史的、极为重要的力量一直在发挥作用……呈现在我们眼前的并不是一个踏步不前、"惰性十足"的"传统"秩序，主要或只可能从无力与西方抗争的角度予以描述，而是一种活生生的历史情势，一种充满问题与紧张状态的局面，对这种局面，无数的中国人正力图通过无数方法加以解决。就在此时西方登场了，它制造了种种新问题——而正是这一面，直到近年一直吸引美国史家（费正清与列文森就是其中的主要代表）。但是它也制造了一个新的情境，一种观察理解老问题的新框架，而且最后还为解决新、老问题提供了一套大不相同的思想与技术。但是，尽管中国的情境日益受到西方影响，这个社会的内在历史自始至终依然是中国的。③

柯文针对中国近代社会的发展特征，指出传统中国社会内部因素的自主性（即"内部取向"）的重要地位与影响作用，力图避免中国"传统中心观"的复归，同时试图摆脱"西方中心观"的束缚。柯文强调：

我使用"中国中心"一词时绝对无意用它来标志一种无视外界因素，把中国孤立于世界之外的探讨这段历史的取向；当然我也无意恢复古老的"中

① 柯文著：《在中国发现历史——中国中心观在美国的兴起》（林同奇译，北京：中华书局，2002），译者代序，页14。
② 柯文著：《在中国发现历史——中国中心观在美国的兴起》（林同奇译，北京：中华书局，2002），页88。
③ 柯文著：《在中国发现历史——中国中心观在美国的兴起》（林同奇译，北京：中华书局，2002），页210。

国中心主义"（Sinocentrism），即含有世界以中国为中心的意思。我是想用
"中国中心"一词来描绘一种研究中国近世史的取向，这种取向力图摆脱从
外国输入的衡量历史重要性的准绳，并从这一角度来理解这段历史中发生的
事件。[1]

柯文竭力地淡化西方对中国近代化的影响作用，选择由文化的层面转向
历史的层面，深入地探究中国近代化的相关研究问题。柯文论述"中国中心
观"的显著特征时强调：

从中国而不是从西方着手来研究中国历史，并尽量采取内部的（即中国
的）而不是外部的（即西方的）准绳来决定中国历史中哪些现象具有历史重
要性；

把中国按"横向"分解为区域、省、州、县与城市，以展开区域性与地
方历史的研究；

把中国社会再按"纵向"分解为若干不同阶层，推动较下层社会历史（包
括民间与非民间历史）的撰写；

热情欢迎历史学以外诸学科（主要是社会科学，但也不限于此）中已形
成的各种理论、方法与技巧，并力求把它们和历史分析结合起来。[2]

柯文比较分析"西方中心观"与"中国中心观"，强调"前者"是以文化
为中心确立概念及其内涵，通过分析中西文化的差异，阐释中国近代化的相
关研究问题，而"后者"则是从历史而非文化的角度，阐述中国近代化的相
关研究问题。柯文论述：

中国中心取向之所以适宜于从历史而不是文化的角度来构想中国的过去，
是因为它进行比较的重点不在于一个文化和另一个文化（中国与西方）的不
同，而在于一个文化（中国）的内部前后情况的不同。前一种比较方法由

---

[1] 柯文著：《在中国发现历史——中国中心观在美国的兴起》（林同奇译，北京：中华
书局，2002），页210–211。
[2] 柯文著：《在中国发现历史——中国中心观在美国的兴起》（林同奇译，北京：中华
书局，2002），页201。

于把注意力集中在某一文化的比较稳定的属性和特征——即文化的固有特性上——容易使人们对历史采取相对静止的看法。而后一种比较由于强调某一文化内部在时间上所经历的变异，就扶植了一种对历史更加动态、更加以变化为中心的看法，依此看法，文化作为解释因素退居次要地位，而历史——或者说一种对历史过程更加高度的敏感性——就渐居注意的中心。[①]

柯文的"中国中心观"开辟中国近代转型发展研究的新方向，并且成为透视西方对中国近代史学研究的重要窗口，对扭转长期以来"以西方为中心"的研究倾向，以及确立将研究重心重新移至传统中国"内部取向"等都具有重要的意义，同时为西方的中国近代史学研究提供重要的方法论基础。

柯文的"中国中心观"依然存在某些研究的局限。夏明方将柯文的"中国中心观"概括为"柯文三论"（即"去冲击论""去近代化论"和"去帝国主义论"），并且进行批判性的解读，强调之前的"西方中心观"强调传统中国社会外部因素的决定性影响作用，而柯文的"中国中心观"则抹杀传统与近代的界限，由此阻碍研究与西方入侵没有关联的历史侧面；忽视那些有可能主要是对"中国本土"力量做出回应的与西方关联的事项；削弱采用社会、政治和经济的解释方法；颠覆"西方中心观"，减少对"外力冲击"解释的依赖，以及混淆外部殖民主义与内部民族统治之间的关系，淡化西方殖民与文化霸权的本质[②]。

概括地讲，无论是"西方中心观"的兴盛还是"中国中心观"的掀起，都充分地体现出西方学者对中国近代化研究的不同视角。从理论的层面来讲，上述的两种"中心观"都存在难以逾越的理论局限以及难以解决的理论问题；从实践的层面来讲，上述的两种"中心观"的研究视角也难以完全阐释中国近代化的发展进程及其思维发展逻辑形态特征。但上述两种研究的理论模式具有重要的启示意义。我们既不愿接受"西方中心观"，也不想违背中国近代化中"西学输入"的事实，而完全地接受"中国中心观"，因此需要从"中国

---

① 柯文著：《在中国发现历史——中国中心观在美国的兴起》（林同奇译，北京：中华书局，2002），页204-205。

② 夏明方著：《一部没有"近代"的中国近代史——从"柯文三论"看"中国中心观"的内在逻辑及其困境》，《近代史研究》，2007（1），页3-15。

本土"的角度出发，强调"以思维为中心"，由此提出中国近代化研究理论的崭新模式——"中国主体观"，从而利于深刻地阐释中国近代化的发展进程中所存在"中国主体"意识的阶段发展与深刻变化，以及深刻地揭示中国近代化思维发展逻辑形态特征，但"西方中心观"与"中国中心观"对中国近代化的"本土"研究具有重要的影响作用[1]。

第二节　理论基础 I：社会开放系统理论

20 世纪八九十年代，许多中国社会学者都热衷于采用"三论"的研究方法，深入地探讨社会科学领域的相关研究问题。所谓"三论"，即指系统论、信息论和控制论——在 20 世纪西方社会经济和科学技术发展条件下产生的交叉学科[2]，并且逐步地由解决自然科学的相关研究问题发展到解决社会科学的相关研究问题。社会开放系统理论是"三论"发展的重要理论成果。社会开放系统理论为选题研究提供重要的理论与方法，具有基础性的指导价值。

一、社会开放系统理论的概念与范畴

系统理论的兴起是人类社会探索自然科学和社会科学过程中的重要方法变革。关于系统的概念含义以及系统理论的缘起，沃尔特·巴克利（Walter Buckley）甚至追溯至 17 世纪的机械模式、19 世纪的有机模式以及 20 世纪早

---

① 杨晓在所著《中国近代教育关系史》中，就将其研究"碰撞转换的理论框架"定位于"吸收和批判'冲击——反应'论和'内发性发展'论这两种理论框架的基础上"，参见杨晓著：《中国近代教育关系史》（北京：人民教育出版社，2004），页7。"内发性发展"论为日本学者从柯文提出"在中国发现历史"的"中国中心观"引申而来，主要代表人物为三石善吉、沟口雄三等，参见杨晓著：《中国近代教育关系史》（北京：人民教育出版社，2004），页18–26。

② 系统论的代表人物为 L V 贝塔朗菲，他在1945年发表《关于普通系统论》，确立了普通系统论的学科地位；信息论的代表人物为 C E 申农，他于1948年发表《通讯的数学理论》，奠定了现代信息论的基础；控制论的代表人物为 N 维纳，他于1948年出版《控制论（或关于在动物和机器中控制和通讯的科学）》。参见冯国瑞著：《系统论、信息论、控制论与马克思主义认识论》（北京：北京大学出版社，1991），页10–20。

期的处理模式，但系统理论专家普遍认为，系统理论的发展过程中最主要和最新近的推动力来自工程学的控制论，即调节和控制复杂机器的研究。[1] LV贝塔朗菲意识到"物理学家、生物学家、心理学家和社会科学家都被禁锢在自己的领域中，难以找到各个领域间的共同语言"，因此提出普通系统论的思想观点，运用系统的概念内涵，综括和阐述各个领域之间的普遍联系[2]。帕森斯、希尔斯（Shils）专门论述系统的特征：

> 一个系统最一般、最本质的性质，就是各部分或各变量的相互依附关系。相互依附关系是各部分或各变量中存在的确定关系，它是相对于变异的随机性而言的。换言之，相互依附关系是一个系统的各组成部分中的关系序列。[3]

开放系统原本是阐释自然界运动规律的基本概念，即指自然界中事物之间相互关联的系统。自然界中的系统可以划分为两大类，即不与外界进行物质、能量和信息交换的封闭系统，以及与外界进行物质、能量和信息交换的开放系统。"前者"是相对的，因为自然界中不存在完全封闭的系统；"后者"是绝对的，因为自然界中的任何系统都是开放的系统。比如，自然界中的生物系统不断地产生由简单到复杂、由低级到高级、由量变到质变的演进过程，呈现出开放和发展的系统运动状态。[4]冯国瑞论述：

> 人们通常把系统与外部环境相互联系和相互作用过程的秩序和能力称为系统的功能。贝塔朗菲在把结构称为"部分的秩序"的同时，把功能称为"过程的秩序"。如果说，系统的结构是揭示了系统内部各要素相互作用的秩序的

---

① 斯坦利·巴兰、丹尼斯·戴维斯著：《大众传播理论：基础、争鸣与未来》（曹书乐译，北京：清华大学出版社，2004），页201。

② Ludwig von Bertalanffy, "Gerneral Systems Theory",in Gerneral Systems：Yearbook of th:e Society for the Advancement of Gereral Systems Theory,vol.1,Ludwig von Bertalanffy and Anatol Rapoport,eds.(New York:G.Braziller,1968)：p8.参见E·马克·森著：《教育管理与组织行为》（冯大鸣译，X·燕·麦希施密特校，上海：上海教育出版社，2005），页153。

③ Talcott Parsons and Edward Shils, "Categories of the Orientation and organization of Action",in Toward a Gerneral Theory of Action,T.Parsons and E.Shils,eds.(New York:Harper and Row,1962),p107.

④ 严加红著：《现代教育管理引论》（南昌：江西高校出版社，2002），页14-15。

话，那么，系统的功能则是揭示了系统与外界作用过程的秩序，系统的功能体现了一个系统与外部环境间的物质、能量和信息的输入与变化的关系。①

安德列·洛夫从自然科学的角度论述开放的系统：

有机体是相互依赖的结构和功能的完整系统。有机体由细胞组成，细胞由和谐配合的分子组成。每个分子必须知道其他分子在做什么。每个分子必须能够接收信息，必须严格服从。你一定熟悉控制规章的法规。你知道我们的思想是如何发展的，最和谐、最健全的思想是如何融入生物学基础的整体中，赋予其统一性的。②

运用开放系统的概念，深入地阐释相关社会的现象与问题，由此产生社会开放系统理论。肯尼斯·贝里恩谈到，从生物科学中的有机体延伸到社会科学中的组织，可以实现普通系统理论的观点从自然科学到社会科学的过渡③。

若要弄清社会开放系统理论的内在含义，首先需要弄清开放的概念含义。孙玉宗从社会系统理论的角度阐述开放的概念含义：

所谓开放，就是客观存在的政治实体，从历史上和同时代的人类文明中吸取优秀成果来充实和发展自己，拒绝成为低水平的自满自足、自我封闭的体系，按照"耗散结构"原则，有效地解决各国物质和能量的交换问题，使各国平衡的系统达到维持稳定、有序、协调发展的目的（从外界环境中吸取物质和能量以维持的有序结构，称为耗散结构）④。

---

① 冯国瑞著《系统论、信息论、控制论与马克思主义认识论》（北京：北京大学出版社，1991），页108-109。贝塔朗菲系美籍奥地利生物学家，系统论创始人，1945年在《德国哲学周刊》上发表《关于普通系统论》。

② Andel Lwoff, "Interaction among Virus,Cell and Orgnization," Science,152(1966),p1216。参见罗伯特·G·欧文斯著：《教育组织行为学》（窦卫霖、温健平、王越译，袁振国校，上海：华东师范大学出版社，2001），页107。

③ F.Kenneth Berrien, "A Gerneral Systems Approach to Orgnization," in Handbook of industrial and organizational Psychology,ed.Marvin D.Dunnette(Chicago:Rand McNally & Company,1976),p43. 参见罗伯特·G·欧文斯著：《教育组织行为学》（窦卫霖、温健平、王越译，袁振国校，上海：华东师范大学出版社，2001），页107-108。

④ 孙玉宗著：《对外开放与对外贸易》（北京：对外贸易教育出版社，1989），页1。

叶自成论述：

所谓开放、对外开放，是人类社会自近代以来不断进步和发展的一般的和普遍的客观现象和必然趋势，是世界各国相互间在经济文化和政治方面不断和经常进行物质、人员、信息的交换、流动、联系，以及由此产生的相互影响。[①]

叶自成运用西方社会学有关开放社会的理论观点，分析近代以来的社会：

开放社会是相对封闭社会而言，一般是指在近代开始首先在西欧形成的与外部世界联系日益密切的社会。"开放社会"一词首先是在法国哲学家柏格森 1932 年所写的《道德与宗教的两个来源》一书中出现。柏格森将"封闭社会"的特征描写为"人类初次脱离自然界控制所形成的社会"，是信仰巫术与禁忌的社会，而"开放社会"则是一个人们批判禁忌，依靠自己的理智权威经过讨论来作抉择的社会。英国哲学家卡尔·波普则于 1943 年写了《开放社会及其敌人》对这个概念进行了论述。一般来说，原始社会、奴隶社会、封建社会都是一种封闭社会，而资本主义社会和社会主义社会则是开放社会。"开放社会"既指现实，也是许多思想家描述的未来的理想社会。[②]

概括地讲，社会开放系统理论为解决社会问题提供"一种框架、一种元理论和一种模式的术语"，既是"理解许多类型和层次现象的一种方法，也是描述这些现象的一种概念语言"[③]。

近些年来，社会开放系统理论获取进一步的发展。德国社会学家鲁曼（Niklas Luhmann）从现代性的角度深入地探讨社会开放系统的研究问题。鲁曼强调，社会开放系统的现代性主要体现在现代社会所呈现出显著现代特征的理论层面；显示现代特征的思考模式与思想方法层面；分析与探究现当代社会中各次系统所存在问题的具体层面，同时强调现代社会功能所呈现高度

---

① 叶自成著：《对外开放与中国的现代化——经济文化政治的开放及其正负效应》（北京：北京大学出版社，1997），页3-4。

② 叶自成著：《对外开放与中国的现代化——经济文化政治的开放及其正负效应》（北京：北京大学出版社，1997），页6-7。

③ Daniel Katz and Robert Kahn, The Social Psychology of Organization (Copyright by John Wiley & Sons,Inc,1966), p452.

分化，以及宗教、法律、政治、教育和经济等各系统的高度自律性、独立性与复杂性特征。另外，哈贝马斯和布尔迪厄等都对推进社会开放系统理论的发展做出重要的贡献。[1] 钱学森将系统论发展到系统学的层次，同时将复杂性研究带入系统学，建立开放复杂巨系统理论，提出从定性到定量的综合集成研讨厅体系[2]，构建具有中国特色的系统学。钱学森的开放复杂巨系统理论对社会开放系统理论的新发展具有重要的意义。

二、社会开放系统理论的基础价值

社会开放系统理论处在选题研究理论基础中的重要地位，是构建选题研究理论框架的重要依据，具有基础性的指导价值。原因在于选题研究的基本目标是构建"中西文化理解"的分析框架，深入地探讨中国近代化的相关研究问题，集中地探究明清之际以来传统中国"中西文化理解"与中国近代化之间的紧密关系，以及深刻地揭示中国近代化思维发展逻辑形态特征。

第一，"中西文化理解"是选题需要关注的核心研究问题，而理解的立足点必须是国际的视野，即需要从社会开放系统的角度，对待明清之际以来传统中国"西学输入"及其本土化的发展进程中所存在"中国主体"意识的阶段发展与深刻变化。在探究"中西文化理解"的发展过程中，既需要避免重复"西方中心观"（即"欧洲种族中心主义"）的理论模式，同时需要避免柯文为代表"中国中心观"的理论局限，充分地强调明清之际以来传统中国"西学输入"及其本土化的重要推进作用，并且通过探究思想理论和实践路径等阶段发展过程，深入地阐述"中国主体意识"的阶段发展与深刻变化，由此深刻地揭示"中西文化理解"的阶段发展过程特征。

第二，传统及其内外部现代性因素交互作用的逻辑关系是选题需要探究的重要研究问题，由此可以深入地阐释明清之际以来传统中国"西学输入"及其本土化的发展进程中所存在"中国主体"意识的阶段发展与深刻变化。但探讨

---

[1] 高宣扬著：《鲁曼社会系统理论与现代性》（北京：中国人民大学出版社，2005），页193–211。

[2] 北京大学现代科学与哲学研究中心编：《钱学森与现代科学技术》（北京：人民出版社，2001），页140–144。

上述相关的研究问题时，首先必须基于西方近代以来社会发展的实际情况，分析西方近代社会各领域的深刻变化，以及中国近代化中的诸多问题与障碍，深化认识明清之际以来传统中国的"中西文化理解"对中国社会和教育近代化的影响作用，即需要基于社会开放系统，比较分析西方与中国的近代化变迁，力图深入地阐释明清之际以来传统中国"中西文化理解"与中国近代化之间的紧密关系，以及深刻地揭示中国近代化思维发展逻辑形态特征。

第三，近代世界逐步地由封闭走向开放，对外开放是中国近代化的唯一选择——这是总结中国和世界的历史发展经验所获取的重要规律性成果，已经为明清之际以来中国近代化的发展进程所证实。但深入地阐述明清之际以来传统中国"中西文化理解"与中国近代化之间的紧密关系，以及深刻地揭示中国近代化思维发展逻辑形态特征，都需要运用社会开放系统理论，即要从国际和国内两方面深入地阐释中国近代化中的相关思想理论与社会实践问题。

概括地讲，清末中国处在由传统封闭社会系统向对外开放社会系统的转型发展过程中，既存在传统中国社会外部强加的压力（即外部的现代性因素），也存在传统中国社会内部发展的动力（即内部的现代性因素）。若要充分地理解传统及其内外部现代性因素的交互作用机制，认清中国近代化的发展进程及其思维发展逻辑形态特征，就需要运用社会开放系统理论的思想观点。从教育史学研究的角度来讲，需要将教育投入社会开放系统之中进行深入的分析与考察，基于"大历史"和"大教育"的研究范式，构建"中西文化理解"的分析框架，深入地审视教育近代化中的相关思想理论与社会实践问题，并且在战略和政策层面探讨教育近代化的阶段发展进程，深刻地揭示教育近代化思维发展逻辑模式特征，吸取和借鉴历史经验与时代教训，从而有力地推动现代中国教育的持续和高效发展，由此促使教育能够对推进中国现代化的时代发展做出更大的贡献。

第三节　理论基础Ⅱ：交互文化理解理论

世界不同区域、民族和国家对各种类型的文化都存在不同的理解与阐释，同时操持各具特色的文化价值观，因此在文化交流与传播的过程中就会产生各种不同的文化观念。"欧洲种族中心主义"（或"欧洲中心论"）坚持西方文化霸权的观念，比如萨缪尔·亨廷顿的"文明冲突论"就是当代西方推行文化霸权的典型理论观点，而传统中国矜持儒家"道德核心"与"和而不同"的"中庸"文化观念，但也存在"传统中心主义"（即"传统中心观"）的文化观念。从文化交流与合作的角度审视，不同类型的文化之间存在"交互文化性"。在充满多样化的文化联系中，"交互文化性"起到推进文化交融的重要作用，突出地表明世界不同区域、民族和国家之间存在"文化潜移"和"文化迁移"的社会历史现象，以及在不同的社会发展阶段中产生具有时代特色的文化模式，比如现代文化和后现代文化等，并且对深入地认识不同类型文化之间的关系特征具有重要的指导价值。交互文化理解理论有助于深刻地揭示明清之际以来传统中国"中学"与"西学"之间"会通"到融合（即"西学本土化"）的阶段发展过程，同时可以用于阐释明清之际以来传统中国"西学输入"及其本土化的发展进程中所存在"中国主体"意识的阶段发展与深刻变化，从而利于深刻地理解西方文化霸权、渗透和侵略的内在本质。但从辩证与历史的观点来讲，明清之际以来传统中国"西学输入"及其本土化的阶段发展过程客观上对中国近代化的发展进程产生深刻的影响作用。综合上述，交互文化理解理论有助于清晰地阐述不同类型文化之间的交互作用机制，因而在选题研究中具有基础性的重要地位与作用。

一、"文化多样性"与"交互文化性"

社会学家吉登斯强调，"社会就是把个体连接在一起的具有内在相互关系的系统"，社会具有不同的类型，"它们的成员是在共同文化造就的结构化的社会关系中被组织起来的。没有社会，文化就不可能存在；反之亦然，没有文化，社会也不可能存在。没有文化，我们便根本不能被称为通常意义上我们所理解的'人'。"因此，社会存在文化价值观的差异，具有文化多样性的特征。[①]世界不同区域、民族和国家存在不同类型的文化规定性及其特征，由此产生异彩纷呈的文化现象。作为理性存在的人，不可能脱离特定文化的范

---

① 安东尼·吉登斯著：《社会学》（赵旭东、齐心、王兵、马戎、阎书昌等译，刘琛、张建忠等校，北京：北京大学出版社，2003），页20–23。

畴，即总是处在不同类型文化的世界之中。[①] 人类学家蓝德拉论述：

> 文化创造比我们迄今为止所相信的有更加广阔和更加深刻的内涵。人类生活的基础不是自然的安排，而是文化形成的形式和习惯。正如我们历史地所探究的，没有自然的人，甚至最早的人也是生存于文化中。[②]

因为存在文化的差异，所以也就存在文化的传播，乃至产生"文化迁移"和"文化潜移"等交互现象及其特征，以及出现对各种类型文化和不同文化现象的阐释。19世纪后期，西方产生各种文化理论，进行激烈的论争与相互的批判，最有影响的是泰勒、摩尔根和巴霍芬等为代表的"古典进化论学派"；弗里德里希·拉策尔、莱奥·弗罗贝纽斯、威廉·施密特和威廉·里弗斯等为代表的"文化传播论学派"；博厄斯和克鲁伯等为代表的"历史特殊论学派"。20世纪之后，文化研究从注重描述文化现象转向文化模式与功能等深层的研究，出现"文化形态史观""功能主义文化学派"和"文化结构学分析"等不同的文化理论阐述。[③]

在全球化迅猛发展的时代，不同类型文化之间的交互是平常的社会历史现象。倪梁康分析德国现象学家黑尔德的交互文化理解理论观点时论述：

> 黑尔德认为，我们可以在被称作原生成之物的现象中找到交互文化理解的原则可能性的共同基础，但是同时也可以找到——这甚至是黑尔德的主要目的所在——这种理解为何会从根本上遭遇到一个不可跨越的极限的原因。这个被黑尔德称作"基本情绪"的原因深深地植根于原生成性的现象中，它代表着一个文化构成的重要因素……在当今主导性文化中的共同之物是日常表层的东西，其中也包括经济、技术。但基本情绪的差异性"制约着生成性在不同文化世界中的不同含义，并因此而制约着这些文化世界的个性特

---

① 衣俊卿著：《文化哲学十五讲》（北京：北京大学出版社，2004），页1–4。

② 蓝德拉著：《哲学人类学》（北京：工人出版社，1988），页260–261。参见衣俊卿著：《文化哲学十五讲》（北京：北京大学出版社，2004），页2。

③ 衣俊卿著：《文化哲学十五讲》（北京：北京大学出版社，2004），页4–6。

征"……为什么相同的文化材料或意义在不同文化中会得到不同的立义。①

黑尔德深刻地分析人类社会中不同文化的类型和现象及其特征，强调文化自身所具有内在的独特性，即"交互文化性"。张宪结合中国的文化，深入地阐述其对"交互文化性"的理解。张宪论述：

> 通过交互文化的理解，我们要发现的是交互文化性。它不是某种具体地存在于某种文化中的东西，也不是不同文化的简单混合，而是通过文化的比较才能获取的一种真理……对中国的文化越有深切的体会，对别的文化就越有深刻的理解；反过来，对别的文化理解得越全面，对中国文化的把握就越深入。②

张宪引入"交互文化性"的概念，深入地思考现代性的相关研究问题，探讨中国文化与外国文化、传统文化与现代文化之间的不同表现形态及其特征：

> 人类文化以及时代性并非是完全同质的东西，因而，所有文化的"中"与"外"、"传统"与"现代"都是文化解释和建构的产物，在不同程度上与人类的交互文化的理解有关。简言之，要想真正把握文化的"传统"与"现代"的关系，我们必须深入了解人类文化表现的不同形态。基于交互文化解释学而敞开一种表现于不同文化系统中的交互文化性，这也许是现代性与传统学术讨论的最佳切入点。③

随着全球化的不断推进，"文化多样性"特征更显鲜明，不同类型文化之间的联系更为紧密，相互影响作用的程度不断增长，"交互文化性"也就更鲜明地呈现出来。因此在世界各区域、民族和国家以及不同类型的文化之间所进行的交流与沟通并非社会历史发展中的偶然现象，而是由"文化多样性"

---

① 倪梁康著：《交互文化理解中的"格义"现象——一个交互文化史的和现象学的分析》，http://www.cnphenomenplogy.com/0205071.htm.

② 张宪著：《人类如何能够相互理解》，http://www.cnphenomenplogy.com/0209294.htm.

③ 张宪著：《交互文化性·传统·现代》，经典与解释网，http://202.116.73.82/jdjsx/info_Show.asp?/ArticleID=323.

和"交互文化性"所决定的必然结果。明清之际以来传统中国的"西学输入"及其本土化充分地体现出"文化多样性"和"交互文化性",表明"中西文化理解"是中国近代化中的必然发展过程(社会实践的发展路径却存在多种选项),同时各种文化之间论争与融合的社会事件或历史现象深刻地揭示出明清之际以来传统中国"中西文化理解"中的"文化多样性"和"文化交互性",由此对辩证地认识明清之际以来传统中国"西学输入"及其本土化的发展进程,正确地理解中国近代化中所存在"中国主体"意识的阶段发展与深刻变化,以及深刻地揭示中国近代化思维发展逻辑形态特征等,都具有重要的指导价值与意义。

二、"文化潜移"与"文化迁移"

世界各区域、民族和国家文化发展的程度与水平存在较大的差异,由此决定文化具有动态性的特征,即占有比较优势的强势文化可以通过"隐性渗透"的方式对比较劣势的弱势文化产生深刻的影响作用。美国人类学家罗伯特·F墨菲将"由于社会接触所产生的社会与文化的变迁"称为"文化潜移"过程。墨菲的"文化潜移"观点属于"欧洲种族中心主义",认为"不管西方文化渗入到什么地区的简单社会""那儿初民的生活方式都发生了巨大的变化",从而使初民社会移向复杂社会,继而强调:[①]

一般认为,两个或多个社会发生直接而持续的接触时,也就开始了文化潜移过程。由于不是少数几个而是所有的群体都具有这样的联系,因而这一点在社会变化中并不是某种特殊的情形,而可以认为是一个普遍的因素。文化潜移的一个更为重要的现象是,由于政治上具有优势的群体的竞争,实用主义动机,以及某些时候由于胁迫,所造成的大范围的传播……几乎在所有的情况下,文化"净流"的方向总是由强者流向弱者,这不完全是单向的运动。

"文化迁移"是"文化潜移"的外显形式,即占有比较优势的强势文化通

---

① 罗伯特·F墨菲著:《文化与社会人类学引论》(王卓君、吕迺基译,北京:商务印书馆,2004),页280–282。

过"显性侵入"的方式对比较劣势的弱势文化产生深刻的影响作用。明清之际以来传统中国"中西文化理解"的发展过程充分地展现出西方的强势文化通过由"隐性潜移"到"显性迁移"方式的转换发展，从而实现对中国近代化的深刻影响作用。

15世纪开始，传教士东来传播西方的宗教，"文化潜移"现象就已在传统中国的境内出现。随之而来的是"文化迁移"现象的出现，由此充分地表明西方近代文化和先进的科学技术（即"西学"）开始对传统中国产生"显性"的影响作用，比如徐光启提出的"中西会通"思想就是上述影响作用的内在本质体现。15世纪至18世纪，中西方文化之间的交互作用出现显著的发展与变化。18世纪至20世纪，西方国家在推进军事殖民和经济侵略的同时，在世界范围推行西方社会的价值观念以及推进西方文化的霸权，由此导致出现全球性的"泛西方化浪潮"。赵林论述：

> 这个席卷全球的泛西方化过程表现为：西方首先在经济层面上向非西方世界渗透，继而在政治层面上对非西方世界进行殖民化改造，最后在文化层面上同化非西方世界……西方人在泛西方化浪潮的过程中都秉执着这样一种理念，也就是要把各种肤色的人在精神上完全改造成为西方人，而且他们认为自己这样做的目的是要给非西方世界带来福音。另一方面，非西方世界的人们在西方强大的经济、政治、军事力量面前日益感到相形见绌，于是对泛西方化浪潮的态度也渐渐地由抵制转变为拥护，希望成为西方大家庭的一员。然而，双方都未曾意识到，这样的全盘西化可能会导致一种可怕的后果。①

进入20世纪之后，全球性的"泛西方化浪潮"导致传统中国的社会文化领域出现"充分世界化"和"全盘西化"思潮，但同时出现"现代新儒家"。上述因素促使中华传统文化进一步地走向近代化的发展进程（不管是强迫还是自然）。陈序经视东方文化为延滞和落后的文化，而视西方文化为演进和进步的文化，而且"西洋现代的文化，不只是世界上最进步的文化，而且是趋

---

① 赵林著：《文明冲突与文明演进》（北京：东方出版社，2006），页225–226。

为世界的文化[①]",由此提出"全盘西化"思想[②]。同时处在中华传统文化核心部分的儒家文化,逐步具备现代性的新特征。梁漱溟深入地比较西洋、中国和印度的哲学之后强调,需要"批评地把中国原来态度重新拿出来"[③]。张君劢强调:

> 中华民族之在今日,如置身于生死存亡之歧路中,必推求既往之所以失败,乃知今后所以自处之道;必比较各民族在历史中之短长得失,乃知一己行动之方向。吾人研求三四千年中,中印欧民族生活之经过,于是得一结论曰:以精神自由为基础之民族文化,乃吾族今后政治学术艺术之方向之总原则也。[④]

从上述"西学观"的发展与变化角度来讲,西方近代文化和先进科学技术(即"西学")对中国近现代社会和文化的发展进程产生深刻的影响作用。明清之际以来传统中国"西学输入"的发展过程充分地体现出西方利用近代先进文化和科技优势对华进行渗透与侵入(即"文化潜移"和"文化迁移")

---

① 陈序经著:《文化学概观》(北京:中国人民大学出版社,2005),页390-402。

② 陈序经所著《中国文化的出路》和《东西文化观》(北京:中国人民大学出版社,2004)两部著作充分论述了他持"全盘西化"思想的理由。即理论上和事实上中国已趋于全盘西化;欧洲近代文化的确比我们进步得多;西洋的现代文化,无论我们喜欢不喜欢,它是现世的趋势。其实这三种理由相当牵强附会,但作为文化理论观点,还可以历史的眼光看待它,毕竟这是中国近代化中具有相当影响的文化理论观点。作为"全盘西化"的观点,从历史角度看,也不能将这理解为"全部"西方化,这一点胡适曾经有过一段议论,他还提出"充分世界化"的概念。他在《充分世界化与全盘西化》文中有段话:陈序经、吴景超诸位先生大概不曾注意到我们在五六年前的英文讨论。"全盘西化"一个口号所以受了不少批评,引起了不少的辩论,恐怕还是因为这个名词的确不免有一点语病。这点语病是因为严格说来,"全盘"含有百分之一百的意义,而百分之九十九还算不得"全盘"。其实陈序经先生的原意并不是这样,至少我可以说我自己的原意并不是这样。我赞成"全盘西化",原意只是因为这个口号最近于我十几年来"充分"世界化的主张;我一时忘了潘光旦先生在几年前指出我用字的疏忽,所以我不曾特别声明"全盘"的意义不过是"充分"而已,不应该拘泥作百分之百的数量的解释。参见胡适著《胡适文存》(第四集,合肥:黄山书社,1996),页400-401。

③ 梁漱溟著:《东西文化及其哲学》(北京:商务印书馆,1999),页204。

④ 张君劢著:《明日之中国文化》(北京:中国人民大学出版社,2006),自序,页1。

的发展过程，并且对中国近现代化的发展进程产生深刻的影响作用。

三、交互文化理解理论的基础价值

世界富有复杂性与多样性的特征，造成不同区域、民族和国家的文化形态及其内涵特征鲜明地呈现出丰富多彩的局面。15 世纪以来，文艺复兴和工业革命促使西方步入资本主义的发展轨道，引发社会各领域的深层革命，造成世界经济、政治和军事的发展形势发生深刻的时代变化。同时西方殖民主义大行其道，在全球建立庞大的殖民体系，印度和中国等具有悠久文明的传统国家，也难逃西方"殖民浪潮"的强大冲击，相继沦为西方的殖民地或半殖民地。西方侵略的矛头指向传统中国并深化发展之时，传统中国在政治、经济和军事等各领域却面临深刻的时代性危机，文化教育也不能置身局势之外，西方不断地深入开展以传播宗教为主要目标的文化教育渗透和侵入活动，由此对中华传统文化产生深刻的影响作用，导致出现"中西文化理解"的发展过程，激起传统中国文化教育的时代变革与转型发展。教育近代化不仅鲜明地体现为新式学校的教育形式、教育内容和教学方法等方面的深刻变革，而且充分地体现为文化教育观念以及教育近代化思维发展逻辑形态的转变发展。在明清之际以来传统中国"西学输入"及其本土化的发展过程中，"交互文化理解"是最鲜明的特征。上述的理解并非"文化中庸主义"，即并非"和而不同"的文化理解，而在很大程度上是建立在不同经济基础和上层建筑以及西方文化霸权基础上的文化理解。但在"中西文化理解"的发展过程中，"西学本土化"是其中鲜明的特征，充分地体现出"中国主体"意识的阶段发展与深刻变化。因此，辩证地认识"中西文化理解"的发展过程及其内在的本质特征是中国近代化研究中需要确立的基本前提。

交互文化理解理论对选题研究具有基础性的重要指导作用：明清之际以来传统中国的"西学输入"及其本土化是中国近代化中的重要社会历史现象，也是教育近代化的重要思想呈现形式，并且对教育近代化的发展进程产生深刻的影响作用；"交互文化性"是世界不同区域、民族和国家文化交融的重要特征，"西学输入"及其本土化是明清之际以来传统中国"中西文化理解"过程的重要体现形式，中国近代化的发展进程是上述影响作用的发展过程。"中西文化理解"是明清之际以来中国近代化中最主要的发展过程特征，充分地体现出社会、文化与教育之间的紧密联系。通过客观和辩证地分析"中西文化理解"的发展过程，可以深入地阐述明清之际以来传统中国"西学输入"及其本土化的发展途径、变迁过程及其内在的本质特征，同时深入地阐述其在中国近代化中的重要地位与影响作用。中国近代化的阶段发展进程充分地表明，即使在"文化交互理解"的发展过程中同样会出现难以预测和充满危机的各种问题。但各民族、区域和国家的文化不能在与世界文化割裂的基础之上获取发展，而必须不断积极和主动地进行相互之间的交流与合作，故而中外文化开展交流与相互开放很重要。从教育发展的角度来讲，明清之际以来传统中国的"中西文化交互理解"对教育近代化的发展进程具有深层的影响作用；从现代化发展的角度来讲，辩证地分析明清之际以来传统中国"西学输入"及其本土化对中国近代化的影响作用具有重要的参鉴意义，充分地显示教育近代化的发展过程及其思维发展逻辑形态特征，是中西文化交互作用的重要体现。通过深入地探究明清之际以来传统中国"西学输入"及其本土化的发展进程中所存在"中国主体"意识的阶段发展与深刻变化，利于深刻地揭示西方近代文化渗透与侵入的内在本质特征。同时构建"中西文化理解"的分析框架，由此更能够深刻地揭示中国近代化（包括教育近代化）思维发展逻辑形态特征，以便更清楚地阐明中国社会和教育近代化的时代价值与历史意义。

概括地讲，"文化多样性"与"交互文化性"决定世界文化的发展不可能在封闭的社会环境中进行，而必须具有对外开放的博大胸怀，不断加强与其他不同类型文化之间的互通与交流。但处理好文化输入与本土选择之间的关系很重要，必须力求避免明清之际以来传统中国"西学输入"及其本土化中文化渗透与侵入现象的历史重现，以及需要采取主动和积极的心态，对其他区域、民族和国家的文化进行慎重的本土选择。明清之际以来传统中国的"中西交互文化理解"是中国社会和教育近代化中的重要表现，其理论的内涵可以深刻地揭示"西学输入"及其本土化的发展进程中所存在"中国主体"意识的阶段发展与深刻变化特征，因此在中国社会和教育近代化研究中处于理论基础的重要地位。

第四节　理论基础Ⅲ：文化现代性理论

　　教育近代化与现代性因素的发展存在紧密的关联。在教育近代化的发展进程中，明清之际以来传统中国出现诸多充分地反映内外部现代性因素影响作用的社会历史现象，由此导致出现诸多需要解决的重要问题，即教育近代化思维发展中的交互作用机制（即"逻辑关系"），而且通过传统及其内外部现代性因素的交互作用，从而达成"中西文化理解"的阶段发展与深刻变化。显然，文化现代性理论对选题研究具有基础性的重要指导作用。

一、现代性的概念内涵及其与传统之间的关系

　　19世纪以来，西方社会科学研究领域提出现代性的概念及其范畴。西方有关现代诠释的各派思想"纷纭激荡"，形成诸多的现代性理论观点。依照卡林内斯库的说法，"现代性广义地意味着成为现代（being modern），即适应现时及其无可置疑的'新颖性'（newness）"[①]。

　　黑格尔是"第一位意识到现代性问题的哲学家"，不仅"用概念把现代性、时间意识和合理性间的格局突显出来"[②]，而且通过深入地探究欧洲的启蒙运动，提出"把理性作为一体化的力量"的思想。黑格尔强调：

　　　　文明发展到今天，古代的哲学与实证宗教的对立，即知识与信仰的对立，已经被转移到了哲学内部。但是，取得胜利的理性是否会遭遇与野蛮人一样的命运呢？野蛮人表面上是征服了文明人，可实际上却受到文明人的控制。作为统治者的野蛮人，或许在表面上掌权，而在精神上，他们却失败了。

---

① 马泰·卡林内斯库著：《现代性、现代主义、现代化——现代主题的变奏曲》，参见汪民安、陈永国、张云鹏主编：《现代性基本读本》（上，开封：河南大学出版社，2005），页250-251。

② 哈贝马斯著：《黑格尔的现代性观念》，参见汪民安、陈永国、张云鹏主编：《现代性基本读本》（上，开封：河南大学出版社，2005），页331。

只是在某种被限定了的宗教观念里，启蒙理性才在与信仰的对立中大获全胜。如此一来，胜利就变成了这样：理性忙于与之争斗的实证因素不再是宗教，而获胜了的理性也不再是理性。①

哈贝马斯强调，"'现代性'这种表达以其在各个情况下的不同含义，反复解说着对一个时段的意识，这一意识回溯古典时代的过去，恰是为了将自身理解成从旧到新的转变之结果"②，需要"把理性与生活世界统一起来""这种统一是通过理性话语的预设而实现的相互理解的必然结果"。哈贝马斯提出交往行为理论，强调"交往理性是一种理想""理想与现实间的鸿沟被还原为生活世界内部受交往影响的语境扩充和交往者立场间的张力，交往者的立场是一种不断尝试的和不断延伸的生活经验"。③

伯恩斯坦全面地总结韦伯④有关现代性的思想理论观点。伯恩斯坦论述：

韦伯论证说，启蒙运动的思想家们的希望和预期是一种痛苦与讽刺性的幻想。他们维护着科学的成长、理性和普遍的人类自由间的一种有力的必然联系。但是，在揭下面具和被理解了时，启蒙运动的遗产却是有目的的—工具

---

① 哈贝马斯著：《黑格尔的现代性观念》，参见汪民安、陈永国、张云鹏主编：《现代性基本读本》（上，开封：河南大学出版社，2005），页316。

② 哈贝马斯著：《现代性：一个未完成的方案》（赵千帆译）http://www.wenyixue.com/new/jdwb/content/20thxf/xdx.htm。

③ 莱斯利·A·豪著：《哈贝马斯》（陈志刚译，曹卫东校，北京：中华书局，2002），页85—89。

④ 马克斯·韦伯（1864—1920年），德国著名社会学家，著述甚丰，研究范畴广泛，尤其集中在宗教社会学等方面，对文化现代性的研究集中反映在他的多部著述中，如《世界宗教的经济伦理》及其导论部分《新教伦理和资本主义精神》（彭强、黄晓京译，西安：陕西师范大学出版社，2002）《儒教与道教》（王容芬译，北京：商务印书馆，2003），以及《新教教派与资本主义精神》（http://www.ideahistory.com/Article.asp?articleid=323）等，对新教伦理与西方资本主义发展的精神动力之间生成关系，以及儒家伦理与东方资本主义发展的精神阻力之间生成关系等问题进行了深入的研究，将儒教与西方的清教进行了深入的对比，最后获得了儒教伦理阻碍了中国资本主义发展的结论。韦伯对文化现代性问题进行了深入分析和探讨。他认为，文化现代性是摆脱宗教和形而上学世界观的统治，诸种价值领域不断分化的产物。

理性……的胜利。理性的这种形式影响并浸染了社会生活与文化生活的整个领域，包括经济结构、法律、官僚机构，乃至艺术。（有目的的—工具理性）的发展并没有导致普遍自由的具体实现，却导致了造成一个官僚理性的"铁笼"，没有什么东西能从中逃逸出来。①

霍尔界定现代性是"比较周延的系统"，以及复杂的多重建构过程，但并"不是单一进程的结果，而是许多不同进程和历史凝结的结果"，同时并非局部的历史进程，而是涉及广泛领域的过程。霍尔论述：

经过很长的一段历史，它们塑造了现代社会的形态。我们将其描述成进程而不是实践，是因为尽管进程是由个体的和集体的社会人的活动组成，社会转型的运作是在多个扩展了的时间维度内进行，有时看起来是独立运作。这些进程运作的一个效果就是赋予现代社会一个独特的外观与形式，使它们不仅仅是一个个的"社会"（一种社会活动的松散聚合体），而是"社会的多重建构"（具有特定结构和明确社会关系的社会）。②

霍尔强调，现代性是复杂交互作用的过程，存在政治、经济、社会和文化等类型的现代性。霍尔在定义现代性的概念时强调：

我们这里所说的"现代"是指每一进程导致了某些区别性特征或社会品格的出现，这些特征合在一起就成了我们对"现代性"的定义。从某种意义上来说，"现代"这一术语不仅表示某种现象是最近出现的；它还承载了某一特定的分析性和理论性的价值，因为它与一个概念模式相关。

霍尔认识到现代性与文化之间的关联，强调"现代性定义中还包括其他两个方面"，"它们可以被松散地归在'文化'的名下"，"第一个指的是知识生产与分类的方式"，第二个指的是"现代社会构建过程中的文化和社会认同

---

① 戴维·哈维著：《现代性与现代主义》，参见周宪主编：《文化现代性精粹读本》（北京：中国人民大学出版社，2006），页209。
② 霍尔著：《现代性的多重建构》，参见周宪主编：《文化现代性精粹读本》（北京：中国人民大学出版社，2006），页42–44。

的构建，即归属感和象征性边界的建构"。①

从哲学的层面来讲，西方哲学家关于历史、现代性和时间等概念范畴的讨论很繁杂，存在关于历史的本真性与非本真性、现代性的连续性与断裂性，以及时间的有限性与无限性等之间的区分，比如海德格尔和本雅明揭示的思想理论观点②。科瑟勒克依据对"经验空间"与"期待视野"之间不断增大差异的理解，描绘现代的时间意识：

> 我的观点是，在现代，经验与期待间的差异越来越大。更确切地说，自从期待越来越远离以往所有的经验，现代才首次被理解为一个新的时代。③

虽然现代与西方的理性主义、历史语境之间存在内在的关联，但哈贝马斯强调，不能再像韦伯"把现代化过程看作理性化过程和理性结构的客观历史"，并且引述詹姆斯·科勒曼的话语，即"从进化论角度归纳出来的现代化概念不再惧怕现代终结的观念，也就是说，不再惧怕现代会有终结状态，而被'后现代'所取代"④，同时论述黑格尔的思想理论观点，"我们这个时代是一个新时期的降生和过渡的时代"，并且意识到现代世界与旧世界之间的主要区别，即集中地体现为面向未来开放的特征⑤。但从另外的角度来讲，传统的永恒性也在现代性中突出地表现出来。

现在为止，现代性并未形成完全统一的范畴界定，而仅仅构建内在性的

---

① 斯图亚特·霍尔著：《现代性的多重建构》，参见周宪主编：《文化现代性精粹读本》（北京：中国人民大学出版社，2006），页42-44。
② 本雅明所著《历史哲学论纲》（张耀平译，参见陈永国、马海良编：《本雅明文选》，北京：中国社会科学出版社，1999）和海德格尔所著《存在与时间》（陈嘉毅、王庆节译，熊伟校，北京：三联书店，2000）中都有多历史和时间等概念内涵的深刻阐释，存在上述概念含义的区分和哲学讨论。
③ 科瑟勒克著：《经验空间与期待视野》，《过去的未来》，页359。参见周宪主编：《文化现代性精粹读本》（北京：中国人民大学出版社，2006），页12-13。
④ 哈贝马斯著：《现代的时代意识及其自我确证的要求》，参见周宪主编：《文化现代性精粹读本》（北京：中国人民大学出版社，2006），页4。
⑤ 哈贝马斯著：《现代的时代意识及其自我确证的要求》，参见周宪主编：《文化现代性精粹读本》（北京：中国人民大学出版社，2006），页7-8。

"世界和生活的新范式"①。现代性理论在很大程度上可以看成有关现代社会和历史文化的研究论坛，目前难以运用完整和统一的理论构建来概括其中基本的内涵与结构。因此，在理解现代性的阶段划分及其与传统之间的关系问题上并未获取完全一致的看法，甚至出现"非历史主义"的思想。但从历史唯物主义的角度来讲，传统与现代性之间存在紧密的关联，从而意识到现代性在历史继承和时间发展中所具有的重要地位与影响作用。20世纪末现代性理论传入以来，在传统中国的语境中运用现代性的学术话语，用以阐释近现代社会的历史变迁过程，以及揭示各种社会历史现象的特征，乃至成为中国社会理论和历史变迁研究的重要指导理论与学术热点话题②。

二、"文化现代性"的理论内涵

现代性的起源与欧洲的启蒙运动存在紧密的关联，"现代性的问题是当前的批判理论和政治哲学格外关心的一个问题。这个问题的历史根源当然就是德国启蒙运动的思想家对启蒙的本质以及理性的命运的批判"③。加雷特·格林在论述"现代文化成熟"的问题时强调：

> 当伊曼纽尔·康德在1784年宣告他对启蒙的著名定义时，他把一个隐喻奉为神明，那个隐喻长期以来已经成为欧洲现代性的一个备受宠爱的自我定义，而且基本上是因为康德的论文，就注定成为现代性的含义的一个准正式的标准。康德，就像每一本教科书告诉我们的那样，把启蒙定义为"人从其自我招致的不成熟中的突现"，并进一步把不成熟解释为"不经别人的引导就不能运用自己的理智"。康德的定义的核心是一个隐喻——或者，就像我们将

---

① 迈克尔·哈特、安东尼奥·奈格里奥著：《两个欧洲，两种现代性》，参见汪民安、陈永国、张云鹏主编：《现代性基本读本》（上，开封：河南大学出版社，2005），页269。

② 目前出版现代性研究论文或专著，如汪辉论文《当代中国的思想状况与现代性问题》，载李世涛主编：《知识分子立场：自由主义之争与中国思想界的分化》（北京：时代文艺出版社，2000）；刘小枫著：《现代性社会理论绪论》（上海：上海三联书店，1998）；张博树著：《现代性与制度现代化》（北京：学林出版社，1998）；沈语冰著：《透支的想象——现代性哲学引论》（北京：学林出版社，2003）等。

③ 詹姆斯·施密特编：《启蒙运动与现代性——18世纪与20世纪的对话》（徐向东、卢华萍译，上海：上海人民出版社，2005），译后记。

看到的那样，是两个相互关联的隐喻的组合。启蒙，康德说，类似于从小孩子的地位转变到成人的地位。经过启蒙的现代就是人类的成年。①

　　哈贝马斯等深入地探究"文化现代性"的问题，提出"文化现代性启蒙方案"。在回溯"文化现代性"的概念之后，韦伯总结出"文化现代性"的特征。其中论述：

　　在宗教和形而上学世界观里得到正式表达的实质理性分裂为三个动因，这三个动因现在只有在形式上（通过论辩争议 argumentative justification 的形式）才能彼此关联起来。只要世界观解体了，其传统上的问题在真理、规范恰当性以及本真性或美的视野下分解开来，并且在各个情况中相应地被当作知识、正义或者趣味方面的问题来对待，那么，在现代时期就会引起一种对科学及知识、道德和艺术这些价值领域的区别。这样，科学话语、道德和合法性的追问、艺术生产及批评实践就在相应的文化系统内部被体制化，成为专家的课题。这样根据对有效性的单一抽象把文化遗产划分为职业去处理的作法，就每一个方面而言，都有助于明了认识—工具的、道德—实践的和美学－表达的知识综合体内部的自主结构。由此开始，也就会有科学和知识的、道德和合法性理论的以及艺术的内部历史，这些历史当然不代表线性的发展，但依然构成了学习的步骤。②

　　在界定"文化现代性"的概念内涵时，哈贝马斯论述：

　　现代性的观念与欧洲艺术的发展有直接关系，然而，我所说的"现代性规划"，只有在我们不再像通常那样专注于艺术时，才会进入我们的视野中心。请允许我从一个不同的分析开始，它令人想起来源于韦伯的观念。韦伯认为，文化现代性的特征就在于宗教和形而上学中所表现出来的本质理性被分离成三个自主的领域，它们是科学、道德和艺术。它们之所以会逐渐分化，乃是

----

① 加雷特·格林著：《现代文化的成熟：哈曼和康德对启蒙根本隐喻的对立看法》，参见詹姆斯·施密特编：《启蒙运动与现代性——18世纪与20世纪的对话》（徐向东、卢华萍译，上海：上海人民出版社，2005），页300。

② 哈贝马斯著：《现代性：一个未完成的方案》（赵千帆译），http://www.wenyixue.com/new/jdwb/content/20thxf/xdx.htm。

由于宗教和形而上学的世界观瓦解了……由启蒙哲学家在 18 世纪精心阐述的现代性规划，是一种遵循其内在逻辑坚持发展客观的科学、普遍的道德和法律与自主的艺术的努力。同时，这个规划旨在把每个领域的认知潜能解放出来，使之从令人费解的宗教形式中摆脱出来。启蒙哲学家想要利用这些专门化的文化积累丰富日常生活，即是说，为了社会日常生活的理性组织。[1]

贝尔从文化矛盾的角度出发，论述经济—技术体系、政治和文化等特殊领域组成的现代社会，认为"它们之间并不相互一致，变化节奏也不相同。它们各有自己的独特模式，并依此形成大相径庭的行为方式。正是这种领域间的冲突决定了社会的各种矛盾[2]"。贝尔强调现代文化概念所具有的多变性特征：

旧的文化概念是以连续性为根据的，现代文化的概念则建立在多变性的基础上；旧的文化概念推崇传统，当代的理想却是兼收并蓄。[3]

社会学家德兰蒂论述：

现代性的观念总是为许多思想家反思他们时代的文化特性和社会变化方向，提供了一个思想上的或历史性的参照系。这也许表明，现代性的动机既包含了一个文化观念——启蒙的规划，又包含了一个特定的文明复杂结构，是欧洲／西方社会现代化的过程。更具体地看，我们可以说现代性导致了一个文化规划和社会规划。[4]

综上所述，"文化现代性"是复杂的理论体系范畴，包含丰富的理论内涵，

---

[1] Jurgen Habermas, "Modernity vs. Postmodernity", in New German Critque,No.23(Spring-Summer,1981), p8. 参见周宪著：《文化现代性与美学问题》（北京：中国人民大学出版社，2005），序，页2-3。

[2] 丹尼尔·贝尔著：《资本主义文化矛盾》（赵一凡、蒲隆、任晓晋译，北京：三联书店，1989），页56。

[3] 丹尼尔·贝尔著：《资本主义文化矛盾》（赵一凡、蒲隆、任晓晋译，北京：三联书店，1989），页149。

[4] Gerard Delanty,Social Theory in a Changing World:Conceptions of Modernity,Cambridge:polity,1999,p1. 参见周宪著：《文化现代性与美学问题》（北京：中国人民大学出版社，2005），序，页9。

涉及文学的、审美的等现代性类型，以及现代性与后现代性、现代性与现代主义、现代性与后现代主义等关系范畴。"文化现代性"提供现代文化研究重要的理性逻辑，乃至对论述中国近代化思维发展中的交互作用机制（即"逻辑关系"）具有重要的理论指导意义。

三、文化现代性理论的基础价值

随着中国现代化的发展进程日益加速，现代性研究逐步地纳入社会学研究的视野。"文化现代性"是其中重要的组成部分，文化现代性理论是从文化的角度来探讨现代性的相关研究问题。中国近代化中传统社会内外部的现代性因素具有文化现代性的特征，具体通过传统及其内外部现代性因素的交互作用而达成。文化现代性理论是选题研究深入地阐释中国近代化中传统及其内外部现代性因素交互作用机制的重要理论基础，有助于深刻地揭示明清之际以来传统中国"中西文化理解"与中国近代化之间的紧密关系及其阶段发展与深刻变化特征。

基于"大历史"和"大教育"的研究范式，构建"中西文化理解"的分析框架，选题研究中的"文化现代性"不仅充分地体现出明清之际以来传统中国"西学输入"及其本土化的历史发展事实，同时集中地表现为明清之际以来传统中国社会内部现代性因素发展的时代要求，毕竟"中学"并非僵化和不变的系统。明清之际以来传统中国社会不断地出现具有现代性特征的发展性因素，即在传统中国社会的内部形成大量的现代性因素，并且与传统其他的因素进行信息的互通与观点的碰撞。传统中国社会内部的现代性因素在长期封建体制中萌芽并且获取初步的发展，虽然发展很缓慢，但却在中国近代化的发展进程中鲜明地呈现出来，比如边缘地位的传统实学思想逐步地发展到启蒙思想的阶段，甚至导致传统"理学"的终结以及初步民主主义思想的出现。上述思想的发展在教育的层面存在充分的反映，比如黄宗羲提出"公其是非于学校"的广义"学校功能观"，强调学校不仅具有培养人才和改进风气的社会功能，而且具有议论国家事务的社会功能。黄宗羲论述：

学校，所以养士也。然古之圣王，其意不仅此也。必使治天下之具皆出于学校，而后设学校之意始备。非谓班朝，布令，养老，恤孤，讯馘，大师旅则令将士，大狱讼则期吏民，大祭祀则享始祖，行之自辟雍也。盖使朝廷之上，闾阎之细，渐摩濡染，莫不有诗书宽大之气，天子之所是未必是，天子之所非未必非，天子也遂不敢自为非是，而公其是非于学校。[①]

黄宗羲的广义"学校功能观"促使学校成为近似西方议会性质的政治机构，由此不仅充分地体现出黄宗羲教育思想的近代意义，而且充分地体现出黄宗羲政治思想的民主内涵，无疑是传统中国社会内部现代性因素发展的重要表现。除此之外，传统性的因素尚与来自社会外部的现代性因素产生思想的交互与观点的碰撞，形成传统及其内外部现代性因素的交互作用，以及由传统教育向近现代教育的转型发展，以致促使传统中国的教育趋向近代化的发展进程。

随着"中国主体"意识呈现出不断增强的发展态势，明清之际以来传统中国"西学输入"及其本土化的思想理论逐步地形成"以西学东渐为主""以采西学为主"和"以倡新学为主"的阶段发展与深刻变化特征，学习"西学"的内容历经器物技能层次、制度层次和思想行为层次的阶段发展与深刻变化特征，思想理论形态历经"中西会通""中主西辅""中体西用"和"弥合中西"等阶段发展与深刻变化特征。因此，"中国主体"意识的阶段发展与深刻变化是中国近代化中的重要主题。"中西会通"思想是明清之际以来传统中国"西学"与"中学"遭遇之后出现的最初反应，充分地体现出中西文化教育交融的时代性特色，以及传统及其内外部外部现代性因素的交互作用机制。"中体西用"思想区分"中学"与"西学"，并且将"两者"纳入传统教育哲学的研究范畴。"中体西用"思想的形成历经"中主西辅""中本西末"和"中道西器"等实际表现形态，既是传统及其内部现代性因素互动关系的集中表现，同时是传统与外部现代性因素交互作用的发展结果。张之洞的《劝学篇》奠定"中体西用"思想在教育近代化中的根本指导地位。"西学中源"思想也是对"西学"源流的理论阐述，是中国近代化中持续时间较长和具有影响作用的思想理论形态，而且基本上是从传统的视角来对待"西学"源流的保守

---

① 黄宗羲著：《明夷待访录·学校篇》，《黄宗羲全集》（第1册，杭州：浙江古籍出版社，1985），页10。

做法。但它与传统势力的保守性相比，又具有历史的进步性特征，是充分反映中国近代化中思想理论形态发展的独特观点，需要进行客观和公正的评价。

明清之际到清末时期，传统中国出现典型的文化教育论争。随着西方传教士东来输入"西学"，并且获取传统中国开明知识人的青睐与钻研，但同时遭到传统保守势力的反对与敌视：明代万历年间传统中国出现"反教运动"（1616年）；清代康熙初年传统中国出现"中西历法之争"；清代乾隆年间传统中国出现"中西礼仪之争"；清代雍正、乾隆年间传统中国出现"禁教"政策的实施——结果是西方传教士被驱逐，传统中国开始长期执行"闭关锁国"的政策，由此导致明清之际以来传统中国的"西学东渐"步入低潮。明清之际传统中国的中西"历法之争"和"礼仪之争"是传统及其内外部现代性因素交互作用的外在体现形式，对传统中国社会、文化和教育的发展产生重要的影响作用。鸦片战争之后，清末中国的外交事务日益增多，导致对新式外国语专门人才的需求剧增，京师同文馆设置的最初就是培养外国语专门人才的学校，但最后发展成综合性学校。京师同文馆设置之初，倭仁和奕诉等产生激烈的争议——结局是创造出新式学校教育的形式。京师同文馆的设置在很大程度上是传统外部现代性因素的时代性要求，但同时是传统及其内外部现代性因素交互作用的发展结果。由上可见，明清之际以来传统中国"中西文化理解"的发展过程促使"西学"蜂拥而至，充分地体现出"文化现代性"对教育近代化的深刻影响作用，集中地表现为传统及其内外部现代性因素交互作用日益深化发展。

从教育制度变迁的角度来讲，教育近代化历经科举考试制度的革废和书院的改制等传统教育制度逐步消失的发展过程，同时出现从"壬寅学制"到"癸卯学制"等新式学校教育制度逐步确立的发展过程。明清之际以来，传统中国科举考试制度遭到猛烈的抨击，但随着大量地输入近代西方的思想理论与社会实践等经验模式，清末中国出现新式学校教育的形式——充分地表明传统外部现代性因素的影响作用日益增强，由此导致传统中国科举考试制度面临更猛烈的冲击。清末中国洋务教育和"维新"教育的推进促使传统科举考试制度的存在基础严重削弱，新式专门人才培养模式的变革必然要求清末中国文化教育的政策与制度进行深刻的变革。清末中国新式学校教育制度的确立客观上加速传统科举考试制度走向消亡的发展过程。随着新式学校形式的出现和新式学校教育的发展，传统书院制度的存在基础严重地弱化，由此导致传统书院的改制成为清末中国新式学校教育形式确立的重要改革步骤与发展措施。全国各省市县的传统书院改为新式学堂，由此标志传统书院制度逐步走向终结，其中存在传统及其内外部现代性因素的交互作用。虽然"壬寅学制"（1902年）并未在全国广泛地展开，但毕竟是清末中国教育改革与发展中的重要尝试，而"癸卯学制"（1903年）是第一个在全国实施以及广泛执行的"学制"。上述的"学制"依据明治日本"学制"而厘定（与吴汝纶的赴日考察学务存在紧密的关联），并且在传统科举考试制度废止之前颁行，因此依然存在传统教育的制度障碍与历史影响。甲午中日战争之后，明治日本在政策和制度的层面对清末中国社会和教育近代化的发展进程产生深刻的影响作用。通过上述的分析充分地表明，传统及其内外部现代性因素交互作用的逻辑关系在中国社会和教育近代化的发展进程中起到重要的推进作用。

概括地讲，选题研究已经具有深厚的理论基础，包括社会开放系统、交互文化理解理论和文化现代性理论等，并且在思想观点上鲜明地呈现出相辅相成的紧密关系，充分地体现出中国社会和教育近代化中的思维视野、过程特征与作用机制，以及"中国主体"意识的阶段发展与深刻变化在中国社会和教育近代化的发展进程中的重要推进作用，从而为解决选题的核心研究问题提供基础性的理论支撑，由此利于深入地探究中国社会和教育近代化中的相关思想理论与社会实践问题，继而有助于深刻地揭示中国近代化思维发展逻辑形态特征。

第三章 "中国主体意识"的兴盛：
"西学东渐"与"采西学"思想的合流

　　明清之际到清末时期，传统中国的"西学输入"及其本土化存在复杂和渐进的发展过程，首先充分地表现为形成"西学东渐"的社会思潮。明清之际之后，特别在清代康雍乾时期，传统中国实施"闭关锁国"的"禁教"政策，由此导致上述的社会思潮经受巨大的冲击——清末中国由原先奖掖的政策变成抑制的政策，西方传教士的在华传教以及其他社会活动陷入困境。但明清之际传统中国已经产生"中西会通"思想，由此充分地表明"采西学"思想初萌，传统中国社会的内部现代性因素初步成长，可见思想的深层并未中断"西学输入"及其本土化的发展进程，只是转变成"潜滋暗长"的发展状态。鸦片战争之后，西方侵略殖民势力的在华影响日益增强，由此重新激活传统中国"西学输入"及其本土化的发展进程，西方传教士再次来华传教以及从事其他社会活动，并且产生洋员洋商——专门从事对华渗透和侵略的西方势力代表。上述的因素促使"西学东渐"的社会思潮再现——虽然前后的"西学东渐"存在很大的差异。鸦片战争之后的（即第二波）"西学东渐"深化学习"西学"的内涵，进而引发中国近代化中思想理论和社会实践的深刻变化，特别是有力地推进"中学"思想观念的转变发展过程。传统中国的"西学东渐"突出地表现为西方传教士（鸦片战争之后包括洋员洋商）东来输入"西学"，其主动性突出地表现在西方传教士和洋员洋商的努力程度。传统中国"采西学"出现之后，中国近代化思维发展的逻辑模式由传统封闭变成对外开放，并且以甲午中日战争为界限，学习"西学"思维发展的逻辑模式由被动的对外开放变成主动的对外开放，中国近代化中对外开放思维发展的逻辑模式出现阶段性的发展与变化，导致学习"西学"的自觉意识不断增强，以致出现"弥合中西"（即"新学"）的思想，从而导致传统中国近代化中的思想理论先后步入"以采西学为主"和"以倡新学为主"的发展阶段。上述的方面充分地表明，明清之际到清末时期，传统中国的"中国主体"意识不断地获取增强，由此推进"中西文化理解"与中国近代化之间的紧密关系及其阶段发展与深刻变化，从而有力地推动中国社会和教育近代化的发展进程。

第一节　明清之际传统中国"西学东渐"的兴衰
与"采西学"思想的初萌

　　明代时期处在传统中国社会发展的转折阶段——这是历史学家认同的观点。明代中后期，传统中国拥有当时最先进的航海船队——"下西洋"，即无论在社会经济发展的程度还是科学技术发展的实力等方面，明代中国都占有相对领先的优势。明代中国是传统中国社会发展的最高峰，此后传统中国的科学技术发展逐渐落后于西方，而且在容纳西方思想与文化等方面走向倒退，即从之前积极地接受西方近代文化和先进科学技术（即"西学"）的态度转变成为消极抵制的态度，特别是清代康熙之后传统中国制订"闭关锁国"的"禁教"政策，仅仅容许广州与外国经商，西方的思想与文化禁止在传统中国的境内传播，从而导致中西方思想与文化理解上的裂变与断层，交融的渠道被人为切断。明代中后期，传统中国虽然出现资本主义社会生产关系的最初萌芽，但在异常强大的传统封建专制政策之下发展缓慢，而西方在历经文艺复兴和工业革命等时代性的变革之后，在社会经济、科学技术和文化教育等方面都迅猛发展，逐步地形成中西方社会生产力对比上的本质性变化。虽然传统中国和近代西方资本主义社会生产关系萌芽出现的时期接近，但传统中国长期封建社会发展中所形成对内部现代性发展的阻碍因素影响作用异常严重，传统性的文化与思想已经深入社会的心理结构与日常生活——这种僵化和封闭思维模式的惯性难以猝然转向，因此改变传统中国的社会治理结构同样困难。黄仁宇在描述明代中国的时代特征时强调：

　　明朝，居中国历史上一个即将转型的关键时代，先有朱棣（明成祖）派遣郑和下西洋，主动与海外诸邦交流沟通，后有西方传教士东来叩启闭关自守的大门；同时，明代又是一个极中央集权的时代，中国历代各朝无出其右者，而明太祖建立的庞大农村集团，又导向往后主政者不得不一次次采取内向、紧缩的政策，以应付从内、从外纷至沓来的问题。这些发生在明代错综复杂的历史事件，使明朝历史具备了极纵横曲折的多面性格，致令学史者必须谨慎细心地厘清，才能洞见真相。[①]

传统中国的近代化是从明代时期开始的：首先，明代中国传统封建社会的体系内部出现资本主义社会生产关系的最初萌芽，工场手工业出现在繁荣的南方市镇，由此充分地表明长期的传统封建社会生产关系走向衰弱；其次，传统中国长期拥有的科学技术相对优势开始散失，明代中国与近代西方的科学技术差距出现并且日益呈现出扩大的发展趋势；再次，明代中国是注重内省和非竞争性的国家，导致"当时的士绅官僚，习于一切维持现状[②]"，封建性的集权治理达到最高峰，传统科举考试制度日益呈现程式化的倾向，形成具有模式化特征的"八股"文体，而西方近代社会的各领域都呈现出快速发展的趋势，同时西方近代制度性的相对优势亦逐步鲜明地呈现出来。

继明代中国之后，传统中国建立少数民族（即满族）主导下的清代中国政权。明将吴三桂投降之后，后金入关，击败明末闯王李自成的"大顺"政权，从而在中原地区确立清朝的统治，并且创造辉煌的"康乾盛世"，成为传统中国封建时代的"回光返照"，史称"落日的辉煌"[③]。明清之际是"中西文化理解"的初始发展阶段，集中地体现为"西学东渐"的兴衰与"采西学"的初萌，由此标志传统中国社会步入近代化的发展进程。

---

① 黄仁宇著：《中国大历史》（北京：生活·读书·新知三联书店，1997），页177。

② 黄仁宇著：《中国大历史》（北京：生活·读书·新知三联书店，1997），页195。

③ 《学习时报》编辑部：《落日的辉煌——17、18世纪全球变局中的"康乾盛世"》（北京：中共中央党校出版社，2001），该书通过历史资料和精确数据再现康（雍）乾时期全球范围内局势，特别是中国在全球变局中所处地位的急剧变化，摘录了当时西方著名思想家包括马克思、恩格斯、伏尔泰、莱布尼茨、孟德斯鸠、亚当.斯密对中国的评论和观点，封底还摘录了江泽民的相关论述。

一、明清之际传统中国"西学东渐"的兴衰

明清之际，传统中国出现资本主义社会生产关系的最初萌芽，充分地表明传统中国的社会内部产生现代性因素。同时，传教士来华输入西方近代文化和先进科学技术（即"西学"），掀起"西学东渐"的社会思潮。"西学东渐"是"西学输入"的最初形式。西方传教士承担"西学东渐"的主体角色，因而对"西学输入"存在历史性的贡献。但清代康雍乾时期，由于传统中国实施"禁教锁国"的政策，"西学东渐"的社会思潮遭遇时代性的重挫。鸦片战争之后，传统中国面临西方列强的"炮舰政策"，相继迫签各项不平等条约，从而为西方传教士和洋员洋商再次来华提供条约的规制性保障，由此促使"西学东渐"的社会思潮再兴。明清之际以来传统中国的"西学东渐"开启"中学"与"西学"之间长期的论争和融合过程，在中国社会和教育近代化的发展进程中具有重要地位与影响作用。

历经文艺复兴和工业革命之后，西方在思想文化和科学技术等各方面都超越传统中国，社会与经济等的发展处在不断上升的时期，军事和技术等获取大幅度的发展与进步。随着经济贸易的不断发展，西方迫切需要大量廉价的原材料资源和劳动力市场，以及拥有大范围的消费市场，因此对外扩张成为西方近代社会发展的迫切要求。传统中国的澳门和香港先后成为西方国家的殖民地。但明清之际传统中国并未意识西方近代社会的发展步伐与进步态势，"闭关锁国"的"禁教"政策严重地影响到传统中国对世界进步与发展形势的战略判断，以致在鸦片战争濒临国门的危机情形之下，清代中国方才意识到国际社会发展和国内社会危机的严重程度。

16世纪，欧洲资本主义的社会生产关系和社会生产力获取较大程度上的发展与进步，促使西方的天主教耶稣会积极寻求海外发展的时代性机会。东方富有神秘色彩和梦幻印象的传统中国，遂成为西方列强推进海外侵略殖民拓展、财富资源掠夺和宗教文化渗透的重要目标。1540年，罗马教皇保罗三世应允向传统中国等东方国家派遣传教士；1541年，传教士沙勿略奉命东行，经行莫桑比克、印度和日本等国家传教之后，1552年到达传统中国的广东；1546年，耶稣会设立葡萄牙管区；1550年，确定航海日本的甲比丹·莫尔制度；1554年，传统中国的官吏指定广东的浪白澳作为外商的市易

之地；1557 年，葡萄牙获取在澳门的居住权。至此西方传教士获取在中国定居的权利。[1]1578 年，教皇远东教务视察员范礼安巡视东方教区，到达澳门，决定改变传教的方式，由此打开"闭关锁国"的传统中国"门户"，即"建议传教士学习中文，熟悉中国的礼教和民俗，以便在适当的时候渗透进去"[2]，即"范礼安计划"。

1579 年罗明坚、1582 年利玛窦先后到达澳门，通过学习中文和短暂赴华等方式，做好进入传统中国的大陆区域之后长期传教的准备。1586 年，罗明坚和利玛窦借以贿赂的方式，获取在广东建设教堂的权利。利玛窦入乡随俗，穿上袈裟、以和尚的身份传教；后来感到和尚不比儒生的社会地位，1589 年移居韶州，延师讲授"四书章句"，学习中文的章法，不断地提升汉语水平，并且身着华服传教；1594 年，利玛窦将"四书"译成拉丁文，此后完成《交友论》《西国记法》和《天主实义》等汉文著述。[3]1597 年，教皇任命利玛窦为耶稣会中国教区会长，指令北京为永久的驻地。1601 年，利玛窦进京定居，买下大宅院作为"北京会院"，加强与传统中国人士的沟通与联络，由此结识徐光启、李之藻和杨廷筠等明代中国的上层士大夫。徐光启与利玛窦授录合译《几何原本》，李之藻与利玛窦合撰《同文算指》——标志利玛窦的"科技传教"策略获取成功。杨廷筠的《代疑篇》是传统中国的天主教徒撰述天主教义的最初尝试。通过争取传统中国的上层士大夫以及倡导"科技传教"的策略，并且运用儒家的思想附会天主教义等手段，利玛窦在明代中国获取较高的社会声望，以至死后"神宗皇帝赐葬北京西郊一佛寺，皇帝还派大臣在葬礼上致祭"[4]。

利玛窦在华传教成功之后，西方传教士纷纷来华，获取明清之际传统中国朝廷的恩宠，由此西方的天文和算法加速在传统中国的士大夫阶层传播，因而给明清之际传统中国输入西方近代文化和先进科学技术（即"西学输入"）

① 戚印平著：《日本早期耶稣会史研究》（北京：商务印书馆，2003），页465-469。
② 冯天瑜等著：《中华开放史》（武汉：湖北人民出版社，1996），页446。
③ 戚印平著：《日本早期耶稣会史研究》（北京：商务印书馆，2003），页469-472。
④ 冯天瑜等著：《中华开放史》（武汉：湖北人民出版社，1996），页451。清末中国多有模仿这种附会做法，其中以洪秀全和康有为最为突出。

带来浓郁的社会"气息"。明代崇祯年间，传统中国指令龙华民、邓玉涵和汤若望等西方传教士，参与修订历法与制造火器。清代初年，传统中国指令传教士汤若望，依据西方的新历法，实测天行时刻与方位，以致获命掌管钦天监，并且加封太仆寺卿（太常寺卿）。1653年，御赐汤若望"通玄教师"的称号，并且下诏：

> 尔汤若望来自西洋，精于象纬，宏通历法。徐光启特荐于朝，一时专家治历，如魏文魁等，实不及尔。但以远人，多忌成功，终不见用。朕承天眷，定鼎之初，尔为朕修《大清时宪历》，迄于有成。又能洁身持行，尽心乃事。今特赐尔嘉名，俾知天生贤人，佐佑定历，补数千年之阙略，非偶然也。[①]

在明清之际传统中国朝廷中，西方传教士汤若望获取高于总督巡抚和亲王贝勒的崇高地位与社会威望，影响盛极一时：授一品官职，享受三代封典；加盖玉玺，卒后封墓地；建圣母小教堂立碑纪念。正如南怀仁所记述：

> 汤若望因他对于皇帝的影响，所以能力之大竟超过任何一位总督巡抚，或任何一位更加体面的亲王贝勒，而传教士汤若望之名字在中国之称著熟闻，是较比任何一位欧西著名人物底姓名之在欧西，都还要优异的。[②]

概括地讲，明清之际"西学"最终能够在传统中国的社会立足，主要存在如下方面的原因：西方的来华传教士素质很高，不仅掌握中西方的语言文字，而且博学多才，特别是输入西方先进的天文和历法以及其他科学技术，享受上至皇帝、下到权臣的褒誉；传统中国的自然科学特别是天文和历法已经明显落后于西方，比如"授时历"经过数代的修订，但依然存在较大的测量误差，而西方近代的历法却很精当；适逢当时的皇帝注重输入西方近代文化和先进的科学技术（即"西学"），并且不为传统保守势力所左右，即具有以事实为重的魄力，因此虽然遭受传统保守势力的阻拦，但也能够不为所动；西方的来华传教士为传统中国朝廷办理诸多重要的事务，比如制订新历法；

---

① 《清史稿》，卷272，参见郑彭年著：《西风东渐——中国改革开放史》（北京：人民出版社，2005），页103。

② 魏特著：《汤若望传》（杨丙辰译，北京：商务印书馆，1949），第9章。

绘制地图①；协签《中俄尼布楚条约》；指导设计和制造天文仪器等。明清之际传统中国的开明士大夫认同和接受输入的西方近代自然科学以及其他科学技术成果（即"西学"），更提升西方传教士的在华社会声誉。

"西学东渐"思潮出现之时开始，传统中国的社会内部就已出现"两派"对立的局面。明清之际，传统中国出现"中西礼仪之争"，并且对中国近代化的发展进程产生深刻的影响作用；明末时期，传统中国发生"万历南京教案"，然而非但没有禁绝西方的天主教，反而有所发展，并且影响拓展至传统中国的朝廷和官府；清代康熙时期，传统中国的封建社会走向鼎盛，但政策思想却趋保守。1666年，新安卫官生杨光先斥责西方传教士汤若望荒谬，建议实施凌迟处死的极刑②；1717年，广东碣石镇总兵陈昂上疏，"乞循康熙八年例再行严禁，毋使滋蔓"；1718年，两广总督杨琳上疏，"请循康熙五十六年例再行禁止"③。利玛窦来华传教初期，西方传教士采取"科技传教"和"走上层路线"等策略，但随着西方的来华传教士日益增多以及传教的思想迥然各异，因此对于上述的传教方针，西方的教派之间产生观点的纷争乃至激烈的争议，比如出现耶稣会与多明我会之间的观点论争。1656年，教皇亚历山大七世（Alexander VⅡ）颁行"敕令"，默认耶稣会的在华传教政策，但中西"礼仪之争"并未由此休止。1704年，教皇克雷芒十一世（Clement XI）断定传统中国的尊孔和祭孔礼仪为异端；1705年，特派使臣要求传统中国禁绝尊孔和祭孔仪式；1720年，教皇再次遣使来华，呈递教皇的"禁令"，清代康熙震怒"朱批"：

　　览此告示，只可说西洋人等小人，如何言得中国之大理。况西洋人等，无一人通汉书者，说言议论令人可笑者多。今见来臣条约，竟是和尚道士异端小教相同，彼此乱言者，莫过于此。以后不必西洋人在中国行教，禁止可也，免得多事。钦此。④

---

① 徐宗泽著：《明清间耶稣会士译著提要》（北京：中华书局，1949），第9卷。

② 魏特著：《汤若望传》（杨丙辰译，北京：商务印书馆，1949）。

③ 《四裔考》，参见《清朝文献通考》（张廷玉等撰，后嵇璜、刘墉等奏撰，纪昀等校订，1787），第298卷。

④ 《康熙与罗马使节关系文书》，页14。参见郑彭年著：《西风东渐——中国改革开放史》（北京：人民出版社，2005），页108。

　　西方传教士的来华目的是为了发展传教的事业以及打开传统中国的"门户"，西方近代先进科学技术的"器物"文化是西方传教士进入传统中国传教的工具性手段。同时，明清之际传统中国"西学东渐"的社会思潮主要是学习西方近代文化和先进科学技术（即"西学"），而始终未予西方宗教以重要的社会地位。西方的教义与传统中国的"孔孟之道"之间存在原则性的分歧，最终导致清代康熙年间传统中国实施"闭关锁国"的"禁教"政策。1723 年，清代雍正"恩诏"西方传教士释得里格入狱 ①。1792 年，为了发展英中贸易，英国借乾隆 80 寿辰的时机，派遣马戛尔尼特使团赴华。马戛尔尼曾经担任英国驻俄公使、爱尔兰和大不列颠国会议员，先后任西印度格林那达总督、印度马德拉斯总督、孟加拉总督。马戛尔尼使团秘书斯当东返英之后，记录使团行程、在华见闻和使华感受，取名《英使谒见乾隆纪实》②。"由于这次事件发生在东西方历史交汇的重要时刻，加上作者有较为细致的观察与记录，遂使这篇纪实一经发表便译成几种文字，成为一段时期内西方世界借以了解中国的一部作品。"③ 马戛尔尼使团虽未完成使命，但却通过考察与记述为西方提供传统中国政治、经济、文化、教育、军事和科技等各方面的情报信息，由

---

① 《四裔考》，参见《清朝文献通考》（张廷玉等撰，后嵇璜、刘墉等奏撰，纪昀等校订，1787），第298卷。

② 即 "An Authentic Account of An Embassy From The King of Great Britain To The Emperor of China"，书中记载的内容大致包括：派遣使团的缘起，使节团的筹备工作，经过马德拉及其周边的观察，经过特拉里夫岛和圣雅哥岛及其岛上的观察经过大西洋，穿过赤道线，到达里约热内卢，航过南部大西洋和印度洋，访问爪哇岛和苏门答腊，交趾支那……一路行程，终于到达中国。书中对在中国期间所见所闻详加描述，其行程包括：到达澳门和舟山，穿过黄海，开往天津，使节团沿白河向中国首都航进；使节船离开渤海，使节在通州府上陆，经过北京城到郊区行宫，返回首都，到达中国北部边境，观光长城，在鞑靼区避暑山庄谒见中国皇帝，返回北京，在北京的观察和活动记述；离开北京，到杭州府的路上，一部分沿运河航行，杭州府，由杭州到舟山，由杭州到广州，或回舟山到广州，使节团在广州和澳门，最后回国。使节团并没有完成英国政府请求开放英中贸易的目标，但却对中国沿途进行了比较深层次的考察。参见斯当东著：《英使谒见乾隆纪实》，叶笃义译 [香港：三联书店（香港）有限公司，1994]。

③ 斯当东著：《英使谒见乾隆纪实》，叶笃义译 [香港：三联书店（香港）有限公司，1994]，出版说明。

此发现传统中国在繁荣和富庶社会表象的背后，存在尖锐的社会矛盾、落后的科学技术、薄弱的工业基础、涣散的国家政府以及衰弱的军队士气等问题，鸦片战争由此酝酿。1816年，英国遣使阿美士德等赴华，抵达广州之后拒绝以"陪臣礼"拜伏晋见，而仅仅带领随使人员、采用西方礼仪，谒见清廷"两广"的要员，即免冠致敬、相互问好，"两广"总督妥协、应允上奏。随后阿美士德等沿经马戛尔尼特使团的路径、前往北京，虽然在圆明园谒见嘉庆，但坚持不以传统中国的礼仪拜见，因此未能完成督促清代中国开放通商口岸和割让岛屿等出使的任务。[①] 阿美士德使团已经明显地带有侵略目的，由此预示传统中国将会面临严重的安全危机。马戛尔尼特使团、阿美士德使团来华，仅仅是"闭关锁国"时期中西文化交流中的典型事件，虽然上述使团均未完成英国政府的使命，但从实际意义的角度来讲却都已经完成对华情报的任务，从而为英国的对华决策提供诸多具有情报价值的信息，并且对英国假借贸易纠纷的名义推进鸦片战争的决策起到极大的影响作用。

由上可知，明清之际以来传统中国的"中学"与"西学"在"西学东渐"社会思潮的发展进程中存在深刻的矛盾与激烈的论争，"西学东渐"社会思潮的兴衰充分地表明，"中西文化理解"存在复杂的发展过程。但"西学东渐"的社会思潮毕竟拓展西方近代文化和先进科学技术（即"西学"）的在华影响作用，由此加速"西学输入"及其本土化的阶段发展与深刻变化，从而有力地推动"中西文化理解"与教育近代化的发展进程。

二、明清之际传统中国"采西学"思想的初萌

传统中国素以"天朝上国"自居，存在"内夏"与"外夷"之间的区别，集中体现在外交政策上的"朝贡"制度、外交礼仪上的"天朝至尊"、西方态度上的"夷夏之防"。然而历经文艺复兴和工业革命等"洗礼"之后，西方国家在社会经济、军事技术和文化教育等各领域都已超越传统中国。明清之际，传统中国"采西学"思想的兴起本质上同样存在上述"两面"的特征，既对传统保守的文化与思想形成冲击，由此利于引进西方近代文化和先进的科学技术（即"西学"），同时西方的宗教随之进入传统中国，当然就会对传统中

---

① 广东省文史研究馆译：《鸦片战争史料选译》，（北京：中华书局，1983），页24。

国社会文化和思想的原有秩序产生深刻的影响作用，由此导致不利于保持社会稳定的现实需要。明清之际，传统中国的"采西学"存在"中西会通"和"西学中源"等思想形态，文化观念的冲突以及思想理论的对峙导致发生明代中国的"南京教案"和清初中国的"历案"事件。由于罗马教皇与传统中国在西方宗教和外交礼仪等方面存在观念上的差异，最终导致传统中国实施"禁教"的政策，由此形成"闭关锁国"的社会文化心态，并且对"中西文化理解"与中国近代化的发展进程产生深刻的影响作用。

文艺复兴以来，西方的自然科学和社会科学获取重大的发展，引发天文、算学和文艺等各方面的深刻变革，超越传统中国的既有水平。明末时期传统中国出现资本主义社会生产关系的最初萌芽，因而对新知识和新技术的需求呈现出不断增长的发展态势。清初梅文鼎的《勿庵历算书目》论述："自利氏（玛窦）以西算鸣，于是有中西两家之法。派别枝分，各有本末，而理实同归。""夫理求其是，事求适用而已，中西何择焉。"[1]《梅氏丛书辑要》论述："数与理协,中西匪殊"[2]"法之精者,中西合辙"[3]。由上可见,梅文鼎对明清之际传统中国"西学东渐"社会思潮的理解及其秉持的"采西学"思想。王锡阐的《晓庵新书》论述："余兼采中西，去其疵类，参以己意，著历学六篇。"清代康熙初年以来传统中国维持社会繁荣的景象，同时对学习西方的自然科学等采取有限支持的态度，导致"西学东渐"成为具有深刻影响作用的社会思潮。清代康熙的《数理精蕴·序》论述："天文算术之学，我中土讲明而切究者，代不乏人。自明季空谈性命，不务实学，而此业遂微。"由上可见，清代康熙存在对传统中国学术衰微的觉醒以及学术空虚的担忧。清代乾隆年间的《四库全书·总目提要》记载："欧罗巴人天文推算之密，工匠制作之巧，实愈前古，其议论夸诈迂怪，亦为异端之尤。国朝节取其技能，禁传其学术，具存深意矣。"——其中"节取其技能""禁传其学术"，其实就是清末中国"中主西辅"和"中体西用"等思想的开端。

传统中国的"西学输入"及其本土化历经复杂和艰难的发展过程。明清

---

[1] 梅文鼎著：《勿庵历算书目》（知不足斋本，1702），《中西算学通序例》。

[2] 梅文鼎著：《梅氏丛书辑要》（龙文书局，1888），《笔算·序》。

[3] 梅文鼎著：《梅氏丛书辑要》（龙文书局，1888），《平三角·割圆之法》。

之际，传统中国的"西学东渐"社会思潮获取较大的发展，同时出现"采西学"思想，即"中西会通"思想，甚至包括"西学中源"思想，充分地表现为"西学输入"虽然遭到传统中国保守士大夫的抵制，但同时获取传统中国开明士大夫的容纳，由此开始"西学本土化"的发展进程。"中西会通"思想的出现是上述容纳态度的集中体现，利玛窦、熊三拔和邓玉函等西方传教士与徐光启和李之藻等传统中国科学家之间的合作译述就是鲜明的实证。

利玛窦改变过去的传教方式，即采取"学术传教"（或"科技传教"）和"走上层路线"的策略，比如在传播西方近代先进的科学技术同时，结交徐光启等传统中国的开明士大夫，因此在传统中国的朝廷和开明士大夫中产生较大的思想影响。此后西方传教士遵循利玛窦的传教策略，针对传统中国社会的现状与特点开展传教活动，比如协助修订天文和历法等。《明史》记载：

> 崇祯时，历法益疏舛，礼部尚书徐光启请令其徒罗雅谷、汤若望等，以彼国新法相参较，开局纂修。报可。久之书成，即以崇祯元年戊辰为历元，名之曰"崇祯历"。①

徐光启注重"经世实用"的学术，提出"数学为宗，重经济物理"的主张，强调"真儒学"——应当"大者修身事天，小者格物穷理，物理之一端别为象数②"，主张"中西会通"——"欲求超胜，必须会通；会通之前，先须翻译③"，并且与利玛窦合译《几何原本》（1607 年，前 6 卷）、《测量法义》（1607 年），以及与熊三拔合撰《简平仪说》（1611 年）、合译《泰西水法》（1612 年），而且参照西方的历法，主持撰修《崇祯历书》（1629 年至 1633 年）④。徐光启尚推荐庞迪我、龙华民、熊三拔和邓玉函等西方传教士，参与传

---

① 《明史》列传，页2147，外国七《意大利亚》。参见郑彭年著：《西风东渐——中国改革开放史》（北京：人民出版社，2005），页88。

② 《刻几何原本序》，《徐光启集》卷2。参见王炳照、阎国华主编：《中国教育思想通史》卷4，（长沙：湖南教育出版社，1994），页249。

③ 《历书总目表》，《徐光启集》卷8。参见王炳照、阎国华主编：《中国教育思想通史》卷4，（长沙：湖南教育出版社，1994），页258。

④ 王青建著：《科学译著先师：徐光启》（北京：科学出版社，2000），页33-69。

统中国天文和历法的修订。在西方传教士中，汤若望的成就最为卓著[1]。清代康熙年间，实施"禁教"政策之后，传统中国的"西学东渐"社会思潮经受沉重的打击，由此对"中西文化理解"的发展进程产生影响作用。但清代"历狱"之后，传统中国重新采用西历与修订历法，并且以传教士南怀仁为钦天监的监副，随后又任命为监正，负责制造天文仪器、建造北京观象台，由此南怀仁到盛京等实地勘测，制成《盛京推测表》。由上可见，西方传教士对明清之际以来传统中国天文和历法的修订存在历史性的贡献。

除了上述"授录西书"和"修订历法"之外，西方传教士尚采取"携书来华""著译新书"和"传播工艺"等方式，推进"西学东渐"的社会思潮。方以智、梅文鼎和王锡阐等传统中国的进步士大夫倡行"中西会通"思想，由此有力地推动中国社会和教育近代化的发展进程。当然，"西学东渐"的社会思潮引发传统中国保守势力的异议与抗议，以清代康熙时期杨光先等为代表。杨光先竭力地反对依照"西历"制订的"新历"，要求恢复传统中国的历法，但康熙任命其为钦天监的监正之后，杨光先却不能够推测天象的经纬，因此遭受下狱的惩处。遇赦之后杨光先在撰述的《不得已》中宣称：

> 光先之愚见，宁可使中国无好历法，不可使中国有西洋人。无好历法，不过如汉家不知合朔之法，日食多在晦日，而犹享四百年之国祚；有西洋人，吾惧其挥金以收拾我天下之人心，如抱火于积薪，而祸至之无日也。[2]

由上可知，杨光先清楚知晓西方的历法、仪器和兵械等比传统中国的精良，以致认为将会成为传统中国的隐忧，故而坚决地拒斥西方人甚至包括西方近代的天文与历法。杨光先论述：

> 今者海氛未靖，讥察当严，揖盗开门，后患宜毖。宁使今日誉予为妒口，毋使异日神予为前知，是则中国之厚幸也。[3]

---

[1] 郑彭年著：《西风东渐——中国改革开放史》（北京：人民出版社，2005），页88。

[2] 杨光先著：《不得已》，参见陈序经著：《中国文化的出路》（北京：中国人民大学出版社，2004），页69。

[3] 杨光先著：《不得已》，参见陈序经著：《中国文化的出路》（北京：中国人民大学出版社，2004），页69-70。

　　毫无疑问，"西学东渐"的社会思潮对"中学"的思想观念产生巨大的冲击，促使明清之际传统中国萌生最初的"采西学"思想，集中地表现为"中西会通"思想和"西学中源"思想——"后者"同样对中国近代化的发展进程存在具有重要的影响作用。由于明清之际传统中国的士大夫对"西学输入"秉持悲观态度的仍占多数，并且受到"传统中心观"的思想影响，故而产生"西学中源"思想——在传统中国的社会发展中持续时间最长，甚至贯穿于明清之际到清末时期传统中国有关"中学"与"西学"关系发展的全部过程，并且内涵在明清之际以来传统中国的思想理论建构过程之中。明清之际，传统中国的"西学中源"思想存在浓烈的复古倾向，主张"西学源出于中国"。依照王尔敏的研究，"西学中源"思想渊源于公元2世纪以降的"老子化胡"思想——《史记》《后汉书》《三国志》和《晋书杂录》等均有记载[①]。

　　明清之际传统中国的"西学中源"思想突出地表现为"西历源于中国"的观点，强调西历渊源于传统中国的历法思想，但"西学中源"思想的始作俑者是西方传教士——希望借助上述的说法，推进"西学"的在华传播与影响作用。利玛窦论述："天地图及度数，深测其秘，制器观象，考验日晷，并与中国古法吻合[②]"；熊三拔论述："古神圣早有言之者""岐伯曰：地在天中，大气举之"[③]。从传统中国本土的角度来讲，"西学中源"思想的发起者为著名启蒙思想家黄宗羲和王夫之等。黄宗羲论述："尝言勾股之术乃周公商高之遗而后人失之，使西人得以窃其传[④]"；王夫之论述："西洋历家既能测知七曜远近之实，而又窃张子左旋之说以相杂立论。盖西夷之可取者，唯远近测法一术，其他皆剽袭中国之绪余，而无通理之可守也[⑤]"；阮元《畴人传》论述：

---

① 王尔敏著：《中国近代思想史论续集》，（北京：社会科学文献出版社，2005），页45。

② 陈卫平著：《从"会通以求超胜"到"西学东源"说》，《自然辩证法通讯》，1989（2）。参见孙宏安著：《中国古代科学教育史》（沈阳：辽宁教育出版社，1996），页591。

③ 陈卫平著：《从"会通以求超胜"到"西学东源"说》，《自然辩证法通讯》，1989（2）。参见孙宏安著：《中国古代科学教育史》（沈阳：辽宁教育出版社，1996），页591。

④ 全祖望著：《鲒埼亭集》卷11。参见孙宏安著：《中国古代科学教育史》（沈阳：辽宁教育出版社，1996），页592。

⑤ 王夫之著：《思问录》，外篇。参见孙宏安著：《中国古代科学教育史》（沈阳：辽宁教育出版社，1996），页592。

明代算家不解立天之术，谷成（即梅文鼎）谓天元一即西法之借根方……殆名异而实同，非徒日似之已也。夫元时学士著书，台官治历，莫非此物，不知何故，遂央其传，犹幸远人慕化，复得故物。东来之名，彼尚不能忘所自，而明人视为赘疣，而欲弃之。[①]

依照梅文鼎的《赤水遗珍》论述，"西学中源"思想源于清代康熙——梅文鼎回忆在蒙养斋学习时，康熙传授"借根"的方法："西洋人名此书为阿尔热八达，译言东来法也。"梅文鼎通过核对"天元一术"，"发觉中西二者名异实同，遂谓西方历算实由中国西传而得[②]"。康熙论述，"论者以古法今法之不同，深不知西历源出于中国，传及于西极。西人守之不失，测量不已，岁岁增修，所以得其差分之精密，非有他术也"[③]。由上可见，康熙秉持"西学中源"思想。明清之际至清代前期，传统中国"西学中源"思想盛行，并且渗入"中西会通"思想，以致改变徐光启对"欲求超胜，必须会通"的理解，而"会通"则"成了从中国古籍中寻找西学之'根'的考据，而'超胜'则成了中国古学的复兴[④]"。清代康熙之后，传统中国推行"闭关锁国"的"禁教"政策，"中西会通"思想逐渐隐入"西学中源"的思想"逆流"。鸦片战争之后，传统中国日益朝向半殖民地化的发展，由此惊醒清末中国的先进知识精英和洋务实践官僚，"中主西辅"和"中体西用"等思想逐渐替代"西学中源"思想的社会地位，随后"中体西用"思想在清末中国的文化教育领域占据"主流"的社会地位。

明代万历至清代康熙时期（1582年至1723年），中西文化在传统中国大规模地接触与互动。费赖之的《入华耶稣会士列传》记载，当时来华传教士达467人——其实应该超过上述的统计数额。目前档案可查和姓名可考的来华传教士达500余人，包括利玛窦、邓玉涵、汤若望、南怀仁和蒋友仁等。利玛窦之后，西方传教士竭力地倡导"学术传教"等策略。《明史》论述："东来者大都聪明特达之士，专意行教，不求禄利。其所著书，多数人所未道。"

① 王尔敏著：《中国近代思想史论续集》，（北京：社会科学文献出版社，2005），页51-52。
② 王尔敏著：《中国近代思想史论续集》，（北京：社会科学文献出版社，2005），页51。
③ 王尔敏著：《中国近代思想史论续集》，（北京：社会科学文献出版社，2005），页53。
④ 孙宏安著：《中国古代科学教育史》（沈阳：辽宁教育出版社，1996），页595。

徐光启与利玛窦等传教士授录合译西方科技书籍，甚至评价利玛窦"其道甚正，其守甚严，其学甚博，其识甚精，其心甚真，其见甚定。"[①] 在传统中国学者与近代西方传教士授录合译西方的科技文献书籍中，具有社会影响的有徐光启与利玛窦合译的《几何原本》(前 6 卷)、李之藻与利玛窦合译的《同文算指》、王徵与邓玉函合译的《远西奇器图说》、徐光启与熊三拔合译的《泰西水法》等，上述的文献都是通过"西方传教士口授，中国学者笔录"(即"授录"方式)完成的合译成果。

"正统"儒学至宋明理学，传统中国的学术都是以修身为核心的传统道德为特征，主要的特点是重视思想知识而忽视社会实践，以及重视道德践履而忽视实利技艺。上述的主导思想贯穿在传统中国封建社会的发展过程之中，而重行务实以及注重功利思想却难受到应有的重视。但明清之际以来，由于利玛窦等西方传教士采取"学术传教"和"走上层路线"的策略，西方近代文化和先进的科学技术(即"西学")开始对中国近代化的发展进程产生深刻的影响作用，特别是对清代中国的政府官员和开明知识分子产生深刻的思想影响，从而出现对西方传教士的政策优遇与学术关注，产生以徐光启为代表、主张"中西会通"的代表人物，通过授录合译西方科技著述的方式，增强西方近代学术对传统中国的思想影响与社会作用。明清之际"西学东渐"社会思潮盛行的时期，"中西会通"思想在传统中国占据重要的学术地位——充分地体现出"中西文化理解"中的"中国主体"意识，并且对中国近代化的发展进程产生深刻的影响作用。但明清之际"中西会通"思想在传统中国并未占据稳固的学术"标杆"地位，其间产生"西学中源"思想——虽然同样是"中国主体"意识的体现方式，但却与"中西会通"思想形成既有联系又有对立的关系，并且对清代康雍乾时期传统中国"西学东渐"趋向低潮产生现实性的影响作用。伴随"西学东渐"和"中西会通"思想的发展，以及黄宗羲、顾炎武、王夫之和颜元等早期启蒙思想的提出，"经世致用"的传统实学思想出现发展的迹象，颜元甚至创设"彰南书院"，制订"彰南书院章程"，实践"经世致用"的传统实学思想，并且由此对后来"采西学"思想的发展产生影响作用；戴震深入地批判"程朱理学"以及提倡"经世实学"，由此

---

① 潘玉田、陈永刚著:《中西文献交流史》(北京: 北京图书馆出版社, 1999)，页32–34。

削弱"正统"理学的社会影响作用，从而在思想理论上为传统中国的"西学"传播与发展奠定重要的基础。中华传统文化存在深厚的根基，思想的基础积淀牢固，而且"正统"思想已经深入社会教化和风俗习惯之中，当然不会主动地退出社会思想中的"主角"地位。在上述的思想和文化发展形势之下，"中西学之争"在所难免，从而导致传统中国出现"西学输入"及其本土化的阶段发展过程。但"采西学"思想的初萌标志传统思想观念的没落以及独尊地位的削弱，充分地体现出传统封闭思维模式向对外开放思维模式的转变发展趋势，并且由此有力地推动"中西文化理解"与教育近代化的发展进程。

第二节　清代前期传统中国"西学东渐"的再兴及其社会影响

清代前期，传统中国与西方教会之间的关系出现崭新的发展与变化，以致 1704 年之后东西方的文化交流陷入低潮。[①]1723 年清代雍正继位之后，传统中国禁止西方的宗教在华传播；1757 年，清代乾隆时期传统中国实施"禁海"的政策，形成"闭关锁国"的制度化结局；1760 年，法国传教士蒋友仁进献《坤舆图说》，但被斥为异端邪说。1792 年，英国马戛尔尼使团来华——为了显示西方近代先进的科学技术成就，"使团"带来军舰模型和火炮器械等，但乾隆以"天朝无所不有，从不贵奇巧"[②]为由，断然地加以拒绝。由上可见，清代中国的朝廷内外都漠视欧洲近百年以来科学技术发展的巨大成就。由此，马戛尔尼意识到：

———————

[①] 1704年，罗马教皇格列门订立禁止中国教徒"祭祖祀孔"的禁约，并于1705年派遣使节送达北京，禁止中国教徒敬天祀孔祭祖，这严重干涉清朝政府的内政，于是清朝政府因死使节多铎。1720年，罗马教廷再派使节嘉东来华，又因中西礼仪争论而被驱逐出中国。康熙朱批曰"以后不必西洋人在中国传教，禁止可也，免得多事"。《康熙与罗马使节交换文书》，参见潘玉田，陈永刚著：《中西文献交流史》（北京：北京图书馆出版社，1999），页49。

[②] 斯当东著：《乾隆谒见英使纪实》。参见潘玉田，陈永刚著：《中西文献交流史》（北京：北京图书馆出版社，1999），页51。

中国清政府故步自封，不复以科学人生所急，对于西洋物质之进步，也以此一概抹杀……余对支那朝廷于新学术之发明毫不关心，不能无憾……彼欲凌驾于诸国之上，而对于实际所见不远，不知利用之方，唯防止人智之进步，此终无益之事也。[1]

清代乾隆年间的《清朝文献通考》充分地反映出"西学中源"的思想观点。其中记载："意大利亚人所称天下为五大洲，盖沿于战国邹衍的谈海之说"，"彼所称五大洲之说，语涉狂诞"，甚至号称清代文宗的纪昀在编修《四库全书》时，同样对艾儒略的《职外方纪》中有关美欧地理知识表示怀疑，甚至明确地阐述对西方学术文化的防备心态。[2]

清代道光年间，传统中国严禁西方的文献在境内传播，1834年实施严格的"禁书"政策，西方的书籍文献以及中外对译的字典均在禁止之列，但传统中国社会甚至不知美国是否确实地存在，以及来侵英国的具体情况[3]。而此时相距"禁约之争"百余年，正值西方科技发展的高峰时期。相形之下，传统中国更显落后于西方社会的发展形势——既缺乏引进西方近代先进科学技术的博大胸怀，同时缺乏提升自身科学技术水平的创新动力，由此全面地落后于西方，已经成为传统中国实施"闭关锁国"政策之后社会发展的必然结局。

正如前述，马戛尔尼特使团和阿美士德使团来华之后"无果"而返，同时1834年英国以自由贸易取代东印度公司的垄断贸易，改由英国政府直接管理对华贸易。上述的社会因素促使英国确立侵华的政策，最具标志性的是1834年英商联名请愿推进侵华的事件，"请愿书"声称：

根据全部外侨在华的交往历程和中国政策及其内部骚乱，直到现在才使我们认识到，过去与中国政府或其官吏打交道最失策的就是采取甘受屈辱和

---

① 刘半农译：《乾隆英使觐见记》，下卷，页39，参见潘玉田、陈永刚著：《中西文献交流史》（北京：北京图书馆出版社，1999），页51。

② 参见潘玉田、陈永刚著：《中西文献交流史》（北京：北京图书馆出版社，1999），页52–57。

③ 参见潘玉田、陈永刚著：《中西文献交流史》（北京：北京图书馆出版社，1999），页54–55。

对轻蔑及不公平待遇采取逆来顺受的态度。这样就不独使国家的尊严受到损伤，而且会引起对我们威力的怀疑。我们对当时没有给那些商务监督进行交涉权力和没有提供他们应有的武力来保护他们免受侮辱，感到非常遗憾。①

　　同时宣称："我们不能不认为必须对这种妄自尊大行为做坚决驳斥和打击，否则对于进行继续交涉也是没有好效果的"②。清代中国的"禁教"政策并未能够阻止西方传教士的来华传教。马戛尔尼使节团遭拒之后，英国即已训练传教士并且组织差会，准备寻机再入传统中国。另外"禁教"政策实施以来，西方传教士在南洋和新加坡等周边地域设立教堂传教，而在传统中国则假借商务的身份，或开展文化医疗事业，或秘密来华开展传教。1826年马礼逊归国之时，秘携万余卷传统中国的书籍，包括北京地图等，因而受到英王的嘉奖③。1834年至1837年，英国确立侵华的政策，并且在此前后对传统中国沿海和内陆进行秘密侦察，比如开展测量河道港湾、绘制航海地图、调查物产及商业等活动。在对传统中国政治经济、军事技术和商业物产等社会状况进行深入的调查分析之后，英国政府作出对华使用武力的决定，并且制订侵华战争的计划。

　　1835年，西方传教士主编的早期在华报纸——《中国丛报》，公然地宣传对华战争："当为了取得公正，提供保护和维护一个国家的国格而有必要使用武力时，这样一种手段永远不会受到谴责……根据中华帝国目前的态度，如不使用武力，就没有一个政府可与之保持体面和交往。"④1836年，提出侵华之后与传统中国签订不平等条约的建议，宣称"采用低声下气的请求，我们必将一无所获，倘若我们希望同中国缔结一项条约，就必须在刺刀尖下命令它这样做，用大炮的口来增强辩论""在缔结条约时，必须重视获取英国使臣能常驻北京的权利。要确定一个固定的关税，废止公行的垄断，完全准许

---

① 参见郑彭年著：《西风东渐——中国改革开放史》（北京：人民出版社，2005），页187。
② 参见郑彭年著：《西风东渐——中国改革开放史》（北京：人民出版社，2005），页187。
③ 参见潘玉田、陈永刚著：《中西文献交流史》（北京：北京图书馆出版社，1999），页60—61。
④ 王重民辑校：《徐光启集》（上册），页68。参见潘玉田、陈永刚著：《中西文献交流史》（北京：北京图书馆出版社，1999），页62。

我们在沿海有海关的港口和京城里通商"①,即制造和鼓吹发动侵华战争的社会舆论。

1839 年,林则徐领导"虎门销烟",英国借机发动鸦片战争,强迫清代中国签订中英《南京条约》(1842 年),由此确定在华传教的权利,提出开放口岸、割地赔款和废除经商制度等要求。此后,中美《望厦条约》(1844 年)、中法《黄埔条约》(1844 年)提出允许建造教堂和自由传教等要求。西方列强通过签约的途径,确保传教士在华自由传教的权利,而传教士借助条约的规制保障,冠冕堂皇地再次来华,由此"西学东渐"的社会思潮波澜再起,传统中国步入半封建半殖民地社会的发展进程。在清末中国"西学东渐"的发展进程中,成绩突出的西方传教士著译有花之安的《德国学校论略》、丁韪良的《西学考略》、李提摩太的《七国新学备要》、林乐知的《文学兴国策》②,上述的著译对清末中国"西学东渐"社会思潮的再兴具有重要的思想影响,同时对中国社会和教育近代化的发展进程产生重要的导引作用。

明清之际的来华西方传教士为耶稣会士,而清末时期的则是新教传教士。耶稣会士的来华对明清之际传统中国科学技术的发展与进步做出重大时代性的贡献,虽然传播宗教的终极目的性强烈,而采取的重要策略则是"科技传教"。李约瑟论述:

在文化交流史上看来没有一件事足以和 17 世纪耶稣会教士那样一批欧洲人的入华相比,因为他们充满了宗教热情,同时又精通那些随欧洲文艺复兴和资本主义兴起而发展起来的科学……即便说他们把欧洲的科学和数学带到中国只是为了达到传教目的,但由于当时东西两大文明仍互相隔绝,这种交流作为两大文明间联系的最高范例,仍然是永垂不朽的。③

清末时期来华的新教传教士不仅存在传播宗教的使命,而且充当西方列强侵华的工具,协助侵华势力收集情报,侦查传统中国社会对中外事态的反

---

① 参见潘玉田,陈永刚著:《中西文献交流史》(北京:北京图书馆出版社,1999),页63。
② 有关这些西方传教士及其著译情况,参见田正平主编:《中外教育交流史》(广州:广东教育出版社,2004),页266—302。
③ 李约瑟著:《中国科学技术史》(北京:科学出版社,1975,卷4),页693。参见潘玉田,陈永刚著:《中西文献交流史》(北京:北京图书馆出版社,1999),页67。

应，同时为列强的侵华献计献策，甚至直接地参与侵华的事件，因而应该对传统中国社会半殖民化程度的日益加深担负重大的历史责任。

1840年前后，传统中国的社会局势时有动荡，西方列强环伺周边，侵略的触角伸向深刻社会矛盾之中的传统中国。葡萄牙占据传统中国的澳门和台湾，英国占据传统中国的香港，进而出现西方列强瓜分传统中国的狂潮，甚至同时期通过"明治维新"而"富国强兵"的东方新兴国家——日本，同样将侵略的触角伸向长期对其文化教育输出的传统中国。然而清代中国尚未从"天朝上国"的妄自尊大心理状态中解脱出来，并且对西方工业革命以来的巨大发展与变化置若罔闻，由此必定对中国近代化的发展进程产生严重的负面作用。鸦片战争之后，西方传教士依恃列强军事的强大和条约规制的保障，纷纷而至继而再掀"西学东渐"的社会思潮，但却难以与明清之际来华传教士的社会影响比拟——虽然同样给中国近代化提供崭新的思想观念。清代前期，传统中国"西学东渐"的再兴与"采西学"思想的发展存在紧密的关联，并且在传统中国社会与教育近代化的发展进程中具有重要的影响作用。

第一，促进"学治统一"学术思想的发展。清代前期，传统中国的"禁教"政策阻止西方宗教文化和科技学术等的输入。19世纪初期，鸦片贸易更加频繁，走私活动日益严重，鸦片成为传统中国社会疲弱的祸患，以及清代中国亟须解决的重大政治问题。黄爵滋的《请严塞漏卮以培国本疏》强调："以中国有用之财，填海外无穷之壑，易此害人之物，渐成病国之忧。"鸦片的输入引发全国"沸腾"，具有爱国思想和主张严禁鸦片的人士纷纷呈请查禁鸦片，进而批评传统学术文化，提出"学治统一"的思想。自古以来，"学治"问题都是传统学术文化中的根本问题，《大学》提出"八条目"，即格物、致知、诚意、正心、修身、齐家、治国、平天下。"八条目"集中地论述"学治"问题，但以修身为核心且从道德的角度来论述，充分地反映出传统学术文化重视道德教化的思想观点。传统中国历朝都着力地论述"学治"问题。清代康熙强调："万世道统之传，即万世治统之所系也""道统在是，治统也在是也"[1]；1840年前后，龚自珍首提"道学治统一"的思想，即"一代之治，

---

[1] 康熙帝著：《四书讲义序》，参见吕留良著：《四书讲义》，康熙二十五年刻本。

即一代之学也""是道也，是学也，是治也，则一而已也"①；魏源提出"贯经术、政事、文章于一"②的观点，强调"天下无数百年不弊之法，无穷极不变之法"③，即天下的事情总处无常变易之中，传统文化与学术思想也应因时制宜，而不必固守成法，并且提出"以经术为治术"④的思想。而将龚自珍和魏源的"学治统一"思想推向社会实践的开拓者，公认是"开眼看世界第一人"——林则徐。清末中国出现"天下之利权，非中饱于私家，即漏卮于海表"⑤的腐败衰世，林则徐始终以国家的利益为重，道光二十年（1840年）择员翻译西方的报刊，"讲求外国情形"⑥，组刊《华事夷言》，"大抵摘自西洋杂志、日报中有关中国之议论而成，以观其对事情之看法。"⑦《圣武记》记载，林则徐"日日使人刺探西事，翻译西书，又购其新闻纸，具知西人极藐水师""于是招募丁壮五千"⑧。正是在"学治统一"思想的指导之下，林则徐坚决查禁鸦片、积极备战，在虎门的海滩销烟示众，开创清末中国御辱图强的先驱之路。

　　第二，促进"经世致用"传统思想的复兴。魏源主张"学治统一"和"经世致用"，强烈地批评"民瘼之不求，吏治之不习，国计边防之不问"，以及"无一事可效诸民物"⑨的社会现实，赞成龚自珍"更法"的主张，强调"欲制夷患，必筹夷情"⑩"师夷长技以制夷"⑪"不善师外夷者，外夷制之"⑫。魏源的"采西学"思想观点导源于鸦片战争逼近的社会现实与经世思想。当时列

① 龚自珍著：《治学》，参见夏田蓝编：《龚定庵全集类编》（北京：中国书店，1991）。
② 魏源著：《西汉经师今古文家法考叙》，参见《魏源全集》（长沙：岳麓书社，2005）。
③ 魏源著：《筹鹾篇》，参见《魏源全集》（长沙：岳麓书社，2005）。
④ 魏源著：《默觚中·学篇八》，参见《魏源全集》（长沙：岳麓书社，2005）。
⑤ 黄彰年著：《林文忠公政书序》，参见《陶楼文钞》，卷8。
⑥ 范文澜、翦伯赞等主编：《中国近代史资料丛刊》（上海：上海书店出版社，2000），页408。
⑦ 范文澜、翦伯赞等主编：《中国近代史资料丛刊》（上海：上海书店出版社，2000），页440。
⑧ 魏源著：《圣武记》，卷10，参见《魏源全集》（长沙：岳麓书社，2005）。
⑨ 魏源著：《默觚下·论篇》，参见《魏源全集》（长沙：岳麓书社，2005）。
⑩ 魏源著：《筹海篇四》，参见《魏源全集》（长沙：岳麓书社，2005）。
⑪ 魏源著：《海国图志序》，参见《魏源全集》（长沙：岳麓书社，2005）。
⑫ 魏源著：《大西洋欧罗巴洲总叙》，参见《魏源全集》（长沙：岳麓书社，2005）。

强侵华临近，然而传统中国社会却"徒知侈张中华，未睹瀛寰之大"①。姚莹批评："如坐井观天，视四裔如魑魅，暗昧无知，怀柔乏术，坐致其侵陵，曾不知其所忧虑，可乎？甚矣，拘迂之见，误天下国家也。"②正是在上述的社会现实之下，魏源提出"学治统一""经世致用"和"师夷制夷"等"采西学"的思想观点。魏源强调："同一御敌，而知其形不知其形，利害相百焉；同一款敌，而知其情不知其情，利害相百焉"③"筹夷势必先知夷情，知夷情必先知夷形""欲制外夷者，必先筹夷情始"④，并且提出"经世四原则"，即"必有验于事""必有资于法""必有验于今""必有乘于物"，亟须"以实事程实功，以实功程实事"，上述的方面充分地反映出魏源务实求是的治学风格与思想观点。魏源的"师夷制夷"等"采西学"的思想观点在清末中国的社会思想发展中具有巨大的影响作用，王韬评价："当默深先生时，与洋人交际未深，未能洞见其肺腑，然师长一说，实倡先声"⑤；梁启超评价："其论实支配百年来之人心，直至今日犹未脱离净尽，则其在历史上关系，不得其细也"⑥。林则徐不仅领导"虎门销烟"的伟大壮举，而且是清末中国的社会思想发展中的重要先驱，鸦片输入之初主禁鸦片，同时择员翻译西方的书报杂志，搜集外国的情报资料，撰成《四洲志》和《海事夷言》，魏源的《海国图志》即在林则徐的《四洲志》基础之上纂成。在龚自珍、林则徐和魏源等学术思想的影响之下，清末中国出现钻研"西学"的社会热潮，涌现出诸多有关西方社会、地理和科技等研究的著述，比如贺长龄的《皇朝经世文编》、何秋涛的《朔方备乘》、姚莹的《康輶纪行》、徐继畬的《瀛环志略》等。上述的选编或著述成为当时中国社会了解与学习西方的重要窗口，并且对清末中国学术文化思想的发展产生巨大的社会作用，具有伟大的时代意义与久远的历史影响。

　　第三，促进"验诸实事"知行思想的出现。清末初期的思想家在知行问

---

① 魏源著：《武事余记.掌权考证》，参见《魏源全集》（长沙：岳麓书社，2005）。

② 姚莹著：《外夷留心中国文学政事》，参见西藏社会科学西藏学汉文文献编辑室编辑：《康輶纪行》，1991，卷12。

③ 魏源著：《海国图志》，参见《魏源全集》（长沙：岳麓书社，2005）。

④ 魏源著：《圣武记》，参见《魏源全集》（长沙：岳麓书社，2005）。

⑤ 王韬著：《扶桑游记》（长沙：湖南人民出版社，1982），页20-21。

⑥ 梁启超著：《中国近三百年学术史》（北京：东方出版社，1986）。

题上都重视行的方面,并且强烈地质问传统学术"重知而废行"的思想观点。龚自珍严厉地谴责"昧于求古"的学术风气;魏源以"经世致用"的眼光和"学治统一"的思想为指导,强调追求"实事"与"实功",揭示"两者"之间的互动关系,即重视行的结果,"经世四原则"集中地体现出其"验诸实事"[①]的知行观,"师夷制夷"的主张则是其知行观的集中体现。魏源强调"采西学"的优势,"尽收外国之羽翼为中国之羽翼,尽转外国之长技为中国之长技"[②],由此实现"富国强兵"。在上述知行思想的指导之下,魏源的《海国图志·筹海篇》条陈自守二策、攻夷二策、款夷二策,论述守、战、款的具体策略。《海国图志》的内容包括西方天文学、物理学、化学、测验学、历法学和法学等各科的知识。"师夷"的内容表现在军事技术、科学技术、自然科学、外语和翻译,以及西方民主制度等方面,充分地体现出其"验诸实事"的知行思想。魏源批判传统学术文化重视虚的方面,呼吁"去伪,去饰,去畏难,去养痈",除去"人心之寐患""毋冯河,毋画饼",除去"人心之虚患",亟须"以实事程实功,以实功程实事"[③]。曾国藩评价龚自珍和魏源的学术思想,即"皆经学兼经济、舆地之学"。林则徐是龚自珍和魏源"验诸实事"知行思想的实践者。在外敌入侵和国势日危之际,"两广"总督、钦差大臣林则徐择员搜集西方的情报资料,翻译成书、刺探西事、了解夷情。《道光朝筹办洋务始末》论述:"查有粤东抄本番鬼录,系英人商人用夷字记载见闻,近来粤东通事用汉语译出,改名《华事夷言》,其言虽鄙俚,然系该夷本国自相告语之词,故于鸦片之数目,走私之情节。""直言不讳,而末段言中国之人,柔弱不善战,水师军器皆不中用,惟广东岸上粗工力作之人及水中营生之人,勇壮有力,欧罗巴人皆不及,若拣充兵丁,可谓精兵等语。"林则徐招募丁壮、练成水勇,抗击鸦片走私艇、英国水师舰只。林则徐编译《四洲志》,介绍西方的国家地理。梁启超评价:"嘉庆中林少穆(则徐)督两广,命人译《四洲志》,实为新地志之嚆矢。"[④]"验诸实事"的知行观充分地体现出时代发展与

---

① 魏源著:《魏源集》(北京:中华书局,1976),页35。

② 魏源著:《道光洋艘征抚记》,参见《魏源集》(北京:中华书局,1976)。

③ 魏源著:《海国图志叙》,参见《魏源全集》(长沙:岳麓书社,2005)。

④ 梁启超著:《中国近三百年学术史》(北京:东方出版社,1986)。

进步的思想要求，是"学治统一"学术观和"师夷制夷"学习观的时代反映，也是"经世致用"传统学术思想的一脉相承，体现出继承中的发展以及发展中的继承，是时代造就与历史发展的必然过程。"验诸实事"的知行观启发与激励数代进步的学者，因而对冲破传统学术思想的藩篱具有重要的意义。梁启超的《清代学术概论》评价："晚清思想之解放，自珍确与有功焉，光绪间所谓新学者，大率人人皆经过崇拜龚氏之一时期，初读《定庵文集》，若受电然""新思想之萌蘖，其因缘不得不远溯龚魏"[①]。由上可见，龚自珍和魏源的新思想以及林则徐的思想与行动在总体目的上存在一致性的特征，并且在中国近代化的发展进程中都具有重要的思想影响与重大的历史作用。

第四，促进"士无全能"人才思想的形成。传统的人才评价以儒家标准为依据，通常冠以圣贤、鸿儒和通儒等称呼，采取以传统道德经典为内容的科举考试、举贤良方正和举孝廉等方式，体现传统中国儒家人才观的"正统"地位，而异于传统观念的思想均被视为异端邪说，并且遭到残酷的迫害与严格的抑制，但异端思想仍然历世不衰，并且成为促使传统中国社会趋向发展与进步的重要推动力量。明清之际以来，传统中国早期启蒙思想家猛烈地抨击中央集权与君主专制，特别是锐评传统科举考试制度，开启新人才观的萌芽。顾炎武强调：传统科举制度"败坏天下之人才，而至于士不成士，官不成官，兵不成兵，将不成将"[②]；龚自珍挞伐传统的人才选任制度："不论盐铁不筹河，独倚东南涕泪多。国赋三升民一斗，屠牛那不胜栽禾"[③]——其中包含对清代中国官吏腐朽与无作为的愤怒，以及对民生的悲叹，更是对传统科举选任人才失策的揭示；魏源评论："后世之养人用人也不然，其造之试之也，专以无益之画饼，无用之雕虫，不识兵农礼乐工虞士师为何事，及一旦用之也，则又一人而遍责以天官之职，或一岁而遍历四方民夷之风俗。"[④]以致出现"所用非所养，所养非所学"的局面，而成因则归结为科举制度选用的传

① 梁启超著：《中国近三百年学术史》（北京：东方出版社，1986）。

② 顾炎武著：《生员论略》，参见《亭林文集》（卷1），朱氏校经山房本，1888年重印。

③ 龚自珍著：《乙亥杂诗》。参见夏田蓝编：《龚定庵全集类编》（北京：中国书店，1991）。

④ 魏源著：《默觚下·学篇九》，参见《魏源集》（北京：中华书局，1976），页23。

统"人才"——仅仅追求富贵与结营私党，而不关心"国计民生"。鸦片战争未始之时，龚自珍敏锐地感到传统科举考试制度的腐败以及清代中国行将衰落的发展趋势，疾呼"不拘一格降人才"①——"宣言"正是救治清代中国日趋腐朽的"针剂"，可是在传统中国社会日趋落寞之时，无人理会时代的"惊雷"，只有无可救药之时，方悟龚自珍早已拉开清末中国"新人才观"的序幕，但却已经难挽战争失败的命运。魏源重视新人才的社会影响与作用，强调"法久弊生，因时制度，则神而明之，存乎其人"，传统中国若要达成强盛的目标，就要逾越"有其人，无其财""有其财，无其人""有其财，无其材"等三道难关，强调国家"财用不足，国非贫，人才不竞之谓贫""不患财用而惟亟人才"，若能做到人材具备，"何患于四夷，何忧于御辱。"魏源强调："人各有能，有不能"，造就和选用人才不应依照传统选用人才的制度，即不可以仅仅选用圣贤、鸿儒与通儒，而应选用具有专门学识与特长的新式人才，并且强调"天地之生才，予之齿者去其角，两其足者缚之翼，是以造化无全功，阴阳无全能"，"有才臣，有能臣，世人动以能为才，非也。小事不糊涂之谓能，大事不糊涂之谓才"，"才臣疏节阔目，往往不可小知；能臣又近烛有余，远猷不足，可以佐承平，不可不胜大变"，"夫惟用才臣于庙堂，而能臣供其臂指，斯两得之乎"，"用人者，取人之长，避人之短；教人者，成人之长，去人之短也。惟尽知己之所短，而后能去人之短；惟不恃己之所长，而后能成人之长。不然，但取己所明而已，但取己之所近而已"。魏源的"士无全能"新人才观开启"因人授任"思想的新时代。由上可见，魏源已经明确地提出专才教育的主张，由此对清末中国教育思想的更新具有重要的启示作用。在回答如何选任人才时，魏源强调，"天下奇士不常有，而天下之名君不世出，故天下之降人也，千夫而一人；才之遇主也，千载而一君"，"得一后夔，天下无难正之五音；得一伯乐，天下无难驭之良马；得一颇牧，天下无难御之外侮"，强调选才者与人才的本身都不可以错失良机，识才者要有识才与辨才的能力，人才的本身也要全力地发挥潜力。②

---

① 龚自珍著：《乙亥杂诗》。参见夏田蓝编：《龚定庵全集类编》（北京：中国书店，1991）。

② 魏源著：《魏源集》（北京：中华书局，1976），页37–62。

清代前期，由于受到传统封闭思维模式及其指导之下所形成"闭关锁国"政策的深刻影响，传统中国的"中西会通"思想让位"西学中源"思想，"西学东渐"逐步地陷入低潮，标志"中西文化理解"与中国近代化之间的关系出现历史性的波折。鸦片战争之前，以英国为首的西方国家遣使来华，展示西方近代科技发展的成就，充分地表明传统中国"西学东渐"再兴，然而随后英国却以侵略战争的形式呈现出来，促使传统中国陷入半封建半殖民地社会的深渊。鸦片战争之后，随着"西学东渐"思潮的再兴与"采西学"思想的发展，传统中国出现"中主西辅""中本西末""中道西器"和"中体西用"等思想的形成与发展过程。概括地来讲，清代前后传统中国的"西学东渐"再兴与"采西学"发展，加速中国近代化思维发展逻辑形态的发展与变化，促使"西学东渐"与"采西学"思想走向合流，并且为"新学"思想的形成与发展创造社会的环境和学术的条件，从而有力地推动"中西文化理解"与中国近代化的发展进程。

第三节　清末中国"采西学"思想的发展及其层次的递嬗

随着"西学东渐"的社会思潮再兴，清末中国的"采西学"思想出现兴盛的局面。明清之际到清末时期，从发展过程的角度来讲，虽然"西学东渐"和"采西学"思想的发展状态存在不尽相同的表现形式，但理论渊源上却存在很大程度上的同一特性，即回答如何解决"中学"与"西学"之间的关系问题。明清之际，传统中国存在"中西会通"和"西学中源"等思想，而清末中国回答"中西学关系"的问题则更明确，即运用传统中国哲学的范畴，比如"主辅""道器""本末"和"体用"等，进行具有近代特征的诠释。清末时期，虽然传统中国依然存在"西学中源"思想及其具体的理论形态，比如"西学源于墨子"和"中西学循环"等观点，但已经具有某种程度上近代特征的发展与变化，显著地呈现出中国近代化的发展进程及其思维发展逻辑形态特征，但在层次与内容上却存在严重的分歧，因此虽然承认"中主西辅""中道西器""中本西末"和"中体西用"等思想观点，但并非赞成其中完整的内涵。清末时期，传统中国"采西学"的内涵层次已经更深刻、更细致，特别是更加注重"采西学"的具体内容，由此对中国社会和教育近代化的发展进程产生显著的影响作用。

清末中国的"采西学"思想肇始于"中西学观"的发展。"中西学观"并非迟至清末时期出现，而是产生于传统中国长期封建社会的形成和发展过程之中，是中西方文化教育交流的产物。清代乾隆时期的《四库全书．总目提要》记载："欧罗巴人天文推算之密，工匠制作之巧，实逾前古。其议论夸诈迂怪，也为异端之尤。国朝节取其技能而禁传其学术，俱存深意"[1]——实为史载前近代中国"中西学观"的滥觞。李提摩太的《时事新论》提出以"中国之声名文物为原本，辅以诸国富强之术"的思想观点，充分地体现出西方传教士对"中国主体"精神（即悠久传统文化的积蕴）的理解与判断，而清末时期冯桂芬提出"以中国之伦常名教为原本，辅之以诸国富强之术"[2]的思想观点，则充分地体现出传统中国士大夫所根深蒂固地信奉"正统"的"伦常名教"，由此开启清末中国"中西学观"论战的先河。清末中国的"采西学"思想存在渐进发展的过程——本身符合学习"西学"内涵认识的深化过程。历经如下层次阶段发展的过程[3]：一是器物技能层次的阶段。在思想的层面，主张学习西方近代先进的科学技术和"坚船利炮"，以魏源和林则徐等"先驱"的思想为代表；在实践的层面，以"洋务西化运动"为代表；二是制度层次的阶段。在思想的层面，主张学习西方近代先进的思想文化甚至政治制度，以郑观应、马建忠、薛福成、康有为和梁启超等先进的知识人为代表；在实践的层面，以"维新变法"为代表；三是思想行为层次的阶段。在思想的层面，主张学习西方近代先进的学术文化思想甚至科学研究方法，以严复等早期"海归"人物为代表；在实践的层面，以民国时期"西潮"为代表（超出选题研究的时限范畴），归属"戊戌政变"前后传统中国"采西学"思想与实践的新发展。

传统中国"正统"的学术文化长期忽视自然科学与生产技艺的发展，导

---

① 纪昀等编纂：《四库全书总目提要》（武英殿版翻刻本，1795），卷125，页1081。

② 冯桂芬著：《校邠庐抗议》（上海：上海书店，2002），《采西学议》。

③ 金耀基著：《中国的现代化》，参见姜义华、吴根梁、马学新编：《港台及海外学者论近代中国文化》（重庆：重庆出版社，1987），页8。

致明清之际以来传统中国的社会生产力日趋滞后。同时长期的"闭关锁国"政策造成茫然无知西方近代科学技术的发展，甚至西方日常使用的自鸣钟（闹钟）都成为清代中国皇室成员的新奇玩意。19世纪中叶之后，中西方科学技术的发展差距日益显著，同时西方列强奉行侵略殖民的政策，并且将"触角"伸向传统中国的沿海地区，由此清末中国逐步地认识到西方近代科学技术的比较优势，亟须提出"采西学"的时代要求，引入西方近代先进的器物技能。清末时期魏源提出"师夷长技以制夷""以夷攻夷""以夷款夷"和"师夷养兵之法"等思想，主张学习西方近代先进的科学技术——"格致制造之器"，即西方战船、火轮船、炮台、水雷、望远镜等先进的设备。但《海国图志》风行日本之时，清末中国却仅在部分开明的知识人中间流行。林则徐大量地购买西方的报纸杂志，借以了解西方社会的实际情形。郑观应和王韬等清末中国的早期改良人物则触及西方的科学知识，比如郑观应提出改革考试的办法时，特设考核"西学"的内容，包括格致、化学、电学、热学、矿学，以及天文、地理、医药、农植等新门类，重视铁路、轮船、矿务、邮政、机器、商务、纺织、银行等实用政务。王韬"新课程"包括西方的舆图、格致、天算、律例等内容。鸦片战争打破明清之际以来传统中国"闭关锁国"的"禁教"政策。随着西方的军事入侵，西方的物质、精神和文化等方面的侵略也不断地蔓延，西方传教士的活动范围从沿海向内地扩展，清末中国被迫"睁眼看世界"，但必将历经漫长思想与实践的发展进程。鸦片战争之后，清末中国社会受到战争的震撼与战败的冲击，同时被迫卷入世界交互的体系，因此掀起波澜壮阔的"洋务西化运动"，学习西方近代先进的科学技术——器物技能。同时，学习西方的器物技能是背叛"正统"学术思想的发展结果，由此"经世致用"思想从边缘走向中心的位置，从而动摇儒家思想的"正统"地位。龚自珍和魏源等承继明清之际以来"经世致用"思想的"衣钵"，倡导利于"国计民生"和"效诸民物"的经世学术，主张学习西方近代的自然科学和社会科学，特别是"船精炮利"和"奇巧构物"。上述的学术文化思想成为清末中国实施御辱图存、叛逆"正统"儒学和振兴经世学术的时代工具，促使"采西学"思想在中国近代化中占据重要的地位，同时标志传统教育思想的独尊地位削弱，从而有力地推动中国社会和教育近代化的发展进程。

从制度的层面来讲，传统科举考试制度创制于隋代、成型于唐代、发展于明代、废止于清代，历时 1300 余年，是传统中国选任人才的基本制度，但随着"采西学"的逐步深入，清末中国新式学校教育获取较大的发展，教育的目标也逐步地从培养圣贤、鸿儒和通儒等发展到培养新式专门人才，从单一注重道德修养到注重经世实用的转变发展，统一定式的传统科举考试制度已经难以适应新式学校教育发展的实际需要，由此导致传统科举考试制度的改革与废止成为时代发展的重要趋势。当然，传统科举考试制度的改革与废止尚存在诸多其他方面的原因，但清末中国"采西学"思想的深化发展是其中重要的原因，因为由此直接地淡化传统科举考试制度的存在基础。伴随"西学"的介绍与引进，清末中国社会抨击传统科举考试制度达到前所未有的发展地步。龚自珍强调："今世科场之文，万啄相因，词可猎而取，貌可拟而肖，坊间刻本，如山似海，四书文禄士，五百年矣。士禄于四书文，数万辈矣，既穷既极。"[①] 王韬强调，"取士之法不变，则人才终不出"[②] "文武科两途皆当变通，悉更旧制"[③]。传统科举考试制度的改革与废止成为清末中国社会发展的必然结果，也是清末中国社会试图摆脱政治经济和文化教育腐败现实的重要表现形式。传统科举考试制度的改革与废止存在如下的发展路径：一是科举与学校分途径满足培养、考核和选才的社会与时代需求，比如京师同文馆毕业的学生，可以不经传统科举考试，而直接地授予官职；二是分场考试或设立专科（即"专科"取士），"西学"的内容向传统科举渗透；三是递减科举考试的中额，扩大新式学校选任人才的数量；四是改废传统科举考试制度，创办新式学校，培养与选任新式专门人才。

　　清末中国"采西学"思想的重要进步尚在于认识到学习西方近代政治制度和学校教育制度等方面的重要性，甚至积极地介绍并主张采用西方君主立宪政体或民主共和政体——上述学习"西学"的内容是启蒙学者没有达到而洋务官僚不想作为的领域。除了提倡仿效西方建立新式学校之外，清末中国进步的知识人也记载和论述西方的学校教育制度，积极地建议仿效西方的义

---

① 王佩诤校：《龚自珍全集》（上海：上海古籍出版社，1975），页344。

② 王韬著：《变法中》，参见丁守和主编：《中国近代启蒙思潮》（上卷，北京：社会科学出版社，1999），页82。

③ 王韬著：《变法自强上》，参见《韬园文录外编》（卷二），光绪九年刊本。

务教育制度、制订学校教育制度，以及加速新式学校教育的制度化与规范化建设。冯桂芬介绍瑞典所实施义务教育的"小学"（即"小书院"），"瑞典国设小书院无数，不入院者，官必强之，有不入书院之刑，有父纵弟子之刑，以是国无不识字之民"①，同时主张效法荷兰等国家，设立收养与教育贫民的机构（即"养贫教贫局"），谈到"官强民入塾，中国所难行，惟责成族正稽察族人，十五以下不读书，十五以上不习业者，称其有无而罚之，仍令入善堂读书习业，也善法也"②，建议推广浙江出现的善堂、义学和义庄等教育形式。郑观应也赞成设立"义学堂"，强调"贫家童子自五岁至十三岁皆入塾，兼习工商之事，不学则罚其父母，旷学则其师督之，至再至三仍或不改，则拘诸改过学堂使之省过"③；西方"育才于学堂，论政于议院，君民一体，上下同心，务实而戒虚，谋定而后动"④"议院者，公议政事之院也，集众思，广众益，用人行政，一秉至公，法诚良，意诚美"，因此传统中国应该"借西法以维大局，必先设议院以固民心"⑤；介绍德日等国家所实施义务教育的状况，建议传统中国"理宜效法德日，大小学校先由政府酌量拨款，并考订新学课本，通饬各城各乡一律遵办"⑥；撰述《德国学校规制》《英法俄美四国学校规制》《英德法俄美日六国学校人数目》《英士李提摩太〈七国新学备要论〉》《泽花博士论德国学校》和《日本学校》等著述，详细论述了西方的学校教育制度，介绍西方国家的贫民子弟教育、义务教育、残疾儿童教育、教育方法、分班教学，以及分院设置等学校教育制度；描述西方国家学校、新闻报馆和书籍馆等教育机构的设置，以及"初学""中学"和"上学"等学校级别的建置，以及英、法、俄、德、美、日、印等国家的学校数目、学生人数、教师人数和学费收取等，强调需要学习西方特别是德、日等国家的学校教育制度和义务教育实施的经验。宋育仁强调，"议院为欧洲近二百年振兴根本""为其国国政所在，

---

① 冯桂芬著：《校邠庐抗议》（上海：上海书店，2002），《收贫民议》。
② 冯桂芬著：《校邠庐抗议》（上海：上海书店，2002），《收贫民议》。
③ 夏东元编：《郑观应集》（上册，上海：上海人民出版社，1982），页525。
④ 郑观应著：《盛世危言》（北京：华夏出版社，2002），《序》。
⑤ 郑观应著：《盛世危言》（北京：华夏出版社，2002），《议院》。
⑥ 郑观应著：《盛世危言》（北京：华夏出版社，2002），《盛世危言后言·自序》。

即其国国本之所在"①。马建忠和薛福成等也介绍西方的议院制度,并且提出仿效创设议院制度。薛福成的《出使四国日记》论述,西方国家"在乡有乡学,至于一郡一省,以及国都之内,学堂林立,有大有中有小,自初学以至于成材,及能研究精微者,无不有一定程限,文则有仕学院,武则有武学院,农则有农学院,工则有工学院,商则有商学院,非仅为士者有学"②,强调德、英、法、俄、美等西方国家都重视学校教育制度和义务教育制度的建设,学校的兴盛是西方国家富强的根源。但清末中国早期启蒙学者学习西方议院制度的主张依然存在时代性的局限,即仅仅主张实行君主立宪制度。郑观应强调,"君主者,权偏于上;民主者,权偏于下;君民共主权得其平"③,而反对实行民主共和制度;陈炽强调,"民主之制,犯上作乱之滥觞"④。清末中国学习"西学"的内涵达到制度层次的发展阶段,是在"戊戌维新"前后。随着"采西学"的进一步深化,清末中国的革命思想获取形成与发展,并且在与维新思想对立的过程中,提出创建民主共和国家的发展目标。

甲午中日战争之后,清末中国学习"西学"的内涵由器物技能层次、制度层次延伸至思想行为层次,由此"中西文化理解"获取深化发展。"维新变法"的理论指导依然是"中体西用"——集中体现在"京师大学堂章程"等改革措施。康有为和梁启超已经接受"新学"思想,试图泯灭"中学"与"西学"之间的界阈,构建康梁"新学"思想体系,倾向学习与借鉴明治日本的维新经验。在社会变革的手段上,清末中国的"戊戌维新"采取激进的"上层路线",争取实际并无实权的光绪作为主持者,而推动变法的策略上则既未联络社会的民众,也没争取洋务的领袖,甚至将李鸿章——淮军首领、洋务领袖和朝廷重臣,排斥在"维新变法"之外。在思想观点上也与张之洞——地方督抚、洋务大员,大相径庭,主张学习西方的君主立宪政体,以及"设议院"与"兴民权",由此严重地动摇"纲常名教"的"正统"地位,因此在"维新

① 宋育仁著:《泰西各国风采录》,参见《郭嵩焘等使西纪六种》(北京:三联书店,1998)。
② 薛福成著:《出使四国日记》(北京:社会科学文献出版社,2001)。
③ 郑观应:《盛世危言》(北京:华夏出版社,2002),《盛世危言新编·议院下》,卷1。
④ 陈炽著:《〈盛世危言〉陈序》,参见郑观应著:《盛世危言》(北京:华夏出版社,2002),页7。

变法"蓬勃发展之际，张之洞抛出《劝学篇》，系统地阐述"中体西用"思想，充分地表明反对"维新变法"的立场。"戊戌维新"学习"西学"的内容，已经涉及西方的近代政治制度，以及"设议院"与"兴民权"等思想，充分地表明已经超越"中体西用"思想，康有为和梁启超的"新学"思想体系在社会实践中突出地呈现出来，并且产生实际的社会影响作用。何启和胡礼垣的"新政"思想更具战斗性，甚至撰述《劝学篇书后》，批驳张之洞的"中体西用"思想，反对张之洞信奉的"纲常名教"，抨击"纲常名教"的"正统"地位，强调"化中国为蛮貊者，三纲之说也""五伦者，尊卑先后也，尊卑先后本之于无也，本之于无者，公也"①。上述的思想观点充分地体现出"采西学"思想的发展趋势，以及"中西文化理解"的深化发展。

清末中国学习"西学"的内涵发展至思想行为层次的阶段，具有特定社会与教育的历史含义，但其并未完全包括 1862 年京师同文馆设置以来新式学校教育实践的发展过程。从思想行为的层次来讲，"戊戌维新"前后清末中国新式学校课程才注重西方的社会科学，比如康有为的《万木草堂章程》设置公法学、公理学、中外史志等西方社会科学的课程②。"维新变法"之后，文学、历史、地理、理财、公法、交涉等西方的社会科学大规模地进入新式学堂与改制书院的课程，比如改制书院设置洋务、条约、税则、时务等西方社会科学的课程③。因此"戊戌维新"到"辛亥革命"，清末中国学习"西学"的内涵发展至包括西方自然科学和社会科学以及科学研究方法等在内的领域与范畴，充分表明已经完全进入思想行为的层次。严复可以称为清末中国学习"西学"的内涵达到思想行为层次的杰出代表——早年游学英伦、学习海军，归国之后担任军事院校的教员、安徽高等学堂的监督、北京大学的首任校长，而最能凸显其人生价值的却并非上述的职业经历，而是对清末中国翻译事业做出的重要贡献（提出"信达雅"的翻译标准），特别是翻译赫胥黎《天演论》的社会影响作用。甲午中日战争前后，严复致力西方社会科学著作的翻

---

① 何启、胡礼垣著：《劝学篇书后·明纲篇》，参见严加红著：《中国近代"中体西用"文化教育思想的内涵发展及其历史价值》（北京：国家教育行政学院学报，2005.9），页183。

② 吕达著：《中国近代课程史论》（北京：人民教育出版社，1994），页99。

③ 吕达著：《中国近代课程史论》（北京：人民教育出版社，1994），页106。

译，译介赫胥黎的《天演论》、亚当·斯密的《原富》、斯宾塞的《群学肄言》、约翰·穆勒的《群已权界说》、孟德斯鸠的《法意》等西方社会科学著作，由此发挥清末中国思想启蒙的重要社会作用，特别是"物竞天择，适者生存"的自然法则对甲午中日战争之后传统中国社会的思想观念转变发展产生重要的促进作用，由此有力地推动中国社会和教育近代化的发展进程。吴汝纶的"序"论述：

> 抑严子之译是书，不惟自传其文而已。盖谓赫胥氏以人持天，以人治之日新，卫其种族之说，其义富，其辞危，使读焉者怵然知变，于国论殆有助乎？是旨也，予又惑焉。凡为书，必与其时之学者相入，而后其效明。今学者方以时文、公牍、说部为学，而严子乃欲进之以可久之词，与晚周诸子相上下之书，吾惧其舛弛而不相入也。虽然，严子之意盖将有待也。待而得其人，则吾民之智瀹矣。是又赫胥氏以人治归天演之一义也欤？[①]

严复强调学习与借鉴西方科学研究方法的重要性，认为科学研究需要以自然现象为研究对象，依据客观的事实而探求真理，贯彻"学以致用"精神，其译作与上述的提倡相表里，由此丰富清末中国"采西学"的内涵，促进清末时期以来传统中国学术科研事业的发展与进步。

在半封建半殖民地社会的发展进程中，中华传统文化面临严峻的挑战与时代的抉择——不仅是清末中国社会状况所导致的发展结果，也是社会文化发展规律所导致的时代必然。中华传统文化是以儒家伦常为核心的道德型思想体系，对促进中华民族特性的形成和发展产生积极而深刻的社会影响作用，但儒家思想体系存在致命的弱点，即忽视甚至漠视科学技术的发展以及轻视技术行业的劳动，由此导致社会巨变时期传统中国在领跑世界科技发展千余年之后逐步落伍以及在封建社会发展路途中徘徊不前，而西方历经文艺复兴、宗教改革和工业革命之后，在思想文化和科学技术等方面获取飞跃发展的同时，扩张、侵略与殖民的"触角"伸向古老文明，但日趋落伍的传统中国，鸦片战争的爆发预示东西方新旧文明冲突的加剧，传统中国逐步走向半封建

---

① 吴汝纶著：《天演论·序》，参见王凯符：《后期桐城派文选译》（成都：巴蜀书社，1997），页177。

半殖民地社会的深渊，传统中国教育也面临西方近代文化教育的深刻影响作用，逐步地沦为半封建半殖民地的教育，但客观上却加速传统中国文化教育的转型发展进程，开创新式教育发展的新时代。清末中国"采西学"的内容由学习西方先进的军事器械、实用技术和语言文字等器物技能的层次，逐步地发展到学习西方的君主立宪制政体和民主共和政体，以及义务教育制度和学校教育制度等制度的层次，标志传统中国"采西学"的内容从器物技能层次向制度层次深化发展。西方义务教育制度和学校教育制度的介绍与引入拓展清末中国学校教育的对象范围与教学内容，新式专门人才培养模式加速清末中国新式学校教育的制度化和规范化建设，由此极大地推动传统中国新式教育的发展进程。清末中国的"采西学"思想尚具有其他丰富的内容，比如设置女学，加强女童教育；倡导留学，培养"西学"专才；积极翻译，深入学习"西学"等。上述进步的思想对中国社会和教育近代化的发展进程产生重要的影响作用。思想行为的层次是传统中国学习"西学"的重要发展阶段，集中地体现在"戊戌维新"前后清末中国思想文化和社会实践的发展过程之中，但思想行为的层次在清末中国尚处在起始的发展阶段，其历史的延伸应该涉及民国时期（包括出现"全盘西化"和"充分世界化"思想）。清末中国学习"西学"的内涵发展到思想行为的层次，充分地表明"中国主体"意识获取深度发展，以及"中西文化理解"获取进一步拓展，从而促使中国近代化的发展步伐日益加快，并且推动中国近代化（也称早期现代化）与现代化更为紧密地关联起来，由此构成中国现代化（包括教育现代化）的完整发展过程。上述的内容充分地表明，清末中国"采西学"的产生与发展是传统中国社会内外部现代性因素影响作用的发展结果，外部的现代性因素增进传统中国的社会内部产生现代性因素，同时自身内化为传统内部现代性因素，从而实现传统及其内外部现代性因素之间深度的交互作用，由此推进"中西文化理解"的阶段发展与深刻变化，以及有力地推动中国近代化（包括教育近代化）的发展进程。

第四章 "弥合中西"的理论探索: "中体西用"到"新学"思想的过渡

清末中国的"西学东渐"和"采西学"是同样主题的两种视角。"西学东渐"是从"西学输入"角度来讲的,强调西方近代文化和先进的科学技术等(即"西学")对中国近代化的深刻影响作用。明清之际到清末时期,西方传教士是传统中国"西学东渐"的主体。"采西学"则是从接受"西学"程度角度来讲的,强调传统中国社会接受"西学"的自觉程度。"洋务西化运动"时期,清末中国的洋务集团热衷于引进"西学",由此推进"西学输入"及其本土化的深化发展,导致出现"西学东渐"与"采西学"思想的"合流",促使"西学"加速地输入传统中国。"维新变法"和"新政"改革时期,"西学"以更大的规模与范围以及更深的层次地输入传统中国,"西学东渐"的主导者过渡为清末中国的维新集团和革命团体,"西学东渐"的社会影响力逐渐地退至幕后,"倡新学"的社会思潮兴起。从思想理论的角度来讲,显著地表现为由"中体西用"思想发展到"新学"思想,促使清末中国的"采西学"进入"弥合中西"的发展阶段,从而推进"中西文化理解"的阶段发展与深刻变化,促使"中国主体"意识获取不断地增强,由此有力地推动中国社会和教育近代化的发展进程。

第一节 清末中国"中体西用"思想的集成及其历史价值

保持传统与学习西方的"两难"选择贯穿于传统中国"西学输入"及其本土化的阶段发展过程之中,清末中国的"中体西用"思想从思想根源到理论成型都以上述的"两难"选择为核心。"中体西用"是清末中国"采西学"

的重要思想形式，最初表达为"中主西辅""中本西末"和"中道西器"等思想理论形态，同样存在渐进发展的过程。

一、清末中国"中体西用"思想的兴起

依据典籍的记载，明清之际传统中国即已产生"中主西辅"思想的最初萌芽。清代乾隆年间的《四库全书·总目提要》提到，"国朝节取其（指西学）技能而禁传其学术"[①]——可以认作"中主西辅"思想的滥觞。鸦片战争之后，清末中国兴起以求强和求富为主要特征的"洋务西化运动"，思想的根源是"中主西辅"思想。西方传教士李提摩太最早提出"中主西辅"思想，即李提摩太的《时事新论》提出以"中国之声名文物为原本，辅以诸国富强之术"的思想观点。从中国本土的角度来讲，冯桂芬首先倡导"中主西辅"思想，即提出"以中国之声名文物为原本，辅以诸国富强之术[②]"的思想观点。冯桂芬论述：

夫学问者，经济所从出也。太史公论治曰："法后王，为其近已而俗变相类，议卑而易行也。"愚以为在今日又宜曰"鉴诸国"。诸国同时并域，独能自致富强，岂非相类而易行之尤大彰明较著者？如以中国之伦常名教为原本，辅以诸国富强之术，不更善之善者哉？[③]

冯桂芬的"中主西辅"思想充分地体现出传统中国士大夫所信奉"纲常名教"，同时开启清末中国"中西学观"论战的先河，标志"采西学"思想进入崭新的发展阶段。冯桂芬是魏源的学生，也是魏源进步思想的最大继承者与发展者，注重研究西方的学术，主张博通"西学"，以便"储以济变"，建议进行教育的改革，强调学习西方的语言文字和先进科学技术以及其他自然科学知识，但并未主张学习与借鉴近代西方的政治制度。冯桂芬的"中主西辅"思想成为清末中国"中西学关系"问题探讨的开端，集中地体现在《采

---

① 纪昀总纂：《四库全书总目提要》，卷125。

② 李提摩太著：《时事新论》，参见严加红著：《中国近代早期"采西学"教育思想的产生与发展评述》，北京：国家教育行政学院学报，2005（4），页89。

③ 冯桂芬著：《校邠庐抗议》（上海：上海书店，2002），页57。

西学议》《制洋器议》和《复宗法议》等著述之中，强调古今异时也异势，"今之天下，非三代之天下比矣"，主张广采"西学"、制造"洋器"，指出传统中国落后和受制于西方的主因在于"四不如夷"："人无弃才不如夷、地无遗利不如夷、君民不隔不如夷、名实必符不如夷"，亟须学习"西学"、择善而从，强调"法不善，虽古先吾斥之；法苟善，虽蛮貊吾师之"，同时认为制造"洋器"是清末中国"富国强兵"的现实需要，但并非简单地模仿西方现有的成果，而应该能够自造、自用和自修，强调"终以自造、自修、自用，为无弊也"，提出"宜于广东、上海设翻译公所，选近郡十五以下颖悟文童，倍其廪饩，住院肄业，聘西人课以诸国语言文字，又聘内地名师，课以经史，兼习算学"，主张翻译西方的书籍，教授西方的算学、重学、视学、光学和化学等"格致至理"，借鉴西方的历法，学习西方的舟港、农具、织具和机轮等生产工具的制作与使用方法。但冯桂芬的制造"洋器"和广采"西学"等主张并未冲淡其思想深层"纲常名教"的"正统"地位，其依然维护封建宗法制度的传统，提出"复宗法以养民"的思想观点，强调"宗法者，佐国家养民教民之原本也。天下之乱民非生而为乱民也，不养不教有以至也"，天下的祸患可以通过实行传统的宗法制度而得以消除，即"宗法行而盗窃可不作""宗法行而邪教可不作""宗法行而争讼械斗之事可不作"，甚至主张重视儒官教育与伦常道德教育。① 上述的内容集中地体现出冯桂芬的"中主西辅"思想本质上依然停留在清末中国早期启蒙思想的范畴，充分地表明冯桂芬是清末中国早期由启蒙思想向改良思想过渡的重要代表人物。

清末中国出现"中主西辅"思想之后，伴随产生"中本西末""中道西器"和"中体西用"等思想，其间的相关性很强，而"中体西用"思想经由张之洞的《劝学篇》系统阐发，则成为清末中国文化教育事业发展的根本指导思想，并且对中国社会和教育近代化的发展进程产生重要的影响作用。清末中国早期主张社会改良的进步知识人，提出"中主西辅""中本西末"和"中道西器"等思想，并且在中国近代化中产生较大的社会反响，对推进清末中国学术思想的近代发展具有重要的影响作用。马建忠强调，"学校建而智士多，

① 冯桂芬著：《校邠庐抗议》（上海：上海书店，2002）。

议院立而下情可达，其制造、军旅、水师诸大端，皆其末焉者也[①]"；薛福成强调，"今诚取西人器数之学，以卫吾尧舜禹汤文武周孔之道，俾西人不敢蔑视中华。吾知尧舜禹汤文武周孔复生，未始不有事乎此，而其道也必渐被乎八荒，是乃所谓用夏变夷者也"；[②] 汤震强调，"盖中国所宗者，形上之道；西人所传者，形下之器""善用其议，善发其器，求形下之器，以卫形上之道"。[③] 郑观应较早地提出"中本西末"思想，借助张声树的话论述：

> 善夫！张靖达公云："西人立国具有本末，虽礼乐教化远逊中华，然其致富强，也具有体用。育才于学堂，论政于议院，君民一体，上下同心，务实而戒虚，谋定而后动，此其体也；轮船火炮，洋枪水雷，铁路电线，此其用也。中国遗其体而求其用，无论竭蹶步趋，常不相及；就令铁舰成行，铁路四达，果足恃欤？"诚中的之论也。[④]

郑观应著述《易言》《救时揭要》和《盛世危言》等，其中《盛世危言》是其思想集大成的代表作，由此对清末中国"采西学"思想的理论发展做出重要的贡献，比如提出"道为本，器为末，器可变，道不可变"[⑤] 等思想观点，同时从"中学"和"西学"各自的逻辑结构出发，进行深入的理论探讨。郑观应论述：

> 且夫国于天地，必有与立，究其盛衰兴废，固各有所以致此之由。学校者，人才所由出；人才者，国势所由强。故泰西之强强于学，非强于人也。然则欲与之争强，非徒在枪炮战舰也，强在学中国之学，而又学其所学也。今之学其学者，不过粗通文字语言，为一己谋衣食，彼自有其精微广大之处，

---

① 马建忠著：《上李傅相言出洋工课书》，参见《适可斋记言》卷2。
② 薛福成著：《筹洋刍议·变法》，参见丁守和主编：《中国近代启蒙思潮》（上卷，北京：社会科学出版社，1999），页74。
③ 汤震著：《危言》，卷1，《论中学西学》。
④ 郑观应著：《盛世危言》（北京：华夏出版社，2002），初刊自序，页10–11。张靖达公：即张声树（1824–1884），字振轩、振仙，清代安徽合肥人，早年曾在家乡办团练，镇压太平军，后入李鸿章淮军，历任巡抚、总督、北洋大臣等职，中法战争中被革职留任，旋卒，赐谥靖达，有《张靖达公奏议》。参见郑观应著：《盛世危言》（北京：华夏出版社，2002），页12。
⑤ 郑观应著：《盛世危言》，（北京：华夏出版社，2002），《增订新编凡例》。

何尝稍涉藩篱？故善学者必先明本末，而后可言西学。分而言之，如格致、制造等学，其本也，语言文字，其末也。合而言之，则中学其本也，西学其末也。主以中学，辅以西学。知其缓急，审其变通，操纵刚柔，洞达政体。教学之效，其在兹乎！①

由上可见，郑观应的"中西学"思想具有特殊的含义，促使其思想更显全面与深刻，即从"本末""体用"和"道器"等传统中国哲学的范畴，阐述"中学"与"西学"之间的关系——即大范畴；"中学"存在"中学"的"体用"，"西学"存在"西学"的"体用"——即小范畴。郑观应并非简单地将"中学"与"西学"之间的关系划分为"主辅""本末""道器"和"体用"等，比如将"本末"划分为"大本末"和"小本末"的概念层次，首先需要知晓"中学"的"体用"以及"西学"的"体用"，然后才能谈论"中体西用"，强调"西人立国，具有本末②"。郑观应又将"西学"划分为天学、地学和人学，并且透彻地分析"中道西器"思想。郑观应论述：

昔我夫子不尝曰由博返约乎？夫博者何？西人之所骛格致诸门，如一切汽学、光学、化学、数学、重学、天学、地学、电学，而皆不能无所依据，器是也。约者何？一语已足包性命之原，而通天人之故，道是也。今西人由外而归中，正所谓由博返约，五方俱入中土，斯即同轨、同文、同伦之见端也。③

郑观应强调，"道为本，器为末，器可变，道不可变，庶知所变者富强之权术，非孔孟之常经也"。早在1892年，郑观应就已批评"洋务西化运动"以来的"只知选购船炮，不重艺学，不兴商务"，以及"上下因循，不知变通"等社会风气，强调"尚未知富强之本④"，当时张之洞的《劝学篇》尚未刊布，可见其"中西学关系"内涵的理解深度。从政治的角度来讲，郑观应的"兴议院"与"实行君主立宪制度"等主张显然要比张之洞的思想观点更代表时代发展的趋向，而且张之洞的"中体西用"思想在诸多方面借鉴了郑观

---

① 郑观应著：《盛世危言》（北京：华夏出版社），2002，页112。
② 郑观应著：《盛世危言》，（北京：华夏出版社，2002），自序，页10。
③ 郑观应著：《盛世危言》，（北京：华夏出版社，2002），《道器》，页19。
④ 郑观应著：《盛世危言》（北京：华夏出版社，2002），初刊自序，页11。

应的思想观点。因此，从"采西学"思想发展的角度来讲，郑观应的"本末"思想更具有理论的先导性与时代的进步性。

薛福成、汤震、宋育仁、马建忠和郭嵩焘等甚至将西方的"政教"纳入"西用"的范畴，由此丰富"中西学观"的内涵，也对"中体西用"的思想发展做出重要的贡献。马建忠尚主张将西方的算术、几何、八线、重学、光学、热学和动植等列为翻译书院的课程。郭嵩焘强调，"西洋立国，有本有末，其本在朝廷政教，末在商贾。"[①]1895 年，沈毓桂（即沈寿康）在《万国公报》上发表的《救时策》强调：

中国海禁大开而后，世变日新，乃五十余年来，仍共蹈常袭故，何以致振兴而臻富强哉？诚欲谋致富之策，莫如阴收利权。欲收利权，莫如仿行新法。采西邦之新学，广中土之利源，未始非致富救时之一策也。诚欲谋致强之策，莫如广储人才。欲储人才，莫如仿兴新学。譬之一身元气充足，外邪自无由而入，未始非致强救时之一策也……夫中西学问，本自互有得失。为华人计，宜以中学为体，西学为用。目前中外使聘往来交涉等事，西学固为当务之急。[②]

由上可见，沈毓桂的上述观点首次完整地论述"中体西用"思想，在清末中国的"中西学观"发展中具有里程碑的意义。同时以上述相关的论述为起点，"中体西用"逐步地成为清末中国文化教育发展中的"主流"思想形态。

张之洞是"中体西用"思想的集大成者。1898 年，"戊戌维新"思潮汹涌而成社会变革情势之时，张之洞针对康有为和梁启超等的"维新变法"思想，抛出《劝学篇》，强力地抨击旧者的保守与新者的激进思想，系统地阐述"中学为体，西学为用"（即"中体西用"）的思想观点，由此确立"中体西用"思想在清末中国新式教育改革与发展中的重要指导地位。

《劝学篇》设置内篇与外篇：内篇在前，主要论述"中学"，包括同心、

---

① 郭嵩焘著：《条议海防事宜》，参见丁伟志、陈崧著：《中西体用之间》（北京：中国社会科学出版社，1995），页120。

② 沈毓桂著：《救时策》。参见钱钟书主编：《万国公报文选》（北京：三联书店，1998），页332-333。

教忠、明纲、知类、宗经、正权、循序、守约、去毒等9篇；外篇在后，主要论述"西学"，包括益智、游学、设学、学制、广译、阅报、变法、农工商学、兵学、矿学、铁路、会通、非弭兵、非攻教等15篇。其中强调：

> 窃惟古来世运之明晦，人才之盛衰，其表在政，其里在学。不佞承乏两湖，与有教士化民之责，夙夜兢兢，思有所以裨助之者。乃规时势，综本末，著论二十四篇，以告两湖之士，海内君子与我同志，也所不隐。《内篇》务本，以正人心，《外篇》务通，以开风气。①

张之洞刊布《劝学篇》，基于"维新变法"即将来临的清末中国社会发展环境，并且以此表明其政治立场与思想观点——既反对传统保守势力所刻意诋毁与完全排斥"西学"，力图改变传统"闭关锁国"的社会文化心态，同时反对"维新变法"势力所否定与冲击"纲常名教"的"正统"地位。张之洞论述：

> 旧者因噎而食废，新者歧多而羊亡。旧者不知通，新者不知本。不知通则无应敌制变之术，不知本，则有菲薄名教之心。夫如是，则旧者愈病新，新者愈厌旧，交相为愈，而恢诡倾危、乱名改作之流，遂杂出其说，以荡众心。②

张之洞强调，"中国学术精微，纲常名教以及经世大法，无不具备，但取西人制造之长补我不逮足也"③，维护以"纲常名教"为核心的"中学主体"（即"正统"）地位，坚持在"中学"的基础之上学习"西学"。张之洞的《劝学篇·序》论述，"三纲为中国神圣有相传之至教，礼政之原本，人禽之大防，以保教也"④"五伦之要，百行之原，相传数千年，更无异义。圣人所以为圣人，中国所以为中国，实在于此。"⑤张之洞批评"维新变法"的社会激进行为，强调"知君臣之纲，则民权之说不可行也；知父子之纲，则父子同罪

---

① 张之洞著：《劝学篇》（北京：华夏出版社，2002），序，页2。
② 张之洞著：《劝学篇》（北京：华夏出版社，2002），序，页1。
③ 张之洞著：《劝学篇》（北京：华夏出版社，2002），初序。
④ 张之洞著：《劝学篇》（北京：华夏出版社，2002），序，页2。
⑤ 张之洞著：《劝学篇》（北京：华夏出版社，2002），《明纲第三》，页34。

免丧废祀之说不可行也；知夫妇之纲，则男女平权之说不可行也"。^①面对清末中国社会遭遇的"数千年未有之变局"，强调"同心"才能"保国家""保圣教"和"保华种"，现实的办法应该"政教相维"，强调"惟以激发忠爱，讲求富强，尊朝廷，卫社稷为第一义"^②，因此既不能"循旧"也不能"蹈新"，只能规矩于"中体西用"思想。《循序第七》论述：

> 今日学者，必先通经以明我中国先圣先师立教之旨，考史以识我中国历代之治乱，九州之风土，涉猎子集以通我中国之学术文章，然后择西学之可以补吾缺者用之，西政之可以起吾疾者取之，斯有其益而无其害。^③

张之洞学习"西学"的原则是"新旧兼学"与"政艺兼学"，但并非主张学习与借鉴西方的君主立宪制度。对于"新旧兼学"，张之洞主张"四书、五经、中国史事、政书、地图为旧学，西政、西艺、西史为新学。旧学为体，新学为用，不使偏废"^④；对于"政艺兼学"，张之洞论述：

> 学校、地理、度支、赋税、武备、律例、劝工、通商，西政也。算、绘、矿、医、声、光、化、电，西艺也。才识远大而年长者，宜西政。心思精微而年少者，宜西艺。小学堂先艺而后政，大中学堂先政而后艺。西艺必专门，非十年不成。西政可兼通数事，三年可得要领。大抵救时之计，谋国之方，政尤急于艺。然讲西政者，也宜略考西艺之功用，始知西政之用意。^⑤

张之洞的"中体西用"思想存在时代变通性的特征。张之洞强调，清末"中国不贫于财而贫于人才，不弱于兵而弱于志气^⑥"，强调亟须注重实学与实业，认为"中学考古非要，致用为要；西学也有别，西艺非要，西政为

---

① 张之洞著：《劝学篇》（北京：华夏出版社，2002），《明纲》，页34。
② 张之洞著：《劝学篇》（北京：华夏出版社，2002），《同心》，页11–12。
③ 张之洞著：《劝学篇》（北京：华夏出版社，2002），《循序第七》，页59–60。
④ 张之洞著：《劝学篇》（北京：华夏出版社，2002），《设学》，页94。
⑤ 张之洞著：《劝学篇》（北京：华夏出版社，2002），《设学》，页94。
⑥ 张之洞著：《筹议变通政治人才为先折》，参见《张文襄公全集》（北京：中国书店，1990），卷52，奏议52。

要①"，鲜明地表达出试图改变"中学"的空腐而求实用、摒弃"西学"的末艺而求亟须"西政"，但同时强调"纲常名教"不可动摇，强调学习"西政"不应包括近代西方的政治制度。对于"设议院"，张之洞同样表现出思想观点上的时代变通性特征，认为"设议院"需要议员，"此必须俟学大兴，人才日盛，然后议之，今非其时也②"。上述的方面充分地表明，张之洞的"中体西用"思想具有时代发展性的特征。

1898年，光绪依靠"维新变法"势力推行"新政"，颁布"维新变法"诏令，指定在北京设立京师大学堂，强调参照西方国家举办大学教育的机构，办学上采取"中西并用"的原则，同时谕令军机大臣和总理衙门议奏"京师大学堂章程"。梁启超随后拟订"京师大学堂章程"，明确以"中体西用"思想作为京师大学堂的办学宗旨。清末时期"维新变法"给予传统中国封建保守势力以重大的打击，虽然因为慈禧为首的顽固势力发动"戊戌政变"而失败，但京师大学堂却在"戊戌政变"之后幸存。京师大学堂遵循"中体西用"思想的办学宗旨，有力地推动清末中国新式学校教育事业的进一步发展，并且对中国社会和教育近代化的发展进程产生深刻的影响作用。

严复、何启和胡礼垣等严厉地批评"中体西用"思想。严复提出"以自由为体，以民主为用"的思想观点，并且指出中西文化之间的差别，即"西之教平等，故以公治众而贵自由""东之教立纲，故以孝治天下而贵尊亲③"，强调不应将"中西"划分为"体用"，而应注重学习和探究科学知识。严复强调：

中西学之为异也，如其种人之面目然，不可强谓似也。故中学有中学之体用，西学有西学之体用，分之则两立，合之则两亡。议者必欲合之而为一物，且一体而一用之，斯其文义违舛，固已名之不可言矣！乌望言之而可行乎！其曰政本而艺末也，滋所谓颠倒错乱者矣！且其所谓艺者，非指科学乎？名、数、质、力四者，皆科学也。其公例通理，经纬万端，而西政之善

---

① 张之洞著：《劝学篇》（北京：华夏出版社，2002），序，页3。
② 张之洞著：《劝学篇》（北京：华夏出版社，2002），《正权》，页56。
③ 王栻主编：《严复集》（北京：中华书局，1986），第1册，页31。

者本斯而起。①

何启、胡礼垣的《新政安行》论述，"本末"为"事之始终"，即为"一事之全者而言"，只有"先后之别"而没有本质上的差异；"体用"为"身之完者而言"，只有"内外之别"而没有本质上的差异。洋务实践者仅仅学习"西学"的末务，只图"西学"的实用，而不清楚"西学"的"本""西学"的"体"，因此学习"西学"仅限于西方的枪炮、战舰和炮台等器物技能。其实，洋务教育思想随着时代的变化而持续发展，比如张之洞就已强调学习"西政"的重要性，虽然存在某些时代性的局限。何启、胡礼垣强调，"新政之行在宏学校以育真才"，亟须深究西方的学术以及富强的"本末"。从"西政"的角度来讲，主张"民政为本，军政为末"，强调首先内修政治，然后外攘强敌②。何启、胡礼垣逐篇地驳斥张之洞在《劝学篇》中的思想观点。《明纲篇辩》论述：

> 君臣不言义而言纲，则君可以无罪而杀其臣，而直言敢谏之风绝矣。父子不言亲而言纲，则父可以无罪而杀其子，而克谐允若之风绝矣。夫妇不言爱而言纲，则夫可以无罪而杀其妇，而伉俪相庄之纲绝矣。由是官可以无罪而杀民，兄可以无罪而杀弟，长可以无罪而杀幼，勇威怯、众暴寡、贵陵贱、富欺贫，莫不从三纲之说而推，是化中国为蛮貊者，三纲之说也。③

概括地来讲，虽然上述反对"中体西用论者"深刻地批判张之洞的《劝学篇》及其"中体西用"思想，但在半封建半殖民地社会环境之下，"中体西用"依然成为清末中国新式教育改革与发展的根本指导思想。虽然"戊戌维新"前后清末中国出现康有为、梁启超、严复和陈宝箴等为代表的"新学"思想，但张之洞"中体西用"思想的社会地位与影响作用持续贯彻至清王朝的灭亡。由上可见，清末时期"中体西用"思想在"中西文化理解"与中国

---

① 严复著：《与外交报主人言教育书》，参见陈学恂主编：《中国近代教育文选》（北京：人民教育出版社，1983），页218。

② 何启、胡礼垣著：《新政真诠》（二编，沈阳：辽宁人民出版社，1994），《新政论议·序》。

③ 何启、胡礼垣著：《劝学篇书后·明纲篇辩》。参见丁守和主编：《中国近代启蒙思潮》（上卷：北京：社会科学文献出版社，1999），页286。

近代化的发展进程中具有重要的思想影响与社会作用。

二、清末中国"中体西用"思想的历史价值

清末中国社会遭遇"千年未有之变局"。随着军事上的接续失利之后，社会思潮汹涌激荡，传统文化教育也面临时代性的审视。"中体西用"充分地反映出传统中国学术思想发展中的妥协与调整心态，但传统文化教育思想在社会变迁中的影响作用根深蒂固。清末中国是由传统社会向近代社会的转型发展阶段，近代文化教育的转型发展是清末中国社会转型发展的重要组成部分。清末中国的文化教育以学习"西学"为核心、以"中体西用"思想为指导，学习"西学"的内容历经器物技能层次到制度层次的全部发展过程，同时涉及思想行为层次的部分内容。清末中国文化教育的思想递嬗存在如下方面因素的影响：一是传统内部现代性因素的潜滋暗长——清末中国的文化教育思想存在由传统向近代转型发展的内在历史逻辑与实现机制；传统内部现代性因素对清末中国"中体西用"思想的形成与发展具有深刻的影响作用。二是富有外部现代性因素影响的社会历史事实，比如教会学校教育的兴起以及"西学输入"的加速等，并且与蕴涵内部现代性因素影响的社会历史实践，比如"中西学论争"和"走向世界"等，更加紧密地结合起来，由此有力地推动清末中国文化教育思想的发展进程。

清末中国的教育实践可以划分为洋务教育、维新教育和"新政"教育等发展阶段。每个阶段的教育实践既具共性也具个性：共性集中地体现在指导思想上的相对一致性，即以"中体西用"为根本指导思想；个性则集中地体现在教育实践上的阶段发展与深刻变化特征。清末中国的教育实践同样存在继承与发展的问题：继承充分地表现在政治和文化等传统模式对教育事业发展的深刻影响作用；发展则充分地表现在教育事业发展中的具体措施与政策转型发展，比如新式学校教育机构的设置、传统科举考试制度的改革与废止，以及新式学校教育制度的制订与实施等，从而促使西方的学校教育从形式到内容输入清末中国，由此引发清末中国的新式学校教育发生深层的变革；推动教会学校教育获取进一步的发展；完善学校教育机构、课程设置及其制度建设等，由此有力地推动教育近代化的发展进程。上述的发展与变化都与"中体西用"思想存在紧密的关联。

清末中国教育的发展与变化在"千年未有之变局"中扮演重要的社会角色，"中西学关系"是其中亟须处理的关键问题，"中体西用"思想所要论述的就是如何处理"中学"与"西学"之间的关系，以及"中学"与"西学"在教育近代化的发展进程中的社会地位和影响作用等问题。"中体西用"思想在教育近代化的发展进程中具有现实的理论价值与积极的历史意义，当然不能避讳其中存在的消极意义与历史局限。概括地来讲，存在如下方面的教育理论价值：

第一，奠定清末中国新式教育发展的理论基础。清末中国的"中体西用"思想深刻地阐释"中西学关系"的问题，突破传统中国哲学研究的思路框架，把传统中国与近代西方紧密地结合起来，充分地体现出清末中国哲学研究近代化的发展进程，具有哲学研究的时代创新意义。从教育哲学的角度来讲，清末中国"中体西用"的思想内涵充分地反映出西方教育哲学与传统中国教育哲学融合特征，集中地体现出传统中国教育哲学的诠释力度，即"以中融西"思路的时代发展。因此，清末中国"中体西用"思想的提出奠定新式教育发展的理论基础：深化认识"西学"的内涵，拓展"采西学"的内容层面，即鲜明地呈现为由物质（即器物技能）层次上升至制度层次，乃至思想行为层次；理论构建具有明显的时代特征，即清末中国的教育思想理论充分地体现出由传统教育思维向近代新式教育思维的发展趋势。从某种意义上来说，"中体西用"思想突破了传统教育固有的内涵范畴。随着清末中国社会严重危急时刻的到来，以及明清之际以来传统中国"采西学"思想的重新兴起，"西学"对传统中国社会产生强烈冲击与影响作用，造成传统教育加速朝向近代教育的转型发展，新式专门人才培养的社会需求日益增强。上述的方面促使清末中国的"西学输入"及其本土化获取进一步的发展，从而有力地推动中国社会和教育近代化的发展进程。

第二，充分地体现出传统教育理论继承与创新的时代意义。从传统教育思想发展的角度来讲，清末中国教育继承与发展"经世致用"和"人文启蒙"的思想成分，以及传统"主流"教育的思想内核，集中地表现为长期存在"中西之争"与"体用之争"。清末中国教育的思想论争过程也是深化认识"西学"内涵的发展过程，比如器物技能层次的发展阶段限于学习西方的"坚船利炮"；制度层次的发展阶段扩大到学习近代西方的社会政治和文化教育等相关制度；

思想行为层次的发展阶段学习包括西方的自然科学和社会科学及其科学研究方法在内的所有领域,但第三发展阶段超越清末中国的时限范畴,标志性的历史事件是"新文化运动"和"五四运动",由此近代西方的自然科学和社会科学及其科学研究方法等都逐步地进入清末中国教育思想发展与实践借鉴的视野。由上可见,传统中国的"西学输入"及其本土化存在渐进发展的过程,"中学"与"西学"在近代中国学术思想的发展中存在势力消长的过程。同时,"中体西用"思想确保"中学"的"正统"和"主体"地位,以及"西学"的"附庸"和"辅助"地位。无论是"中主西辅"思想还是"中体西用"思想,都以确保"纲常名教"为核心地位作为前提与出发点,由此深入地探讨"采西学"的问题,即只有接受传统中国的"纲常名教"之后,接着才能学习和采用"西学"。但"中体西用"思想也存在逐步深化发展的过程。"新政"前后,清末中国的"中体西用"思想又存在新的突破。何启、胡礼垣宣称,"故三纲者,不通之论也""化中国为蛮,三纲之说也""五伦者,尊卑先后也,尊卑先后本之于天也,本之于天者,公也"①——上述的观点已经超越"中体西用"思想的局限,极大地推动中国近代思想理论和社会实践的发展进程。

第三,直接地导致清末中国教育理论的转变发展,特别是近代西方的教育理论输入传统中国,引发传统中国教育在实践、制度和研究范式等方面出现具有现代性特征的时代转型发展,由此客观上加速教育近代化的发展进程。伴随清末中国"走向世界"和翻译出版事业的发展,以及学习"西学"从器物技能层次、制度层次向思想行为层次的过渡,西方近代教育理论作为重要的"西学"内容逐渐地输入,由此促使"中体西用"的思想内涵获取深化发展。清末中国对近代西方教育理论的输入主要通过政府外交使节、政治流亡者及旅行家、游学游历人员等的日记、游记和札记等形式推进,同时大量的出洋游学游历人员归国之后,直接地参与清末中国的新式教育发展事业,就职于清末中国的新式学校,致力培养近代新式专门人才,并且将近代西方教育理论直接地运用在清末中国教育的改革与发展实践之中。甲午中日战争之后,欧美近代教育理论借道明治日本不断地输入传统中国,主要的途径是通

---

① 何启、胡礼垣著:《劝学篇书后·明纲篇辩》。参见丁守和主编:《中国近代启蒙思潮》(上卷:北京:社会科学文献出版社,1999),页285–286。

过转译西方近代文献以及借鉴明治日本的维新经验。1901 年，王国维和罗振玉创办《教育世界》杂志，通过译载日本的教科书、教育制度、教育学和教育史著作，以及欧美教育理论流派及其教育家的思想学说，由此宣传东方日本和西方近代教育理论。上述的方面对清末中国大规模地输入近代西方教育理论具有重要的意义。西方近代教育理论的输入有力地推动传统中国教育思想理论的近代转型发展，并且对清末中国教育实践的改革与发展产生积极的影响作用。

当然，清末中国的"中体西用"思想依然明显地存在理论上的缺陷。从传统哲学的角度来讲，"中体西用"思想对"中西学关系"进行"二元"解构，把事物的统一性理解为具有"二元"结构，即"体用""中西""主辅""本末"和"道器"等哲学的范畴，由此导致学术构建层面存在很大程度上的理论缺陷。但经过张之洞的系统阐述之后，"中体西用"思想成为清末中国教育改革与发展的根本指导思想。随着清末中国教育实践的不断推进，"中体西用"的思想内涵获取深化发展，从而进一步地推动教育近代化的发展进程。概括地来讲，存在如下方面的教育实践价值：

第一，充分地体现出清末中国文化与教育紧密结合的实践特征。清末中国的教育实践充分地体现出特定时代的文化特色，鲜明地存在中西文化交融的特征。但已非明清之际"中西会通"的思想含义，而是建立在"中体西用"思想的基础之上，赋予近代文化教育哲学的概念内涵，即通过运用传统哲学理论，试图阐释"西学输入"及其本土化的阶段发展与深刻变化过程。清末中国新式学校的建立以及文化教育体系的形成直接地受到"中体西用"思想的深刻影响作用，并且促使清末中国的人才培养目标产生深刻的发展与变化，即不再通过科举考试培养步入仕途的传统人才，而是直接地培养新式专门人才，由此加速中国社会和教育近代化的发展进程。

第二，直接地指导清末中国教育实践的改革与发展。张之洞在《劝学篇》中阐述的"中体西用"思想是清末中国在特定时期所制订文化教育制度的根本指导思想。"戊戌维新"时期，清末中国设立京师大学堂，光绪谕令"参用泰西学规"，采用"中西并用"的原则；清末中国的"学制"规定，"至于立学宗旨，无论何等学堂，均以忠孝为本，以中国经史之学为基，使学生心术壹归于纯正，而后以西学瀹其智识，练其艺能；务期他日成才，各适实用，以仰副国家造就通才,慎防流弊之意";清末中国的学部制订"忠君、尊孔、尚公、尚武、尚实"的教育宗旨。上述的方面都充分地表明清末中国"中体西用"思想的时代影响与社会作用,充分地反映出"中体西用"思想在教育领域的深层内涵,即教育理论上特别地强调"中体"的社会地位,而教育实践上高度地重视"西用"的社会作用。

第三,提供清末中国"采西学"的根本依据,但同时设置发展上的障碍。清末中国"中体西用"思想所要解决的是如何处理好学习与借鉴"西学"与继承发展"中学"的问题。"中体西用"思想的提出明显地比倭仁、杨廷熙等传统保守的观点前进一大步,"采西学"的经世目的获取确认,"西学输入"的心理障碍也获取局部的撤除,即确立在"中学主体"地位的条件下学习与借鉴"西学",以及假借"西学"为"中学"服务的思想,由此为清末中国的"西学输入"及其本土化提供理论上的依据。"中体西用"思想又限制了清末中国"采西学"范围的拓展,但从总的发展状况来讲,受限的范围逐步地缩减,"采西学"的领域则不断地扩大,最终仅限在西方的君主立宪政体和"兴民权"等政治避讳领域。

综合上述,"中体西用"思想对清末中国文化教育的发展进程和制度建设等产生深刻的影响作用,促使洋务教育、维新教育和"新政"教育等深度发展,由此有力地推动中国社会和教育近代化的发展进程。在"中西学关系"的问题上,清末中国逐步地突破"体用"的分离,比如严复强调"中学"存在"中学"的"体用","西学"存在"西学"的"体用",以及提倡学习近代西方的科学研究方法;薛福成和郭嵩焘等提出"西学"的"体"在"政教"和"民权"的思想观点,由此提出学习西方近代的政治制度,仿行君主立宪政体,以及"兴民权""建学校"和"设议院";出现以康有为和梁启超等为代表、主张"体用一源"和"不中不西,即中即西"的"新学"思想,由此弱化"中西"和"体用"等传统中国哲学逻辑中的"非此及彼"观念。上述的思想观点有力地促进清末中国新式教育内涵与实践的发展。从哲学思维的角度来讲,清末中国"中体西用"思想的形成和发展正是"中学"与"西学"交融的发展过程。西方近代文化和先进的科学技术(即"西学")通过"以中融西"——具有传统中国特色的提法,达到与传统中国文化思想观念的交融,由此促使西方近代相关的思想、制度和做法等在传统中国的社会环境中传播、生存与发展，由此有力地推动中国社会和教育近代化的发展进程。

第二节　清末中国"新学"思想的形成与发展

　　清末中国"新学"思想的形成与发展是"西学东渐"与"采西学"思想的合流结果。清末中国的"新学"思想与"西学东渐"思潮存在紧密的关联，主要是指西方传教士李提摩太和林乐知等为"弥合中西"差别所做出的努力——李提摩太和林乐知等积极地撰述"新学"思想的论著。19世纪末20世纪初，"新学"思想在清末中国的"采西学"中逐渐发展，张之洞、严复、康有为和梁启超等的"新学"思想在"戊戌维新"中同时发挥思想影响与指导作用。清末中国"新学"思想的形成与发展充分地体现出深刻而鲜明的"过渡时代"特征，不仅在社会实践而且在思想理论上具有重要的时代价值与历史意义。

一、西方传教士"新学"思想的论述

　　传统中国存在"夷夏之防"与"中外之别"，以致清末中国洋务时期依然存在"中学"与"西学"之间的严格区分。"中体西用"是清末中国具有指导作用的思想理论。但在"维新变法"和"新政"改革时期，清末中国出现"新学"的概念及其思想，"弥合中西"思想逐渐兴起（明清之际徐光启提出"中西会通"思想），并且获取较大程度上的发展。"新学"思想的始作俑者为李提摩太、林乐知和李佳白等西方传教士在"新学"思想的形成与发展中具有先导性的思想影响。清末中国本土的"新学"思想产生在甲午中日战争之后，当时传统中国的"中西学关系"处在重新调整的关键阶段[①]。

　　1888年，李提摩太编纂《新学汇编》。其"序"论述"学问无论古今"的问题时谈到，"尝谓学者何必学于古，非也。何必学于今，也非也。盖学无

---

① 魏源在《海国图志》中提出的"以夷制夷"对外策略为清末妥协派人物提供了思想舆论前提，主要是这些人物如李鸿章在思想上并没有跟上时代变化的步伐，在对外策略上的选择也是僵化和顽固的。

论古今,学其有益于人者而已。此则中西君子公是公非之大道也"①,强调学术需要随着时代的变迁而不断地发展与变化,即"新法增新,变之再变","不但中国为然,西国也然",同时将"新法"概括为横、竖、普、专四个显著特征,并且阐释其中的含义:

> 夫新法者何? 总言之曰:"横、竖、普、专而已。何谓横? 我国所重之要学学之,即各国所生之要学也学之。此横学也。何谓竖? 一国要学中有当损益者知之,即自古至今历代之因何而损,因何而益者,也必知之。此竖学也。何谓普? 斯人所需之要学无不兼包并举,可以详古人之所略,并可以补近今之不足。上天所造之物,无不精思审处,不使有扞格之难通,并不使有丝毫之未达。此普学也。何谓专? 专精一学而能因事比类。出新解至理于所学中,莫不惊其奇而说其异。此专学也。是则新学之大纲也。②

1890年,李提摩太的《时事新论》论述"新学部"设立的重要性。李提摩太从学术变迁的角度出发,强调清末中国"于中华为五千年来未有之创局",因此"处今之时,为今之学,则不得不就彼之所通者以通吾之所未通",并且以西方各国、印度(此时属英国殖民地)、日本为例,阐明"新学部"的设立对推进清末中国"新学"思想及其社会实践的重要意义:

> 英国初得印度时,深慨该处读书人士落落无多,因定章每年拨银四万为开新学之用,从彼时直至今日,用银助开新学,年盛一年,计近日印度新学费用,每年需要银至七百余万。凡该地有竭力设书房,而每学生一名,国家必助银几分,是以传教者立书房甚多。查欧洲无论男女,每百人中有识字者七八十人,惟印度境内每百人中仅有识字者四人;目前新学日盛,而印度识字者每年增多至一二百万人。西历一千八百八十八年,印度有报馆四百五十处,每馆印出之报多寡不等,极多者约有二万张,可见新学之在印度,已大兴矣。如日本国者,特亚洲一岛、东海国耳,人数不及印度七分之一,独于

---

① 李提摩太著:《新学汇编·序》,参见钱钟书主编:《万国公报文选》(北京:三联书店,1998),页518。

② 李提摩太著:《新学汇编·序》,参见钱钟书主编:《万国公报文选》(北京:三联书店,1998),页518–519。

新学孜孜矻矻，极为研究，十几年前设立学部，费银无多，现每年新旧各学至用银六百万，此外又有教士分立中等书院，以广甄陶，而日本绅宦虽不在教，因知其益国益民，各愿捐银几万助成善举。更有国家新学部立中等书院五处，内有大臣几人，力荐教士总管各书院，其意在教士可兼授英文，英文既通，西国各书自易于贯通。至新学部各事，则派亲王总办，以昭郑重。此日本国设立学部之大略情形也。[①]

李提摩太论述"新学"思想时，完全地掩盖西方传教士来华的宗教与政治目的，强调"是以海禁大开之后"，西方传教士"联襟来华，其好善之怀与在他国一例立新学，凡创设商局、开矿、开铁路并令人出洋肄习西学，莫非教中学"，现在办有成效，"实皆教士基之也"。同时论述：

如中国翻然变计，欲广新学，宜特简派亲王游历五洲，遍览各国风俗政事，俾知新学为当务之急，实力讲求，也设立新学部，再多筹经费，广立书院，从此渐推渐广，人材辈出，为国家宣劳，为海疆保障，大用大效，小用小效，又何难驾出西人上哉！窃为中国拭目俟之。[②]

1896年，李提摩太在《万国公报》上发表《新政策》，其"序"提出清末中国改革的"四项纲领"，即"窃考中西各国治国之法，中国有四纲领焉。皆应亟行改革者。一曰教民之法，二曰养民之法，三曰安民之法，四曰新民之法。"[③]论述"教民之法"时，李提摩太强调：

泰西之新学，也非一国之学，非一人之力也。此国有新法焉，彼国从而效之。合万国之通人，以臻兹养备。惟期有益于国，有益于民而已。宜于各有各府，及通商大埠，建立书院，延聘各国专门之通儒，分类以华文教习，

---

① 李提摩太著：《论新学部亟宜设立》，《时事新论》卷8，《新学》。参见陈学恂主编《中国近代教育史教学参考资料》（下册，北京：人民教育出版社，1987），页54-55。

② 李提摩太著：《论新学部亟宜设立》，《时事新论》卷8，《新学》。参见陈学恂主编《中国近代教育史教学参考资料》（下册，北京：人民教育出版社，1987），页55-56。

③ 李提摩太著：《新政策·序》。参见钱钟书主编：《万国公报文选》（北京：三联书店，1998），页358。

或参用西文。[①]

1896 年，林乐知在翻译日本森有礼原编的《文学兴国策》之后作"序"，评价明治日本维新以来学习西方的成就，以及"五条誓文"对明治日本社会民风的重要影响作用。林乐知论述:

日本于当时既定以上诸例，国政维新，民风丕变，取泰西各国兵农工艺，一切有益良法次第行之，以增长其智慧，日新其教化，奠安其国家。历年派人分往各国学习查考，择其善者而从之，举凡造船之法，制炮之方，水陆营制之精良，工作制造之巧妙，无不撷西国之菁华，开东方这利益。而其有益于国家者，厥惟振兴文学一端。[②]

林乐知的"序"谈及李鸿章在马关签约时对日本首相伊藤博文的叹息，以及论述"新学"思想对清末中国"维新变法"的重要意义。林乐知记述:

合肥李傅相在日本之马关初见伊君，即叹云: 阁下在贵国所兴之事，大著功效，鄙人也久愿在敝国仿行之。惜一言新学，即有言不能尽之难处，如阁下设身以处鄙人之地位，当也知其甚难矣。夫以功高望重之傅相，身临其地，心仪其人，矢口之余，早已明见及之。此可见中国之人无不知旧学之不足，与新学之当兴矣。日本崇尚新学，其兴也浡焉; 中国拘守旧学，其滞也久矣……试观日本之文学，与年俱进，国家之富强也与之俱进。[③]

1897 年，李佳白的《中国宜广新学以辅旧学说》比较近代西方与传统中国的学术研究差异，并且阐明"广兴新学"的重要性。李佳白论述:

西人事事翻新，华人事事袭旧，西人事事证实，可坐言即可起行，华人事事蹈虚，口谈则理高，躬行则事缺。欲弥其憾，是非兼采西学，断断不可。

---

① 李提摩太著:《新政策·序》。参见钱钟书主编:《万国公报文选》(北京: 三联书店，1998)，页359。

② 林乐知著:《文学兴国策·序》。参见钱钟书主编:《万国公报文选》(北京: 三联书店，1998)，页367–368。

③ 林乐知著:《文学兴国策·序》。参见钱钟书主编:《万国公报文选》(北京: 三联书店，1998)，页369。

夫中西并立，新旧迭乘，专尚西学而竟弃中学者，非也。然笃守中学，而薄视西学者，实属失之太隘……诚讲新学，则农有机器以尽其力，官得矿产以济国用，通商惠工以交易有无，国岂患贫？①

1898 年，即清末中国"维新变法"之后，《万国公报》以广学会的名义，发表"速兴新学条例"，阐明"新学"思想对清末中国"快洗当年之锢习"的重要价值，其中论述：

总而言之，居今日而筹急救之法，必合诸学以定课士之程，交邻国而求永好之方，必惜寸阴，以广育才之道。综其纲领，厥有六端：一曰书籍。二曰书院学塾。三曰考政。四曰新学报。五曰立学经费。六曰鼓舞人才。此六端者，皆所以启迪华人，速知各国良法之要策也。知之而不急于行，行之而不求其备，岂特永绝振兴之望已哉？各国日益东趋，如洪水之骤至，仅恃旧堤一线，试问何以御之？势迫时危，不敢再有所忌讳。②

《速兴新学条例》具体地列出"兴新学六端"条目："书籍宜急求善本也""学塾书院宜亟定妥章也""考政必宜更改也""新学报必应广布也""经费必宜筹备也""人才必宜设法以鼓舞也"，努力"弥合中西"，突出地体现出"新学"思想的大意，强调人才的培养需要"究心新学"而"不问其为中为西也"，强调西方各国能够"致富强"，在于士大夫"无不究心于学问"。因此，清末中国亟须"人不囿于古，而共知新学之大有关系"③。

西方传教士提出"新学"的概念及其思想，本意在于消弭清末中国有关"中学"与"西学"之间无休止的论争，摆脱"中体西用"思想的窠臼，提升"西学"在清末中国的学术和政治地位。就"西学"而言，"新学"思想是清末中国"西学输入"及其本土化的发展阶段。但就学术而言，则是不要存

① 李佳白著：《中国宜广新学以辅旧学说》。参见钱钟书主编：《万国公报文选》（北京：三联书店，1998），页584。

② 广学会：《速兴新学条例》，参见钱钟书主编：《万国公报文选》（北京：三联书店，1998），页604。

③ 广学会：《速兴新学条例》，参见钱钟书主编：《万国公报文选》（北京：三联书店，1998），页604–608。

在"中学"与"西学"之间的界限，而将中华传统文化称为"旧学"，以及将西方近代文化和先进科学技术（即"西学"）称为"新学"，从而变"中西之分"为"新旧之别"，由此突显"西学"在中国近代化的发展进程中的重要地位与影响作用。

二、清末中国本土"新学"思想的论述

鸦片战争之后，西方列强对华的侵略加剧，清末中国社会的半殖民化程度日益加深，由此出现"中主西辅""中本西末""中道西器"和"中体西用"等思想观点。甲午中日战争之前，西方传教士即已开始"中学"与"西学"融合的努力，但其"新学"思想需要在传统中国实现本土化的发展过程。甲午中日战争前后，特别是"维新变法"时期，传统中国的本土提出"新学"思想。随着"采西学"程度的日益加深，"戊戌维新"前后传统中国的"中西学关系"认识获取较大程度上的发展，以致提出"体用一源"以及"不中不西，即中即西"的"新学"思想（以康梁"新学"思想体系为代表），而庚子之后（1900年）则发展到"过渡时代"①——正是"新学"思想形成与发展的关键时期。清末中国本土的"新学"思想可以概括为四种类型：张之洞为代表的"稳健新学观"；严复为代表的"进化新学观"；陈宝箴为代表的"理智新学观"；康有为和梁启超为代表的"新学"思想体系。

1898年，张之洞的《劝学篇》已经接受将"西学"称为"新学"的观点——这种提法是西方传教士著述思想影响作用的发展结果。张之洞的"序"论述：

庙堂盱食，乾惕震厉，方将改弦以调琴瑟，异等以储将相，学堂建，特科设，海内志士，发愤搤掔。于是图救时者言新学，虑害道者守旧学，莫衷于一。②

张之洞的"设学第三"对"新学"与"旧学"给予更清楚的界定。但张

---

① 张世保著：《西化思潮的源流与评价》（上海：华东师范大学出版社，2005），页46-52，64-68.

② 张之洞著：《劝学篇》（北京：华夏出版社，2002），序，页1。

之洞对"新学"的理解明显地没有新的含义，而仅仅借用"西学"和"西法"等概念——与西方传教士的"新学"含义类似。因此，张之洞"新学观"的本土含义并不显著，并且多处混用"西学""西法"和"新学"等概念。《劝学篇》论述：

> 中学考古非要，致用为要。西学也有别，西艺非要，西政为要。[①]
>
> 中学为内学，西学为外学，中学治身心，西学应世事，不必尽索之于经文，而必无悖于经义。[②]
>
> 是必先教之以战之具，范之以不败之法。既成为兵矣，而后可以施方略，言运用。至于方略运用，岂必西法，也岂必古法哉……至攻守谋略，中西所同，因其械精艺多，条理繁细，故权谋一端，也较中法为密。[③]

张之洞主张"新学"与"旧学"会通——这种主张对深化"弥合中西"（即"新学"）的思想内涵具有重要的推动作用。张之洞的"会通第十三"论述，"今日新学旧学，互相訾謷，若不通其意，则旧学恶新学，姑以为猝不能尽废而存之。终古枘凿，所谓疑行无名，疑事无功而已矣"。[④]

甲午中日战争的失败不仅标志"洋务西化运动"的破产，同时造成洋务集团内部的分化，促使康有为和梁启超为代表的"维新变法"集团逐渐地形成[⑤]。康有为和梁启超等借助西方传教士的"新学"概念，创制"新学"思想体系，基本的内涵包括"新的知识、新的学理、新的价值标准、新的文化观念"[⑥]——有别于洋务集团的求强与求富思想，从而确立"救亡图存"的思想理念，提出救治中国弊病和避免民族危亡的"维新变法"方案，力图挽救清末中国"千年未有之危局"。康梁"新学"思想体系逐渐地成为"戊戌维新"

---

① 张之洞著：《劝学篇》（北京：华夏出版社，2002），序，页3。

② 张之洞著：《劝学篇》（北京：华夏出版社，2002），页147。

③ 张之洞著：《劝学篇》（北京：华夏出版社，2002），页129。

④ 张之洞著：《劝学篇》（北京：华夏出版社，2002），页144。

⑤ 丁伟志、陈崧著：《中西体用之间：晚清中西文化观述论》（北京：中国社会科学出版社，1995），页175。

⑥ 丁伟志、陈崧著：《中西体用之间：晚清中西文化观述论》（北京：中国社会科学出版社，1995），页176。

的重要理论基础。马洪林针对康有为的"新学"思想体系做出如下论断：

> 中国近代思想文化的基本特征是通过中学和西学相互斗争、相互渗透，逐渐走向现代化的。康有为一再申明，他的学说体系是掺和中西哲理，穷究天人之变的产物，就是在不同深度和广度上会通中西，并在近代中国特定的历史条件下作出的再创造。在康有为身上既要注意西学东渐这一横向运动的历史潮流的冲击，也要看到近代新学与古代文化这一纵向运动的垂直联系。但是，康有为掀起的维新思潮的核心内容和指导思想，是进步的内容，而不是传统的今文经学。因为，离开了近代资产阶级理论的西学，今文经学的兴盛，只能是明清之际早期启蒙文化的复归，不可能出现近代维新思想澎湃的大潮。①

康梁"新学"思想体系具有极大的"破坏力"，从而促使中西文化论争渐趋止息，"西学本土化"进入全新的发展阶段。由上可见，康有为和梁启超为首的"维新变法"思想家对"新学"思想的内涵发展具有重要的影响作用。"新学"取代"西学"是传统中国学术思想近代化中的革命性转变与发展，对中国社会和教育近代化的发展进程产生重要的影响作用。有的研究者甚至将"新学"思想视为康有为和梁启超等的首创——显然不符合"新学"思想源流与发展的实际情形。但康梁"新学"思想体系不仅丰富"新学"思想的时代内涵，而且促使"新学"在近现代中国学术思想的发展中占据"过渡性"的重要时代地位，促使"中学"的"主体"和"正统"地位逐渐地消退，而康梁"新学"思想体系却以"体用一源"和"不中不西，即中即西"的特色逐步地扮演重要的学术思想角色，导致"中体西用"思想的指导作用部分地消减——虽然随着"维新变法"的失败而出现反复与变化的过程，但辛亥革命之后甚至"新政"改革时期，康梁"新学"思想体系都具有极大的社会影响力，以致康有为和梁启超等通过"西学本土化"的策略，逐步地促使"西学"成为近现代中国学术思想中的重要组成部分。民国时期，陈序经和胡适等提出"全盘西化"与"充分世界化"思想——其实与康梁"新学"思想体

---

① 马洪林著：《康有为大传》（沈阳：辽宁人民出版社，1988），页156。参见丁伟志、陈崧著：《中西体用之间：晚清中西文化观述论》（北京：中国社会科学出版社，1995），页222。

系存在承继与发展的紧密关联。

康有为和梁启超阐述其"新学"思想体系的含义与由来。康有为论述，"合《经》《子》之奥言，探儒佛之微旨，参中西之新理，穷天人之赜变，搜合诸教，披析大地，剖析今故，穷察后来。"[1]"维新变法"失败之后，梁启超总结戊戌前后传统中国的"新学"思想时谈道：

> 康有为、梁启超、谭嗣同等辈，即生育于此种"学问饥荒"之环境中，冥思枯索，欲以构成一种"不中不西即中即西"之新学派，而已为时代所不容。盖固有之旧思想既根深蒂固，而外来之新思想又来源浅觳，汲而易竭。其支绌灭裂，固宜然矣。[2]

康梁"新学"思想体系之所以有别于西方传教士和张之洞等的"新学"思想，关键在于康有为和梁启超赋予"新学"崭新的内涵，其形成与发展历经复杂的过程。康有为接受过严格的传统"经学"教育，但却以"亭林之经济为学"[3]，赞誉明末清初传统中国的"经世致用"学术思想，独钟西方传教士刊行的报刊，眷顾洋务官僚主持出版的西方科技书籍，注重利于世用和实实在在的学术。康有为的《新学伪经考》虽然名为"新学"，却非康梁"新学"思想体系中的"新学"，而是倡言王莽（"新朝"建立者）时期刘歆所伪作"经学"，彻底地否定"古文经学"。《孔子改制考》则提倡"新学"思想，破除旧有学术的根基，从而动摇和削弱"中学"的"正统"地位，确立"新学"思想及其学术史上的地位。在论述攻读"经史之书"转为讲求"通经致用"思想以及提出"新学"思想的经过时，康有为论述：

> 于是舍弃考据帖括之学，专意养心。即念民生艰难，天与我聪明才力拯

---

[1] 康有为著：《自编年谱》，《戊戌变法》（四），页117–118。参见丁伟志、陈崧著：《中西体用之间：晚清中西文化观述论》（北京：中国社会科学出版社，1995），页191。

[2] 梁启超著：《清代学术概论》，《饮冰室合集·饮冰室专集之三十四》，页71。参见丁伟志、陈崧著：《中西体用之间：晚清中西文化观述论》（北京：中国社会科学出版社，1995），页190。

[3] 康有为著：《自编年谱》，《戊戌变法》（四），页117–118。参见丁伟志、陈崧著：《中西体用之间：晚清中西文化观述论》（北京：中国社会科学出版社，1995），页192。

救之，乃衰物悼世，以经营天下为志。则时时取《周礼》《王制》《太平经国书》《文献通考》《经世文编》《天下郡国利病书》《读史方舆纪要》纬划之，俛读仰思，笔记皆经世纬宙之言。既而得《西国近事汇编》、李圭《环球地球新录》及西书数种览之。薄游香港，览西人宫室之瑰丽，道路之整洁，巡捕之严密，乃知西人治国有法度，不得以古旧之夷狄视之。乃复阅《海国图志》《瀛环志略》等书，购地球图，渐收西学之书，为讲西学之基矣。[①]

康有为提倡全面地引进"西学"，主张"不中不西，即中即西"的学术思想。1886年起，康有为大讲"西学"，倡导哥白尼、伽利略和牛顿等的学说[②]，建议广译"西书"。康有为论述，"中国西书太少，傅兰雅所译西书，皆兵医不切之学。其政书甚要，西学甚多新理，皆中国所无，宜开局译之，为最要事"[③]，强调"中学"与"西学"虽然存在差异，但也存在相互依存和相辅相成的紧密关系，"西学"的引进不仅没有违背传统学术的精神，而且是"中学"发展的现实需要。康有为强调：

学也者，穷物理之所以然，裁成辅相，人理之当然而已。然当然之理，未易言也，内外有定而无定，方圆阴阳有无虚实消长相倚者也，犹圣人之与佛也。义理有定而无定，经权仁义公私人我礼智相倚者也，犹中国之与泰西也。然则人何就何去？曰行其有定，观其无定，通之而已。[④]

1888年，康有为"与洪给事右臣论中西异学书"反面地回复洪良品所驳斥西方政事制度的思想，认为洪良品的思想观点"似未甚得其榮肯"，继而提出其"中西学关系"的认识，"窃见近人言洋学者，尊之如帝天；鄙洋学者，斥之为夷狄。仆以为皆未尝深求其故者矣。夫中西之本未绝异有二：一曰势，

① 康有为著：《自编年谱》，《戊戌变法》（四），页116。参见冯天瑜、黄长义者：《晚清经世实学》（上海：上海社会科学院出版社，2002），页510。

② 丁伟志、陈崧著：《中西体用之间：晚清中西文化观述论》（北京：中国社会科学出版社，1995），页118。

③ 康有为著：《自编年谱》，《戊戌变法》（四），页119。参见丁伟志、陈崧著：《中西体用之间：晚清中西文化观述论》（北京：中国社会科学出版社，1995），页199。

④ 康有为著：《理学篇》，参见汤志钧编《康有为政论集》（上册，北京：中华书局，1981），页8。

一曰俗，二者即异，不能复以中国之是非绳之也"①，同时驳斥洪良品"西国之人专而巧，中国之人涣而钝"的思想观点：

> 泰西特以器艺震天下者，其所以鼓舞之异也。其设学以教之，其君、大夫相互鼓励之，其士相与聚谋之，器备资足，安得不精。我聪明之士，则为诗文无用之学，以其愚者为之，而精巧者，又未尝鼓励也，则安能致巧，是盖政教之异，不得归咎于中人之涣且钝也。②

康有为和梁启超提出"新学"思想时，高度地重视实地考察研究的重要意义。1879 年，康有为考察时为英国殖民地的香港："薄游香港，览西人宫室之瑰丽，道路之整洁，巡捕之严密，乃始知西人治国有法度，不得以古旧之夷狄视之"③，抒发对香港社会治理状况的强烈感受。梁启超在阐述"察彼以知己"的意义时强调：

> 是故观美国之富庶，而知民权之当复；观日本之勃兴，而知黄种之可用；观法国之重振，而知败衄之不足惧；观突厥之濒毙，而知旧国之不足恃；观暹罗之谋新，而知我可耻；观德国之锐意商务，而知其将大欲于中国；观俄之阴谋，而知东方将有大变；观俄日之拓张海运，而知海上商船将移至太平洋；观德、美、日之争兴工艺，而知英之商务将有蹶衄；观各国兵力之日厚，而知地球必有大血战；观土希之事，列国相持不发，而知其祸机必蓄泄于震旦。有天下之责者，将鉴往以知来，察彼以知己，不也深切而著明也乎！④

同时，梁启超强调"中学"与"西学"应当互为参证，而不能存在"中西畛域"，必须讲求"经世致用"的学术，强调这才是清末中国的求治之道。梁启超论述：

---

① 汤志钧编：《康有为政论集》（上册，北京：中华书局，1987），页47。
② 汤志钧编：《康有为政论集》（上册，北京：中华书局，1987），页49。
③ 康有为著：《自编年谱》，《戊戌变法》（四），页115。参见丁伟志、陈崧著：《中西体用之间：晚清中西文化观述论》（北京：中国社会科学出版社，1995），页185。
④ 梁启超著：《续译列国岁计政要叙》，《饮冰室合集·饮冰室文集之二》，页60-61。参见丁伟志、陈崧著：《中西体用之间：晚清中西文化观述论》（北京：中国社会科学出版社，1995），页186。

居今日而言经世，与唐宋以来之言经世者又稍异，必深通六经制作之精意，证以周秦诸子及西人公理公法之书，以为之经，以求治天下之理；必博览历朝掌故沿革得失，证以泰西希腊罗马诸古史，以为之纬，以求古人治天下之法；必细察今日天下郡国利病，知其积弱之由，及其可以图强之道，证以西国近史宪法章程之书，及各国报章，以为之用，以求治今日之天下所当有事，夫然后可以言经世。①

梁启超对康有为在清末中国"今文学运动"中的历史地位做出如下论述，"今文学运动中心，曰南海康有为。然有为盖斯学之集成者，非其创作者也"②，强调康有为《新学伪经考》的重要学术与思想影响作用，即"诸所主张，是否妥当，且勿论，要之此说一出，而所生影响有二：第一，清学正统派之立脚点，根本摇动；第二，一切古书，皆须从新检查估价。此实思想界之一大飓风也"。③

在康梁"新学"思想大行其道的同时，尚存在另外区别于康梁的"新学观"，比如严复为代表的"进化新学观"——以"进化论"为思想基础，提倡自由、民主和民权。严复的"新学"思想对清末乃至民国时期"反对旧文化，提倡新文化"的思想观点具有开创之功，因此对中国社会和教育近代化的发展进程起到重要的推进作用。严复的"新学"思想与康梁的"新学"思想存在显著的差异：康梁的"新学"思想立足于政治上的意图，而严复的"新学"思想则侧重于学术，强调平等、自由和民主的重要性——认为其是"中学"与"西学"所存在差别的根本原因。通过中西文化学术的对比，严复深层地分析与阐述"新学"思想。严复强调：

今之夷狄，非犹古之夷狄也。今之称西人者，曰彼善会计而已，又曰彼擅机巧而已。不知吾今兹所见所闻，如汽机兵械之伦，皆其形下之粗迹，即所谓天算格致之最精，也其能事之见端，而非命脉之所在。其命脉云何？苟扼要而

---

① 梁启超著：《湖南时务学堂学约》，《饮冰室合集·饮冰室文集之二》，页28。参见丁伟志、陈崧著：《中西体用之间：晚清中西文化观述论》（北京：中国社会科学出版社，1995），页195。

② 梁启超著：《中国近三百年学术史》（北京：东方出版社，1986），页77。

③ 梁启超著：《中国近三百年学术史》（北京：东方出版社，1986），页78。

谈，不外于学术而黜伪而崇真，于刑政而屈私以为公而已。斯二者，与中国理道初无异也。顾彼行之而常通，吾行之而常病者，则自由不自由异耳。①

同时，严复主张保持学术独立以及尊重学术自由②，强调治学应当以学术为依归，而不应以仕途为目标，强调政治与学术分立以及相互借重，从而推进清末中国社会和学术等改革事业的发展。严复论述：

> 天下之人，强弱刚柔，千殊万异，治学之材与治事之材，恒不能相兼。当有观理极深，虑事极审，宏通渊粹，通贯百物之人，授之以事，未必即胜任而愉快。而彼任事之人，崛起草莱，乘时设施，往往合道，不必皆由于学。③

> 学成必予以名位，不如是不足以劝。而名位必分二途：有学问之名位，有政治之名位。学问之名位，所以予学成之人；政治之名位，所以予入仕之人。若有全才，可以兼及；若其否也，任取一途。如谓政治之名位，则有实任之可见，如今日之公卿百执事然，人自然贵而取之；学问之名位，寄与仕宦不相涉，谁愿之哉？则治学者不几于无人乎？不知名位之称，本无一定。农工商各业中，莫不有专门之学。农工商之学人，多于入仕之学人，则国治；农工商之学人，少于入仕之学人，则国不治。野无遗贤之说，幸而为空言，如其实焉，则天下大乱。④

梁启超深刻地揭示康有为、张之洞和严复"新学"思想的异同。梁启超总结：

> 甲午丧师，举国震动，年少气盛之士，疾首扼腕言"维新变法"，而疆吏

---

① 严复著：《论世变之亟》，《严复集》，第1册，页1-2。参见冯天瑜、黄长义著：《晚清经世实学》（上海：上海社会科学院出版社，2002），页530-531。

② 严复著：《救亡决论》、《严复集》第1册，页45。参见冯天瑜、黄长义著：冯天瑜、黄长义著：《晚清经世实学》（上海：上海社会科学院出版社，2002），页532。

③ 严复著：《论治学治事宜分二途》，参见陈学恂、陈景磐主编：《清代后期教育论著选》下册，（北京：人民教育出版社，1997）。页213-214。

④ 严复著：《论治学治事宜分二途》，参见陈学恂、陈景磐主编：《清代后期教育论著选》下册，（北京：人民教育出版社，1997），页214。

若李鸿章、张之洞辈，也稍稍和之。而其流行语，则有所谓"中学为体，西学为用"者，张之洞最乐道之，而举国以为至言。盖当时之人，绝不承认美欧人除能制造能测量能驾驶能操练之外，更有其他学问，而在译出西学中求之，也确无他种学问可见。康有为、梁启超、谭嗣同辈，即生育于此种"学问饥荒"之环境中，冥思苦索，欲以构成一种"不中不西即中即西"之新学派，而已为时代所不容。盖固有之旧思想，既深根固蒂，而外来之新思想，又来源浅觳，汲而易渴，其支绌灭裂，固宜然矣。①

梁启超论述严复的"新学"思想及其时代意义时强调：

时独有侯官严复，先后译赫胥黎《天演论》，斯密亚丹《原富》，穆勒约翰《名学》《群己权界论》，孟德斯鸠《法意》，斯宾塞《群学肄言》等数种，皆名著也。虽半属旧籍，去时势颇远，然西洋留学生与本国思想界发生关系者，复其首也。②

另外，清末中国尚存在陈宝箴为代表的"理智新学观"——其源于洋务时期郭嵩焘的"采西学"思想。陈寅恪在阐述祖父陈宝箴"维新变法"思想的产生渊源时强调：

当时之言变法者，盖有不同之二源，未可混一论之也。咸丰之世，先祖也应进士举，居京师，亲见圆明园干霄之火，痛哭南归，其后治军治民，益知中国旧法之不可不变。后交湘阴郭筠仙侍郎嵩焘，极相倾服，许为孤蛊闳识。先君也从郭公论文论学，而郭公者，也颂美西法，当时士大夫目为汉奸国贼，群欲得杀之而甘心者也。至南海康先生治今文公羊之学，附会孔子改制以言变法。其与历验世务欲借镜西国以变神州旧法者，本自不同。故先祖先君见义乌朱鼎甫先生一新"无邪堂答问"驳斥南海公羊春秋之说，深以为然。据是可知余家之主变法，其思想源流之所在矣。③

---

① 梁启超著：《清代学术概论》（上海：上海古籍出版社，1998），页97。

② 梁启超著：《清代学术概论》（上海：上海古籍出版社，1998），页98。

③ 陈寅恪著：《读吴其昌撰梁启超传书后》，《寒柳堂集》，页148–149，参见汪荣祖著：《陈寅恪评传》（南昌：百花洲文艺出版社，1997），页27。

上述的代表人物对清末中国的政局发展进行现实性的深入思考，其"新学观"不仅对清末中国"戊戌维新"前后"新学"思想的形成与发展产生重要的思想影响，而且对中国社会和教育近代化的发展进程具有重要的推进作用。

清末中国的"中西文化理解"由"中体西用"思想发展到"新学"思想的阶段，鲜明地展现出"中西学关系"深化发展的阶段过程。"新学"思想的形成与发展逐步地弥合"中学"与"西学"之间的界限，由此构建"中学"与"西学"之间的交互作用平台，充分地体现出"中西文化理解"过程中所存在"中国主体"意识的阶段发展与深刻变化，显著地表明传统中国"西学输入"及其本土化的程度日益加深，由此不断地推动中国社会和教育近代化的发展进程。

第五章　出洋学习"西学"取向的确立：
清末中国出洋游学游历的政策制订与制度形成

　　鸦片战争之后，随着西方列强势力影响的逐步深入，传统中国的社会文化心理状态产生深刻的变化，由此促使清末中国社会和教育等日趋朝着近代化的方向发展，集中地表现为思维发展的逻辑模式出现从封闭向开放以及从被动对外开放向主动对外开放的转变发展，以及思维发展的逻辑过程加速从"以西学东渐为主"向"以采西学为主"和"以倡新学为主"的阶段过渡。"洋务西化运动"之后，对外交涉成为清末中国亟须解决的重要问题，促使出现洋务交涉、洋务出使和洋务游学等生动发展的社会局面。"洋务西化运动"时期，清末中国出洋游学游历呈现出中央政府和地方督抚等官方资遣、传教士随带、随从西洋人以及友人应约前往等多种方式。容闳的"幼童赴美教育计划"开创清末中国官方资遣出洋游学游历的先河，随后沈葆桢派遣"闽厂"生徒游学游历欧洲。传教士随带主要是西方传教士回国复命和探亲回程时携带学生或官绅，前往所在国家或其他西方国家，接受教育或参观访问，其中以史载清末中国首批游美者容闳、黄宽和黄胜为典型的代表。当然尚有接受洋商洋员和友人等经费支持而出洋游学游历，其中以王韬游历明治日本为典型的代表。"洋务西化运动"时期，传统中国出洋学习"西学"的取向基本上确立起来，"西学输入"及其本土化获取深化发展，由此充分地表明"中西文化理解"的不断增强，充分地体现出"中国主体"意识的阶段发展与深刻变化，从而对清末中国出洋游学游历以及中国社会和教育近代化的发展进程产生深刻的影响作用。

第一节　清末中国洋务前后出洋游学游历与游记

　　"洋务西化运动"前后，随着"西学东渐"的再兴与发展，传统中国与近代美欧国家之间的"闭关锁国"状态逐步地"破冰"，民间和官方的交往机会都日益增多。各项不平等条约的签订促使西方侵略殖民势力的渗透不断地深化，由此导致清末中国社会的半殖民地程度日益地加深，以及西方传教士和洋商洋员的社会影响作用逐渐地增强——支持清末中国进行适应内外社会形势发展与变化的改革，推动清末中国派员出洋游学游历。在洋务前后清末中国游学游历美欧的发展过程中，出洋游学游历者翔实地记录近代美欧国家的政治经济、科学技术、文化教育和社会风俗等，留存诸多颇具价值的原始游记资料。

　　在"走向世界"的发展进程中，清末中国与新兴的美国接触与交流较早。摆脱欧洲殖民统治以及建立合众国家之后，美国在政治经济和文化教育等方面都获取较大程度上的发展，并且积极地开展对外交流与侵略殖民活动。"望厦条约"签订之后，中美人员的往来不断增加。同时，由于代表清末中国的西方传教士蒲安臣较早地与美国签订享有互派人员优惠待遇的协议（即"蒲安臣条约"），从而为清末中国早期游学游历美国奠定规制性的保障基础。洋务前后清末中国游美促使出洋游学游历者亲身体验美国社会（包括政治、经济、文化和教育等）的魅力，其游记详述美国建国之后社会经济的发展景象。林鍼的赴美游历以及容闳、黄宽和黄胜的赴美游学开创清末中国出洋游学游历的新篇章。1847 年，林鍼随从美国（即花旗）商人赴美，担任中文翻译与教员，《西海纪游草》和《西海纪游诗》记录其游历美国的切身见闻。当时正处鸦片战争之后，清末中国亟须知悉国外的社会情形，因此林鍼的在美见闻与记游是"空前的壮举"。林鍼的《西海纪游诗》详述美国纽约等域外见闻、最初印象以及新鲜事物；概述南北战争之前美国经济、选举以及总统制度等情况，以及美国蓄奴、南北经济和社会差别的状况；记述美国的选举制度，描述美国争取国家独立的情况①。上述的内容既直接又深刻，因此对清末中国认识与了解美国的历史发展与基本国情，具有重要的现实价值。

容闳随布朗夫妇赴美游学是"西学东渐"思潮深化发展的结果。容闳早年在清末中国的教会学校读书，1847年由传教士布朗夫妇资助，前往美国的学校就读，1850年考入耶鲁大学。容闳珍惜在美国游学游历的时机，耶鲁大学期间容闳确立"从事西学东渐事业和促进中国文明富强"的社会理想②。容闳宣称：

> 决不能以食贫故，遽变宗旨……予意以为，予之一身既受此文明之教育，则吾当使后予之人，也享此同等之利益，以西方之学术，灌输于中国，使中国日趋于文明富强之境……予后来之事业，盖皆以此为标准，专心致志以为之。③

1854年，容闳学成归国，以在美求学时期确定的社会理想为指导，在清末中国社会的发展潮流中审时度势，不断地实践上述的社会理想。容闳视察"太平天国"，协助曾国藩举办洋务的事业，参与指导"维新变法"和"辛亥革命"。1872年容闳倡导选派幼童赴美游学，开创清末中国官派出洋游学的新局面。容闳的 My Life In China & American（即《西学东渐记》）记述清末中国幼童赴美及其政策制订与落实的具体过程。1874年，祁兆熙奉命护送第三批幼童赴美游学，1875年归国之后撰成《游美洲日记》，详细地记录护送幼童赴美的途程与感受，关爱幼童在美学习生活，以及严格幼童学习纪律要求的情形。

1876年，美国为了庆祝建国百年，举办费城世界博览会。清末中国的海关洋员办理参展，派遣李圭前往参加博览会。李圭途经日本、到达美国，此后前往欧洲游历，归国之后刊行《环游地球新录》，记录赴美幼童在美学习生活的状况，④比如介绍赴美幼童在美学习洋文和华文的管理办法：平时分住美国的家庭，跟随美国的学生到校学习洋文，而"以三个月一次来局（即'出洋总局'）习华文，每次十二人，十四日为满；逾期，则此十二人复归，再换

---

① 参见钟叔河著：《走向世界丛书叙论集：从东方到西方》（长沙：岳麓书社，2002），页15。

② 严加红著：《容闳的社会理想及其社会政治和教育实践述评》，新乡：河南师范大学学报（哲学社会科学报），2006（2），页139–141。

③ 容闳著：《西学东渐记》（沈潜、杨增麒评注，郑州：中州古籍出版社，1998），页87–89。

④ 参见钟叔河著：《走向世界丛书叙论集：从东方到西方》（长沙：岳麓书社，2002），页371。

十二人来，以次轮流，周而复始"；记载赴美幼童参加观博览会的情形，"数日前，各处新报早已播传其事（指赴美幼童观会的事情）。至是，复论及中国办法甚善；幼童聪敏好学，互相亲爱，见人礼数言谈彬彬然；有进馆方年馀者，西语也精熟；此次观会又增其识见，诚获益匪浅"；赞扬美国的学校教育："不尚虚文，专务实效；是以课程简而严，教法详而挚，师弟间情洽如骨肉。尤善在默识心通，不尚诵读，则食而不化之患除；宁静舒畅，不尚拘束，则郁而不通之病去。"同时，清末中国政府对预备撤销"出洋局"提出异议："幼童之往业者，业其事为耳。我圣人之达道达德，三纲五常，此幼童固自有，也固自在，不以业西人之事为而少有阙也。且取长补短，原不以彼此自域；则今日翊赞宏图，有不当置西人之事为而弗取也。"①

鸦片战争之后，西方侵略殖民的势力日渐地深入，"西学"影响的程度逐步地加强，"中西学关系"成为亟待解决的核心问题，因此学习"西学"逐渐地成为清末中国社会与教育等发展的现实需要。创办新式学校的同时，洋务前后清末中国出现出洋游学游历，充分地表明新式教育形式获取新的发展。"洋务西化运动"之后，清末中国出洋游学游历美欧获取较大程度上的发展，特别是"闽厂"生徒游欧及其"蝉联"制度的奏立，标志清末中国出洋游学游历步入新的发展阶段。清末中国出洋游学游历及其政策内涵逐步地深化，特别是实施分省资遣的政策——地方督抚为了更为广泛地开展洋务，积极地鼓励与资遣学生和官绅出洋游学游历。沈葆桢和李鸿章等以学习制造与驾驶为主要的专门，掀起清末中国游学游历欧洲的社会潮流。

"洋务西化运动"之后，斌椿率同文馆的学生游历欧洲，由此开启清末中国官派游学游历欧洲的事业。斌椿是清末中国正式派遣的出洋游学游历管理官绅。1866年，斌椿接受清末中国洋员、时任总税务司赫德（R.Hart）的建议，奉命率领同文馆的学生游历欧洲，足迹踏遍英国、荷兰、普鲁士、丹麦、瑞典、芬兰、俄国、比利时和法国等西方国家。斌椿赴欧游历是在第二次鸦片战争之后，当时清末中国亟须办理中外交涉事务的新式专门人才。奕䜣奏称，"查自各国换约以来，洋人往来中国，于各省一切情形日臻熟悉；而

① 参见钟叔河著：《走向世界丛书叙论集：从东方到西方》（长沙：岳麓书社，2002），页371-373。

外国情形，中国未能周知，于办理交涉事件，终虞隔膜。臣等久拟奏请派员前往各国，探其利弊，以期稍识端倪，借资筹计。"[1]斌椿胸襟开阔，结识徐继畬和李善兰等思想进步与开明的知识精英，以及美国驻北京使馆参赞卫廉士（S.W.Williams）与同文馆总教习丁韪良（W.A.R.Martin）等，接受"西学"的思想，因此慨然地奉命率领学生前往欧洲游历，并且以诗铭志，"天公欲试书生胆，万里长波作坑坎。"[2]按照总理各国事务衙门在行前提出的"采访风俗"并且"将所述地方山川形势，风土人情，详细记载，绘图贴说，带回中国以资印证"等要求[3]，出国期间撰成《乘槎笔记》《海国胜游草》和《天外归帆草》，记述欧洲的街道建筑、水利河渠和商贸技术等，介绍西方各国的火轮车和自行车等交通工具，由此促使清末中国社会更加深刻地认识与理解"西学"。

游学游历美欧开创清末中国社会与教育等发展的新时代，不仅加速清末中国社会逐步地由封闭走向开放以及由被动对外开放走向主动对外开放的发展过程，而且有力地促进新式教育的时代发展，即由创办新式学校机构发展到倡导出洋游学游历，由此充分地表明"中国主体"意识的不断增强，从而推进"中西文化理解"的阶段发展过程。清末中国出洋游学游历者亲身地经历和感受美欧诸国的发展与进步，游记等撰述充分地反映出中国近代化思维发展逻辑形态特征，由此有力地推动中国社会与教育近代化的发展进程。

"洋务西化运动"前后，清末中国派员办理外交和洋务事宜，并且在美欧国家设置使馆。官员游历是清末中国游学游历美欧的重要组成部分。由于游历的官员多为高级的知识人，不仅详述近代西方国家的社会经济、政治制度、军事外交和民众生活等，而且深入地分析与深刻地反思中西方的文化教育，撰述具有时代价值的学术著作，由此留存翔实和宝贵的原始文献与研究资料。

张德彝撰述"八述奇"，除了《七述奇》为1901年跟随那桐赴明治日本、

---

[1]　朱有瓛主编：《中国近代学制史料》（第1辑，上册，上海：华东师范大学出版社，1983），页43。

[2]　参见钟叔河著：《走向世界丛书叙论集：从东方到西方》（长沙：岳麓书社，2002），页27–29。

[3]　《筹办夷务始末》，同治朝，卷39，页：1–2。参见陈学恂、田正平编：《中国近代教育史资料汇编：留学教育》（上海：上海教育出版社，1991），页5。

自称"使命有辱国体辄而不述"之外，其他七部成书收录钟书河的《走向世界丛书》。《航海述奇》记述西方社会经济和科学技术等发展的状况，充分地反映西方工业革命、社会生活和城市道路等详细的情形，记录西方侵略掠夺的阴暗。《再述奇》记录随志刚出使泰西（指英法俄等）的情形，涉及社会生活以及学校和教堂等，包括中西文化交流使团的活动与中外贸易的情形，以及外国社会和工业技术文明等具体的内容。《四述奇》记录随郭嵩焘和崇厚出使英俄的情形，较少地涉及政治和外交事务，而集中地记述在外国的日常生活、社会经济和科技生活等。1870年发生"天津教案"，张德彝随崇厚出使法国"谢罪"——当时正值巴黎公社起义爆发（1871年）——使团的成员目睹上述惊天动地的事件。张德彝的《随使法国记》（即《三述奇》）生动地记述巴黎公社起义的事件，以致成为传统中国最早记录"法兰西内战"和"普法战争"的著作，具有重要的研究价值。但对于"天津教案"的处理问题，张德彝的《随使法国记·凡例》谈道，"虽辱承译事，而一切密勿，阙而不书，也金人缄口之意也"，即采取缄默态度。①

　　1868年，志刚由清末中国派遣、以办理中外交涉事务大臣的身份，参加"蒲安臣②使团"，出使美欧各国。1870年回国之后，刊行《初使泰西记》和《初使泰西纪要》，记述西方的新奇物态。随使的志刚对西方世界存在清晰而深刻的认识："盖总理各国事务者，时与各国亲信大臣聚首言政，融为一气，无论潜消衅隙，即偶有牴牾，无不可尽之言，言无不可输之情；而连环交际，无非排解调处之人，是以各国之势，易于联属。""泰西立君，不拘于男女。

① 参见钟叔河著：《走向世界丛书叙论集：从东方到西方》（长沙：岳麓书社，2002），页152。
② 蒲安臣于1861–1867年（咸丰十一年至同治六年）任美国驻华公使，1867年离任回国，在赫德支持下被清末中国政府任命为"办理各国中外交涉事务大臣"，1868年，以英国人和法国人各1人为协理，中国官员2人参加，组团出访美、英、法、德、俄等国家，并擅自签订《中美续增条约八款》（即《蒲安臣条约》），借以增强美国在中国的影响。参见王承仁、曹木清、吴剑杰等编：《中国近百年史辞典》（武汉：湖北人民出版社，1986），页344。国际交涉任命外国人作首要领导人，可以说在世界外交史上是极为奇特的事情，这与赫德成为清末总税务司相同，清政府但凡涉及外交事务，就存在相关外交礼节问题，蒲安臣的任命也存在中外礼节差异上的考虑。

然为君而不能尽君道者，国人不服，则政令有所不行，不得安其位矣。故西国君主（指西班牙），治法不必尽同，而不敢肆志于拂民之情，则有同揆焉。"①

　　郭嵩焘是清末中国派遣的首位驻外使臣。1876年至1878年驻英法期间，郭嵩焘撰成"出使日记"，并且将使英途中（从上海到伦敦）以及在英观感，整理之后抄寄总理衙门，即后来刊行的《使西纪程》——这部著述严重地冲击清末中国的"主流"意识，抨击与外界隔绝的"闭关锁国"政策，介绍西方国家的政治经济、文化教育和科学技术等发展状况，因而在清末中国社会掀起"大波"——遭到强令毁版，但郭嵩焘坚守原则立场，强调"西洋立国，有本有末，其本不在朝廷政教，其末在商贾，造船、制器，相辅以益其强，又末中之一节也。故欲选通商贾之会以立循用西法之基，所谓其本末遑而姑务其末者"②，甚至在介绍英国的税法时谈道，"此法诚善，然非民主之国，则势有所不行。西洋所以享国长久，君民兼主国政故也。③"郭嵩焘的上述观念冲击到保守集团甚至洋务集团的传统观念，并且与传统中国的"轻商"思想背离，更重要的是彻底地否定清末中国"纲常名教"和"天朝上国"的优越论调。郭嵩焘强调，"其（指西方）视中国，也犹三代盛时之视夷狄也。④"郭嵩焘心系国家兴亡、坚持实事求是，在事实与真理面前决不妥协，由此对推动清末中国对外开放思维发展的逻辑模式以及"西学本土化"的发展进程具有重要的影响作用。

　　1877年，黎庶昌随使英德法以及西班牙，游历瑞意荷比，以杂记、游记、书简和地志等为材料，撰成《西洋杂志》——了解西方国家的政治经济和文化生活等方面的重要史料。黎庶昌名列"曾门四子"（即张裕钊、薛福成、黎庶昌和吴汝纶），同时是"湘学派"（桐城文派后期以曾国藩为代表）的重要成员，具有深厚的文学素养。黎庶昌主张"经世致用"，鼓动了解天下的大势。《西洋杂志》记录西方的社会与文化，重视描述和探讨世界各国的地理，深

---

①　参见钟叔河著：《走向世界丛书叙论集：从东方到西方》（长沙：岳麓书社，2002），页57。

②　杨坚校补：《郭嵩焘奏稿》（长沙：岳麓书社，1983），页345。

③　参见钟叔河著：《走向世界丛书叙论集：从东方到西方》（长沙：岳麓书社，2002），页257。

④　光绪四年二月二日记。参见钟叔河著：《走向世界丛书叙论集：从东方到西方》（长沙：岳麓书社，2002），页273。

刻地揭露沙俄侵略新疆的阴谋，并且对蒙古、西伯利亚和中亚细亚等进行深入和系统的调查研究，详细地记录西方先进的科学技术成就，介绍西方国家的议会民主制度，同时生动地描述西方社会和政治生活的事件①，上述的记载对认识与理解西方社会和政治生活具有重要的启蒙作用。

在清末中国出使游历者中，曾纪泽同样具有很强的代表性。1878年至1886年，曾纪泽奉命出使英法俄，《出使英法俄日记》细致地记载出使的见闻与感悟。曾纪泽反对"守其所已知，拒其所未闻"的传统保守意识，主张"就吾之所已通者扩而充之，以通吾之所未通"的开放精神和态度，但同时主张在坚持"古圣昔贤之论述，六经典籍之记载"的基础之上，学习西方的政治、经济和文化，悉心地考求西方的政事、语言、文字和风俗，强调认清中外社会发展的大势，掌握中外交往和斗争的策略，进行酌势据理的交涉，而不能采取鲁蛮的行动。出使俄国时，曾纪泽力争达成交还伊犁的条约，并且保全苏约克山口等国土②。曾纪泽折冲樽俎、报效国家，在中国外交史上具有重要地位与影响作用。

清末中国洋务出使美欧及其游记与幼童赴美以及"闽厂"生徒赴欧及其游记相比，明显地存在优越性。洋务使臣与赴美幼童相比，具有高层次的传统文化素养，以及理性地分析"中西学关系"的素质。从洋务使臣的整体素质角度来讲，大多数都能辩证地分析"西学"，当然尚存在相对守旧的传统士大夫和封建官僚——对清末中国社会的发展形势秉持偏执的态度，上述的方面在游记中存在充分的反映。洋务使臣与赴欧"闽厂"的生徒相比，不仅处理清末中国繁杂的涉外事务，提升涉外事务应对与安全危机处理的素质，而且理性地思考"西学"，从而对改变清末中国社会和教育等观念起到重要的影响作用。比如，郭嵩焘背负"汉奸"的恶名，但仍坚持实事求是，翔实地记述西方近代文化和先进的科学技术（即"西学"）成就，辩证地分析与探究"中西学关系"，强调"中学"封闭社会心理状态的严重危害，充分地体现出

---

① 参见钟叔河著：《走向世界丛书叙论集：从东方到西方》（长沙：岳麓书社，2002），页376-395。

② 参见钟叔河著：《走向世界丛书叙论集：从东方到西方》（长沙：岳麓书社，2002），页295-306。

"天下兴亡，匹夫有责"的精神；曾纪泽充分地体现出洋务使臣的爱国情怀与外交韬略，在国家外交形势并非乐观的条件下，坚持事实真理与据理力争，积极地维护国家的根本利益。洋务使臣在游记中所体现的丰富思想在清末中国社会与教育近代化的发展进程中具有重要地位与影响作用——不仅丰富"中西学关系"的内涵，而且有力地推进清末中国社会对"西学"的认识与理解。

洋务前后，除了游学游历美欧及其游记之外，清末中国尚存在游学游历日本及其游记——它们都对清末中国出洋学习"西学"取向的确立与发展起到重要的影响作用。日本在"朝贡"外交体制中是传统中国的重要属国。日本发现的汉代赏赐"倭王之印"，充分地印证日本向传统中国朝贡的历史。由此证明，"明治维新"之前，中华传统文化是日本文化的重要母体。19世纪中叶之后，中日两国都面临西方侵略殖民的严重威胁。清末中国对明治前后日本印象的记述就是从上述的基本点出发，并且记录中日两国的不同社会条件之下的历史境遇，以及应对西方列强侵略殖民过程中的社会发展与时代变化，即鲜明地呈现出从"传统日本观"到"近代日本观"的转变发展轨迹，充分地体现出清末中国与明治日本之间文化理解的发展过程。

1853年美国的柏利舰队抵达日本，1854年迫签《日美亲善条约》（即《神奈川条约》），标志日本结束"锁国"而被迫"开国"。罗森随同柏利舰队前往日本。1854年罗森的《日本日记》在杂志"遐迩贯珍"上连载，内容记录日本"开国"之前的社会状况与取士之方，记载日本："文、武、艺、身、言皆取，而诗不以举官；所读者也以孔孟之书，而诸子百家也复不少；所谓读书而称士者皆佩双剑，殆尚文而兼尚武。"由日记的内容可见，"明治维新"之前的日本与清末时期的中国相比，"闭关锁国"的社会状况较为相同，但尚存在些许的差别，比如日本较早地实施幕末改革、崇敬"尚武"精神；日本的"锁国"历时比中国的久远，并且程度比中国的尤甚。"明治维新"之前，日本社会崇尚中华传统文化。罗森的日记谈到，"日本人民自从葡萄牙滋事，立法拒之，至今二百馀年，未曾得见外方人面，故多酷爱中国文字诗词。予或到公馆，每每多人请予录扇。一月间，从其所请，不下五百馀柄。"①罗森的

---

① 参见钟叔河著：《走向世界丛书叙论集：从东方到西方》（长沙：岳麓书社，2002），页156–171。

日记观察和记录"明治维新"之前日本的社会情形，具有重要的历史价值。

清末中国对明治日本的维新历经复杂的反应过程，开始之时采取抵制的态度。陈其元和应宝时强调，明治日本的维新违背祖宗的"成法"，日本天皇的重新执政是"篡国"，攻击日本的"脱亚入欧"政策，认为"一切效法西人，妄思自强"，深恶日本的侵朝政策："彼昏不悟，尚复构怨高丽，使国中改西服，效西言，焚书变法。于是通国不便，人人思乱"，因而提出"征日"的建议。①"征日论"的出现存在诸多方面的原因：其一，幕末日本制订"大陆政策"，"明治维新"之初日本侵略朝鲜以及吞并琉球，严重地破坏传统中国的"朝贡"外交体制，干扰传统中国与朝鲜、琉球王国的外交保护承诺，侵害传统中国的既有权利；其二，"明治维新"之初日本侵略传统中国的台湾，清末中国采取妥协的政策，签订中日《北京专条》，导致日本获取首笔战争赔款，但清末中国的社会民愤异常激烈；其三，"明治维新"之后，中日传统"朝贡"关系获取改变，资本主义性质的社会改革也违背日本的"以汉为师"传统，引发清末中国传统士人的嫉恨与仇视。

"明治维新"之后，日本完全地接受西方近代文化和先进科学技术（即"西学"），奉行"脱亚入欧"的理念。同时，清末中国依约向日本派遣使臣，并且特派游历使前往日本。清末中国的游历使臣游记撩开明治日本的神秘面纱，揭示"明治维新"的思想基础与成功实质。甲午中日战争之前，赴日使臣的游记是了解明治日本的最直接资料。明治日本实施"大陆政策"，对清末中国的安全带来严重的威胁，因此赴日使臣重视分析日本的国情，以资清末中国的决策参鉴。19世纪90年代之后，清末中国民间赴日参观考察日益增多，因而留存诸多描述明治日本社会的宝贵资料，具有重要的研究价值。

19世纪70年代，清末中国开始向外国遣使并且实施正副使制度，比如郭嵩焘和许钤身（后改刘锡鸿）使英；陈兰彬和容闳使美；何如璋和张斯桂使日。1877年，何如璋奉命出使日本。何如璋的《使东述略》以及后附的《使东杂咏》介绍日本由"锁国"到"维新"的转型发展过程，记录"明治维新"之后日本社会的发展与变化及其观感，主张借鉴明治日本学习西方的

---

① 陈其元《日本近事记》。参见王晓秋著《近代中国与日本——互动与影响》（北京：昆仑出版社，2005），页87-88。

发展道路。在概括日本效法西方的做法时，强调日本"近趋政俗，上至官府，下及学校，凡制度、器物、语言、文字，靡然以泰西为式"，认为清末中国需要从国际社会的发展形势出发，切实和认真地学习"西学"，用以求取自强。[①]清末中国为了掌握明治日本的对华新动向，于是派员调查明治日本的社会经济、军事技术和文化教育等发展状况，1879年道员王之春奉命赴日游历侦察，先后到达长崎、神户、大阪、横滨、东京和京都等，考察日本的地理、户口、兵制、官制、租税、国债、教育和物产等情况，参观"劝工场"（即商品展销所）和博物院等设施，归国之后撰成《谈瀛录》，记述明治日本的观察感受，由此对制订防备日本侵华的相关政策起到重要的影响作用。[②]

1890年至1894年，薛福成由上海起程出访西方，沿途访察西方国家的商埠情形，并且随笔记实，著成《出使英法意比四国日记》[③]。薛福成强调，传统中国若要寻求独立自主，就必须引入西方先进的文明成果。薛福成虽然没有到达日本，但谈到明治日本"尽废诸侯而退德川氏，以全国之权归于国主，陆续与诸国通商，步趋西法""日本通国，肆习洋学者，几于十居四五；往泰西读书学艺者，络绎不绝，拔取医学、矿学、律学者皆有其人；译西书为日本项选题研究字者，汗牛充栋；询以西事西学，泰西掌故，无有不知者"[④]。上述日记的内容充分地体现出薛福成肯定"西学"，以及主张仿效明治日本学习"西学"的态度。

黄庆澄的《东游日记》也是记述与研究明治日本的重要游记。黄庆澄接受安徽巡抚沈仲夏（即沈秉成）和驻日公使汪凤藻的资助，1893年5月至7月游历日本。黄庆澄的思想倾向"维新"，赴日游历在于"咨其政俗得失，以上裨国家"。回国之后（1894年）刊行《东游日记》，赞赏明治日本的发展成就，同时慨叹中国比日本学习"西学"开始早而见效慢，日本起步迟反而见

---

①　参见钟叔河著：《走向世界丛书叙论集：从东方到西方》（长沙：岳麓书社，2002），页180–183。

②　参见王晓秋著：《近代中日文化交流史》（北京：中华书局，2000），页176–179。

③　陈左高著：《历代日记丛谈》（上海：上海画报出版社，2004），页170。

④　薛福成著：《出使英法义比四国日记》1892年（光绪十八年）9月。参见钟叔河著：《走向世界：近代中国知识分子考察西方的历史》（北京：中华书局，2000），页357。

效快 ①。同时论述，"嗟乎！古来国家当存亡危急之秋，其误于首鼠两端者，何可胜道，日人其知所鉴矣"，学习"西学"要"师彼之法，而不师彼之意"，呼吁"中国当轴诸公学习西学足以矫吾弊者，及早毅然行之，竭力扩充，勿以难能而馁其气，勿以小挫而失其机，勿以空言而贻迂执者以口实，勿以轻信而假浮躁者以事权"，建议"初创之举，局面不宜过大；已成之事，提防不得稍松；从之愈推愈广，以彼之长补吾之短，则不动声色而措天下于泰山之安，以视东人之贻笑外邦者，不大有间欤 ②"，但上述的观点并未引发"当轴诸公"的充分关注。甲午中日战争之后，清末中国的"中西文化理解"进入"以日本为中介"学习"西学"的发展阶段，显著地呈现为中国、日本和西方文化之间交互理解的新时期。

第二节　清末中国出洋游学游历政策制订的环境因素

清末中国出洋游学游历政策的制订经受社会内外部双重因素的影响与促进。鸦片战争以来，传统中国社会内外部因素的影响力逐步地增强，由此促进对外开放思维逻辑模式的深化发展。上述的因素导致清末中国出洋游学游历的政策制订成为推进中国近代化的迫切要求，并且对清末中国教育近代化的发展进程产生深刻的影响作用。

在教育近代化的发展进程中，传统中国的教育思想与教育制度面临严峻的时代性挑战，诸多的弊端与问题同样在清末中国社会危机的深化中日益地显露出来，由此新式学校教育取代传统教育的模式，已经成为教育近代化的必然要求与发展趋势。"洋务西化运动"之前，清末中国基本上是中央和地方

---

① 这是当时普遍存在的误解，虽然日本幕末改革仍坚持锁国政策，但资本主义生产关系开始出现，实施了殖产兴业政策，这与明治维新的殖产兴业具有历史的相延性，日本全国性市场在幕末出现，西方兰学在日本获得了发展，富国强兵政策也提出来了，明治维新的重要举措在幕末日本业已推行，因此讨幕派的重要历史任务是进行政治变革，解除日本资本主义发展的制度性障碍，以继续推进日本资本主义的发展。

② 参见钟叔河著：《走向世界丛书叙论集：从东方到西方》（长沙：岳麓书社，2002），页200–201。

两级官学并存的体制,教育管理的评价受到传统科举考试制度的深刻影响与社会作用。由于清末中国新式学校制度与传统科举考试制度难以并立与相融,因此,在洋务教育的发展进程中需要改革和废止传统科举考试制度,但洋务教育实质上并未在思想意识的层次上完全地放弃传统科举考试制度,由此诸多的新思想依然套着"科举脚枷跳舞",难以适应"洋务西化运动"的发展对新式专门人才的迫切需求——这是清末中国出洋游学游历政策制订的重要原因。"洋务西化运动"之后,清末中国开始向西方国家派出使臣。1876年,郭嵩焘出使英法,出使期间以日记的形式记录国外的见闻与自身的感悟,形成具有重要历史价值的《伦敦与巴黎日记》。郭嵩焘注意到明治日本派赴英国的游学生情况,深切地感受清末中国和明治日本在英游学生的不同学习"西学"状态。郭嵩焘详细地描述明治日本学生游学英国的情形:

日本在英国学习技艺者二百余人,各海口皆有之,而在伦敦者九十人。嵩焘所见二十余人,皆能英语。有名长冈良芝助者,故诸侯也,自治一国,今降为世爵,也在此学习律法。其户部尚书恩娄叶欧摹,至奉侠讲求经制出入,谋尽仿效行之。所立电报信局,也在伦敦学习有成即设局办理。而学兵法者甚少。盖兵者,末也,各种创制皆立国之本也。[1]

郭嵩焘强调,明治日本学习西方的经验值得参鉴,清末中国应该意识派遣"生徒"游学游历西方国家并且分途研习的重要性,强调"事事须洋人为之,必不可常也,当先令中国人通晓其法[2]"。同时,郭嵩焘记述埃及学习西方铁路的情形与经验:"埃及国隶阿非利加,其修造铁路,先遣人赴英国练习,

---

[1] 《郭嵩焘诗文集》(长沙:岳麓书社,1984),页190–191。参见高时良编:《中国近代教育史资料汇编·洋务运动时期教育》(上海:上海教育出版社,1992),页855。郭嵩焘的以上记述其实是对日本明治维新留学教育状况作了相当深刻地分析,基本包括:人数(200余人,分散英国各处,但集中于英国首都伦敦)、外文水平(皆能英语)、留学者身份(大多为尊亲贵族和上层官员即便世爵和尚书也在其内)、学习应用情况(学成即仿效办理)、学习科目(学兵者少)。
[2] 《郭嵩焘诗文集》(长沙:岳麓书社,1984),页190–191。参见高时良编:《中国近代教育史资料汇编·洋务运动时期教育》(上海:上海教育出版社,1992),页855。

而后依仿行之。此最可法。"[1] 王韬、黄遵宪等知识精英和出洋使臣也重视记述其他国家学习西方的情形，由此对清末中国制订出洋游学游历甚至其他的政策产生深刻的影响作用。借鉴其他国家特别是明治日本的出洋游学经验成为清末中国教育改革与发展中的重要内容。1884年总理衙门奏称，"日本前派炽仁亲王等出游泰西，分习诸学，故能归而变政，克有成效。请特派近支王公之妙年明敏，有才志者，游历各国等语""杨深秀所论各国王子近亲皆先入学堂，与群士齿；又学于兵舰，练军由卒伍升将校，乃使之遍历外国增长见识，此非以本之学，为无益之游也"。[2]

　　鸦片战争之后，清末中国与西方列强签订多项不平等的条约，亟须知晓西方语言文字以及善于处理洋务的新式专门人才，由此不仅刺激新式学校的设立与传统书院的改制，而且促使清末中国通过开展出洋游学游历而解决此类人才短缺的问题。但就教育的时限性而言，出洋游学要求"十年树人"的成效期待，相对于洋务事业迅猛发展的态势来讲确实过于漫长，因此清末中国在重视出洋游学的同时开展官绅出洋游历，借以促使洋务人员尽速地熟悉涉洋的事务。奕䜣奏称，"查自各国换约以来，洋人往来中国，于各省一切情形，日臻熟悉。而外国情形，中国未能周知，于办理交涉事件，终虞隔膜。臣等久拟奏请派员前往各国，探其利弊，以期稍识端倪，藉资筹计。"[3]

　　清末中国洋务教育改革与发展的根本指导是"中体西用"思想。虽然张之洞在1898年"维新变法"前夕系统地概述"中体西用"思想，但其早已贯彻在洋务教育实践的发展过程之中。由于清末中国依然信奉"纲常名教"，存在传统科举考试制度以及传统教育思想的影响，因而洋务教育打上传统中国旧教育影响的深刻烙印——在赴美幼童管理的措施及其发展中存在充分的反映。1872年《申报》刊登的《论子弟出洋肄业事》论述：

---

[1] 《郭嵩焘诗文集》（长沙：岳麓书社，1984），页190–191。参见高时良编：《中国近代教育史资料汇编·洋务运动时期教育》（上海：上海教育出版社，1992），页855。

[2] 总理衙门：《议复荣惠奏请选派宗支出洋游历折》，《清朝掌故汇编外编》卷29。参见高明良编：《中国近代教育史资料汇编·洋务运动时期教育》（上海：上海教育出版社，1992），页856。

[3] 奕䜣著：《奏请派斌椿等随赫德出国前往泰西游历折》，参见陈学恂、田正平编《中国近代教育史资料汇编·留学教育》（上海：上海教育出版社，1991），页4–5。

子也既无四疑（指"归期太远、水土不宜、学成否未可料和子年命未可必"），又有二益（指"娴熟西文和显亲扬名"），为父母而有数子在侍者也可以知所决计矣；至于归来之后，则进通商高门当差，奖叙得官，恩荣无比，岂不美哉？况又熟习洋务，深知底蕴，并于技艺器具间，无不知其所以然，而有以制之，则其将来诚有不可限量者，何尚限于中外之域，而存畏缩之见乎？盖此举非但有利于国，也且有益于家，可不留意哉！①

新兴的美国最早与清末中国签订派员出洋游学游历的条款。1868 年，由总税务司赫德推荐，以及前任美国驻华大使、当时受聘为清末中国服务的洋员蒲安臣自荐，清末中国向西方国家派出首个外交使团——"蒲安臣使团"，"使团"的成员包括志刚和孙家毂。"使团"出访之前，奕䜣与蒲安臣约定，"凡于中国有损的事，必须力为争阻；凡于中国有益的事，不可遽然应允，必须知会总理衙门复准，方可照行"。② 但"使团"到达美国之后，蒲安臣擅自与美国签订中美《天津条约续增条约》)（即《蒲安臣条约》）。1869 年，中美在京互换"批准书"，其中规定：

嗣后中国人欲入美国大小官学学习各等文艺，须照相待最优国之人民一体优待。美国人欲入中国大小官员学习各等文艺，也照相待最优国人民一体优待。美国人可以在中国按约指照外国人居住地方设立学堂。中国人也可在美国一体照办。③

《天津条约续增条约》的签订为美国招收清末中国的工人创造便利的条件，由此对美国西部的开发起到巨大的推进作用。但美国"南北内战"结束之后，由于大批的黑人获取解放、蜂拥前往美国的西部地区，以致在劳工市场与华工竞争，随后出现"排华浪潮"乃至形成政治的运动，于是美国提出限制华

---

① 《申报》，1872.8.16（同治十一年七月十三日）。参见高时良编：《中国近代教育史资料汇编·洋务运动时期教育》（上海：上海教育出版社，1992），页854。

② 梁为楫、郑则民主编：《中国近代不平等条约选编与介绍》（北京：中国广播电视出版社，1993），页169–170。

③ 参见高时良编：《中国近代教育史资料汇编·洋务运动时期教育》（上海：上海教育出版社，1992），页853。

工的政治要求。1880年，美国派出以安吉立·帅腓德和笛脱克为代表的使团，前来签订中美《续修条约》。条约规定，"中国商民如传教、学习、贸易、游历人等，以及随带并雇用之人，兼已在美国各处华工，均听其往来自便，俾使受优待各国最惠之利益。"① 通过上述的规定，既达到限制华工的涌入对美国利益的妨碍，同时保证《天津条约续增条约》的现实有效性。从出洋游学游历的政策内涵角度来讲，上述的条约规制保障清末中国游学游历美国的"往来自便"，享受"优待各国最惠之利益"。从美国社会的态度角度来讲，美国的政府与社会善待清末中国在美游学的幼童——可以在清末中国早期游美幼童的追忆中发现相关的记述，比如赴美幼童温秉忠在"回忆录"中谈道：

> 容闳先生分配他们给来自各地的美国老师，老师带他们回去。在以后留美的岁月中，这些美国老师负起教养监护的责任。每一个美国老师家庭负责两个或四个幼童。英文合格的幼童，直接进入美国学校，不合格的在老师家接受个别补习，做入学准备。②

上述回忆的是赴美幼童抵达美国之后第二天的情景。由此可见，当时美国政府和人民的态度友好（这与"游日浪潮"期间明治日本的社会态度形成鲜明的对照），无微不至地关照赴美幼童。温秉忠谈道：

> 中国幼童们与食宿一同的美国家庭及中学、大学同学们均建立深厚之友谊。故启行之日，幼童与童年朋友告别，人人均很伤感。最重要的是，美国老师及监护人，那种"家长式的爱护"（Prental Treatment），使幼童们久久铭感不忘。③

概括地来讲，清末中国出洋游学游历的政策制订受到社会内外部因素的深刻影响。社会内部因素的影响集中体现在：一是清末中国的新式学校教育

---

① 参见高时良编：《中国近代教育史资料汇编·洋务运动时期教育》（上海：上海教育出版社，1992），页853。

② 温秉忠著：《一个留美幼童的回忆》，参见陈学恂、田正平编：《中国近代教育史资料汇编·留学教育》（上海：上海教育出版社，1991），页114。

③ 温秉忠著：《一个留美幼童的回忆》，参见陈学恂、田正平编：《中国近代教育史资料汇编·留学教育》（上海：上海教育出版社，1991），页115。

及其制度难以适应社会发展与变化的实际需要；二是清末中国"西学输入"及其本土化的内涵在获取发展与变化同时，遭到传统保守思想的极力抑制。因此，清末中国亟须寻求实现从被动输入到主动求取的转变发展，上述的方面促成清末中国在洋务时期出台游学游历美欧的政策。社会外部因素的影响同样表现明显，清末中国的出洋游记和其他相关著述中存在详明的体现。集中体现在：一是清末中国涉外条约中出洋游学游历条款的规定——中美最早签订出洋游学游历的条款；二是国外出洋游学游历成功的参鉴——清末中国洋务前后出洋游学游历及其游记存在对其他国家成功经验的记述。上述的方面既对清末中国游学游历美欧的实践发展产生深刻的影响，同时对清末中国出洋游学游历的政策制订起到重要的推进作用。因此，清末中国出洋游学游历具有条约规制和意识保障，由此促使学习"西学"的内涵不断地深化发展。由上可见，清末中国洋务时期出洋游学游历及其政策的制订是社会内外部因素交互作用的发展结果。

第三节　清末中国游学游历美欧政策的制订

《蒲安臣条约》和《续修条约》为洋务时期清末中国游学游历美国提供政策性的规制保障。1872 年，清末中国政府批准容闳的"幼童赴美教育计划"，美国成为清末中国出洋游学游历目的地的首选国家。"幼童赴美教育计划"促进清末中国游学游历美国的思想形成与政策制订。清末中国官派出洋游学游历开创海外学习"西学"和开展新式教育的新形式。清末中国游学游历美欧的政策随着容闳"幼童赴美教育计划"的提出而逐渐地明晰，并且经过出洋游学游历的社会实践而深化发展。

容闳对教育近代化的杰出贡献集中地体现在其幼童赴美教育的思想及其社会实践之中。1870 年，为了解决"天津教案"，曾国藩、茂崇熙、刘坤一和丁日昌等齐聚天津，容闳接受丁日昌的邀请，前往参赞事务。"天津教案"获取解决之后，容闳通过丁日昌向洋务要员条陈"四条"——核心的部分（第二条）即为幼童赴美教育事宜，其中论述：

政府宜先派颖秀青年，送之出洋留学，以为国家储蓄人材。派遣之法，初次可先定一百二十名学额以试行之。此百二十人中，又分为四批，按年递派，每年派送三十人。留学期限定为十五年。学生年龄，须以十二岁至十四岁为度。视第一第二批学生出洋留学，著有成效，则以后即永定为例，每年派出此数。派出时并须以汉文教习同往，庶幼年学生在美，仍可兼习汉文。至学生在外国膳宿入学等事，当另设留学生监督二人以管理之。此项留学经费，可于上海关税项下提拔数成以充之。①

容闳的幼童赴美教育思想及其社会实践在清末中国出洋游学游历及其政策的演进中起到重要的导引作用。容尚谦的《创办出洋局及官学生之历史》记述：

容博士主张选派学生一百二十名到外国去留学十五年，以供国家日后之用。他所拟的办法是先派三十名出去，如成绩优良，即可引以为例按期选派。留学生出洋时应有中国教员一名随同前去，以便学生不致荒废本国文字，并另派监督两名以资照料。留学生经费和出洋局之经常费用则可出之上海道库。②

为了办理幼童赴美教育事宜，清末中国政府创设负责幼童赴美游学游历的机构（即"出洋局"，包括"沪局""洋局"），负责遴选和携带幼童出洋。对于"出洋局"的创设，容尚谦记述，"容闳博士于回国之后，第一个志愿就是想要创设一个出洋局，以便中国学生能出洋去求高深的学问，能获悉世界之大势以扩大其对于国际之眼界，于回国之后出其所学为国家服务"。③1870年，曾国藩的"调陈兰彬差遣江南片"奏请，由陈兰彬和容闳负责赴美幼童游学的管理事宜。曾国藩奏称：

---

① 容闳著：《西学东渐记》，沈潜、杨增麒评注（郑州：中州古籍出版社，1998），页148。另参见舒新成编：《中国近代留学史》（上海：上海文化出版社，影印本，1989年4月），页6。
② 陈学恂、田正平编：《中国近代教育史资料汇编·留学教育》（上海：上海教育出版社，1991），页120。
③ 陈学恂、田正平编：《中国近代教育史资料汇编·留学教育》（上海：上海教育出版社，1991），页120。

江苏抚臣丁日昌屡与臣言：宜博选聪颖子弟赴泰西各国书院及军政……或有异材出乎其间，精通其法，仿效其意，使西人擅长之事，中国皆能究知，然后可以徐图自强。且谓携带子弟前赴外国者，如该员陈兰彬及江苏同知容闳辈皆可胜任等语。[1]

1871年，曾国藩和李鸿章上呈"奏选派幼童赴美肄业酌议章程折"，后附"挑选幼童前赴泰西肄业章程"，条陈选派幼童赴美教育的事由，奏称"前任江苏巡抚丁日昌奉旨来津会办，屡与臣商榷，拟选聪颖幼童，送赴泰西各国书院学习军政、船政、步算、制造诸学，约计十余年业成而归，使西人擅长之技，中国皆能谙悉，然后可以渐图自强"[2]，同时规定在上海设立"出洋局"，"经理挑选幼童派送出洋等事"，由大小委员（正副委员）负责管理赴美幼童学习、生活和经费等事务。"挑选幼童前赴泰西肄业章程"共分12项，其中选派2项、赴洋幼童管理3项、经费管理7项。具体规定：①选派幼童。由设在上海的"出洋局"负责，具体由通商大臣剏饬挑选聪慧幼童，年龄控制在十三四岁至二十岁之间，具有传统中国的文字根基，幼童的亲属同意选派出洋，并且要求幼童的亲属"会同地方官取具亲属甘结，并开明年貌籍贯存案，携至上海公局考试"，考试合格之后资遣赴美，学成"听候派用，分别奏赏顶戴、官阶、差事"；②日常管理。一是以一年为期，考评幼童学习的状况，若发现"将来难望成就"者，"由驻洋委员随时撤回"，再募补齐；二是赴洋幼童学业的状况。"由驻洋委员列册登记，四月考试一次，年终注明等第，详载纳册"，转报"上海道"；③经费管理。明确驻洋正副委员、翻译和教员的薪金、医药、信资、文册和纸笔等各项杂用经费；正副委员、翻译和教员的来回川资；幼童来回川资以及衣物等费用；幼童驻洋束脩、膏火、房租、衣服和食用等项费用。要求驻洋委员将上述项目的实际用度消费以一年为期"开单

---

[1] 《曾文正公全集》，奏稿八。参见高时良编：《中国近代教育史资料汇编·洋务运动时期教育》（上海：上海教育出版社，1992），页866。

[2] 陈学恂、田正平编：《中国近代教育史资料汇编·留学教育》（上海：上海教育出版社，1991），页86。

知照"，转报"上海道"，最后确定总费用的数目及二十年的计划经费。①

1872 年，曾国藩和李鸿章再呈"奏遴派委员携带幼童出洋肄业兼陈应办事宜折"并附《清单》，逐项地规定"挑选幼童及驻洋应办事宜"：①挑选对象。规定挑选幼童不分满汉族别，年龄以 12 岁至 20 岁为限，"沪局"委员查考幼童已有"中学"和"西学"基础的程度，查考合格予以资送出洋；②选送程序。幼童选定之后，"取具年貌、籍贯暨亲属甘结，收局注册"，肄习六个月；③办事信守。幼童来往文件需"关防"注明，"洋局"和"沪局"各"刊给"关防，"以资信守"；④年限及委用。以十五年为时限，中间安排两年的游历时间，学成之后验资合格，归国"听候总理衙门酌量器使，奏明委用"，并且"此系选定官生，不准半途而废，也不准入籍外洋，学成后不准在华洋自谋别业"；⑤课程与思想考核。"洋局"课程"以四个月考验一次，年终分别等第报查"，规定"出洋"仍讲"中学"，"课以孝经、小学、五经及国朝律例等书"，"每遇房、虚、昂、星等日，正副二委员传集各童宜讲圣谕广训，示以尊君亲上之义，庶不至于囿于异学"，"恭逢三大节以及朔望等日，由驻洋之员率同在事各员以及诸幼童，望阙行礼，俾娴仪节而昭诚敬"；⑥成员组成。"洋局"人员由正副委员 2 名、翻译 1 名、教员 1 名组成；⑦经费管理。依据"章程"奏定"于江海关税项下指拨"，并且规定下拨经费和"江寄外洋"日期在每年六月，即上年六月下拨汇寄下年所需费用。由于游学事务发展各年所需经费或有不同，因此要求"由陈兰彬委员等核开清单，某年应用银若干，交江海关道署存照，按年寄洋，仍由该道分析造报，以照核实"。②

历经曾国藩和李鸿章的奏陈，清末中国政府批准"幼童赴美教育计划"。1872 年，总理各国事务衙门奕䜣等上奏"覆议选派委员携带幼童出洋肄业兼陈应办事宜折"——明确"沪局"和"洋局"委员的任命。其中强调：

---

① 曾国藩、李鸿章：《挑选幼童前赴泰西肄业章程》，见《奏选派幼童赴美肄业酌议章程折》，参见陈学恂、田正平编：《中国近代教育史资料汇编·留学教育》（上海：上海教育出版社，1991），页88-90。

② 曾国藩、李鸿章：《奏遴派委员携带幼童出洋肄业兼陈应办事宜折》，参见陈学恂、田正平编：《中国近代教育史资料汇编·留学教育》（上海：上海教育出版社，1991），页91-92。

臣等查西人长技在于制器，而其大要皆本于算法。现欲取彼所长，辅我所短，自非选材前往学习未易得其要领。所选学生，年皆幼稚，自须委员常川约束，在沪挑选，分批送往外洋，也须有人经理，所有清派委员陈兰彬、容闳、刘翰清等分别常驻美国及在沪设局，互相商办各专责成，应如所议办理。[①]

1872 年至 1881 年，清末中国政府分 4 批先后派出赴美幼童 120 名，容闳担任游学事务副监督，负责赴美幼童学习生活的组织管理。赴美幼童大部分来自广东（84 名），其次是江苏（20 名），其他省份（包括山东、福建、安徽和浙江）占有份额很少（共 16 名）[②]，足见清末中国社会对出洋游学游历明显地呈现出漠然的态度。

甄别出洋幼童存在较大的局限。从社会文化思想的层次来讲，清末中国社会对出洋游学游历抱有传统的成见，因而造成幼童的招募极为困难，符合相关素质和年龄条件的选定幼童，大多数是为了摆脱家庭生活的困窘，幼童的亲属尚要出具书面亲笔保证书——"画押甘结"。比如，詹天佑出洋游学之前，其父詹兴洪"书面甘结"，声称"情愿送赴宪局带往花旗国肄业，学习技艺回来之日，听从中国差遣，不得在外国逗留生理，倘有疾病生死，各安天命，此结是实"。[③]

清末中国非政府派遣的游学游历欧洲早已出现——1850 年黄宽在美国孟松学校毕业之后转入欧洲爱丁堡大学学习医学，1856 年毕业之后归国，在博济医院行医——黄宽是有记载较早游学游历欧洲的代表人物。1866 年，王韬随西方传教士理雅各前往英国游学，学习两年之后归国。1872 年，何启赴英游学游历，1875 年在阿伯丁大学学习医学，1879 年转入林肯法律学院学习法律专业，1882 年获取英国高等律师资格之后，回到当时英国的殖民地——香港，从事律师的工作，并且与胡礼垣合著《新政真诠》，其中《〈劝学篇〉书后》系统地批驳张之洞的"中体西用"思想，引发热烈的社会反响。1874 年，

---

① 《洋务运动》（二），页159–161。参见陈学恂、田正平编：《中国近代教育史资料汇编·留学教育》（上海：上海教育出版社，1991），页92–93。

② 参见陈学恂、田正平编：《中国近代教育史资料汇编·留学教育》（上海：上海教育出版社，1991），页685。

③ 参见田正平著：《留学生与中国教育近代化》（广州：广东教育出版社，1996），页45–46。

伍廷芳前往英国林肯法律学院，学习法律专业，归国之后担任北洋政府内阁外交总长和代总理等职务。

清末中国官派赴欧游学游历以福建船政大臣沈葆桢主持的福建船厂（即"闽厂"）及其附设船政学堂以及直隶总督李鸿章主持的天津水师学堂的派出为大宗。在洋务发展的高峰期，李鸿章在其中扮演重要的角色，其实分省赴欧游学游历即始于李鸿章。1876年，李鸿章遣派卞长胜等赴德学习水陆军械技艺。当时"西学"的学习仅仅处在器物技能的层次——是对魏源"师夷长技以制夷"思想的社会运用。梁启超提到，"其间有兴学堂派学生游学外国之事，大率皆为兵事起见，否则以供交涉翻译之用者也。李鸿章所见西人之长技，如是而已。"[①]梁启超从当时的政治形势出发苛责李鸿章，但若从历史的层次理解李鸿章的"兴学堂"和"派游学"举措，应该是具有时创性的实践成就。时任直隶总督的李鸿章遴选咨遣生徒游学游历欧洲，实开分省遣派游学游历欧洲的新风气。1877年，沈葆桢选派福建船政学堂学生和船厂生徒赴法学习制造以及赴英学习驾驶，学习的期限为三年。1881年、1886年和1889年尚有三批福建船政学堂以及天津水师学堂生员赴欧游学游历，主要赴英法学习制造和驾驶，用以增强清末中国海军的造船制器能力，提高南北洋海军的作战与战备水平。在沈葆桢和李鸿章派生徒赴英法德等国家游学游历的过程中，清末中国制订游欧的相关政策，用以规范派遣与管理游欧事宜。

沈葆桢办理福建"闽厂"生徒赴欧游学游历事宜历经复杂的过程，并且事先详细地规制办理的原则等具体问题。沈葆桢的"奏请分遣学生赴英法两国学习造船驶船折"（1873年）宣称：

臣窃以为欲日起而有功，在循序渐进，将窥其精微之奥，宜置之庄岳间。前学堂习法国语言文字者也，当选其学生之天资颖异，学有根柢者，仍赴法国深究其造船之方，及其推陈出新之理。后学堂习英国语言文字者也，当选其学生之天资颖异，学有根柢者，仍赴英国深究其驶船之方，及其练兵制胜之理。速则三年，迟则五年，必事半而功倍。[②]

---

① 梁启超著：《李鸿章传》（天津：百花文艺出版社，2006），页38。

② 陈学恂、田正平编：《中国近代教育史资料汇编·留学教育》（上海：上海教育出版社，1991），页225。

　　1874 年，沈葆桢再发"致总理各国事务衙门函"，详细地陈述赴英法游学游历事宜的办法，拟定附件，包括"法学章程""艺童程序""艺徒程序"和"英学章程"。函件强调：

　　今拟法学办法，半月肄业工厂，每年夏以两个月游历各国各船厂铁厂，以增长其见识，庶四、五年间可以练出全才……至英国驾驶之学，每年均在学堂，也以二个月赴大兵船上阅看练习，如建威之闽童等，其成功年限，想不逾两年，定堪胜任矣。[①]

　　"法学章程"具体地规定学生学习和生活管理、教习束金（薪水）管理、经费管理和监督委员薪水管理等内容：①学生生活管理。学生宿舍统一安排，学生"合住一所"，委员同住其中，随时稽查管理；委员负责办理惩责学生；学生出行应该"准而后行"；学生住所选择离学习厂较近、"水土洁好"场所，身体病恙"应请外国医员为其诊视"，学生住房由外国雇工"洒扫伺应"；学生每月可寄致家信"各四次"，"其信资由局发给"；出洋学生一经发现"水土不服，难期久住，应斟酌剔回，其遗缺应请由闽厂送补"；②学生学习管理。学生由委员或洋教习领带前往厂地用工；礼拜日不到厂用工，上午"在屋读书"，下午"领带出门散步"；学生情况由监督每三个月甄别考验一次，并且将其名册分数情况寄至船政衙门，以借"查验"；每年两次"到西洋各国观看学习，委员、洋教习均应偕行；③教习束金（薪水）管理。洋教习束金以 30名学生数为基准，每增学生五名，则束金增加 1000 元；④经费管理。每年由驻洋委员将使用经费造册上报船政衙门，若"正款有余，仍涓滴归公"，若"正款"入不敷出，则"由委员随时禀报衙门补给"；⑤监督及委员薪水管理。出洋若有成效，"更议广招学生及增习他学，监督及委员等理应效劳，其薪水均应仍照向额，不得因事繁请增。"[②]"艺童课序"和"艺徒课序"明确地规定学年学习课程与工厂实习事宜。"艺童课序"规定学习的课目：

---

① 陈学恂、田正平编：《中国近代教育史资料汇编·留学教育》（上海：上海教育出版社，1991），页226。

② 陈学恂、田正平编：《中国近代教育史资料汇编·留学教育》（上海：上海教育出版社，1991），页226-227。

第一年学习：重学统论、画影勾股、水力重学、汽学、化学、轮机制造法、法国语言、画图。第二年学习：轮机重学、材料配力之学、轮机制造法、水力重学、化学、五圣学、房屋制造法、法国语言、画图。第三年学习：轮机重学、轮机制造法、挖铁、挖煤学、船上轮机学、铁路学、法国语言、画图。①

"艺徒课序"规定学习的课目：

第一年：画影勾股、算学代数、勾股、画学、法国语言。第二年：画影勾股、重学统论、汽学、画图、法国语言。第三年：重学统论、制造轮机学、水力重学、轮机重学、汽学、化学、图画、法国语言。b

通过比较上述课序规定的具体学习课目，可见艺童和艺徒课序学习的内容大致相近，但存在学习课目的内容层次差异。另外，艺童和艺徒除了学习具体的课目，三年后尚需经过两年分厂实习的锻炼。依照"课序"的规定，艺童和艺徒"三年后拟分习三厂：一分造船厂；一分轮机水缸厂、一分枪炮厂"③。"英学课序"规定，派遣船政学堂学生前往英国学习驾驶课程，期限为两年。课程安排天文、画海图学、汽学、水师战法和英国语言。学习课程九个月之后，安排六个月学习炮船枪等操作的方法，另排三个月学习"画海图之学"（即实践锻炼），最后四个月分赴英国水师营学习。"英学课序"统一规定前往英法学习的经费安排，比如房租伙食、杂用费、游历费、学生赡养银、添妆费、川资，以及监督、委员的薪水、其他人员的工伙费用等，细致地规定各条目的安排。

1877 年，李鸿章等上呈"奏闽厂学生出洋学习折"，支持沈葆桢派遣船政学堂和船厂学生（即"生徒"）赴欧游学游历。此时，沈葆桢已于 1875 年

---

① 陈学恂、田正平编：《中国近代教育史资料汇编·留学教育》（上海：上海教育出版社，1991），页227。

② 陈学恂、田正平编：《中国近代教育史资料汇编·留学教育》（上海：上海教育出版社，1991），页227–278。

③ 陈学恂、田正平编：《中国近代教育史资料汇编·留学教育》（上海：上海教育出版社，1991），页227–228。

调任两江总督兼南洋通商大臣，福建船政事宜由丁日昌和吴赞诚等具体负责。奏折宣称：

> 闽厂前堂学生本习法国语言文字，应即令法国官厂学习制造，务令通船新式轮机、器具无一不能自制，方为成效。后堂学生本习英国语言文字，应即会赴英国水师大学堂及铁甲兵船学习驾驶，务令精通该国水师兵法，能自驾铁甲船于大洋操战，方为成效。如此分投学习，期以数年之久，必可操练成才，储备海防之用。至学生中有天资杰出能习矿学、代学及交涉、公法等事，均可随宜肄业。[①]

上述的"奏折"附"清单"两份，即"选派船政生徒出洋肄业章程"和"出洋监督薪费及生徒经费"，具体地规定船政生徒赴英法游学游历事宜。"选派船政生徒出洋肄业章程"共计十条：①"奏派华洋监督一名，不分正、副，会办出洋肄业事务"；②"选派制造学生十四名，制造艺徒四名，交两监督带赴法国学习制造"；③"选派驾驶学生十二名，交两监督赴英国学习驾驶兵船"；④船厂生徒赴英法游学的具体安排及责任分担；⑤两监督会商挑选学生"安插学习，支给教习束金"，并且负责"抽查功课"，要求"将逐日所记送核"，考验确实"送回供差"；⑥两监督和生徒均须详记日记，对"别国有便益新样之船身、轮机及一切军火、水陆机器"，由"监督随时查明，觅取图说，分别绘译，务令在洋生徒考究精确，实能仿效"，并且报送船政衙门查核；⑦华、洋监督会商做好教习管理和学生管理的规定；⑧"此次选派生徒，应由监督溯查考绩，详加验看"；⑨"两监督和衷会办，当互相觉察"，若"查有挟同确据"，"不必俟洋期满"随时撤换，"如果事事实际，生徒多优异者，将两监督专折奏清奖叙"；⑩章程"总以三年学有成效为限"，若中途出现变故，"均由船政大臣大臣会商主裁，外人不得干预"。[②]"出洋监督薪费及生徒经费"清单共计五条：①华、洋员薪费及生徒薪水；②制造学生经费及教习

---

① 陈学恂、田正平编：《中国近代教育史资料汇编·留学教育》（上海：上海教育出版社，1991），页230。

② 陈学恂、田正平编：《中国近代教育史资料汇编·留学教育》（上海：上海教育出版社，1991），页231–234。

兼教所添脩金；③驾驶学生经费及教习兼教所添脩金；④路费项规定；⑤经费拨汇安排，分三批按年汇付。[①] 游欧的期限以三年、六年计，学驾驶的学生在洋期限为三年，学制造的学生在洋期限为六年。[②] 1877年至1897年，"闽厂"派出四届游欧学生，共计80余名。上述的游欧管理"章程"和"清单"奏准，标志清末中国制订游欧的政策。

清末中国游学游历美欧的政策着眼于长远，而不像游日政策追求速成的目标。但清末中国游学游历欧美尚存在差异：一是游学游历欧洲的政策由洋务大员沈葆桢发起。沈葆桢和李鸿章分任南洋大臣和北洋大臣，权臣的发起更加具有感召力，而游学游历美国则由容闳建议曾国藩等而成，1872年曾国藩病逝南京，因而游美政策落实的阻力增大；二是游学游历欧洲政策是以"闽厂"生徒为对象，更加具有可操作性。而游学游历美国则是以幼童为对象，成才的时限又相对太长，可操作性较差；三是幼童游美的经费由清末中国政府拨付，难以维持连续性，而生徒游欧的经费则由"闽厂"拨付，相对拥有更有力的支撑，即使"闽厂"经常面临财政的困扰；四是从发起者容闳的角度来讲，具有游学美国的背景，存在组织管理游美学生事务的优越性，但在传统中国的社会心态和思维视野中难以获取充分的信任[③]，而仅仅以副监督的身份办理幼童游美事宜；五是从容闳"幼童赴美教育计划"本身的角度来讲，具有强烈的试验性质[④]。正因试办，则存在成与不成，因此容闳的"幼童赴美

---

① 陈学恂、田正平编：《中国近代教育史资料汇编·留学教育》（上海：上海教育出版社，1991），页238。

② 裕禄：《奏选派闽厂第四届出洋肄业学生折》，参见陈学恂、田正平编：《中国近代教育史资料汇编·留学教育》（上海：上海教育出版社，1991），页242—243。

③ 清政府在设置留美事务所的任命上，实行正副委员制度，规定陈兰彬为正委员，容闳为副委员，而1881年撤回时，由吴子登为正委员。参见《中国最早的百名留美学生》，陈学恂、田正平：《中国近代教育史资料汇编·留学教育》（上海：上海教育出版社，1991），页141。而闽厂派赴欧洲的为监督，不再分正副，而以华、洋监督名之，"会办出洋肄业事务"，参见李鸿章等上呈《奏闽厂学生出洋学习折》中清单《选派船政生徒出洋肄业章程》，陈学恂、田正平编：《中国近代教育史资料汇编·留学教育》（上海：上海教育出版社，1991），页232。

④ 诚如曾国藩、李鸿章于1871年（同治十年）上呈《奏选派幼童赴美肄业酌议章程折》中言："惟是试办之难有二：一曰选材，一曰筹费。"参见陈学恂、田正平编：《中国近代教育史资料汇编·留学教育》（上海：上海教育出版社，1991），页87。

教育计划"中途夭折，也属试验的一种选择性结局。但"闽厂"的情形则大不相同：1873 年，沈葆桢上呈"奏请分遣学生赴英法两国学习造船驶船折"，其中确立的目标在于"欲日起而有功，在循序而渐进，将窥其精微之奥"[①]。1879 年，沈葆桢上呈"奏闽省出洋生徒请予蝉联折"，其中论述：

> 查闽局前后学堂尚有续招各生，其中不乏颖异之才，于西学已窥见门径者。以之接续派往，就已成之绪，收深造之功，取多用宏，事至乃有以应之。或谓责令学成而归者，以新得牖后进，也可望日起有功。不知西学精益求精，原无止境，推步制造，用意日新，彼既得鱼忘筌，我尚刻舟求剑，守其一得，何异废于半途！因其已新者而日日新之，又日新之，诚正修齐治平之功如是，即格致之功何莫不如是……照前届出洋章程，接续择才派赴英法就学，俾人才蒸蒸日盛，无俟藉资外助，缓急有以大谋，大局幸甚。[②]

1879 年，南洋大臣沈葆桢辞世，但清末中国政府仍然依据奏请，1881 年、1886 年和 1897 年由李鸿章主持、"蝉联"选派"闽厂"学生出洋（1897 年尚派北洋天津水师学堂学生同往）。由于存在经费短缺的问题，"后两批"的游欧学生均未达到三年的最低时限，即提前撤回。[③] 即便若此，依然可以认定，"闽厂"生徒为代表的游学游历欧洲及其政策获取了"蝉联"。

洋务时期，清末中国出洋游学游历及其政策演进拓展了新式教育的形式，即清末中国不仅已经存在国内新式学校及其制度变迁过程，而且存在清末中国出洋游学游历及其政策演进过程，由此共担中国社会和教育等近代化所亟须新式专门人才培养的时代使命。因此，清末中国出洋游学游历有效地弥补新式学校及其制度发展中的不足，拓展了新式教育的形式。赴美幼童和游欧

---

① 陈学恂、田正平编：《中国近代教育史资料汇编·留学教育》（上海：上海教育出版社，1991），页225。

② 《沈文肃公政书》卷7，又见《洋务运动》（五），页235–236，参见陈学恂、田正平编：《中国近代教育史资料汇编·留学教育》（上海：上海教育出版社，1991），页239。

③ 在李鸿章等上呈《奏闽厂学生出不学习折》的附清单《选派船政生徒出洋肄业章程》中赴欧学习制造和驾驶的最低时限均为三年。"三年后，或从此停止，或另开局面，均由船政大臣，通商大臣会商主裁，外人不得干预。"参见陈学恂、田正平编：《中国近代教育史资料汇编·留学教育》（上海：上海教育出版社，1991），页233–234。

生徒亲历西方社会的实际情境，以及在西方社会环境中学习"西学"，确实是清末中国新式教育发展中的伟大创新，但洋务时期清末中国出洋游学游历及其政策演进中依然存在诸多难以适应的思想困境，比如"中体西用"思想依然处于"主体"与"正统"的地位，但却难以割舍热心与眷顾"中学"，导致在洋务时期清末中国出洋游学游历政策及其实践中存在更激烈的"中学"与"西学"论争，其实"幼童赴美教育计划"的遇挫就是上述论争的突出反映，同时必然导致洋务时期清末中国出洋游学游历及其政策演进缺乏活力机制，难以遇时而进。在西方国家为了争夺海外殖民地而产生军事冲突的有利时机，以及在明治日本等国家抓住机会向西方国家大量地派出游学游历者以学习先进科学技术之时，"同治中兴"时期的清末中国却出现终止幼童赴美教育，以及"闽厂"游欧生徒两次学业未竟而即行撤回的悲惨结局，但上述的情形依然难以抹杀清末中国出洋游学游历者后来对中国社会和教育近代化的杰出贡献，当然也就难以掩饰洋务时期清末中国出洋游学游历及其政策制订的社会价值与历史意义。因此，清末中国出洋游学游历美欧的思想生成与政策演进充分地体现出"中国主体"意识的阶段发展与深刻变化，充分地反映"中西文化理解"与中国近代化之间的紧密关系，由此有力地推动中国社会和教育近代化的发展进程。

第四节　清末中国出洋游历制度的形成

在"洋务西化运动"中，清末中国出洋游学与游历相互表里。洋务游学安排官员携带学生出洋，虽然主要的目标是学生的出洋游学，官员负责管理学生出洋游学的事务，但率领学生出洋游学的过程中，出洋的官员同样近距离地接触、观察和体验西方国家的情形。涉外出洋和奉命出使也是清末中国官员出洋游历的重要形式。志刚、孙家穀和张德彝等参与"蒲安臣使团"；郭嵩焘、何如璋、黄遵宪和曾纪泽等驻外出使，当然尚有林鍼和王韬等民间出洋游历，都留存重要的出洋游历记述。上述的出洋形式都对清末中国出洋游历制度的形成起到重要的思想影响与社会作用。林鍼撰联，"去日之观天坐井，语判齐东；年来只测海窥蠡，气吞泰岳 [1]"，道出清末中国开放之初出洋的共同感受："闭关锁国"百余年以来，顽固守旧和妄自尊大的传统思想与社会风气氤氲不散，而在"天朝上国"的迷梦尚未大醒之际，首先迈步前往西方游学游历的官员、学生和士绅，需要具有"气吞泰岳"的无畏气概，其行为确实充分地展现出上述的气概。虽然最初的观察与见闻仅仅是"测海窥蠡"，但却开创风气之先，由此推动清末中国逐步地由封闭走向开放以及由被动对外开放走向主动对外开放，从而促进新式教育的形式和内容拓展。上述的进步对中国近代化的发展进程具有重要的时代价值与历史意义。

从出洋游历人员构成的角度来讲，清末中国出洋游学游历主要存在生徒出洋游学和官绅出洋游历（包括使臣出洋游历）。生徒出洋游学是指新式学堂的学生或赴外游学生在国外的参观和考察等；官绅出洋游历是指官绅或使臣在国外的参观和考察等。相对于出洋游学来讲，出洋游历时限较短暂，一般不超三年。但比较而言，出洋游历具有节省费用以及见效快速等相对优势。从出洋游学游历开端的角度来讲，1847 年容闳游学美国，同年林鍼赴美游历，充分地表明清末中国私人前往西方游学与游历的时间大致相当。史载首位官派出洋游历早于官派出洋游学。官派出洋游历始于 1866 年斌椿率同文馆的学生游历欧洲。1866 年，奕䜣等的"奏请派斌椿等随赫德出国往泰西游历折"宣称：

> 臣等伏思同文馆学生，内有前经臣等考取奏请授为八、九品官及游学者，于外国语言文字，均能粗识大概，若令前往该国（指英国）游历一番，也可增广见闻，有裨学业。且系微员末秩，与奏请特派使臣赴各国通问，体制有间。[2]

斌椿随赫德携带凤仪、德明和彦慧等同文馆的学生赴美游历，实开清末中国官派学生和官员出洋游历的先河。学生和官员出洋游历直接地推动清末

① 参见钟叔河著：《走向世界丛书叙论集：从东方到西方》（长沙：岳麓书社，2002），页15。

② 陈学恂、田正平编：《中国近代教育史资料汇编·留学教育》（上海：上海教育出版社，1991），页5。

中国官派出洋游学事业的发生。1871年，曾国藩和李鸿章的"奏选派幼童赴美肄业酌议章程折"论述：

> 窃谓自斌椿及志刚、孙家穀两次奉命游历各国，于海外情形也已窥其要领，如舆图、算法、步天、测海、造船、制器等事，无一不与用兵相表里。凡游学他邦得有长技者，归即延入书院，分科传授，精益求精，其于军政船政直视为身心性命之学。令中国欲仿效其意而精通其法，当此风气既开，似宜亟选聪颖子弟，携往外国肄业，实力讲求，以仰副我皇上徐图日强之至意。①

若追溯清末中国出洋游历思想的发展过程，郑观应是需要考察的重点对象。1875年，郑观应撰述《易言》，其中存在"论游历"的内容，较早地倡导出洋游历的思想。其中宣称，"三代之时，天子有巡狩之典，汉、唐、前明数君皆崛起民间。而泰西各国，其皇子与齐民无异""往往轻车简从，游历各邦。故周知各处之风土人情，各国之政刑技艺，而格致、历算、兵、刑、礼、乐等事，无不身亲力为，明如指掌"。②郑观应提出具体的出洋游历建议，"倘中国能上法三代之盛典，旁采西国之良规，或饬令国戚王子周历民间，博采事悉利弊于平日，乃能施德政于当时。"③郑观应的出洋游历思想对清末中国出洋游学游历的思想发展与政策演进具有重要的影响作用。

1881年，陈宝琛的"奏请"讲求洋务，明确地倡导出洋游历。陈宝琛论述，"览观今日情势，中外交涉之事有日增无日减，所最急者能周知情伪之入耳。各国有游历内地之约，日本近也遣人数百分布京外交游，缙绅侦察政俗，归国后即予右职。而我惟二三使臣及出洋学生亲历异域""请于每科进士改为翰林中书部曹后，即于其中择年力强盛、志节端亮者，或十人或十数人""令游历各国，毕览其山川、政教、土俗、民情，各以所见，笔之于书归献。以

---

① 曾国藩、李鸿章：《奏选派幼童赴美肄业酌议章程折》，参见陈学恂、田正平编：《中国近代教育史资料汇编·留学教育》（上海：上海教育出版社，1991），页87。

② 王宝平著：《近代出洋游历制度的建立——游历制度的提出》，参见http://www.cb.zju.edu.cn/rwxy/rbs/RBS10/luenwen1.htm。

③ 王宝平著：《近代出洋游历制度的建立——游历制度的提出》，参见http://www.cb.zju.edu.cn/rwxy/rbs/RBS10/luenwen1.htm。

三年为期，仍回本衙门供职"。^①

1885 年，清末中国东南道监察御史谢祖源上奏"请广收奇杰之游历外洋折"。总理各国事务衙门的"议复谢祖源奏请练习洋务人才折"（1887 年）记载：

> 伏查该御使（指谢祖源）原奏内称：自同治年间遣使外洋，除使臣由朝廷特简外，其随员或取在馆供事及肄业官生，学术既未淹通，器局尤多猥琐，即所延幕友仅专司文牍，并无瑰奇磊落之材。其中出色人员，不过学习机器通译语言，久之习与性成，甚至有乐效其饮食起居，便其车马衣服者，其人殊未足膺异日干城之选。臣愚谓国家帖括取士，经济即寓乎文章，今翰詹部属中，不无抱负非常者，可否令出使大臣每国酌带二员，给以护照俾资游历一年后许其更替，愿留者听其才识出众者，由出使大臣密保，既备他日使臣之选，也可多数员熟悉洋务之人等语。^②

1887 年，谢祖原上呈"奏请练习洋务人才疏"，再提出洋游历的建议：

> 近世士大夫每囿于见闻，语及环球各国焦急之通例，富强之本计，或鄙夷而不屑道。夫外洋测算，衍自中法；制器相材，原于考工；营阵束伍，乃古者司马法步伐进退之遗；开采五金，仿于周礼矿人之职；测量地舆，也晋人裴秀成法。礼失求野，岂彼智而我独愚？特中土习为游谈，其平日留心讲习者良少耳，是以欲周知中外之情势，必自游历始……目前我之所亟，惟在察敌情、通洋律，谙制造测绘之要，习水师陆战之法，讲求税务界务茶桑牧矿诸事宜。应请敕出使各国大臣，随时分饬参赞随员游历境内，考核纪载，分门讲求，并督率出洋弁学生等，学习各项技艺，董劝并行，以收实效。^③

---

① 王宝平著：《近代出洋游历制度的建立——游历制度的提出》，参见http://www.cb.zju.edu.cn/rwxy/rbs/RBS10/luenwen1.htm。陈宝琛提出"以三年为期"的游历西洋制度并没有引起社会的重视，当时顽固保守风气正在盛行，朝廷内外对出洋事宜横加指斥，容闳倡导的幼童赴美留学教育计划也遭遇夭折，这种结局也是历史注定。

② 《皇朝经世文编续》（五）。参见高时良编：《中国近代教育史资料汇编·洋务运动时期教育》（上海：上海教育出版社，1992），页857–858。

③ 《光绪朝东华录》，光绪12年。参见高时良编：《中国近代教育史资料汇编·洋务运动时期教育》（上海：上海教育出版社，1992），页857。

陈宝琛和谢祖源虽然都主张派员出洋游历，但"两者"出洋游历的内涵存在较大的区别。陈宝琛有感于外国人纷至内地游历，而清末中国仅限少数外交官和学生出洋游历而发；谢祖源鉴于外交随员的素质欠佳，而主张派员出洋游历。陈宝琛主张从进士中选拔人员出洋游历；谢祖源则建议在中央官员中遴选人员出洋游历。由上可见，陈宝琛的方案立意虽佳，但由于涉及传统科举考试制度的改革，牵一发而动全身，显然难度较大；谢祖源的方案则从现役官员中选拔，当然易于操作。虽然总理各国事务衙门驳斥谢祖源对随员素质欠佳的指责，但认可其出洋游历的方案。"议复谢祖源奏请练习洋务人才疏"回顾性地论述派遣使臣、学生、武弁和生徒赴洋游历的做法，提出出洋游历的重要性，并且阐明开展出洋游历的具体方案——"合词恭折具奏""伏候圣裁训示施行"。[1] 其中谈道：

> 该员等（指差遣人员，即出洋游历者）本月支薪水毋庸另给经费，至翰詹部属中如实有制器通算测地知兵之选、坚朴耐劳、志节超迈可备出洋游历者，可否请旨饬下翰林六部核实保荐，并咨送总理各国事务衙门考核，再行奏请发往各国游历，由出使大臣就近照料。应需出洋薪装届时由总理各国事务衙门酌定数目，在出使经费项下发给所有。[2]

1887年，总理各国事务衙门上呈"奏定酌拟出洋游历人员章程"，具体的内容包括：①人员项。确定每年出洋游历的名额为10至12名，翻译除外；准许出洋游历的人员身份为翰林，并且由总理各国事务衙门咨送；各衙门保送出洋游历的人员由总理各国事务衙门定期考试选取；②管理项。出洋游历以两年为期限（包括往返行程），"过限身备资斧"，过一年半后先归自使；自择学习"西学"，也可写成手册交总理各国事务衙门，以备参考；由总理各国事务衙门给文牒护照，写明由出使大臣领事官照料；要求详细记载各处地形要隘与防守大势，以及远近里数、风俗政治、水师炮台、制造厂局、火轮舟

---

[1] 王宝平著：《近代出洋游历制度的建立——游历制度的提出》，参见http://www.cb.zju.edu.cn/rwxy/rbs/RBS10/luenwen1.htm。

[2] 《皇朝经世文编续》（五）。参见高时良编：《中国近代教育史资料汇编·洋务运动时期教育》（上海：上海教育出版社，1992），页859。

车和水雷炮弹等，以备查考；归国之后依据学业、精器和著书情况，择其才识卓著者请奖；父母病而不愿出洋者可申明免行，在洋游历期间"闻讣丁忧，期满回华后补行守制"；③经费项。确定游历经费为 4 万余两 / 年，来自出使经费；京官四品以上游历者薪水标准由请旨确定行止及其他安排，京官五品以下为 200 两 / 月，并且准雇翻译的薪水为 50 两 / 月；往通川资以船价及火车价为标准，官员二等舱价，准带仆役 1 名给三等舱价，"雇船雇车，责成文报局使署，领事署经理"；薪水准预支 6 个月、公项预支 1000 两，不够数额在各使署预支；川资报销办法以船价、车价分两次报销；游历川资可在使署、领署询问清楚。① 上述"章程"的出台意味清末中国最终确立出洋游历制度，从此清末中国官绅出洋游历形成"定制"，由此充分地表明中国近代化思维发展的逻辑模式进一步地走向对外开放，从而有力地推进"中西文化理解"的发展过程，以及推动中国社会和教育近代化的深化发展。

　　清末中国出洋游历制度的确立既是新式教育发展的必然结果，也是对外开放教育思维发展的重要制度形式。1887 年，傅云龙等经过考选之后派赴美欧日等东西洋各国游历。1896 年，李端棻上呈"奏请推广学校折"，陈述"阙有与学校相须而成"的"数端"，即设藏书院、创仪器院、开译书局、广立报馆，以及选派游历。在"选派游历"方面，不仅重视派遣职官和学堂的学生出洋游历，而且详述"游历之道"，总结此前出洋游历的经验。李端棻论述：

　　游历之道有二：一游历各国，肄业于彼之学校，纵览乎彼之工厂，精益求精以期大成。一游历各省，察验矿质，钩核商务，测绘舆地，查阅物宜，皆限以年期，厚给薪俸，随时著书归呈有司。察其切实有用者，为之刊布，优加奖励。其游惰而无状者，官则立予黜退，士则夺其出身。②

　　概括地来讲，出洋游历制度的形成标志清末中国出洋游学游历的政策迈入制度化的发展阶段，由此深化"中西学关系"的认识与理解，促使学习"西

---

① 《皇朝掌故汇编外编》，卷29。参见高时良编：《中国近代教育史资料汇编·洋务运动时期教育》（上海：上海教育出版社，1992），页859–860。

② 李端棻：《奏请推广学校折》，参见汤志钧、陈祖恩编：《中国近代教育史资料汇编·戊戌时期教育》，（上海：上海教育出版社，1993），页120。

学"的内涵获取进一步的发展，即促使清末中国学习"西学"的社会实践从器物技能层次发展到制度层次的阶段，学习"西学"的内容则由最初的西方语言文字和先进科学技术发展到包括西方近代政治制度在内的自然科学、社会科学甚至科学研究方法。由上可见，清末中国出洋游历制度的形成充分地体现出明清之际以来传统中国"西学输入"及其本土化的深化发展与深刻变化，由此有力地推进"中西文化理解"的阶段发展过程，促进"中国主体"意识的阶段发展与深刻变化，拓展清末中国新式教育的形式与内容，以及推动中国社会和教育近代化的发展进程。

第六章　出洋学习"西学"中介的出现：清末中国游学游历美欧的遇挫与"游日浪潮"的掀起

在半封建半殖民地社会的发展状态之下，为了摆脱西方列强全面控制和领土瓜分的企图，清末中国组织"洋务西化运动"，但效果相较明治日本的维新来讲并不非常显著。甲午中日战争的败局击碎清末中国的洋务改革美梦，同时清末中国游学游历美欧遭遇重挫，上述的因素促使清末中国开始关注明治日本维新的成功实践，由此导致"采西学"思想面临方向性的抉择，清末中国出洋游学游历也出现方向性的发展与变化，乃至提出"以日为师"的主张，由此标志"中西学关系"进入"以日本为中介"的发展阶段，从而促使清末中国游学游历日本政策思想的生成，并且以国家的名义制订游学游历明治日本的政策，以致形成波澜壮阔的"游日浪潮"。上述局面的出现存在清末中国社会内外各领域发展形势的合力推动等原因。清末中国"西学输入"的社会实践历经器物技能层次、制度层次和思想行为层次[1]等阶段发展过程。比如，洋务时期学习"西学"的内容仅仅处在器物技能层次的发展阶段；戊戌时期则已提升至制度层次的发展阶段。在清末中国"游日浪潮"掀起的发展阶段，明治日本的中介作用日益在制度的层次上产生实践上的成效，由此推动"西学输入"进入深度发展（思想行为层次）的阶段，"西学本土化"的发展进程显著地加快，"中国主体"意识日益地提升，从而有力地推动中国社会和教育近代化的发展进程。

---

[1]　金耀基著：《中国的现代化》。参见姜义华、吴根梁、马学新编：《港台及海外学者论近代中国文化》（重庆：重庆出版社，1987），页8。

第一节 清末中国游学游历美欧的遇挫及其现实成因

19 世纪 80 年代之后，清末中国出洋游学游历及其政策演进出现历史性的挫折——这是"西学输入"及其本土化的发展进程中所发生重要的社会历史事件，充分地体现出"中西学关系"的阶段发展与深刻变化。从封闭走向开放以及从被动对外开放转变成主动对外开放是"中西学关系"的阶段发展与深刻变化趋势，但并非呈现出直线的发展轨迹，而是历经曲折和多变的发展过程。清末中国游学游历美欧的遇挫就是上述阶段发展与深刻变化过程的现实呈现，标志"西学输入"及其本土化的发展进程面临诸多现实性的困境，由此致使清末中国再次错失扩大对外开放的时代机遇。

在走出中世纪文化禁锢的过程中，西方以海纳百川的胸怀，吸收和借鉴西方之外古今文明的发展成果，包括阿拉伯、古印度和传统中国等既有的文明。西方由封建时代向资本主义时代的转型发展史称文艺复兴，但并非单纯古代东西方文明的复兴，而是西方近代文明的兴起。西方通过数世纪的发展与变化，获取近代文明的发展成果，促使科学、政治和工业等方面出现革命性的变革，并且通过海外侵略殖民的政策，扩展西方近代文明的国际影响与社会作用。中国近代化是明清之际以来传统中国"西学输入"及其本土化的发展进程，而政治经济、军事外交和宗教文化等都是西方近代文明的现实传播手段。清末中国时期，西方近代文明借助不平等条约的规制保障，促使传统中国的社会观念和价值体系产生深刻的时代性变化，中华传统文化面临严峻的时代挑战。由上可见，清末中国"西学输入"及其本土化的发展进程是建立在西方文化霸权的现实基础之上的，难以在平等的基础上进行中西文化对话，清末中国出洋游学游历同样建立在以西方文化霸权为特征的"中西文化理解"的基础之上，清末中国游学游历美欧的遇挫充分地体现出中西文化之间的矛盾与冲突，由此影响清末中国出洋游学游历的发展进程，并且对中国社会和教育近代化的发展进程产生深刻的现实影响与社会作用。

在清末中国游学游历美欧的遇挫中，"西学输入"及其本土化的阶段发展与深刻变化存在特定的时代性特征，以及具有诸多社会实践性的现实原因。从社会实践的角度来讲，清末中国游学游历美欧的遇挫充分地体现出"西学输入"及其本土化的复杂和曲折发展进程，但这并不会影响"中西学关系"的发展趋势。清末中国游学游历美欧陷入低潮，主要存在如下方面的成因：

第一，清末中国幼童赴美游学终究具有社会和教育试验的性质，相对缺乏长效的发展机制。1871 年，曾国藩和李鸿章的"奏选派幼童赴美肄业酌议章程折"声称：

> 窃臣国藩上年在天津办理洋务，前任江苏巡抚丁日昌奉旨来津会办，屡与臣商榷，拟选聪颖幼童，送赴泰西各国书院学习军政、船政、步算、制造诸学，约计十余年业成而归，使西人擅长之技，中国皆能谙悉，然后可以渐图自强，且谓携带幼童赴外国者，如四品衔刑部主事陈兰彬、江苏候补同知容闳皆可胜任等语……惟是试办之难有二：一曰选材，一曰筹费。盖聪颖子弟不可多得，必其志趣远大，品质朴实，不牵于家累，不役于纷华者，方能远游异国，安心学习，则选材难。国家帑项，岁有常额，增此派人出洋肄业之款，更须措办，则筹款又难……爰饬陈兰彬、容闳等悉心酌议，加以复核，拟派员在沪设局，访选沿海各省聪颖幼童，每年以三十名为率，四年计一百二十名，分年搭船赴洋，在外国肄业，十五年后，按年分起，挨次回华。计回华之日，各幼童不过三十岁上下，年力方强，正可及时报效。[1]

1881 年，陈兰彬的"奏陈驻洋肄业局情形折"声称：

> "臣伏查，驻洋肄业局，系同治十一年创设于美国之干捏底邦哈富得尔城，臣于是年七月同副使容闳奉委携带第一批幼童出洋，所有章程，均系遵照南北洋大臣原议试办。"[2]

第二，清末中国赴美幼童的思想和行为迅速地"西化"，超越"中体西

---

[1] 陈学恂、田正平编：《中国近代教育史资料汇编·留学教育》（上海：上海教育出版社，1991），页86-88。

[2] 陈学恂、田正平编：《中国近代教育史资料汇编·留学教育》（上海：上海教育出版社，1991），页147。

用"思想的传统藩篱。幼童赴美之后很快地适应美国社会的生活方式，在服饰变化、参与体育和涉猎社交等方面都充分地表现出悖于传统中国社会的处世原则，因此引起传统保守势力的极端不满与嫉恨。温秉忠在回忆游美幼童学习生活时记述：

最初，幼童均穿长袍马褂，并且结着辫子，使美国人当他们是女孩。每当幼童外出，后面总会跟着一群人高叫："中国女孩子！"使他们颇感尴尬。为了减少困扰，数月以后，幼童向"出洋肄业局"委员呈准改穿美式服装。当时幼童平均不及十五岁，对新生活适应很快，迅速接受了美国的观念及理想，这些对他们终生影响至大。幼童进入学校后，打棒球、玩足球，有时不惜用拳头与挑战者较量。很快，这些呼吸自由独立空气的幼童完全"美化"（Americanieed）了。①

清末中国游美幼童的美国同学菲尔伯斯的"自传"记载：

容闳，是一位出色的绅士，中国的学者，住在哈德福。由于他的影响，一大群的中国孩子到达该处上学，学习美国的生活方式……有卓越的风度，都是运动健将，机警、好学，我从来也没有想到，有这样一群好孩子……我们所玩的各种游戏，他们都感到新颖，但是他们都是排球、足球、冰上的曲棍球戏的好手，尤其是溜冰，他们的技艺已到达巅峰……这许多孩子们，不仅在运动方面比我们美国人卓越，在其他方面也要比我们强。由于这种原因，往往引起我们内心的激愤，当他们参加任何社交场所，我们许多美国人即失去所有的机会。他们对女孩子那么彬彬有礼的风度，是我们万万不及的……任何舞会或招待会上，最美丽与动人的女孩子们，终是对东方人特别恩宠有加，这是事实。②

第三，美国出现限制"华工入美"的社会思潮，美国的陆海军学校拒绝

① 陈学恂、田正平编：《中国近代教育史资料汇编·留学教育》（上海：上海教育出版社，1991），页114–115。
② 陈学恂、田正平编：《中国近代教育史资料汇编·留学教育》（上海：上海教育出版社，1991），页128–129。

清末中国赴美幼童的入学请求。19世纪以来，美国社会受到经济危机的冲击，造成大量的工人失业，由此导致美国社会出现具有种族歧视特征的"排华风潮"。1882年，美国制订"限制华工条例"，规定10年内限制华工涉足美邦，清末中国幼童游美虽然存在条约的规制保障，但也受到严重的波及[1]。容闳的"回忆录"阐明上述请求遭拒的事情：

> 会有数学生程度已高，予意欲送其入陆海军学校肄业，乃致书美国国务院，求其允准。美国国务院复书，则以极轻蔑之词，简单拒绝予请。其言曰：此间无地可容中国学生也。嗟夫，中国之见轻于美人，其由来也渐矣……予此次请求之被拒，乃蔑视中国之小焉者耳。予之所请既被拒绝，遂以此事函告总督。迨接读总督覆书，予即知留学事务所前途之无望矣。总督覆书，也言美政府拒绝中国学生入陆海军学校，实违背一八六八年之条约，惟也无如之何云。[2]

第四，传统保守势力借机攻评与破坏容闳及其"幼童游美教育计划"，由此直接地导致清末中国幼童游美教育事业走向终结。容闳论述，"予向美政府请求之事未成，总督意似不怿。吴监督子登闻之，遂又乘风兴浪，思设法以破坏此留学事务所""适此时反对党中有一御使，因美国华工禁约之举，遂乘机上一封奏，请即解散留学事务所，撤回留学生，以报复美人之恶感"。[3]1881年，陈兰彬的"奏陈驻洋肄业局情形折"论述时任"出洋肄业局"总办吴子登有关"出洋肄业局"的裁撤进言：

> 惟上年十一月，吴嘉善特来华盛顿，面称"外洋风俗，流弊多端，各学生腹少儒书，德性未坚，尚未究彼技能，实易沾其恶习，即使竭力整饬，亦觉防范难周，极应将局裁撤。惟裁撤人多，又虑有不愿回华者，中途脱逃，别生枝节"等语……臣窃维吴嘉善身膺局务，既有此议，诚恐将来利少弊多，则照其所言，将各学生撤回内地，严加甄别，择稍有器识者分派需用各衙门，充当翻译通事，俾之学习政事威仪，其次者令在天津、上海各处机器、水雷

---

① 卫道治主编：《中外教育交流史》（长沙：湖南教育出版社，1998），页162。

② 容闳著：《西学东渐记》（杨增麒评注，郑州：中州古籍出版社，1998），页164–165。

③ 容闳著：《西学东渐记》（杨增麒评注，郑州：中州古籍出版社，1998），页164–165。

等局专习一艺。①

吴子登接替区谔良担任"出洋肄业局"的监督，之后召见清末中国的游美幼童，但幼童拒行传统中国的跪拜礼——成为致使清末中国游美幼童悉数撤回的重要现实原因。《留美中国学生会小史》（1917年）记述：

> 至光绪四年，改派南丰吴嘉善为监督，斯人甚好示威，一如往日之学司，而其妆摸作样，则有过之无不及，故当接任之后，即招各生到华盛顿使署中教训，各生谒见时，均不行跪拜礼，监督僚友金某大怒，谓各生适异忘本，目无师长，固无论其学难期成材，即成也不能为中国用。闻陈兰彬系金某之门生，且金某又为某亲贵之红员，而有势力者；故陈仰其鼻息，又欲献媚以博其欢心，是以具奏请将留学生裁撤，署中各员，均窃非之，但无敢言者，独容闳力争，终无效，卒至光绪七年，遂将留学生一律撤回。②

译署的"论出洋肄业学生分别撤留"述及清末中国的社会舆情对容闳的非议，以及有关"出洋肄业局"留裁的议论：

> 迩年以来，颇有议莼甫偏重西学，致幼童中学荒疏者，鸿章尝寓书诫勉，不啻至再至三。往岁荔秋出洋，曾与面商，请其照料局务，荔秋也慨然允许。而前年子登到局后，叠函称局务流弊孔多，亟宜裁撤，是以鸿章累次函告荔秋、子登会商莼甫妥筹应留应撤，或半留半撤之法。嗣荔秋等皆有按理函，似其意见甚相龃龉，故商办未能就绪……莼甫久管此局，以谓体面攸关，其不愿裁撤，自在意中；然阅其致子登函内，有分数年裁撤之说，尚非不可以理喻者。荔秋与莼甫抵牾已久，且甚素性拘谨畏事，恐管理幼童与莼甫交涉更多，或被掣肘，故坚持全裁之议。③

---

① 陈学恂、田正平编：《中国近代教育史资料汇编·留学教育》（上海：上海教育出版社，1991），页148。

② 陈学恂、田正平编：《中国近代教育史资料汇编·留学教育》（上海：上海教育出版社，1991），页216。

③ 陈学恂、田正平编：《中国近代教育史资料汇编·留学教育》（上海：上海教育出版社，1991），页149。

　　由于吴子登和陈兰彬等传统保守势力攻讦容闳以及"出洋肄业局"，发泄私愤而辜负曾国藩的创办初衷，竭力地奏请与破坏清末中国幼童游美的事业，而李鸿章和奕诉等听信进言而渐有裁撤"出洋肄业局"的意愿。1881 年，总理各国事务衙门的"奏请将出洋学生一律调回折"声称：

　　臣等查该学生以童稚之年，远适异国，路歧丝染，未免见异思迁，惟恃管带者督率有方，始能去其所短，取其所长，为陶铸人材之地。若如陈兰彬所称，是外洋之长技尚未周知，彼族之浇风早经习染，已大失该局之初心。四月二十六日，准李鸿章来咨，现调出洋学生二十名赴沪听候分派，是也不撤而撤之意。臣等以为与其逐渐撤还，莫若概行停止，较为直接。相应饬下南北洋大臣，趁各局用人之际，将出洋学生一律调回。①

　　在争议清末中国的"出洋肄业局"裁撤与否之际，美国耶鲁大学校长朴德（President Porter）致函清末中国的外务部，"信函"论述：

　　予等与贵国留美学生之关系，或师或友，或则为其保人。今闻其将被召回国，且闻贵国政府即欲解散留学事务所，予等咸规规自失，且为贵国忧之……愿贵衙门三复此言，于未解散留学事务所之前，简派诚实可恃、声望素著之人，将此关于学生智育德育上污蔑之言，更从实地调查，以期水落石出，则幸甚幸甚。②

　　1881 年，清末中国裁撤"出洋肄业局"，除了唐绍仪、梁敦仪和詹天佑等尚留美国之外，清末中国其余的赴美幼童悉数撤回，由此标志容闳的"幼童赴美教育计划"遭受重挫——此时詹天佑和欧阳赓大学毕业，其余 60 余人在大专院校就读，很多赴美幼童仅仅是中小学生③。

　　清末中国游欧开始之时即受经费紧张的困扰。1872 年，福建船政大臣沈葆桢决意仿行幼童赴美游学的前例，提出派遣"闽厂"附设的船政学堂学生

①　陈学恂、田正平编：《中国近代教育史资料汇编·留学教育》（上海：上海教育出版社，1991），页149。

②　陈学恂、田正平编：《中国近代教育史资料汇编·留学教育》（上海：上海教育出版社，1991），页158–159。

③　卫道治主编：《中外教育交流史》（长沙：湖南教育出版社，1998），页161。

出洋游学游历的计划，但由于存在出洋游学游历经费筹集的问题，计划也就难以具体地实施。1874年，沈葆桢的"致总理各国事务衙门函"声称：

> 窃船政各童拟赴西洋分习，其情形较沪局不同。沪局入学伊始，层累而上，除束修日用，别无他端，故估费特省。闽局如前学堂及绘事院之艺童，数年来已学有根柢，且兼谙熟手艺，即各厂之艺徒，已习手艺也兼读过洋书。此次议赴泰西，固应变通沪局章程，而求其精善。今拟法学办法，半日肄业工厂，每年复以两个月游历各国各船厂铁厂，以增长其见识，庶四、五年间可以炼出全才。惟获效速则需费必增，谨作每年用度大略，另列奉览。[1]

1875年，沈葆桢的"奏派生徒赴英法游历折"忧虑游欧经费难筹的问题，"因思前者艺童出洋之举，经臣葆桢恭折具陈，奏旨饬李鸿章等议复，兹六事之筹未定，未敢渎陈；且无巨款可筹，遽难如愿。"[2] 同年，沈葆桢借洋员日意格回国探亲的时机，选派船政学堂的前后堂魏瀚、陈季同和刘步蟾等学生，分别前往法英学习制造和驾驶——这是清末中国首次官派游欧的举动。"台湾事件"之后，沈葆桢离开"闽厂"的任职，虽然依然关注生徒游欧事宜，但此时游欧的经费筹集日益困难。1877年，李鸿章奏请从福建厘金、洋税和船政经费中拨银[3]，遣送严复和林永升等生徒赴欧学习，包括沈葆桢和李鸿章此前选派的在欧学习生徒，全由李凤苞负责监督与照应。清末中国的首届游欧事业由此获取成功，首届赴欧游学生徒学成之后，先后回华服务国家[4]。

"闽厂"生徒游欧的经费基本上在厘金、海关和制船经费等项下筹拨。1881年，李鸿章的"奏续选闽厂学生出洋折"论述，"所需经费，由闽省额拨

---

① 沈葆桢：《致总理各国事务衙门函》。参见陈学恂、田正平编：《中国近代教育史资料汇编·留学教育》（上海：上海教育出版社，1991），页226。

② 陈学恂、田正平编：《中国近代教育史资料汇编·留学教育》（上海：上海教育出版社，1991），页229。

③ 李鸿章：《奏闽厂学生出洋学习折》。参见陈学恂、田正平编：《中国近代教育史资料汇编·留学教育》（上海：上海教育出版社，1991），页231。

④ 田正平主编：《中外教育交流史》（广州：广东教育出版社，2004），页188–190。以及参见陈学恂、田正平编：《中国近代教育史资料汇编·留学教育》（上海：上海教育出版社，1991），页230–232。

南、北洋海防经费内酌提动用。旋议定闽省厘金项下筹银四分之二，闽海关四成洋税及船政经费项下各筹拨银四分之一，按照章程分年汇解。"① 由于受到清末中国幼童游美所遭舆论攻伐和中途挫折等影响的波及，以及清末中国财政经济薄弱等的限制，"闽厂"游欧面临严峻的考验。巴斯蒂在论述清末中国游欧对西方近代先进科学技术的输入时，论述传统保守势力攻讦"闽厂"游欧学生："1881 年 12 月，某御使曾告发学生中有人信奉天主教，然而这次弹劾似乎并无真凭实据，作为保守派官僚搞垮船政局的周期性政治攻势中的一环，结果是不了了之。"② 1882 年至 1900 年，"闽厂"尚派两批生徒赴欧游学游历。1886 年，清末中国派遣福州船政学堂学生出洋，同时李鸿章奏派北洋舰队和天津水师学堂生徒，除了黄裳吉因到北洋担任"镇中"炮舰管带未出洋，实际出洋人数为 33 人，分赴英法学习制造和驾驶，但由于游学经费筹集困难，1891 年生徒学业未竟而提前撤回。1897 年，福州船政大臣裕禄挑选马尾船政学堂学生赴法国学习制造，同样因为经费筹集的问题而学业未竟而提前撤回。③ 至 1900 年，清末中国再无官方派遣游欧学生④。

由上可见，清末中国游学游历美欧及其政策的遇挫是明清之际以来传统中国"西学输入"及其本土化中复杂和曲折发展过程的鲜明反映，充分地体

① 陈学恂、田正平编：《中国近代教育史资料汇编·留学教育》（上海：上海教育出版社，1991），页240。裕禄《奏选派闽厂第四届出洋肄业学生折》（1897年）中也对经费划拨方式提出建议："统计此届学生出洋六年，应用款项共需七一七洋平银十万七千余两。谨将拟议各款经费细数，缮具清单，恭呈御览，仰恳敕下总理各国事务衙门、户部核准执行，并请将此项应用银两，仍照历届成案，由闽省厘金项下筹拨四分之二，闽海关四成洋税及船政制船经费项下各筹拨四分之一，拨解船政衙门分年匀解。"参见陈学恂、田正平编：《中国近代教育史资料汇编·留学教育》（上海：上海教育出版社，1991），页243。
② 巴斯蒂著：《清末留欧学生——福州船政局对近代技术的输入》，参见陈学恂、田正平编：《中国近代教育史资料汇编·留学教育》（上海：上海教育出版社，1991），页265。
③ 卫道治主编：《中外教育交流史》（长沙：湖南教育出版社，1998），页275—276。
④ 1881~1900年期间，游历美欧的情势萎靡不振，虽然也有零星赴欧游学，但不仅人数较少，而且学习的多为语言、文字和算法等基础领域，关键是除外交工作的驻外使臣（包括上述前往驻外使馆学习服务的学生）以外，官派赴美国和欧洲各国游历使相对稀少，而且作为驻外人员到使馆服务的这些学生也难以符合原初意义上的赴欧游学。参见卫道治主编：《中外教育交流史》（长沙：湖南教育出版社，1998），页277。

现出"中西学"之间的矛盾与冲突。从现代性因素成长的角度来讲，传统内外部现代性因素的成长条件都很恶劣：首先，传统内部现代性因素长期处在"正统"思想的边缘地位；其次，传统外部现代性因素由于受到东西方列强侵略殖民的深刻影响，特别是巨额的战争赔偿基本上摧毁脆弱的清末中国财政经济体系，难以主动地求取外部现代性因素的现实作用；再次，传统内部保守性因素强力地抑制内外部现代性因素的成长，造成传统及其内外部现代性因素之间存在复杂的矛盾与激烈的冲突。清末中国游学游历美欧及其政策遇挫的过程具有过渡性与暂时性特征，而并非"中西学关系"的发展与变化趋势。因此，遇挫之后再迎清末中国游学游历日本的思想生成与政策演进，并且形成史无前例的"游日浪潮"，后来出现清末中国游学游历美欧及其政策的赓续发展，以及掀起"庚款"游美的社会潮流。上述社会历史现象的出现充分地体现出清末中国"中西文化理解"的阶段过程与发展趋向，以及"中国主体"意识的阶段发展与深刻变化特征，并且由此对中国社会和教育近代化的发展进程产生重要的推动作用。

第二节　清末中国游日政策思想的生成

清末中国对明治前后日本的印象存在发展的过程。由于历史上日本是传统中国的"朝贡"国家，因此"传统日本观"将日本视为传统中国的属国，明治之前上述的观念表现普遍。面对明治之后日本社会的急剧发展与变化，清末中国的传统士大夫存在复杂的心态，开始探究明治日本的维新经验。随着明治日本社会的加速发展，清末中国的"传统日本观"逐步地发生时代性的变化，即由对明治日本维新的嘲讽转变为赞美的态度，开始进行理性地思考与深入地分析，试图了解其具体的发展过程，甚至介绍明治日本游学生赴美欧国家学习"西学"的现实情形。1896 年，清末中国开始向明治日本派遣游学生与游历官绅，出现学习西方"以日本为中介"的思想，促使清末中国游学游历日本政策思想的生成，并且掀起"游日浪潮"。明治前后，清末中国对日本印象的发展与变化充分地体现出"中日文化理解"的发展过程，同时显著地表明中日政府学习"西学"的态度与措施差异。上述的方面不仅有助于认识清末中国出洋游学游历及其政策转向明治日本的原因，而且有助于理解清末中国游日政策"以日本为中介"学习"西学"思想的内在本质。

一、分析与探究明治日本维新

清末中国历经"闭关锁国"政策的"篱墙崩颓"之后，活跃在政治经济和文化教育等领域的代表人物主要存在如下"两类"：一是西方传教士和洋商洋员——这类人物对中国社会和教育近代化的发展进程产生重要的影响作用，但目前其社会作用的评价莫衷一是，彻底地否定或高度地褒扬。从社会变迁的角度来讲，应该给予辩证的历史定位与公正的社会评价。鸦片战争之后，上述的代表人物伴随西方政治经济和文化教育的渗透而前来传统中国，但存留的译述传递出相对强势国家的信息，由此对中国近代化的发展进程产生正面的影响作用；二是清末中国的知识精英——这类代表人物既直接地参与中国近代化的发展进程，又悉心地探究清末中国社会各领域发展的利弊与得失，分析与评论中外社会的发展形势，因此对清末中国的近代发展产生重要的影响作用。上述的"两类"代表人物通过译述介绍与评论"明治维新"以来日本所发生的重大变化，分析中日学习西方的成败以及中日关系的走向，并且对中日社会各领域和层次的问题进行深入的剖析与阐述。上述的相关译述对甲午中日战争之后清末中国游学游历日本的思想生成与政策演进，以及"游日浪潮"的掀起，都产生重要的影响作用。

（一）西洋代表人物的译述分析与探究明治日本维新

客观地来讲，西洋代表人物（包括西方传教士和洋商洋员）是清末中国教育政策思想领域的重要力量，也是清末中国思想文化近代化发展的推动者与影响者，林乐知、李提摩太和丁韪良等最具有代表性——诸多的译述充分地关注清末时期中日学习"西学"及其关系发展等问题，分析与探究独到而深刻，由此对中国社会和教育近代化的发展进程具有重要的推进作用。

林乐知的译述关注明治日本维新：一是翻译日本首任驻美公使森有礼原编的《文学兴国策》；二是林乐知译编、蔡尔康笔述《中东战纪本末》。1859年林乐知来华以来，除了奉命传教之外，致力译书、著书、兴学和办报等社会事务。森有礼原编的《文学兴国策》是其中的著名译作——针对清末中国教育的弊端而进行选择性的翻译成果。林乐知借用明治日本吸收与借鉴美国教育制度的实际案例，极力地推介美国的教育制度，借以推进清末中国教育的改革与发展。《文学兴国策》（1896 年）出版之后，在清末中国的知识阶层产生深刻的思想影响，特别对清末中国"维新"思想的酝酿与形成发挥重要的社会作用。林乐知的"自序"阐述翻译森有礼原编《文学兴国策》的缘由，即论述明治日本在文化教育领域的发展与变化，以及强调清末中国取法的必要。[1]《中东战纪本末》运用丰富和具体的史料，全景式地搜寻甲午中日战争的过程，阐述清末中国在军事和心理等方面的战争准备不充分，以及存在傲敌的情绪，同时在战争中存在决策的失误，军备和军纪管理不善，以及战后不谙国际的规则，遭受苛刻的条约以及失地赔款，由此导致清末中国面临史无前例的社会危机，同时指出甲午中日战争中清末中国的失利既存在中日社会体制差异的原因，同时存在中日文化特色差异的原因。《中东战纪本末》对清末中国"维新变法"高潮的到来产生深刻的影响作用。王韬论述，"而受是书而读之，又使人忠君爱国之心油然以生，而耻为日人所侮，更知己之学艺材能与泰西诸国远不相若，于是乎人人能自奋矣。"[2]，基于深入地分析甲午中日战争结局的基础之上，林乐知的《治安新策》批评传统中国的国民性特征，"序言"论述译述的意图[3]，同时对清末中国的社会改革提出建议，强调"意兴宜发越"（振作民族自信心）"权力宜充足"（提升国家的实力）"道德宜纯备"（以泰西天伦、人伦和物伦代替传统中国"五伦"）"政令宜划一"（改变地方各自为政的社会局面，强调政策的协调与统一）[4]。

1880 年，京师同文馆总教习丁韪良归国探亲，总理各国事务衙门大臣奕䜣准其所求，并且委托"乘顺历各国之便博采周咨，遇学业新法有补馆课者留学采择，或归述其事，或登诸载籍，则此行尤为有益馆课"。1880 年 5 月至 1882 年 3 月，丁韪良访问日美法德英瑞意，并且以考察材料为基础，著述

[1] 森有礼编：《文学兴国策》（林乐知译、任廷旭述，上海：上海书店出版社，2002），龚序，页3–6。
[2] 王韬著：《中东战纪本末·序》（手迹影印，《中东战纪本末》前附。）参见熊月之著：《西学东渐与晚清社会》（上海：上海人民出版社，1994），页630。
[3] 林乐知、蔡尔康同著：《文学兴国说》（《新学汇编》卷1，广学会，1898），页52。参见熊月之著：《西学东渐与晚清社会》（上海：上海人民出版社，1994），页625–626。
[4] 熊月之著：《西学东渐与晚清社会》（上海：上海人民出版社，1994），页628。

《西学考略》。丁韪良从长崎登陆，经神户和京都，到达东京，详细地记录明治日本教育的状况，赞赏明治日本采择"西学"与借鉴西方制度的做法。其中记载："按日本新制，无论城邑郊野均为民数多寡酌设学校，以课子弟。此等乡学国内计有二万四千所，其专为女课者有数千处焉""兹闻乡学拟增至五万三千之数，至大书院拟建八座以统之"。丁韪良访问东京大学，记载"向者日本屡经遣人游学西方，今则易辙改弦，振兴本国学业，新建太学（即指东京大学），延聘西人以教习之。其生徒计五百余人，皆由众学造诣已精进者拔之，以入太学也"①。考察日本学校教育之后，联系清末中国新式学校教育的发展状况，丁韪良感慨："日本采用西方教育制度，下起幼稚园，上迄大学，是一脉相承的；中国则不然，安于旧制，从来不想加以大规模的改革或补充。"②

1888年，李提摩太撰述《七国新学备要》（即《新学》），集中地介绍英法德俄美日印的学校、新闻报馆和书籍馆，阐述诸国学校教育制度，包括初学（小学）、中学和上学（大学）的学级建置、课程设置和培养目标，以及学校数、教师数、学生数和外语学校数，介绍诸国教育经费及其管理问题，建议清末中国设置学部，借以统一管理学校教育，并且赞许明治日本的学校教育及其制度。《新学·序》论述：

> 或谓朝廷每岁费数千万银设立学校，岂非伤财害民之事与？曰：非也，此母钱也。他日之所进，比今日之所出多也。此其效观西方之德国，东方之日本国可见。凡弃新学之法不用者，其国必日促。亚西亚洲已往之各国大抵如斯，前有名之波斯国尚复有谁称道之。故愚不但用心于今学，又于光绪十二年新查英国今学之法若何？又至德法二国观其今学之法著若何？今年又至日本查其新法，夫愚因资材不足事也不暇。于之新章宜如何酌定，可对镜而出。他国姑无论，论言与中国常相往来之数国可也。③

① 丁韪良著：《西学考略》（同文馆聚珍版，卷上，1883），页1-7。参见田正平主编：《中外教育交流史》（广州：广东教育出版社，2004），页275-276。
② 丁韪良：《同文馆记》（《教育杂志》，1937），页231。参见田正平主编：《中外教育交流史》（广州：广东教育出版社，2004），页277。
③ 钱钟书主编：《万国公报文选》（北京：三联书店，1998），页519。

由上可见，李提摩太赞赏明治日本的学校教育，以及并论明治日本与西方诸国的学校教育，强调清末中国应该借鉴东西方诸国学校教育管理的经验与做法，以便提升新式学校教育及其管理的层次与水平。

（二）清末中国知识精英的著述分析与探究明治日本维新

日本"明治维新"之后，清末中国出现研究明治日本的著述，黄遵宪的《日本国志》、姚文栋的《琉球地理志》、傅云龙的《游历日本图经》最具有代表性。上述的著述是甲午中日战争之前清末中国使臣分析与探究明治日本维新的学术成果，由此对转变清末中国的"传统日本观"以及走上"以日为师"的发展道路具有启蒙性与引导性的重要思想影响，同时对形成清末中国学习西方"以日本为中介"的思想起到重要的推动作用。

1877年，黄遵宪随从何如璋，出使明治日本五年，担任驻日参赞。常驻使馆期间，黄遵宪考察明治日本维新之后的深刻变化，廓清明治日本社会变革成功的根本原因，以及对明治日本的富强根源进行制度层次上的提示，同时坚定地支持社会的变革思想，从而成为清末中国"维新"思想的重要"前驱"。黄遵宪到达明治日本之后，立即准备日本通志性研究，著述《日本杂事诗》和《日本国志》，借以纠正传统中国对日本的错误观念。《日本杂事诗》取材明治日本的国政、民情、风俗和物产等内容，运用传统诗词的形式予以表现，其体裁与清末中国文人雅士的中日唱和形式类似，但意味则更显深远，因此影响也就更广泛。1877年，黄遵宪开始撰述《日本国志》，1895年刊刻出版。黄遵宪的《日本国志》采取典志体与编年体结合的体例，注重图表的功用，并且奉行详今略古与详尽略远的原则，翔实地阐述明治日本的采用"西法"方面，以期清末中国借鉴[1]，同时夹杂评论，意图打破清末中国的愚昧保守与故步自封，促使清末中国注重世界的时务，实行"维新变法"，从而达成"经世致用"的目标[2]，其中重点研究明治日本的制度变革，阐述发展近代资

① 马金科、洪京陵编著：《中国近代史学发展叙论（1840–1949）》（北京：中国人民大学出版社，1994），页147。

② 《日本国志·自叙》。参见马金科、洪京陵编著：《中国近代史学发展叙论（1840–1949）》（北京：中国人民大学出版社，1994），页14。又参见王晓秋著：《近代中日文化交流史》（北京：中华书局，2000），页172。

本主义的思想，因此康有为和梁启超为领袖的"维新变法者"采择其中诸多的内容，以致成为"游日浪潮"中"以日为师"的重点内容，即对"明治维新的原因、动力、意义以及实行的各项政治、经济、文化、军事改革措施都进行分析和评论""起到以日本明治维新成功的经验来指点中国革新变法的道路"，① 由此，对清末中国"维新变法"和"游日浪潮"的生成产生深刻的时代影响与启蒙作用。薛福成论述，"此奇作也，数百年来鲜有为之者""他日者家置一编验日本之兴衰，以卜公度之言之当否可也②"。梁启超论述，"中国人寡知日本者也。黄子公度撰《日本国志》，梁启超读之欣怿咏叹：黄子乃今知日本、乃今知日本之所以强，赖黄子也。又潸愤责黄子曰：乃今知中国、知中国之所以弱，在黄子成书十年久，谦让不流通，令中国人寡知日本，不鉴，不备，不患，不悚，以至今日也！"③ 上述的评论充分地肯定黄遵宪《日本国志》的时代价值与历史意义。

黄遵宪到达日本之时，日本的"明治维新"获取深入发展，西方近代的资本主义思想在日本传播的社会"热潮"兴起，日本社会"自由民权运动"落幕，以及提出"设立民选议院"的改革建议，并且正向"宪法政治"的方向取得进展。《日本国志·凡例》论述，"变法以来，革故鼎新，旧日政令，百不存一；今所撰录，皆详今略古，洋近略远，凡牵涉西法，尤加详备，期适用也。"④ 黄遵宪的《日本国志》和《日本杂事诗》对日本和古代朝鲜、中国和印度，以及西方近代资本主义文明，进行深刻而极具民族性的分析，强调日本民族特别善于学习⑤，而传统中国的问题是由于存在"中央帝国"自居的傲慢态度，主要的症结则在于固守传统的糟粕，而不在于悠久文明传统的

---

① 参见王晓秋著：《近代中国与日本——互动与影响》（北京：昆仑出版社，2005），页98。

② 薛福成著：《日本国志·序》。参见王晓秋著：《近代中日文化交流史》（北京：中华书局，2000），页199、210。

③ 梁启超著：《日本国志·后序》。参见王晓秋著：《近代中日文化交流史》（北京：中华书局，2000），页210。

④ 参见钟叔河著：《走向世界丛书叙论集：从东方到西方》（长沙：岳麓书社，2002），页209。

⑤ 黄遵宪著：《日本国志·邻交志序》，参见钟叔河著：《走向世界丛书叙论集：从东方到西方》（长沙：岳麓书社，2002），页210。

本身，即"若中国旧习，病在尊大，病在固弊，非病在不能保守也"，因此批评传统保守势力和洋务"骑墙"势力的"中体西用"思想，强调抛弃傲慢的态度，虚心地学习与取经西方近代文明的发展成果。黄遵宪总结明治日本的维新经验，诠释"尊王攘夷"思想，强调"前此之攘，意不在攘夷，在倾幕府也；后此之尊王，意不在尊王，在覆幕府也"。[①]黄遵宪的《学术志》介绍明治日本的知识精英学习"西学"的情况，包括"明治维新"中起到核心和领导作用的人物，比如岩仓具视、大久保利通、木户孝允、山县有朋和伊藤博文，以及明治日本游学游历美欧的情况，强调日本"近世贤豪，志高意广，竞事外交，骎骎乎进开明之域，与诸大争衡"[②]。黄遵宪的《日本国志》介绍、分析与评论明治日本社会和教育等各领域的发展情形，由此对中国社会和教育近代化的发展进程产生重要的影响作用。

姚文栋是清末中国驻日公使黎庶昌的随员，在日本期间考察与探究明治日本维新之后的发展与变化，撰述《日本国志》《日本地理兵要》和《琉球地理志》。姚文栋的《日本国志》成为黄遵宪所著述《日本国志》的重要参考。由于受到明治日本政府刊印《清国兵要地理志》的强烈刺激，感到有必要撰述日本的兵要与地理书籍，因此撰成《日本地理兵要》。其中论述，"日本海陆军人咸涌习内务省所颁之《清国兵要地理志》一书，吾地情形彼军人因讲之有素矣""日本虽与吾甚近，而彼国地形时势吾之官民素不讲求，盖鄙其小而忽之，若使用兵不免懵无把握。文栋窃不自揣博搜彼中图籍，译辑《地理兵要》一书，以为他年筹策之一助"。[③]《琉球地理志》是译辑日本官方和民间有关琉球问题的著述。琉球原本是传统中国的藩属，依照传统中外交往的"朝贡"制度惯例，属于传统中国的保护国家。但随着实力的渐强，明治日本产生侵吞琉球的野心。姚文栋搜集明治日本朝野的对琉政策与看法，著成《琉

---

① 参见钟叔河著：《走向世界丛书叙论集：从东方到西方》（长沙：岳麓书社，2002），页211。

② 参见钟叔河著：《走向世界丛书叙论集：从东方到西方》（长沙：岳麓书社，2002），页223。

③ 姚文栋：《与胡虎臣兵部书》《东槎杂著》。参见王晓秋著：《近代中日文化交流史》（北京：中华书局，2000），页185。

球地理志》，以供清末中国解决中日琉球冲突的参考①——对认识琉球的历史特别是中日琉球冲突的起因以及日本琉球政策和民间舆情等具有重要的价值，而且提供参考性的建言。日本侵吞琉球的过程是清末时期中日关系发展的反映，同时是日本窥觑中国台湾政策过程与民间舆情的缩影。

　　1884年，御史谢祖源奏请"收奇杰之士游历外洋"，催生清末中国的出洋游历制度。傅云龙等经翰林院和六部的保荐，通过考试获取资格之后，由光绪"朱批"定为游历使的成员，前往日本、欧洲和南北美洲等国家游历。1887年11月至1889年10月，傅云龙遣访日本和南北美洲。傅云龙著述勤奋，在途收集编纂图经的资料，撰写出洋游历日记。随后著成101卷图经，其中《游历日本图经》30卷，调查与描述明治日本各领域的发展实况。《日本车表》论述，"云龙于光绪十四年冬，游其西京，乘人力车行风雪中，而铁轨断续见崖略耳。今则神户、长崎，渐通渐拓。"②《游历日本图经》秉笔撰述明治日本的历史与现状。《游历图经余记》论述，"以彼（指日本）学唐而后至于今，已一千二百年有奇，事事以中国为宗。同治七年（1868年），效西如不及；当变而变，不当变也变""据事直书，按而不断。以为感，可也；以为惩，无不可也"③，自述"所游诸国，以美利加为富国之翘楚，而不得不以日本为中外之枢纽④"。傅云龙游日及其游记具有重大的社会影响，由此对戊戌时期清末中国近代化的发展具有重要的推进作用。

　　甲午中日战争前后，清末中国译述与探究明治日本维新并不局限于上述的代表人物及其著作，其他西洋人物、出洋使臣和知识精英等及其著作都热衷于分析与探究明治日本维新，记述明治日本在政治经济、军事技术和文化教育等各方面的发展状况，并且在中日比较的基础之上给予适当的评论，由

① 参见王晓秋著：《近代中日文化交流史》（北京：中华书局，2000），页186。
② 参见钟叔河著：《走向世界丛书叙论集：从东方到西方》（长沙：岳麓书社，2002），页194。傅云龙分别于1887年11月14日至1888年5月29日、1889年5月27日至10月19日，两次奉命赴日游历考察。此为第二次到达日本。
③ 参见钟叔河著：《走向世界：近代中国知识分子考察西方的历史》（北京：中华书局，2000），页381–382。
④ 傅云龙：《游历日本图经余记》后编。参见王晓秋著：《近代中日文化交流史》（北京：中华书局，2000），页194。

此充分地体现出甲午中日战争前后清末中国对明治日本维新的基本认识，以及"传统日本观"的发展与变化。同时依据明治日本的维新经验，提供社会和教育等方面的改革建议，某些的思想观点具有宽泛的视界，开出治国济世的"良剂方药"，由此对推动清末中国的"维新变法"以及形成"以强敌为师资"的社会观念等都起到重要的社会作用，进而对清末中国游学游历日本及其政策的发展产生深刻的影响作用。

二、清末中国"新学"思想的导向

清末中国对明治日本维新的记述充分地体现出"以日本为中介"学习"西学"的思想，展现出"中西学关系"随着清末中国内外社会形势的发展而不断地变化。甲午中日战争之后，清末中国彻底地改变"传统日本观"，"采西学"由被动转入自觉，开始主动地学习明治日本的维新经验。1895 年发生康有为和梁启超等发起的"公车上书"事件，宣扬"以强敌为师资"，推动向明治日本学习。同时，明治日本采取游说和鼓励的政策[1]。在上述国内外社会发展的情势之下，1896 年清末中国派出首批游日学生，开启清末中国游日的历史。清末中国游学游历日本及其政策的演进是"以日本为中介"学习"西学"的典型范例。"游日浪潮"掀起之时，清末中国出洋学习"西学"的社会实践从"以采西学为主"过渡到"以倡新学为主"的发展阶段，学习"西学"的内容涉及西方近代的政治制度甚至科学研究方法，由此标志"中西学关系"进入制度层次乃至思想行为层次的发展阶段，从而为中国社会和教育近代化的发展进程提供新的思想与历史条件，有力地推进清末中国社会和新式教育的深化发展。

"戊戌维新"前夕，清末中国湖广总督张之洞撰成《劝学篇》。"游学第二"倡言游学日本的预期成效。《劝学篇》进呈光绪之后，随即"谕令"颁行各省，成为清末中国游学明治日本的宣言书，由此产生极大的社会反响。《劝学篇》刊行之前，康有为弟子徐勤即在"横滨创办大同学校，专门教育华侨

---

[1] 参见王晓秋著：《近代中国与日本——互动与影响》（北京：昆仑出版社，2005），页107–111。

子弟，推日本人犬养毅出任名誉校长"。①1897 年，梁启超创立"大同译书局"，康广仁任经理，广译外国的图书。"大同译书局叙例"宣称，"联合同志，创为此局。以东文为主，而辅以西文，以政学为先，而次以艺学。"②

"维新变法"之前，康有为进呈多部著述以及上奏多篇奏折，条陈近采日本和遣赴游日等事宜，推动光绪"谕令"变法。1888 年到 1898 年，康有为七次"上书"，条陈"维新变法"的主张，多次提及日本的威胁以及学习西方的重要性，提出"以日为师"的口号，从而为学习西方"以日本为中介"思想的形成奠定思想与舆论的基础。

1888 年，康有为的"上清帝第一书"论述明治日本的威胁，并且针对明治日本对朝鲜、中国台湾等地区的侵略与骚扰政策，特别是明治日本侵台之后显著地呈现出对华威胁的社会态势，条陈学习西方"以日本为中介"和"变法自强"的重要性与可行性：

日本崎岖小岛，近者君臣变法兴治，十余年间，百废具举，南灭琉球，北辟虾夷，欧洲大国，睨而莫敢伺，况以中国地方之大，物产之盛，人民之众，二帝三王所传，礼治之美，列圣所缔构，人心之固，加以皇太后皇上仁明之德，何弱不振哉？臣谓变法则治可立待也。③

1895 年，康有为的"上清帝第二书"深刻地反省甲午中日战争的败局及其原因，提醒清末中国堤防西方列强仿效明治日本侵吞中国的领土，指陈"洋务西化运动"在军事和科技等发展方面的诸多失误，强调出洋游学游历的重要性。康有为强调：

内弊既除，则外交宜讲……今宜立使才馆，选举贡、生、监之明敏辨才者，入馆学习，其翰林部曹愿入者听。学成或为游历，或充随员，出为领事，

① 实藤惠秀著：《中国人留学日本史》（北京：三联书店，1983），页21。
② 梁启超著：《大同译书局叙例》，《饮冰室文集类编》（上），页741，参见实藤惠秀著：《中国人留学日本史》（北京：三联书店，1983），页23。又参见李喜所、元青著：《梁启超传》（北京：人民出版社，1993），页71。梁启超著：《日本书国志》由大同译书局于1898年春出版。
③ 康有为：《上清帝第一书》，参见汤志钧编：《康有为政论集》（上册，北京：中华书局，1981），页59。

擢为公使，庶几通晓外务，可以折冲……我亲藩世爵大臣，与国休戚，启沃圣聪者也，而不出都城，寡能学问，非特不通外国之故，抑且未知直省之为，一旦执政，岂能有补。大臣固守旧法，习为因循，虽利国利民，力阻罢议，一误再误，国日以替。宜选令游历三年，讲求诸学，归能著书，始授政事。其余分遣品官，激励士庶，出洋学习，或资游历，并给凭照，能著新书，皆为优奖，归授教习，庶开新学。则上之可以赞圣聪，下之可以开风气矣。①

1895 年，康有为的"上清帝第四书"深入地分析明治日本的维新措施，强调"变法自强"的重要性。康有为论述：

日本蕞尔小岛，土地人民不能当中国之十二，近者其皇睦仁与其相三条实美改纪其政，国日富强，乃能灭我琉球，割我辽台。以土之大，不更化则削弱如此；以日之小，能更化则骤强如彼。岂非明效大验哉？况中国地方二万里之大，人民四万万之多，物产二十六万种之富，加以先圣义理入人之深，祖宗德泽在人之厚，下知忠义而无异心，上有全权而无掣肘，此地球各国之所无，而泰西诸国之所美慕者也。②

1898 年，康有为的"上清帝第五书"阐述清末中国面临东西方列强瓜分的空前危机，强调及早变法的重要性。康有为强调，"夫今日在列大竞争中，图保自存之策，舍变法外别无他图"③，提出摆脱东西方列强瓜分的策略，即"择法俄日以定国是""大集群才而谋变政""所任疆臣各自变法"④，同时强调"凡此三策，能行其上，则可以强，能行其中，则犹可以弱，仅行其下，则

---

① 康有为：《上清帝第二书》，参见汤志钧编：《康有为政论集》（上册，北京：中华书局，1981），页133–134。

② 康有为：《上清帝第四书》，参见汤志钧编：《康有为政论集》（上册，北京：中华书局，1981），页153。

③ 康有为：《上清帝第五书》，参见汤志钧编：《康有为政论集》（上册，北京：中华书局，1981），页208。

④ 康有为：《上清帝第五书》，参见汤志钧编：《康有为政论集》（上册，北京：中华书局，1981），页208–209。

不至于尽亡,惟皇上择而行之"①,其中的"上策"是康有为在"维新变法"中力主采择东西方列强推进社会改革与发展的核心经验,即"戊戌维新"的"心法"与"政法"：

> 择法俄日以定国是,愿皇上以俄国大彼得之心为心法,以日本明治之政为政法而已。昔彼得为欧洲所摈,易装游法,变政而遂霸大地。日本为俄、美所迫,步武泰西,改弦而雄视东方。此二国者,其始遭削弱与我同,其后底盛强与我异。闻日本地势近我,政俗同我,成效最速,条理尤详,取而用之,尤易措手。②

1898 年,康有为的"上清帝第六书"强调,清末中国亟须以明治日本的维新为龟鉴,奏请光绪"统筹全局以救危立国",尽速地实施"维新变法",进而论述明治日本维新的"三要义",即"考其维新之始,百度甚多,惟要义有三：一曰大誓群臣以定国是,二曰立对策所以征贤才,三曰开制度局而定宪法",强调"日本之强,效原于此"③。1898 年,康有为的"进呈日本变政考序"论述：

> 夫凡有兴作,必有失弊,几经前车之覆,乃得后轨之道,今我有日本为乡导之卒,为测水之竿,为探险之队,为尝药之神农,为识途之老马,我尽收其利而去其害,何乐如之……虽国势不同,民俗少异,有不可尽用者,则斟酌补苴,弥缝救正,也何难焉。且我数千年文明之旧,也自有应保全者,其不能尽同,且不可尽采,奚待言哉！但借其同文,因其变迹,规模易举,条理易详,比之采译欧文之万难,前无向导之盲瞽,岂不相距万里哉！④

臣考日本之事至久且详,睹前车之覆至险可鉴。若采法其成效,治强又

① 康有为：《上清帝第五书》,参见汤志钧编：《康有为政论集》(上册,北京：中华书局,1981),页209。

② 康有为：《上清帝第五书》,参见汤志钧编：《康有为政论集》(上册,北京：中华书局,1981),页208。

③ 康有为：《上清帝第六书》,参见汤志钧编：《康有为政论集》(上册,北京：中华书局,1981),页213。

④ 康有为：《进呈日本变政考序》,参见汤志钧编：《康有为政论集》(上册：北京：中华书局,1981),页223。

至易也。大抵欧、美以三百年而造成治体，日本效欧、美，以三十年而摹成治体。若以中国之广土众民，近采日本，三年而宏规成，五年而条理备，八年而成效举，十年而霸图定矣。①

1898 年，康有为上呈"请广译日本书派游学折"，建议广译日书与游学日本。在强调"广译日书"和"游学日本"对富强中国与赶超日本的重要性时，康有为论述：

> 日本昔也闭关也，而早变法，早派游学，以学诸欧之政治工艺文学知识，早译其书，而善其治，是以有今日之强而胜我也。吾今自救之图，岂有异术哉？也亟变法，以学欧、美止政治工艺文学知识，大译其书以善其治，则以吾国之大，人民之多，其易致治强可倍速过于日本也。②

同时，康有为提出"翻译日书"的制度性安排，即京师设立译书局，各省设立译书处。京师译书局以分科布告的形式，将"应译之书"的目录发布各省，各省译成之后进呈译书局。审验可行之后，由各省的学政给予科第的名分。康有为在论述"广译日书"时强调：

> 应译之书，月由京师译书局，分科布告书目以省重复，其译成之书，皆呈于译书局，译局验其文可，乃发于各省学政，试可而给第。举人以上至庶官，则译局每月汇奏，而请旨考试给之。若行此乎？以吾国百万之童生，二十万之诸生，一万之举人，数千之散僚，必皆竭力从事于译日本书矣。若此则不费国帑，而日本群书可二三年而毕译于中国，吾人士各因其性之所近而研究之，以成通才，何可量数。故臣之请译日本书便也。③

康有为在倡导游学时，强调派赴欧美游学的重要性，指出"若夫派游学

---

① 康有为：《进呈日本变政考序》，参见汤志钧编：《康有为政论集》（上册：北京：中华书局，1981），页224。

② 康有为：《请广译日本书派游学折》，参见陈学恂、田正平编：《中国近代教育史资料汇编·留学教育》（上海：上海教育出版社，1991），页322。

③ 康有为：《请广译日本书派游学折》，参见陈学恂、田正平编：《中国近代教育史资料汇编·留学教育》（上海：上海教育出版社，1991），页323。

乎，则宜多在欧、美矣"，欧美主要是"物质之学"，游学的学科包括"哲学、海陆军、化电、光重、农工商矿、工程机器，皆我所无，亟宜分学"，而游学欧洲则"以德为宜"，但赴日游学极具益处：

> 惟日本道近而费省，广历东游，速成尤易，听人士负笈，自往游学，但优其奖导，东游自众，不必多烦官费。但师范及速成之学，今急于须才，则不得已，妙选成学之士，就学于东，则收新学之益，而无异说之害。昔日本变法之始，派游学生于欧、美，至于万数千人，归而执一国之政，为百业之师，其成效也。此臣所以请派游学也。[1]

由上可知，甲午中日战争之后，无论是"洋务殿军"张之洞还是"维新领袖"康有为和梁启超，虽然政见往往相左，甚至思想观点上相互争论与攻击，"但对于翻译日本书一事，意见完全相同。由此推之，日本书籍翻译和赴日留学两事确是当时领导阶层的共同呼声"。[2]

"维新变法"之后，清末中国在"西学输入"及其本土化中出现"以日本为中介"学习"西学"的思想，清末中国游学游历日本的政策思想逐步地生成，最终在国家的层次上确立游学游历日本的政策，继而掀起波澜壮阔的"游日浪潮"，而且学习"西学"的内容深化至制度层次和思想行为层次，由此促使"中西学关系"获取空前的发展。当然，上述的状况也与洋务时期清末中国出洋使臣、游历使和民间游历者等对明治日本的深刻论述存在紧密的关联。

概括地来讲，甲午中日战争之后，清末中国"西学输入"及其本土化的社会实践从器物技能层次发展至制度层次。明治日本在保存天皇制度的前提之下，成功地实现由原先的传统封建制度向近代资本主义制度的转变发展——成为东方文明实现制度变革的范例。从传统中国的方面来讲，甲午中日战争改变"传统日本观"，清末中国的"传统中心观"和中日"朝贡"外交体制彻底地崩解，明治日本的维新经验成为戊戌前后清末中国推进社会变革的典型

---

[1]　康有为：《进呈日本变政考序》，参见汤志钧编：《康有为政论集》（上册：北京：中华书局，1981），页323–324。

[2]　实藤惠秀著：《中国人留学日本史》（谭汝谦、林启彦译，北京：三联书店，1983），页23。

榜样。甲午中日战争结束之后开始，清末中国的"中日文化理解"进入新的发展阶段（不仅充分地体现在清末中国"传统日本观"的发展与变化，而且充分地体现在明治日本"传统中国观"的发展与变化）。本质上来讲，清末中国出洋游学游历中的"以日为师"主张是"以日本为中介"学习"西学"思想的体现形式。因此，清末中国游学游历日本政策的演进与"游日浪潮"的掀起充分地体现出中国、日本与西方文化之间交互作用的逻辑关系及其鲜明的时代发展特色。

三、游日政策思想的提出

甲午中日战争之后，虽然清末中国出洋游学游历目的地国家转而偏重明治日本，但出洋游学游历的政策目标却呈现出同一的特征，即学习"西学"，即此时的"以日为师"主张与游学游历美欧的政策思想在学习"西学"的目标上存在一致性。1898年，"军机处传知总理各国事务衙门面奏之谕旨片"强调，"至游学之国，西洋不如东洋，诚以路近费省，文字相近，易于通晓。且一切西书均经日本择要翻译，刊有定本，何患不事半功倍。或由日本再赴西洋游学，以期考证精确益臻美备。"[①] 由上可见，游日政策思想的主旨在于"以日本为中介"学习"西学"。由于清末中国的北洋舰队在甲午中日战争中败北，李鸿章与伊藤博文签订"马关条约"，由此清末中国陷入半封建半殖民地社会的"泥潭"。反思明治日本的维新历史，清末中国社会更觉学习"西学"的紧迫性，由此普遍地产生前所未有的危机感，因此"采西学"由以前的被动向自觉对外开放思维发展的逻辑模式转移发展，"采西学"的措施则显著地呈现追求速成的倾向，因而转向学习"强敌"——明治日本。康有为提出"以强敌为师资"[②] 的主张；张之洞则强调去芜存菁地向明治日本学习："至各种西学书之要者，日本皆已译之，我取径于东洋，力省效速，则东文之用多""学西文者，效迟而用博，为少年未仕者计也；译西书者，功近而效速，为中年已仕

---

① 陈学恂、田正平编：《中国近代教育史资料汇编·留学教育》（上海：上海教育出版社，1991），页3。

② 康有为著：《康南海自编年谱》，《戊戌变法》（四），页145。参见卫道治主编：《中外教育交流史》（长沙：湖南教育出版社，1998），页100。

者计也。若学东洋文、译东洋书，则速而又速者也。是故从洋师不如通洋文，译西书不如译东书"。[1]康有为和张之洞的相关论述充分地体现出清末中国游日政策中"以日本为中介"的思想特色，可见学习"西学"为清末中国游学游历日本政策思想的最终目标。因此，即使在"游日浪潮"的高峰时期（1902年至1908年），[2]清末中国游学游历美欧的政策思想依然绵延与赓续发展。

清末中国游日政策思想确立的标志是康有为和杨深秀等在"戊戌维新"前后所陈述的游日思想与政策观点。1898年6月起，"维新"人士针对游学日本草拟的"奏折"主要有康有为所代拟、山东道监察御史杨深秀所上呈的"请议游学日本章程"和"请开局译日本书折"[3]，以及康有为所上呈的"请广译日本书派游学折"和"请开学校折"等。上述的"奏折"标志清末中国确立游日的政策思想。

甲午中日战争之后，清末中国新式教育的重要性日益受到社会的关注，逐步地形成"教育救国论"的思想观点。1896年，李端棻上呈"奏请推广学校折"，陈述"阙有与学校相须而成"的"数端"，即设藏书院、创仪器院、开译书局、广立报馆，以及选派游历。在"选派游历"方面，详述"游历之道"，并且总结此前出洋游学游历的经验与教训：

> 学徒即受学数年，考试及格者，当选高才以充游历。游历之道有二：一
> 游历各国，肄业于彼之学校，纵览乎彼之工厂，精益求精以期大成。一游历

---

① 张之洞著：《劝学篇》（上海：上海书店，2002），页46。

② 日本文部有编纂《学制五十年史》，附录：《中日亲善教育的设施》，其中记载："中国留日学生最多的时期是1902至1908年期间。如1906年，数目实超过七千人。其后每年人数渐减，至1909年尚不少于五千人。然至1912年，其数量遽减至一千四百人，这是由于当时中国发生革命，多数学生返国所致。"参见实藤惠秀著：《中国人留学日本史》（北京：三联书店，1983），页83–84。

③ 据《康南海自编年谱》"光绪二十四年戊戌，四十一岁"记：又草《请派近支王公游历折》《请开局译日本书折》《请派游学日本折》，皆由杨漪川上之，奉旨允行。可见，这三道奏折系康有为草拟，由杨深秀代呈。另《请派近支王公游历折》与李端棻《奏请推广学校折》（1896年），均对游历进行论述，可看成是洋务新政时期官绅游历思想的发展，而《请派近支王公游历折》更有学习日本明治时期的近似做法的意味，因此可见戊戌新政时期"以日为师"的时代特点。

各省，察验矿质，钩核商务，测绘舆地，查阅物宜，皆限以年期，厚给薪俸，随时著书归呈有司。察其切实有用者，为之刊布，优加奖励。其游惰而无状者，官则立予黜退，士则夺其出身。数年之后，则辐轩绝域之士，斐然成章，郡国利病之书，备哉灿烂矣。或疑近年两次所派游历学生未收大效，不知前者所派游历，乃职官而非学童。在中国既未经讲求，至外洋也未尝受学，故事涉空衍，寡有所成。其所派学生又血气未定，读中国书太少，游历绝域，易染洋风，虽薄有技能，也不适于用。今若由学堂选充，两弊俱免，其所成就，必非前此之所能例也。[1]

李端棻的"游历之道"重视派遣职官和学堂学生的出洋游学游历，由此对"戊戌维新"之后清末中国出洋游学游历的"浪潮"形成产生重要的影响作用。

1898 年，康有为代杨深秀拟定"请派游学日本折"——继张之洞的《游学第二》提出"西洋不如东洋"的观点之后，再次强调游学日本的重要性与可行性：

我今欲变法而章程未具，诸学无人，虽欲举事，无由措理，非派才俊出洋游学，不足以供变政之用。特泰西语言文字不同，程功之期既远，重洋舟车，饮食昂贵，虚靡之费殊多，故郑重兹事，迟迟未举。臣以为日本变法立学，确有成效，中华欲游学易成，必自日本始。政俗文字同则学之易，舟车饮食贱费则无多。[2]

康有为详述游学日本主张提出的原因，但同样强调游日的主张是清末中国出洋游学游历政策的"无奈"举措，从而有效地反衬出清末中国游日政策中"以日本为中介"学习"西学"的根本目标：

顷闻日人患俄人铁路之逼，重念唇齿辅车之依；颇悔割台相煎之急，大

---

① 李端棻：《奏请推广学校折》，参见汤志钧、陈祖恩编：《中国近代教育史资料汇编·戊戌时期教育》，（上海：上海教育出版社，1993），页120

② 康有为：《请派游学日本折》，参见汤志钧编：《康有为政论集》（上册，北京：中华书局，1981），页250。

开东方协助之会；愿智吾人士，助吾自立，招我游学，供我经费，以著亲好之实，以弭夙昔之嫌，经其驻使矢野文雄函告译署。我与日人隔一衣带水，若吾能自强复仇，无施不可，今我既弱未能立，亟宜因其悔心，受其情意。闻日人今者有两党，一主独立，一主联我，国家虽不计此区区经费，也何必拒之，重增嫌怨，令彼独立党人有所借口，联我党人悔其被辱，谓中国止可胁以兵力，不可亲以情谊，恐因羞成怒，积成衅端。且阅彼国报纸，谓彼更将有亲好之事，图昭信于我朝，供游学之经费，乃其启端。若重拒之，彼虽有大端相结者，也不敢再献。其于纳侮招尤，为害匪浅。莫如因而受之，既于两国可联情好，且令吾人士得通彼学，又省经费，一举三善，孰便于是。[①]

康有为"以日为师"主张的第二方面是译书。康有为代拟的"请开局译日本书折"比对翻译"西书"和"东书"（指日本书）的优劣与得失之后，强调"东书"的翻译为优选：

臣以为言学堂不言译书，也无从收变法之效也。同治时大学士曾国藩，先识远见，开制造局，首译西书，而奉行者不通本原，徒译兵学医学之书，而政治经济之本，乃不得一二。然且泰西文义迥异，译者极难，越月逾岁乃成一种，故开局至今数十年，得书不满百种，以是而言变法，是终不得其法也。臣愚窃考日本变法，已尽译泰西精要之书，且其文字与我同，但文法稍有颠倒，学之数月而可大通，人人可为译书之用矣。若少提数万金，多养通才，则一岁月间，可得数十种。若筹款愈多，养士愈众，则数年间，将泰西、日本各学精要之书，可尽译之，而天下人士及任官者，咸大通其故，以之措政皆有条不紊，而人才不可胜用矣。国家虽贫，而岁糜闲款，不知几许，若一铁舰一克虏伯炮之费，动需百数十万矣。若能省一炮之费，以举译书之事，而尽智我民，其费至简，其事至微，其效至速，其功至大，未有过于此者。[②]

---

① 康有为：《请派游学日本折》，参见汤志钧编：《康有为政论集》（上册，北京：中华书局，1981），页250–251。

② 康有为：《请开局译日本书折》，参见汤志钧编：《康有为政论集》（上册，北京：中华书局，1981），页254–255。

1895 年，康有为上呈"请广译日本书派游学折"，提出"广译日本书，大派游学，以通世界之识，养有用之才"，并且强调"广译日本书"的理由：

臣愚颇颇思之，以为日本有我同文矣，其变法至今三十年，凡欧、美政治文学武备新识之佳书，咸译矣，但工艺少阙，不如欧、美耳。译日本书，为我文字者十之八，其成事至少，其费日无多也，请在京师设译书局，妙选通人主之，听其延辟通学，专选日本政治书之佳者，先分科程并译之，不岁月后，日本佳书，可大略皆译也。虽然，日本新书无数，专特官局为人有几，又佳书日出，终不能尽译也，即令各省皆立译局，也有限矣。①

康有为试图将"科举题名"与"广译日本书"联系起来，建议推进"广译日本书"的制度化建设：

臣愚请下令，士人能译日本书者，皆大赉之。若童生译日本书一种五万字以上者，若试其学论通者，给附生。附生增生译日本书三万字以上者试论通，皆给廪生，廪生则给贡生。凡诸生译日本书过十万字以上者，试其学论通者给举人。举人给进士，进士给翰林，庶官皆晋一秩。②

另外，康有为尚提出游学"宜多在美欧"的思想观点：

若夫派游学乎，则宜多在欧、美矣。书者空言也，实行之事，非深久游入其学校，尚虑不能深明之。且欧、美进今之盛，实以物质故，汽力之为用，倍人力者三十，而国势之富盛强，也三十倍。夫物质之学，又非可以译书得也。③

若派学生于诸欧，以德为宜，以德之国体同我，而文学最精也。若法民主，于欧东多变，覆车可鉴，吾国体不宜。惟日本道近而费省，广历东游，速成尤易，听人士负笈，自往游学，但优其奖导，东游自众，不必多烦费。

---

①　康有为：《请广译日本书派游学折》，参见汤志钧编：《康有为政论集》（上册，北京：中华书局，1981），页302。

②　康有为：《请广译日本书派游学折》，参见汤志钧编：《康有为政论集》（上册，北京：中华书局，1981），页302–303。

③　康有为：《请广译日本书派游学折》，参见汤志钧编：《康有为政论集》（上册，北京：中华书局，1981），页303。

但师范及速成之学，今急于须才，则不得已，妙选成学之士，就学于东，则收新学之益，而无异说之害。①

但康有为依然强调，若要求取速成与省费，"则不得已"而游学日本。可见，康有为的游日思想与政策观点是"以日本为中介"学习"西学"，其实是"不得已而为"的社会和教育举措——符合清末中国社会和教育等等现实发展的状况。

1898年，康有为的"请开学校折"尚提出"远法德国，近采日本，以定学制"的政策主张，强调仿照明治日本"设学"的重要性：

近者日本胜我，也非其将相兵士能胜我也，其国遍设各学，才艺足用，实能胜我也。吾国任举一政一艺，无人通之。盖先未尝教养以作成之，天下岂有石田而能庆多稼者哉？今其害大见矣，不可不亟设学以育成之矣。今各国之学，莫精于德，国民之义，也倡于德，日本同文比邻，也可采择。请远法德国，近采日本，以定学制，乞下明诏，遍令省府县乡兴学，乡立小学，令民七岁以上皆入学，县立中学，其省府能立专门高等学大学，各量其力皆立图书仪器馆，京师议立大学数年矣，宜督促早成之，以建首善而观万国。②

清末中国游日政策思想的出现对游日政策的演进与"游日浪潮"的掀起产生现实性的思想影响与社会作用。从"中西学关系"的视野角度来讲，清末中国游学游历日本政策思想的出现是"西学输入"及其本土化中具有"过渡时代"特征的思想表现形式，"以日本为中介"学习"西学"的思想本质难以因为政治和军事等社会因素的影响作用而发生改变。在清末中国游学游历日本政策思想生成的过程中，"以日本为中介"学习"西学"的思想处在宏观视野的"隐性"地位，而清末中国的内外社会发展形势因素、明治日本政府的游说策略因素，以及清末中国"维新变法"思想的导向因素等，都处在阐释现实的"显性"地位。清末中国游学游历日本政策思想的生成是目的地国

① 康有为：《请广译日本书派游学折》，参见汤志钧编：《康有为政论集》（上册，北京：中华书局，1981），页303。
② 康有为：《请开学校折》，参见汤志钧编：《康有为政论集》（上册，北京：中华书局，1981），页306-307。

家选择中政策思想的重要发展阶段，也是"中西学关系"发展过程中的重要组成部分。由于明治日本维新成功地在东方传统文化的区域内部嫁接西方近代文化和制度的体系，并且建立近代资本主义性质的东方殖民强国，因而成为清末中国学习"西学"的典型榜样。因此，"以日本为中介"学习"西学"的思想本质在清末中国游学游历日本政策思想生成的过程中表现明显。其实，张之洞和康有为等相关的论述都明确地强调上述的思想本质，比如论述"日译西书"以及评论"明治维新"。因此，清末中国游学游历日本政策思想的生成充分地体现出"以日本为中介"学习"西学"的思想本质，同时充分地表明清末中国"西学输入"及其本土化进入重要的发展阶段，由此在政策层次和思想行为层次上同步地推进"中西学关系"的阶段发展过程，从而为清末中国游日政策的制订与"游日浪潮"的掀起奠定坚实的思想基础。

第三节　清末中国游日政策的制订与发展

清末中国游日政策思想的生成促进游日政策的制订与发展。1898年6月，康有为代拟、杨深秀上呈"请派游学日本折"之后，清末中国的军机处传知总理各国事务衙门"议奏"。1898年8月，"军机处传知总理各国事务衙门面奉之谕旨片"强调，"现在讲求新学，风气大开，惟百闻不如一见，自以派人出洋游学为要。至游学之国，西洋不如东洋，诚以路近费省，文字相近，易于通晓。且一切西书均经日本择要翻译，刊有定本，何患不事半功倍。或由日本再赴西洋游学，以期考证精确益臻美备"[1]，同时安排出洋游学的具体事宜：

前经总理衙门奏称拟妥定章程，将同文馆东文学生酌派数人，并咨南北洋两广两湖闽浙各督抚，就现设学堂遴选学生，咨报总理衙门，陆续派往。著即拟订章程，妥速具奏，一面咨催各该省迅即选定学生，开具衔名，陆续咨送，并咨询各部院，如有讲求时务愿往游学人员，出具切实考语，一并咨

---

[1] 陈学恂、田正平编：《中国近代教育史资料汇编·留学教育》（上海：上海教育出版社，1991），页1。

送册延缓。①

1898 年 9 月，清末中国派遣"二品衔候补三品京堂黄遵宪为出使驻扎贵国（指日本）都城钦差大臣"，递交"致日本国国书"，鼓励赴日游学。"国书"宣称：

> 曩复贻书总理各国事务衙门，备述贵国政府关念中国需才孔亟，愿中国选派学生前赴贵国学堂肄习各种学问，尤佩大皇帝休戚相关之谊，曷胜感谢。朕已谕令总理各国事务王大臣，与贵国驻京使臣商定章程，认真选派，以副大皇帝盛意。②

1899 年，清末中国总理各国事务衙门的"遵议遴选生徒游学日本事宜片"论述：

> 近年以来，日本讲求西学，大著成效。又与中国近在同洲，往来甚便。既经该国函请派往游学，臣等公同商酌，拟即妥定章程，将臣衙门同文馆东文学生酌派数人，并咨行南北洋大臣、两广、湖广、闽浙各督抚，就现设学堂中遴选年幼颖悟粗通东文诸生，开具衔名，咨报臣衙门，知照日本使臣陆续派往，即由出使日本大臣就近照料，无庸另派监督。各学应支薪水用项，由臣衙门核定数目，提拨专款，汇交出使大臣随时支发。该御史所请在京听人报名由译署给照，在外听学政给照，未免漫无限制，应册庸议。③

上述内容及其"议奏"的过程充分地表明清末中国在国家的层面上制订出游学日本的政策，由此对"游日浪潮"的掀起产生重要的社会影响作用。从 1896 年官派 13 名学生赴日游学发展到 1905 年游日高潮时期，游学日本

---

① 陈学恂、田正平编：《中国近代教育史资料汇编·留学教育》（上海：上海教育出版社，1991），页1。
② 《致日本国国书稿》，参见陈学恂、田正平编：《中国近代教育史资料汇编·留学教育》（上海：上海教育出版社，1991），页317。
③ 总理各国事务衙门：《遵议遴选生徒游学日本事宜片》，参见陈学恂、田正平编：《中国近代教育史资料汇编·留学教育》（上海：上海教育出版社，1991），页325。

的学生达 8000 余人[①]，根本的原因是清末中国实施鼓励游学日本的政策。从
1898 年游日政策的确立到 1906 年学部"奏定考验游学生章程"的出台，清末
中国制订多项出洋游学游历的管理制度，从而对游日政策的发展提供规制性
的保障。

　　1901 年，清末中国签订"辛丑各国条约"，随后宣布实施"新政"改革。
清末中国的地方督抚大员张之洞和刘坤一上呈"筹议变通政治人才为先折"，
痛陈"赴外国游学一法"，由此对"新政"改革时期出洋游学游历及其政策的
发展产生重要的影响作用。张之洞和刘坤一强调游日的便利与优越："教法尤
以日本为最善，文字较近，课程较速；其盼望学生成就之心，至为恳切。传
习易、经费省，回华速，较之学于欧洲各国者经费可省三分之二，其学成及
往返日期可速一倍。"[②]张之洞和刘坤一的"江楚三折"基本上奠定清末中国
"新政"改革的思想基础，确定"新政"改革时期清末中国游日政策的基调，
因而对游日政策的发展与完善以及"游日浪潮"的形成产生重要的推进作用。
此后，清末中国出台多项鼓励游日的政策措施。

　　1902 年，清末中国的外务部上呈"奏议复派赴出洋游学办法章程折"，
其中将出洋游学的"名目"分为三类，即贵胄学生（王公大臣子弟）、官派学
生（京师大学堂及各省督抚学政暨各大臣所送者）、游学学生（民间自备资斧
出洋者），并且强调出洋游学生的管理，鼓励出洋游学生获取东西方各国的
文凭：

　　现在国家求贤若渴，屡奉恩诏，激励栽成，如华生愿与洋生一同赴考外
国之文中秀才，武中千把之类，应由使臣随时咨明外务部立案，以便将来从
优奖励。惟各使臣等所尤齿斤齿斤者，风气初开，全材难得。苟有一端可取，
即为有用之才。所习何项专门，应即用以充当何项差使。历试有效，即仿日
本变法政策，畀以重用，俾尽所长。惟专门学问日异月新，应请选派诸生源

① 李国钧、王炳照总主编，金林祥主编：《中国教育制度通史》（第6卷，济南：山东教
育出版社，2000），页276。
② 张之洞、刘坤一：《筹议变通政治人才为先折》。参见陈学恂、田正平编：《中国近代
教育史资料汇编·留学教育》（上海：上海教育出版社，1991），页12。

源而来，以求新得。[①]

1903 年，张百熙上呈的"奏派学生赴东西洋各国游学折"强调，清末中国出洋游学需要重视新式学堂师资的培养——上述重视师范教育的思想观点成为"新政"改革时期清末中国出洋游学政策的重要内容：

> 上年臣百熙于召对时曾蒙懿训，深以教习乏才为念。当经奏陈京师大学堂宜派学生出洋分习专门，以备教习之选。计自开学以来，将及一载。臣等随时体察，益觉咨遣学生出洋之举万不可缓，诚以教育初基，必从培养教员入手。而大学堂教习尤当储之于早，以资任用……亟应多派学生分赴东西洋各国学习专门，以备将来学成回国，可充大学教习，庶几中国办理学堂尚有不待借材操纵自如之一日，早为之计，应用无穷，及今不图，后将追悔。[②]

张百熙的上述"奏折"内容充分地体现出清末中国的出洋游学游历与新式学校教育之间紧密关联的政策观点，以及在"新政"改革时期对游日学生所存在强烈的政治顾虑，强调需要进一步地加强游日学生的管理。张百熙论述：

> 日本学费较省，往返近便，故派数较多，破虑其沾染近时嚣张任性妄为者，名为出洋学生，实则闲游生事，并未一日就学；其真在各学校肄业生徒，大都循理守法，力求进步等语。近询户部右侍郎臣铁良新在日本，所见大概相同。臣等仍当严定规条，预防流弊，于学生临行时，以忠爱大义，学成致用，谆谆训勉，学期约以七年为率。[③]

清末中国厘定"壬寅学制"前夕（1902 年），张之洞多次与张百熙进行函电商讨，关注借鉴明治日本的"学制"，论述师范生和管学人员赴日学习的

① 外务部：《奏议复派赴出洋游学办法章程折》。参见陈学恂、田正平编：《中国近代教育史资料汇编·留学教育》（上海：上海教育出版社，1991），页18。
② 张百熙：《奏派学生赴东西洋各国游学折》。参见陈学恂、田正平编：《中国近代教育史资料汇编·留学教育》（上海：上海教育出版社，1991），页19。
③ 张百熙：《奏派学生赴东西洋各国游学折》。参见陈学恂、田正平编：《中国近代教育史资料汇编·留学教育》（上海：上海教育出版社，1991），页20。

重要性，强调"日本学制尤为切要"，师范生"非派人赴日本考究观看学习不可""教授固要，管学也要。屋舍规式、各种章程、饮食起居，皆有定法。此有关于学业甘苦迟速，也非派员赴东考究不可，三个月即能明习"①，但"壬寅学制"并未在清末中国全国颁行。1903年，清末中国重订"学制"，张百熙等上呈的"奏请添派重臣会商学务折"终获朝廷的准允，于是张之洞会同张百熙和荣庆等重订"学制"，由此张之洞的"中体西用"思想继"京师大学堂章程"之后最终以"学制"的形式确定下来，以致成为清末中国新式学校教育改革与发展的根本指导思想。1904年，"癸卯学制"获取颁布与实施，由此客观上促进清末中国"游日浪潮"的形成。张百熙、荣庆和张之洞制订的"学务纲要"强调办理新式学堂的员绅出洋（特别是赴日）游历考察的重要性：

> 各直省亟宜于官绅中，推择品学兼优，性情纯挚，而平日又能留心教育者，陆续资派出洋，员数以多为贵，久或一年，少或数月，使之考察外国各学堂规模制度，及一切管理教授之法，详加询访体验。目睹外国教习如何教，生徒如何习，管理学堂官员如何办理。回国后分别派入学务处暨各学堂办事，方能有实效而无糜费。美欧各国，道远费重，即不能多往，而日本则断不可不到。②

1906年，清末中国的学部（1905年设置）上呈"酌拟游学日本章程请设专员管理折"，附录"管理游学日本学生章程"，内容包括总纲、权限、责任、管理条规、设员办事条规和经费，并且历经1908年和1910年的改订，由此标志清末中国游日政策的制订走上规制化的发展方向。

游日政策的制订与发展鲜明地体现出清末中国的社会意识特色，是"中西学关系"和现实社会形势发展的产物：第一，清末中国的内外社会发展形势与条件存在极大的限制。鸦片战争以来，由于受到东西方列强的侵略与掠夺，特别是"马关条约"和"辛丑条约"等不平等条约要求对东西方列强的

---

① 张之洞：《致京张冶秋尚书》。参见陈学恂、田正平编：《中国近代教育史资料汇编·留学教育》（上海：上海教育出版社，1991），页326。

② 陈学恂、田正平编：《中国近代教育史资料汇编·留学教育》（上海：上海教育出版社，1991），页20–21。

巨额赔款，基本上摧毁清末中国的财政经济体系，出洋游学游历的经费筹措存在严重的困难，从而促使省费与路近成为清末中国游日政策制订的重要原因；第二，"以日本为中介"学习"西学"的思想是清末中国游学游历日本政策制订的内在本质特征。洋务官僚和维新人士倡导学习明治日本维新的成功经验，主要是吸收和借鉴明治日本学习西方的发展经验，目的在于通过学习明治日本的维新——具有中介性质的手段或途径，从而达成学习"西学"的根本目标。因此，清末中国游学游历日本政策的制订与发展是"西学输入"及其本土化中"以日本为中介"以及具有"过渡时代"性质的发展阶段，由此深化对"中西学关系"内涵的认识与理解，从而有力地推动清末中国出洋游学游历的思想生成与政策演进过程，同时充分地体现出"中西文化理解"过程的复杂性与曲折性特征。

第四节 清末中国"游日浪潮"的掀起

19世纪末20世纪初，清末中国出洋游学游历进入"游日时代"。上至朝廷、下至民众皆以游日是从，逐步地形成"以日为师"的社会"浪潮"——正值梁启超所阐述的"过渡时代"。梁启超论述：

今日中国，过渡时代中国也。过渡有广狭二义。就广义言之，则人间世无时无地而非过渡时代，人群进化，级级相嬗，譬如水流，前波后波，相续不断，故进无止境，即过渡无已时，一日无过渡则人类或几乎息矣。就狭义言之，则一群中，常有停顿与过渡之二时代，互起互伏：波波相续体，是为过渡相；各波具足体，是为停顿相。于停顿时代，而膨胀力之现象显焉；于过渡时代，而发生力之现象显焉。欧洲各国自二百年以来，皆过渡时代也，而今则其停顿时代也。中国自数千年以来，皆停顿时代也，而今则过渡时代也。[1]

---

① 梁启超著：《过渡时代论》，《清议报》期82，参见张枬、王忍之编：《辛亥革命前十年间时论选集》（卷1，上册，北京：三联书店，1960），页3。

在"过渡时代"，清末中国的"采西学"思想勃兴，出洋游学游历的思想生成与政策演进成为"过渡时代"中社会和教育的发展的重要特征。清末中国"游日浪潮"的掀起标志"过渡时代"中社会和教育等进入新的重要发展阶段。早期留日学生章宗祥的《日本游学指南》（1901 年）论述：

美欧各国之文明，以今之吾国视之，其相去盖不可道里计，故吾之游学于彼，则所谓自最下层而欲至最上层耳。吾国今日之程度，非得一桥，以为过渡之助，未见其能几也。今日之日本，其于吾国之关系，则犹桥耳。数十年以后，吾国之程度，积渐增高，则美欧各国，固吾之外府也。为今之计，则莫如首就日本。[①]

清末中国"游日浪潮"的掀起也是 20 世纪初明治日本政府妄图掌控传统中国政局走向的险恶策略原因所导致的发展结果。为了达成长远控制传统中国的战略目标，明治日本政府采取游说和鼓励清末中国学生游日的政策，以期达成"楚材晋用"的未来成效。1899 年，清末中国总理各国事务衙门的"遵议遴选生徒游学日本事宜片"记载：

查本年闰三月间，准日本使臣矢野文雄函称："该国政府拟与中国倍敦友谊，藉悉中国需才孔亟。倘选派学生出洋习业，该国自应支其经费。"又准该使臣来署面称："中国如派肄业学生陆续前往日本学堂学习，人数约以二百人为限。"经臣等备函致谢，并告以东文学堂甫经设立，俟酌妥办法再行函告，该使臣也称须预议妥章等语。[②]

日本的"教育时论"（1901 年）强调：

今日支那渴望教育，机运殆将发展，我国先事而制此权，是不可失之机也。我国教育家苟趁此使容喙于支那教育问题，据其实权，则我他日之在支那，为教育上之主动者，为知识上之母国，此种子一播，确立地步，则将来

---

① 章宗祥：《日本游学指南》（自刊本，1901），页2。参见田正平主编：《中外教育交流史》（广州：广东教育出版社，2004），页192。

② 总理各国事务衙门：《遵议遴选生徒游学日本事宜片》。参见陈学恂、田正平编：《中国近代教育史资料汇编·留学教育》（上海：上海教育出版社，1991），页325。

万种之权，皆由是起焉。①

虽然当时中日两国政府主张的目标迥异，但思想的路径却极为相似，由此达成政策思想的交互融汇，从而导致清末中国形成"以日本为中介"学习"西学"的思想。正是由于清末中国政府和明治日本政府的竭力提倡，遂致游学日本在清末中国社会渐趋兴起，并且逐步地形成世界游学发展史无前例的社会"浪潮"。

1896 年至 1911 年游日学生人数统计表②

年度	留日学生数	年度	留日学生数	年度	留日学生数
1896	13	1902	500	1908	5216
1897	9	1903	1000	1909	4000
1898	18	1904	1300	1910	3979
1899	207	1905	8000	1911	3328
1900	——	1906	7283		
1901	280	1907	6797		

清末中国"游日浪潮"的掀起与张之洞游日政策的主张存在紧密的关联。张之洞主政"两湖"期间，主张派遣"两湖"生徒和官绅赴日游学游历，并且参鉴明治日本学习西方的发展教育经验，推进"两湖"教育的改革，从而在清末中国创制出具有教育改革示范意义的"两湖"模式，以致张百熙专奏请敕邀请张之洞进京参与制订"癸卯学制"。舒新城分析游日极盛的造因时论述：

留日学生何以在五六年间增加到一万余人？此实一可注意之问题。据中

---

① 《就于支那教育调查会》，第599号，《教育时论》（日本），见《国闻短评：黑哉所谓支那教育权者》，《新民丛报》，1903（3），页78。参见田正平主编：《中外教育交流史》（广州：广东教育出版社，2004），页193。

② 转引自卫道治主编：《中外教育交流史》（长沙：湖南教育出版社，1998），页138–139，又参见实藤惠秀著：《中国人留学日本史》（北京：三联书店，1983）；以及阿部洋著：《向日本借鉴：中国最早的近代化教育体制》（上海：上海人民出版社，1990）。

九君最近在《中华教育界》发表的论文，留日学生之所以多；有路近，文同，时短，费省，及留学生头衔好与国内政局不安六种原因，后一种在光绪年间还说不到，第五种为留学生底普通心理，不只以留日者为限，前四种确是重要原因，但仅只有此种原因，还不足以造成那样结果：因为光绪二十七年以江苏底风气开通，政府招选留日学生尚不过二十人，便是明证。何以数年后人数激增？此不得不从当时政府底功令去研究，而与此功令最有关系者要推张之洞。①

舒新城概括性地分析张之洞在"游日浪潮"掀起中的重要作用②：第一，1898年，张之洞的《劝学篇》（内篇与外篇）刊行，"外篇"的"游学第二"特别"置重留日"。

出洋一年胜于读书五年，此赵营平百闻不如一见之说也；入外国学堂一年胜于中国三年，此孟子置之庄岳之说也，游学之益，幼童不如通人，庶僚不如亲贵……日本小国耳，何兴之暴也？伊藤、山县、陆奥诸人皆二十年前出洋之学生也，愤其国为西洋所胁，率其徒百余人非诣德法英诸国，或学政治工商，或学水陆兵法，学成而归，用为将相，政事一变，雄视东方……至游学之国，西洋不如东洋：一、路近省费可多遣，一、去华近易考察，一、东文近于中文易通晓，一、西书甚繁，凡西学不切要者，东人已删节而酌改之，中东情势风俗相近，易仿行，事半功倍，无过于此。若自欲求精求备，再赴西洋有何不可。

第二，1901年，张之洞和刘坤一上呈"复议新政"第一折，其中的"筹拟四条"即为奖励游学，同样特别地注重将明治日本作为清末中国出洋游学游历的目的地国家。

求师之难，尤于筹费。天下州县皆立学堂，数必逾万，无论大学小学，

① 舒新城编：《近代中国留学史》（上海：上海文化出版社，影印本，1989年4月），页46–47。

② 舒新城编：《近代中国留学史》（上海：上海文化出版社，影印本，1989年4月），页46–52。

断无许多之师，是则惟有赴外国游学一法……而教法尤以日本为最善：文字较近，课程较远，其盼望学生成就之心至为恳切。传习易，经费省，回华速，较之于欧洲各国者，其经费可省三分之二，其学成及往返日期可速一倍。江鄂等省学生在日本学堂者多，故臣等知之甚确。此时宜令各省分谴出洋游学。文武两途及农工商等专门之学，均须专门认识……再官筹学费究属有限，拟请明谕各省士人，如有自备资斧出洋游学，得有优等凭照者，回华后覆试相覆，也按其等第作为进士举贡。如此，则游学者众而经费不必尽由官筹。

第三，1901 年，张之洞和刘坤一上呈"复议新政"第三折，对官员任命和升迁等"更举出限制办法"，强化出洋游学游历的资历要求。

拟请明定章程，自今日起，三年以后，凡官阶，资序，才品可以开坊缺，送御史，升京师，放道员者，必须曾经出洋游历一次；或三年或一年均可。若未经出洋者不得开坊缺，送御史，升京师，放道员。

第四，1904 年，张之洞等的"学务纲要"强调，"各省办理学堂员绅宜先派出洋考察""以日本为必到之地"。

学堂所重不仅在教员，尤在管理学堂之人。必须有明于教授法管理法者实心从事其间，未办者方易开办，已办者方能得法，否则成效难期，且滋流弊。各直省亟宜于官绅中推择品学兼优，性情纯挚，而平日又能留心教育者，陆续资派出洋，员数以多为贵。久或一年，少或数月，使之考察各学堂规模制度及一切管理教授之法，详加询访体验，目观外国教习如何教，生徒如何习，管理学堂官员如何办理。回国后分别派入学务处暨各学堂，办事方能有实效而无糜费。美欧各国道远费重即不能多往，而日本则断不可不到。此为办学者入门之法，费用万不可省：即边瘠省分，也必派两员。若仅至日本考校半年，所费尚不甚巨。倘不从此举入手，恐开办三四年，耗费数万金，仍是紊杂无章，毫无实得也。

经由"洋务殿军"张之洞和"封疆大员"刘坤一等的奏呈，清末中国游日政策思想的社会影响日益扩大，游日政策更加深入社会的人心，从而促使"游日浪潮"掀起。20 世纪之后，清末中国出洋游学政策出现显著的变化，其中重要的是资遣方由清末中国政府变成分省（包括中央部、旗等部门），而清末中国的学部仅仅发挥协调、指导与监控的作用。实施分省资遣的政策之后，清末中国赴日游学的社会热情日渐高涨，同时清末中国（包括中央和地方）政府采取鼓励游日的政策——这是清末中国"游日浪潮"掀起的重要原因。

掀起"游日浪潮"之后，清末中国官绅赴日教育游历形成社会的潮流，姚锡光、罗振玉、吴汝纶和张謇等赴日游历考察，介绍明治日本各级各类学校的情况、学校教育系统及其制度、学校教育相关的政策与措施，收集日本学校教育的相关资料与统计数据，包括日本学校的章程、规则、图表、科目和师生数等，听取日本文部省官员和教育专家学者的谈话与建言，同时记述访日期间的见闻与思考[①]。

"戊戌政变"之后，清末中国康有为和梁启超等"维新"人士逃亡明治日本，同时"革命思潮"日益兴起，明治日本遂成清末中国社会变革的舆情中心，革命与保皇"两派"以明治日本为基地展开激烈的舆情论战，促使清末中国游日学生的革命热情日益高涨，导致1902年发生"成城学校入学事件"。上述的方面对清末中国政府造成强烈的社会心理压力。1903年，张之洞拟订"约束游学生章程"和"奖励游学毕业生章程"，旨在采取约束与鼓励结合的管理办法，规范出洋游学生的日常生活，重点针对的是游日的学生，并且不断地完善清末中国出洋游学游历的相关管理政策。张之洞的"奏折"强调：

学生在外国境内，中国法令难行，必须先商彼国政府，允为协助，事始有济。仰蒙慈允，遵即晤商驻京日本使臣内田康哉与筹办法。该使臣以两国法律不同，办理动多窒碍，谈次颇难色。继经剀切开譬，告以出洋学生如不妥筹约束，听其浮游废学，任性妄为，犯义干名，陷于罪戾，则此后有志之士，不复敢远游就学，往取师资。其先已在洋笃志力学者，也且惧为牵累，废然思返，永无成就通才之日，为害不可胜言。该使臣审思至再，始谓如有

---

① 参见王宝平主编：《晚清中国人日本考察记集成.教育考察记》（杭州：杭州大学出版社，1999），吕顺长编《解题》部分；杨晓著《中日近代教育关系史》（北京：人民教育出版社，2004），页91–92；卫道治主编：《中外教育交流史》（长沙：湖南教育出版社，1998），页102–103，以及其他相关研究文献与参考资料。

妥善办法，也愿电彼政府赞成此举。惟必须中国于安分用功学成回国之学生，予以确实奖励，使各学生有歆美之心。并使彼国学堂确见中国有劝学求才之意，始于不安分学生有助我约束之法，属先酌拟章程，再为商办。①

日俄战争之后，清末中国游学明治日本达到"高潮"，游日学生的革命热情超越"保皇"思潮的社会影响，致使20世纪初期成为革命思想"以日本为基地"广泛传播和发展的阶段。清末中国政府为了最大程度上减轻游日学生革命热情的国内影响，强烈地要求明治日本政府取缔参与革命运动的游日学生资格，妄图由此切除心腹的大患，明治日本政府同样认为清末中国游日学生参与的革命运动对日本不利。木场文部次官论述，"留学生中，属于革命派者甚多，这次文部省颁布的规则，将使他们蒙受一大打击，殆无疑问。"②永井算己论述，"留日学生对日本逐渐走上帝国主义道路，提高了警惕，并试图与之对抗，而且也果敢地同急于勾结日本帝国主义、以图自保的西太后政府决战。这是游日学生反帝反封建的态度的萌芽。"③为了继续笼络清末中国政府，争取在清末中国利益划分中的有利位置，同时为了满足长期对华战略的实际需要，减轻游日学生参与革命运动对日本自身的社会影响，由此1905年明治日本政府公布"关于准许清国人入学之公私立学校之规程"（即"清国留学生取缔规则"），规定"公立或私立学校，在许可清国人入学之时，于其入学申请书中必须附加清国驻本邦公使馆之介绍书""受选定之公立或私立学校，不得招收为他校以性行为不良而被饬令退学之学生"。针对上述的现实情形，清末中国的游日学生开展抵制明治日本"规则"的运动，揭示"规则"内含的真实用意。实藤惠秀引录清末中国游日学生的观点：

规则第十条性行为不良一语，不知以何者为良不良之标准？广义狭义之解释，界说漠然。万一我辈持有革命主义为北京政府所忌者，可以授意日本，

---

① 陈学恂、田正平编：《中国近代教育史资料汇编·留学教育》（上海：上海教育出版社，1991），页53。

② 实藤惠秀著：《中国人留学日本史》（谭汝谦、林启彦译，北京：三联书店，1983），页382。

③ 实藤惠秀著：《中国人留学日本史》（谭汝谦、林启彦译，北京：三联书店，1983），页382。

竟诬指为性行为不良，绝我入学之路，其设计之狠毒，不可思议。留学生对该规则之不平在于"即使自费留学生，其进入本邦（指日本，笔者注）学校之际，也须取得清国公使之证明"一点。盖若厉行此一规程，则清国自费留学生大部分将受所谓清国公使馆之掣肘，失去求学之自由，其结果恐不能达到游学日本之目的的。①

1906 年（光绪三十二年），清末中国政府颁布"管理游学日本学生章程"，规定设置专员以加强对游学生的管理，并且确定游日学生的资格标准。清末中国的学部"奏折"宣称：

嗣后京外派遣学生，无论官费私费，皆应考验性行纯谨具有中学堂毕业程度，通习外国文字，能直入高等专门学堂者，始予给咨。其习法政师范速成者，嗣后概不咨送。非由各部暨各省将军督抚给咨者，出使大臣概不咨送。既经给咨，而本人请改速成者概不准行。业经咨行各省在案，似已不至有滥派之患。惟既经出洋，诸生稽查之法尚未有划一章程，现在出洋游学者以日本为最多，亟应先行设法管理。②

20 世纪初期，清末中国政府和明治日本政府都强化游日学生的管理措施，而且清末中国政府严格地限制尚未赴日的学生资格。正是由于存在上述方面的原因，1906 年之后清末中国的"游日浪潮"渐向低潮③。

概括地来讲，"游日浪潮"的掀起标志清末中国的新式教育进入崭新的发展阶段。"戊戌维新"前后，清末中国的"新学"思想弥合"中学"与"西学"的界限，明清之际以来传统中国的"西学输入"及其本土化出现较大程度上的阶段发展与深刻变化，传统保守性的因素对清末中国新式教育发展的阻力

---

① 实藤惠秀著：《中国人留学日本史》（谭汝谦、林启彦译，北京：三联书店，1983），页381。

② 学部：《酌拟游学日本章程请设专员管理折》。参见陈学恂、田正平编：《中国近代教育史资料汇编·留学教育》（上海：上海教育出版社，1991），页384。

③ 据统计显示，1907年游日学生人数开始减少，1909年减至5000（另说3000）人，而至1911年辛亥革命前夕，游日学生人数降至3000人左右的规模。参见实藤惠秀著：《中国人留学日本史》（谭汝谦、林启彦译，北京：三联书店，1983），页81、451。另参见冯天瑜等著：《中华开放史》（武汉：湖北人民出版社，1996），页633。

显著地减弱，学习"西学"成为清末中国社会和教育中的重要思潮。"以日为师"主张的提出是清末中国学习"西学"由被动转变成主动的重要标志，而"游日浪潮"的掀起则充分地体现出清末中国在"过渡时代"中"以日本为中介"学习"西学"的强烈渴望与巨大热情。上述方面都充分地表明，在清末中国出洋游学游历及其政策转向明治日本以及"游日浪潮"掀起的发展过程中，明清之际以来传统中国的"中西学关系"内涵日益深度发展。20世纪初期，清末中国的"游日浪潮"渐入低潮，但并未动摇明清之际以来传统中国"中西文化理解"的深度发展趋向，以致清末中国游学游历美欧的赓续及其政策演进迈入崭新的发展阶段，继续有力地推动中国社会与教育近代化的发展进程。

第七章　出洋学习"西学"内涵的深化：
清末中国游学游历美欧的赓续及其政策发展

甲午中日战争之后，清末中国游学游历目的地国家由美欧迁移至明治日本，导致出现史无前例的"游日浪潮"——上述社会情形的出现与甲午中日战争之后清末中国出洋游学游历及其政策的转变发展存在重大的关联。但 20 世纪初期，清末中国的社会形势出现深刻的发展与变化，"革命浪潮"汹涌澎湃，游日的学生积极地归国参与革命，力图解除束缚清末中国社会发展的制度枷锁，积极地投身于建立共和制度的国家理想。由于明治日本政府担心清末中国的社会革命危及自身的利益，因而制订相应的政策措施限制游日学生参与革命，同时清末中国政府采取鼓励与约束结合的游学生管理政策，由此导致清末中国的"游日浪潮"渐退。但清末中国的"西学输入"及其本土化的发展进程并未因为"游日浪潮"的走低而中止发展，此时学习"西学"已经成为重要的社会文化思潮。清末中国政府在抑制"游日浪潮"的同时，采取鼓励游学游历美欧的政策，促使美欧诸国再次成为清末中国出洋游学游历的主要目的地国家。因此，"新政"改革前后清末中国出现游学游历美欧的赓续及其政策发展。在上述政策转变发展的过程中，同时改变游日时期追求短效的社会现象，而更加强调实际的学问与长远的效益，并且逐渐地步入规范化和制度化的发展阶段。"新政"改革前后，清末中国游学游历美欧的政策内涵也获取深化发展，出现具有典型性的"九大政策"以及"庚款"游美的社会潮流。上述的方面充分地反映出"新政"改革前后清末中国"西学输入"及其本土化的发展进程中所存在"中国主体"意识的阶段发展与深刻变化，充分地体现出明清之际以来传统中国"中西文化理解"的深化发展，由此对推动中国社会和教育近代化的发展进程，以及新式教育的深化发展，产生重要的思想影响与推进作用。

第一节　清末中国游学游历美欧的赓续及其政策表现

19 世纪 80 年代初，由于传统保守势力激化中西文化之间的冲突，破坏初创伊始的清末中国出洋游学游历事业，同时清末中国出洋游学游历出现决策的失误，赴美幼童学业未竟而既行撤回，致使清末中国游美政策陷入停顿的发展状态。1881 年至 1898 年，除了教会学校和民间资遣游美之外，清末中国政府再未实施官方选派学生游美的举措①，由此标志清末中国游美及其政策的发展遭遇重挫，同时对"闽厂"游欧及其政策的发展产生现实性的影响作用。"闽厂"选派的两批船政学堂游欧生徒未满既定三年的学习期限也提前撤回。但"游日浪潮"渐退之后，清末中国政府再次采取鼓励游学游历美欧的政策，由此促使游学游历美欧赓续发展。

1898 年到 1906 年，盛宣怀派遣学生分赴美英德日比游学②，由此重启清末中国游学游历美国的事业。盛宣怀的"资送学生出洋游学片"（1900 年）论述：

伏查近年游学日本诸生，计由官给资及自备资斧前往者不下七八百人，而远涉欧西寥寥可数，虽人情囿于近便，实也道远费多、措资匪易，遂致观望不前。各省督抚臣深知学生出洋游历之益，一则学堂工夫须有七八年，普通学已成或将成者方能得益而甚难其人；一则经费每人每年约需银二千两，连用资、书籍，造就一人非万金不辨。如普通学未成，难入其高等学堂，而以一人赴外洋肄业之费可资中国学堂数人之费，是以选择学生更难于筹给经费也。臣所设之南洋公学及天津头等学堂资格较深，曾已分次选择高等学堂学生二十一名，皆由臣派赴英、美国大学校肄业，或由公学筹给经费，或由该学生自行筹集资斧。③

---

① 田正平主编：《中外教育交流史》（广州：广东教育出版社，2004），页227。

② 参见夏东元著：《盛宣怀传》（天津：南开大学出版社，1998），页272。

③ 陈景磐、陈学恂主编：《清代后期教育论著选》（下册，北京：人民教育出版社，1997），页18–19。

1901年，李鸿章和吴汝纶札遣孔祥熙、费起鹤赴美游学[①]。1903年，湖北巡抚端方上呈“奏派学生前赴美德俄三国游学折”，选定刘庆云、朱启烈、张继业和卢静恒等，“派往美国游学。”[②]1904年，上海高等实业学堂选派学生赴美肄业商务、管轮、驾驶和电学等专门学问；四川总督锡良上呈“奏选募官员士子分赴美欧学习路矿制造专门实业折”，遣送川省学生“远适异域”，专门学习美欧路矿和制造等实业；湖南巡抚赵尔巽上呈“奏遣派学生往美比两国学习矿业折”，声称“前已由俞廉三奏明，派有学生三名前赴日本，预备普通学，再行派往美国学习矿业，仰蒙俞允在案。兹查该学生梁焕彝、许崇周、陈洪铸三名，在日本留学，颇有成效，自应谴赴美国，以符成案”。[③]

1904年，梁诚担任出使美国大臣，随携学生赴美游学。1905年，“两广”学务委员陈锦涛携学生游学美国；直隶总督袁世凯选派北洋大学堂学生与教习，由总教习丁家立领往美国游学；山西巡抚恩铭选派山西大学堂学生赴美学习路矿[④]。20世纪初期，清末中国的自费和女子赴美游学形成“涓涓细流”以及渐成“河溪”的趋势。1904年的“癸卯学制”、1905年的“清帝多派学生分赴美欧游学谕”和1905年的“西洋游学简明章程”等政策文件发布，由此标志清末中国游学游历美国渐趋兴起，规制也日益强化。

1906年起，清末中国政府限制官费和私费出洋游学游历，特别是限制前往明治日本，同时采取鼓励游学游历美欧的政策，推选官绅和贵胄以及各部和各省督抚满汉官员子弟出洋游学游历。清末中国的学部下发“通行京外给咨出洋游历简章文”（1906年），外务部和学部等上呈“会奏请派贵胄出洋游学折”（1907年），并且分别拟定“简章”与“章程”。1907年，学部等上呈“奏请选派子弟分送各国学习工艺折”，遣派满汉官员子弟出洋学习工艺实学。1907年之后，派遣官绅、贵胄和官员子弟出洋游历游学，以图避免革命思想

---

① 田正平著：《中外教育交流史》（广州：广东教育出版社，2004），页227。

② 《约章成案汇编》（乙编，卷32，下）。参见陈学恂、田正平编：《中国近代教育史资料汇编·留学教育》（上海：上海教育出版社，1991），页278-279。

③ 《约章成案汇编》（乙编，卷2，下），参见陈学恂、田正平编：《中国近代教育史资料汇编·留学教育》（上海：上海教育出版社，1991），页277。

④ 谢长法著：《借鉴与融合：留美学生抗战前教育活动研究》（石家庄：河北教育出版社，2001），页11。

者借机出洋，以及集中思想智识，再掀"革命浪潮"。1908 年，浙江省通过游学考试的方式，选取学生分赴美欧游学游历。上述的方面标志清末中国游学游历美欧获取赓续发展。

上述游学游历美欧赓续发展的过程充分地表明，"戊戌政变"之后清末中国社会发展的内外形势依然难以获取彻底的改变，仍需解决外交、军事、文化和教育等重大的现实问题。"新政"改革时期，清末中国迫于政治、经济和外交等方面的压力，出洋游学游历政策客观上存在重大的发展。为了阻止游日学生参与革命事业，清末中国政府采取管束与奖励相结合的方式，进一步地加强游日学生的管理，但同时加大鼓励游学游历美欧的政策力度，由此促进游学游历美欧事业的赓续发展。

第一，鼓励自费出洋游学。19 世纪末 20 世纪初，清末中国政府为了偿还战争赔款，财政经济状况逐步地恶化，难以继续地维系原有中央政府和洋务企业负责资遣游学的方式，因此提出鼓励自费出洋游学的政策。

1898 年，清末中国总理各国事务衙门代奏章京霍翔呈请、奕劻上奏"遵议推广学堂章程"，强调清末中国"朝廷变法自强，首以人材为根本"，虽然新式学堂普遍地设立，但成效"尚在十年以后"，因此应该"遴派内外职员，及各学生出洋游学"①，而且从过去经费使用和成效的角度来讲，完全地官派出洋游学并非上策。"遵议推广学堂章程"强调：

> 而所派游学员生，皆须国家资遣，既入外洋学堂，每年用项不资，又皆官为接济。经费只有此数，派往不示限制，既虑所费难支，过示限制，成材又嫌不广。且游学者，不出己资而用官款，中材以上或可感激自奋，否则，藉此糊口，虚糜经费，因循无成，恐也不免。②

正因上述，"遵议推广学堂章程"鼓励自费出洋游学，并且提出"七大"优越性，即国无烦费，不吝所费、勤学易成、折节增伟、发蒙风气、有资业

---

① 《戊戌变法档案史料》，（北京：中华书局，1958），页294-295。参见陈学恂、田正平编：《中国近代教育史资料汇编·留学教育》（上海：上海教育出版社，1991），页6。
② 《戊戌变法档案史料》，（北京：中华书局，1958），页294-295。参见陈学恂、田正平编：《中国近代教育史资料汇编·留学教育》（上海：上海教育出版社，1991），页6。

举、操守易端①，同时指出清末中国政府仅提允许自费出洋游学还不够，尚应采取其他鼓励的政策措施。

> 惟有歆动鼓舞，特降谕旨，凡有才力之吏，或各大员及各省富商子弟，自备资斧学于外洋，卒业后领有学成文凭，经出使大臣验明，咨送回华，由总理衙门带领引见，询事考言，破格录用。一切新政，因才委任，功名所在，豪杰争趋。②

1901年，张之洞和刘坤一上呈"筹议变通政治人才为先折"，不仅提出奖劝出洋游学的政策，而且高度地评价自费出洋游学游历的政策措施，认为"尤善之善者"。对于自费出洋游学生学成归国之后的奖掖，"筹议变通政治人才为先折"强调：

> 各省士人如有自备资斧出洋游学得有优等凭照者，回华后复试相符，也按其等第作为进士举贡。如此则游学者众而经费不必尽由官筹，盖游学外国者，但筹给经费，而可省无数之心力，得无数之人才，已可谓善策矣。若自备资斧游学者，准按凭照优奖录用，则经费并不必多筹，尤善之善者矣。③

"戊戌维新"之后，清末中国自费出洋游学游历形成社会的潮流，明治日本成为"维新者"和"革命者"的避难场所，同时成为清末中国新思想和新舆情的中心。清末中国政府为了加强自费出洋游学游历的管理，采取验凭奖励的措施。"清帝广派游学谕"（1901年）声称：

> 其游学经费，著各直省妥筹发给，准其作正开销。如有自备旅资出洋游学者，著出使大臣随时照料。如果学成得有优等凭照回华，准照批出学生一体考验奖励，候旨分别奖赏给进士举人各项出身，以备任用而资鼓舞。④

---

① 《戊戌变法档案史料》，（北京：中华书局，1958），页294–295。参见陈学恂、田正平编：《中国近代教育史资料汇编·留学教育》（上海：上海教育出版社，1991），页6–7。
② 《戊戌变法档案史料》，（北京：中华书局，1958），页294–295。参见陈学恂、田正平编：《中国近代教育史资料汇编·留学教育》（上海：上海教育出版社，1991），页7。
③ 《张文襄公全集》，卷54，参见陈学恂、田正平编：《中国近代教育史资料汇编·留学教育》（上海：上海教育出版社，1991），页12。
④ 《清帝广派游学谕》。参见陈学恂、田正平编：《中国近代教育史资料汇编·留学教育》（上海：上海教育出版社，1991），页4。

由上可见，除了官派出洋游学游历之外，清末中国政府尚辟自费出洋游学游历的途径，由此对"新政"改革时期清末中国"游日浪潮"的掀起以及游学游历美欧及其政策的赓续发展产生深刻的影响作用。

第二，遴派学生出洋肄业实学。1899 年开始，清末中国政府相继出台相关的政策措施，借以推动游学游历美欧事业的发展，军机大臣"面奉谕旨"传知总理各国事务衙门声称：

> 向来出洋学生学习水陆武备外，大抵专意语言文字，其余各种学问均未能涉及。即如农工商及矿务等项，泰西各国讲求有速，凤擅专长。中国风气未开，绝少精于各种学问之人。嗣后出洋学生，应如何分入各国农工商等学堂专门肄业，以备回华传授之处，著总理各国事务衙门详细妥订章程，奏明请旨办理。[①]

1899 年，清末中国的总理各国事务衙门上呈"奏遵议出洋学生肄业实学章程折"，论述"泰西素以商战之国，而近来农学大兴。臣等间尝考校中西农学，互有短长，泰西农家新法，多从格致化学中出，有与中法同者，有与中法异者，有可行中国者，有不可行中国者"，因此强调结合清末中国的实际国情，学其农业所长，即"可行于中国者"，强调学习西洋工商矿务的重要性，建言"参考中西政学，权以目前事宜"，并且拟定"章程"六条，内容包括：由出使大臣督令已经遣派各国游学游历及使馆办理文牍之员，肄业专门之学；选择农工商矿各种书籍，删繁举要，以求易于通晓；请饬地方督抚"宽筹常年经费，续派高等学生出洋肄业"；精通洋文的出使参赞随员，也令肄习各学；学成回国的游学人员，分派各省农工等艺学堂以为教习；对持有文凭的回国游学人员中，甄别优劣，分发委用，量予官职以资鼓励[②]，评论早期游学游历美国的事业，论述幼童赴美游学的弊端时谈到，"自同治以来，江督所派幼童百五十名往美国肄业，因年太幼稚，志气未定，多有通洋语而抛荒华语，并

---

① 《约章成案汇览》，乙编，卷32上。参见陈学恂、田正平编：《中国近代教育史资料汇编·留学教育》（上海：上海教育出版社，1991），页7—8。

② 总理各国事务衙门：《奏遵议出洋学生肄业实学章程折》，《约章成案览》，乙编，卷32，上，参见陈学恂、田正平编：《中国近代教育史资料汇编·留学教育》（上海：上海教育出版社，1991），页7—9。

沾染习气之病"①，而肯定南北洋"闽厂"派赴欧洲游学生的状况及其成效，认为"多系年龄较壮，通晓中西文字之选，间有专肄工商矿务者，其中才能隽敏，能通格致、化学、汽机、制造，学生回华擢用要差者，也不乏其人"②，同时对早期游学游历欧洲的时限短暂以及影响人才培养的质量等提出异议，强调应该遴选学生出洋肄业实学：

> 历派出洋学生，每届三年回华，为时既暂，诚有如圣谕专攻语言文字、肄习水陆武备，而于各国农工商务矿务未有专门精肄回华传授者。诚宜变通出洋肄业章程，使各就其才性之所近，分门研究，以收布帛菽粟兴物前民之用，以殖民生而裨国计，非此不能为之椎轮嚆矢也。③

1904 年，清末中国的练兵处上呈"奏请选派陆军学生分班游学折"，后附"选派陆军学生分班游学章程"，规制选派陆军游学明治日本。实施大规模地派员游学明治日本学习陆军的举措，由此对近现代中国军事、政治和社会的发展产深远的影响作用，比如蒋介石、何应钦和朱德等近现代中国的军政首脑都存在游学明治日本武备学堂的人生经历，此后走上各自的军政生涯。

1907 年，清末中国学部等的"奏请派子弟分道各国学习工艺折"强调：

> 工艺为富强之要图，近来各省创办学堂者颇不乏人，惟工艺一科仍多未能讲求，机器、军械、船政、电报各局委员，多系未经学习，即或涉猎，也难洞达。拟请饬下学部、农工商部、邮传部，及各省督抚，选送满汉子弟，择其学问优长资性颖悟者，分送东西各国，学习制器、驾船、枪炮、商务、矿务、农政，各专一艺，庶可较有把握等语。④

---

① 陈学恂、田正平编：《中国近代教育史资料汇编·留学教育》(上海：上海教育出版社，1991)，页8。

② 陈学恂、田正平编：《中国近代教育史资料汇编·留学教育》(上海：上海教育出版社，1991)，页8。

③ 陈学恂、田正平编：《中国近代教育史资料汇编·留学教育》(上海：上海教育出版社，1991)，页8。

④ 《学部奏咨辑要》，卷4，参见陈学恂、田正平编：《中国近代教育史资料汇编·留学教育》(上海：上海教育出版社，1991)，页33。

20 世纪初期，清末中国遴派学生出洋肄业实学，可以视为承继洋务时期"闽厂"生徒游欧学习"西学"中器物技能层次的余绪，但学习"西学"的内涵由此获取较大的扩展，不仅包括学习西方的制造和驾驶等操作技能，而且已经扩展到农政、工业、商贸、矿务、机器、军事和邮传等在内的近代西方的诸多专门学科。

第三，改由直省选派与资遣。早期出洋游学游历由清末中国政府和地方洋务企业及其附设新式学堂"奏准"之后选派与资送。但 19 世纪末 20 世纪初，清末中国政府改变原先中央政府和洋务企业选派的方式，而采取分省遴选咨遣出洋游学游历的政策①。

1898 年，清末中国的"军机处传知总理各国事务衙门面奏之谕旨片"强调：

> 前经总理衙门奏称拟妥定章程，将同文馆东文学生酌派数人，并咨南北洋两广两湖闽浙各督抚，就现设学堂遴选学生，咨报总理衙门，陆续派往。著即拟定章程，妥速具奏，一面咨催各该省迅即选定学生，开具衔名，陆续咨送，并咨询各部院，如有讲求时务愿往游学人员，出具切实考语，一并咨送毋延缓。

"新政"改革伊始，清末中国政府即筹派遣资深的"五大臣"出洋，进行以政治为重点的游历考察，此后清末中国出洋游学游历的政策获取显著的发展。为了解决维持"新政"举措的资金用度，1901 年"清帝广派游学谕"再次强调改变原先中央政府和洋务企业选派的方式，而采取分省遴选咨遣出洋游学游历的政策。宣称：

> 前据江南、湖北、四川等省选派学生出洋肄业，著各省督抚一律仿照办

---

① 洋务游学游历美欧生徒由清政府或地方洋务企业和新式学堂奏准选派资送。在洋务新政发展的高峰期，李鸿章扮演了重要角色，分省赴欧游学始于李鸿章。1876 年，他遣派卞长胜等七人赴德国学习"水陆军械技艺"。其实，当时学习西方只是处在"器物技能层次"，是对魏源所提出"师夷长技以制夷"思想的实践运用。梁启超曾提到，"其间有兴学堂派学生游学外国之事，大率皆为兵事起见，否则以供交涉翻译之用也。李鸿章所见西人之长技，如是而已。"梁启超苛责李鸿章是从当时政治形势状况出发的。若从历史的层面来理解李鸿章所从事兴学堂和派游学之举，应该说是具有时创性的实践成就。时任直隶总督的李鸿章遴选咨遣生徒游学游历欧洲，实开分省遣派游学游历欧洲之新风气。

理。务择心术端正文理明通之士，谴往学习，将一切专门艺学，认真肄业，竭力讲求。学成领有凭照回华，即由该督抚学政，按其所学，分门考验。如果学有成效，即行出具切实考语，咨送外务部覆加考验，据实奏请奖励。其游学经费，著各直省妥筹发给，准其作正开销。①

1903 年，清末中国湖北巡抚端方上呈"奏派学生前赴比国游学折"和"奏派学生前赴美德俄三国游学折"，陈述湖北省选派学生游学游历欧洲的情况，并且"奏议"再派学生前往比美德俄等西方国家游学游历，论述"近日泰西各国，讲求实用教育，以为富强之基。其实业学校如工业、商业、农林、路矿，无不精研实验，各有专门""中国地大物博，实甲环球，惟于工艺速少讲求，器械未能自制。开矿修路等事，无不雇用洋匠，以致事权旁假，大利难兴。近年朝廷作育人才，振兴实学，历年钦奉谕旨，谆谆以讲求实用为主"②。端方强调直省选派学生游学游历欧洲的重要性，同时对比日欧在政治经济和文化教育等方面的实际状况，以及游日与游欧学生的学习成效。

近日中国人士怵于日本之自强，往往径赴东洋游学，其不由官派，自备资斧者也复不少。人类既众，学术易歧。实则日本学制也皆步武泰西，惟其厚视同洲，故于学生不无宽待。泰西则中国肄业者较少，功课也极认真。臣每接见从前在美欧游学之人，其得有卒业文凭者，大半学问精深，心术纯正，颇多可见之材。现在中国力行新政，所求正在此辈，若不广图造就，势必习于近便，继往无人。③

湖北巡抚端方强调，清末中国游学游历欧洲目的在于"以仰副朝廷造就人才，力图富强之至意"。湖北省采取多方途经来筹措游欧的经费，确保选派

---

① 《清帝广派游学谕》（1901年，光绪二十七年），《光绪朝东华录》（第4册，北京：中华书局，1958），页4720。参见陈学恂、田正平编：《中国近代教育史资料汇编·留学教育》（上海：上海教育出版社，1991），页4。
② 《约章成案汇编》，乙编，卷32，下。参见陈学恂、田正平：《中国近代教育史资料汇编·留学教育》（上海：上海教育出版社，1991），页274。
③ 《约章成案汇编》，乙编，卷32，下。参见陈学恂、田正平：《中国近代教育史资料汇编·留学教育》（上海：上海教育出版社，1991），页278。

的生员赴欧学习实业。"至川资学费，所需甚巨，然时局艰危，需才孔亟，不得不的勉为其难。当由臣督饬司道各局，极力设筹，以备应付"。①

至学费一层，泰西各国本较为浩大。近年镑价奇贵，受亏尤多，统计此次出洋学生每年约需银六七万两，再三撙节，无可裁减。明知鄂省用款支绌万状，此项费用甚属不资，然为大局起见，不敢借此巨款，惟有饬司局竭力筹画以备应付。②

1904年，清末中国出使奥国大臣杨晟上呈"奏比国学费较廉请饬各省分遣游学折"，并且拟就"各省派生游学比国章程"。其中论述，"然以今日人材消乏，非一二省资派数十生所能济用。按欧洲各国，学校如林，立国虽分大小，为学之道则一。即以比利时论，其路矿制造诸学，见重列邦。"③同时强调，就出洋游学游历的经费而言，赴比利时"旅学二费也较他国为廉"，而且"比廷相待与本国学生无异"，因此倡导赴比游学游历。"各省派生游学比国章程"限制年格，即实年十五岁左右，资质、举止、体质、文理四者俱为合格；分省选派，即以省份大小财政状况，选派人数以10至40人不等，中文明顺，"不必问其曾学西文与否"，秉公选送；各省不足额则以高等学堂各府中学中文佳者补充额数，"不必定选员生"，由府送省额数以多出定额，由督抚考察差额选定，并且咨报京师学务处备查；游学的经费由各省按额汇付游学所有必要的经费，在华留支经费由各省"会商一律并咨明使署"；功课的评鉴集中为三点，即注册时拟定专门功课，可允许中途酌设；在洋期间温习中文，以七年为限在洋学习；对"荡检踰闲不安本分者"，立饬回华，由各省拨付川资，历年学费，"由督抚追缴，不得宽免。"④

---

① 《约章成案汇编》，乙编，卷32，下。参见陈学恂、田正平编：《中国近代教育史资料汇编·留学教育》（上海：上海教育出版社，1991），页275。
② 《约章成案汇编》，乙编，卷32，下。参见陈学恂、田正平编：《中国近代教育史资料汇编·留学教育》（上海：上海教育出版社，1991），页279。
③ 《江宁学务杂志》，1906年（光绪三十二年）6月第2期，参见陈学恂、田正平编：《中国近代教育史资料汇编·留学教育》（上海：上海教育出版社，1991），页275。
④ 《江宁学务杂志》，1906年（光绪三十二年）6月第2期，参见陈学恂、田正平编：《中国近代教育史资料汇编·留学教育》（上海：上海教育出版社，1991），页276–277。

1904 年，清末中国湖南巡抚赵尔巽上呈"奏遣派学生往美、比西国学习路矿制造专门实业折"，奏明湘省预备学习矿业学生的情形及其管理办法：先赴日本游学完成普通学，"再行派往美国学习矿业"；派往比利时学习矿业学生，则从法文学生中选派三名，"均于普通学尚能明晰，法文算学尤工"者；游学的经费由湘省筹措，"作正报销。"①1904 年，清末中国四川总督锡良上呈"奏选募官员士子分赴美欧学习路矿制造专门实业折"；1905 年，清末中国两江总督兼南洋大臣周馥上呈"奏请选派学生赴奥学习武备片"。②上述都是请奏分省遴选遣咨赴美欧各国游学游历的事宜，充分地体现出"新政"改革兴起之时清末中国游学游历美欧政策的新发展。1905 年，清末中国的"清帝多派学生分赴美欧游学谕"再称，"前经降旨谕令各省选派学生出洋游学，该督抚已陆续遵照办理。"③

由上可见，"新政"改革时期，清末中国出洋游学游历的管理体制已经发生显著的变化，地方直省担负更大的责任，负责出洋游学游历者的选派与资遣，清末中国中央游学游历的管理机构（即总理各国事务衙门）仅仅承担咨报备案的职责任务。此后，分省选送出洋游学游历日益增多，并且形成具有时代特色的清末中国出洋游学游历潮流。上述的发展与变化突出地体现出 20 世纪初清末中国"新政"改革的时代性特征，即由于中央财政经济拮据，清末中国政府遂将部分的权力和责任下放直省，包括出洋游学游历者的选派与资遣事宜。

第四，强化游学措施与资格管理。19 世纪末特别是"维新变法"失败之后，清末中国的革命思想开始活跃。1897 年，孙中山由英国经加拿大转赴日本而与康有为会面，商讨革命与保皇合作事宜。但康有为感念皇恩、拒绝合作④，于是革命与保皇"以日本为基地"展开"舆论战"。1903 年，章太炎发

---

① 《约章成案汇编》，乙编，卷32，下。参见陈学恂、田正平编：《中国近代教育史资料汇编·留学教育》（上海：上海教育出版社，1991），页277–278。

② 陈学恂、田正平编：《中国近代教育史资料汇编·留学教育》（上海：上海教育出版社，1991），页279–280。

③ 陈学恂、田正平编：《中国近代教育史资料汇编·留学教育》（上海：上海教育出版社，1991），页3–4。

④ 李侃、李时岳、李德证、杨策、龚书铎：《中国近代史》（第四版，北京：中华书局，1994），页327–328。

表"驳康有为论革命书"，由此将革命与保皇"两派"斗争推向崭新的阶段^①。此时，清末中国政府加大镇压革命思想的力度，邹容因为撰述《革命军》，搜捕之后关押在租界；章太炎倡言排满、主张革命，因为《苏报》案而搜捕入狱^②。与之相应，革命团体纷纷涌现^③，"排满反清"的社会行为屡见不鲜^④。上

---

① 康有为于1903年撰《答南北美洲诸华侨论中国上可行立宪不可行革命书》，宣传保皇，主张实行君主立宪政体，反对革命。章太炎随即于是年发表《驳康有为论革命书》对康有为的保皇主张进行批驳，其中论述道："然则公理未明，即以革命明之；旧俗之俱在，即以革命去之。革命非天雄大黄之猛剂，而实补泻兼备之良药矣。"参见汤志钧编：《章太炎政论选案》（上册，北京：中华书局，1977），页204。

② 1903年，邹容《革命军》刊行，章太炎为之作序，并在《苏报》上以《康有为与觉罗君之关系》为题发表《正仇满论》的摘要，以及发表《视北京大学堂学生》，《读严拿留学生密谕有愤》等文章，公然声称"那拉氏不足畏，满洲人不足畏。莫被政府威吓而使用敛其动，莫惜诸君自由血而失全国人之希望"，呼吁留日学生参与革命排满。故此，章太炎、邹容先后被捕。此即《苏报案》。参见金宏达著：《太炎先生》（北京：中国华侨出版社，2003），页122-125。

③ 近代首个革命团体于1894年在火奴鲁鲁正式成立，此即兴中会，在其纲领中提出"振兴中华"的口号，其入会誓词："驱除鞑虏，恢复中国，创立合众政府，倘有贰心，神明鉴察。"此后，香港兴中会总会（1895年），"总会设在中国，分会散设各地"，广州兴中会、台湾兴中会、日本横滨兴中会、美洲三藩市兴中会、旧金山兴中会、越南河内兴中会、南非兴中会等纷纷设立，在日本还设立有长崎、神户和马关等地的兴中会，以及西贡、新加坡、马加拉斯等地也设有兴中会，还有一些兴中会外围组织和团体。除此而外，华兴会（1906年）、光复会（1904年）、自强会（1904年）等革命团体也大量出现。1905年，中国同盟会在日本东京成立。参见肖效钦主编：《中国国民党史》（合肥：安徽人民出版社，1989），页11-37。

④ 在排满与反清思想发展的进程中，唐才常为关键人物，1900年唐才常在上海张园大办"正气会"，后改为"中国国会"，并推选容闳、严复为正、副会长，主张推翻清政府，但"清光绪皇帝复辟"，此明显为反清而不排满行为。参见李侃、李时岳等：《中国近代史》（第四版，北京：中华书局，1994），页328。但此会议遭到章太炎的抵制，声称采取剪辫行动以表达排满反清的革命情绪，此即历史上的"张园剪辫"，为此，章太炎还撰述《解发辫》。参见金宏达著：《太炎先生》（北京：中国华侨出版社，2003），页94。其中论述道："是时满洲政府不道，戕虐朝士，横挑强邻，戮使略贾，四维交攻，愤东胡之无状，汉族之不得职，陨涕涔涔曰：余年已立，而犹被戎狄之服，不违咫尺，弗带剪除，余之罪也。将荐绅束发，以复近古，日既不给，衣又不可得。于是曰：昔祁班孙、释隐玄，皆以明氏遗老，断发以殁……呜呼！余惟支那四百兆人，而振刷是耻者，亿不盈一，钦念哉！"参见汤志钧编：《章太炎政论选集》（上册，北京：中华书局，1977），页148-149。

述的革命思想与行为对清末中国的赴日游学生产生深刻的思想影响。

为此，清末中国政府相应地加强出洋游学的管理。1902年，清末中国的外务部上呈"奏议复派赴出洋游学办法章程折"，军机大臣奉"上谕"宣称：

> 吕海寰奏出洋肄业学生宜防偏重以杜流弊一折。学生出洋肄业，原为储才起见，岂容滥竽充数！若如所奏，近来学生出洋，沾染习气，流弊滋多，殊非慎重名器之意。著外务部按照所陈防弊，及考课保送各节，详晰妥议，并将该大臣原奏分咨出使各国大臣核议具奏请旨办理。[①]

清末中国的其他出使大臣对出洋游学生参与海外政治团体及其革命活动等事宜也奏专折，提出制订出洋游学管理的办法，"章程"所列的内容即是为了达成上述的目标。"奏折"规定出洋游学派遣的办法，即未派出洋前"先通中学"；将派出洋时"务毕普通之学"；既派出洋后"精求专门之学，夫而后中西可以贯通，成就可期远大"；到洋之后"自禀报名、以至送学、定课、稽察、调考复试，迄出考咨送回华，统由使馆照章办理"，同时划分出洋游学"名目"的类型，提出不同类型出洋游学的管理要求：[②]

贵胄出洋学生：王公大臣子弟。东西方各国家优待贵胄出洋学生。虽然学堂之中与其他出洋学生"一体肄习"，但学堂之外"仍待以贵胄之礼"。贵胄出洋学生可以参考日本等国家的做法，即依据出洋游学贵族的实际表现。"恪守堂规，随班受课，不得有挟贵挟贤之意，一切稽察调考，仍归出使大臣办理。如不安分闹事过犯者，责成出使大臣破除情面，切实注劣咨送回华，以免贻笑外人，致伤国体。"而学堂之外"最好自延教习一二人，即赁寓于其家，每日由堂回寓，即将学堂所授功课详细讲解，尤易精进"。

官派出洋学生：京师大学堂及各省督抚学政暨各大臣所送者。规定咨送的条件："已毕普通之业，而又中学优长，器宇纯粹，年在三十岁以下者"；

---

① 外务部：《奏议复派赴出洋游学办法章程折》，《约章成案汇编》，乙编，卷32上。参见陈学恂、田正平编：《中国近代教育史资料汇编·留学教育》（上海：上海教育出版社，1991），页15。

② 外务部：《奏议复派赴出洋游学办法章程折》，《约章成案汇编》，乙编，卷32上。参见陈学恂、田正平编：《中国近代教育史资料汇编·留学教育》（上海：上海教育出版社，1991），页16–17。

课行察训："由该监督随时稽察切实禀报，每年大考一次，由使臣亲自考校。其季考三次，即委令该监督代考，并面加训迪，勖以忠孝廉节要指，晓以纲常伦纪大经"；毕业考评："俟专业毕业呈验文凭，报由使臣定期面试，如果相符，即将该生人品、学问、数年中有无过犯，出具切实考语，咨复原送大臣，并报明外务部转咨管学大臣存案"；服色限制：除了军事、船政学生服色尚有规制之外，"其余诸学学生，不必更换服色以昭制度"，但"概不准剪剃发辫"。

自费出洋学生：民间自备资斧出洋者。自费出洋游学不限年龄，学生到使馆报名，留下联系地址，"无庸过为刻核"；游学门类、课目等功课行为"听其自择"，但欲入官学堂，则要"考校合式"之后咨送；学有所成之后，"游历官厂以资印证者"可以"据禀照请"；专门毕业并且已有文凭者，"与官学生一律咨部。"

1903年，张之洞上奏"筹议约束鼓励游学生章程折"，后附"约束游学学生章程""奖励游学生章程"和"自行酌办立案章程"，即针对"新政"改革时期"游日浪潮"的逐步高涨以及游日学生革命热情的日炽情势所制订的管理办法。至此，清末中国政府对出洋游学的管理采取约束和鼓励并用的策略，由此清末中国出洋游学生的管理日益具有规制化特征。张之洞的"奏折"强调：

> 告以出洋学生如不妥筹约束，听其浮游废学，任性妄为，犯义干名，陷于罪戾，则此后有志之士，不复敢远游就学，往取师资。其先已在洋笃志力学者，也且惧为牵累，废然思返，永无成就通才之日，为害不可胜言。该使臣审思至再，始谓如有妥善办法，也愿电彼政府赞成此举。惟必须中国于安分用功学成回国之学生，予以确实奖励，使各学生有歆羡之心。并使彼国学堂确见中国有劝学求才之实意，始于不安分学生有助我约束之法，愿先酌拟章程，再为商办。[1]

---

[1] 张之洞：《筹议约束鼓励游学生章程折》（1903年，光绪二十九年）。参见陈学恂、田正平编：《中国近代教育史资料汇编·留学教育》（上海：上海教育出版社，1991），页53。

阐述拟订上述"约束和鼓励章程"的目的与意义：

自应明定章程，分别惩劝，庶足以杜流弊而励真才。当即酌拟约束游学生鼓励毕业生章程各一通，迭次与日本使臣往返商榷。复由该使臣转达其政府，与各学校校长公同会议，期于中国学生有裨，而于彼国法权无碍，斟酌至于再四，日来始克议成。计拟定约束章程十款，鼓励章程十款，又另拟自行酌办立案章程七款，凡所以严防范考察之方，广鼓舞栽成之道，纲领粗具于是。从此切实施行，则以后游学生护符逃薮，失所凭依，已往者当知敛戢，续往者也有范围，上以示朝廷彰瘅之公，下以昭学术邪正之辨，庶足挽横流而宏造就。①

"约束游学生章程"规定：无论官费、私费游日学生，入学日本官设、私设学堂，均由出使大臣总监督公文保送方可入学，若保送学生入私设学堂，尚须日本文部省认可；学生课行由所入学校考察，出使大臣总监督察访，"非实有病症"，"勿稍宽假"；学生在学期间，专心修业为本务，不许"妄加议论，刊布干预政治之报章"，而"品行不端""紊纲纪害治安"学生，"经中国出使大臣总监督知会，该学堂请为斥退者，日本学堂应即照办""确有紊纲纪害治安若不安分之事者"，出使大臣总监督应该"严加约束"，若无改过可能性，"即行饬令回国，不准稍有逗留。"②

"鼓励游学生章程"规定：在日本各学堂毕业者，"果系品行端谨，毫无过犯"，视"所学等差，确与所得学堂文凭相符者"，奏请奖励；在日本普通中学堂，实业学堂、大学堂、同北大学堂、同北大学院毕业且获优等文凭者，分别给予拔贡、举人、进士、翰林，以及翰林升阶，毕业于私设学堂同例给予举人或拔贡出身；对出洋游学之前即有科举出身者，依所学程度给予相当官职；游学生考评："首以品行为贵，品于评分与科学评分中，以品行评分合格为前提"；出洋游学年限按日本各学堂规定，"不得别自为班，希冀速成；

① 张之洞：《筹议约束鼓励游学生章程折》（1903年，光绪二十九年）。参见陈学恂、田正平编：《中国近代教育史资料汇编·留学教育》（上海：上海教育出版社，1991），页53–54。
② 张之洞：《约束游学生章程》，见《筹议约束鼓励游学生章程折》（1903年，光绪二十九年）。参见陈学恂、田正平编：《中国近代教育史资料汇编·留学教育》（上海：上海教育出版社，1991），页54–56。

定章前已回国官派游学生，由各督抚考查品行心术，"即照新章给以出身""已有出身者，给以相当官职，速成科毕业生以当差时间补足年限"，一体给以出身或相当官职，以及还有其他相关的规定奖励。①

1906 年，清末中国的学部附"奏非具中学程度之学生概不咨送出洋片"，严格地规定官费、私费出洋游学生的资格，规定目的论述明确，强调"现在兴学伊始，虽不能过高其格自隘其途，而根底未完遽令出洋不惟耗费财力，且也易滋流弊"，特别规定京外派遣出洋游学送咨资格所需要具备的条件：无论官费、私费皆应"切实考验，性行纯谨，具有中学堂毕业程度，通习语言文字，能直入高等专门学堂"；游日学习法政和师范者，已由出使大臣"电明臣部（学部）暂准送学外，嗣后概不咨送""非由各部暨各省将军督抚给有咨文者，出使大臣概不送学""其既经给咨而本人请改速成者，概不准行"，同时规定各省设立新式学堂，实力讲求"新学"；对于师范和法政诸科，聘请专门教习实力讲求，"庶普通学识能于本国养成，专门绝业始行取资海外。"② 由上可见，"新政"改革之后清末中国政府对出洋游学的管理采取"双管齐下"的策略，目的就在于既要杜绝海外浮滥游学的流弊，又要无害于实力地讲求"新学"，比如赴日学习师范和法政诸科。

1906 年之后，为了防止出洋游学生遭受"反清排满"革命思想和行为的影响，清末中国政府对出洋游学生特别是游日学生进行资格上的限制，并且

---

① 张之洞：《奖励游学毕业生章程》，见《筹议约束鼓励游学生章程折》（1903年，光绪二十九年）。参见陈学恂、田正平编：《中国近代教育史资料汇编·留学教育》（上海：上海教育出版社，1991），页56-57。鼓励章程按科举封阶制度和回国后毕业游学生考验成绩，分别给予相对应的科举出身。该奏折明确规定，"果系品行端谨，毫无过犯，并按照所学科目切实考验，确与所得学堂文凭相符，始行奏请给奖，似尚不致冒滥。"张之洞：《筹议约束鼓励游学生章程折》（1903年，光绪二十九年）。参见陈学恂、田正平编：《中国近代教育史资料汇编·留学教育》（上海：上海教育出版社，1991），页54。
② 《学部奏咨辑要》，卷2，参见陈学恂、田正平编：《中国近代教育史资料汇编·留学教育》（上海：上海教育出版社，1991），页29。

采取严格的考验措施^①。1906 年,清末中国的学部制订"考验游学毕业生章程"（且 1909 年修订）,规定出洋游学考生资格、报名程序、预试、考试科目、考试办法等,同时制订"游学毕业生廷试录用章程",借以杜绝出洋游学生的"不务正业",引导专心学习和钻研东西方的实际学问,以便达成推进出洋游学游历政策的理想目标。清末中国政府不仅多次举办出洋游学生的"部试",而且举办出洋游学生的"廷试",赐予进士和举人等科举的名衔。1907 年至 1911 年,进士馆、普通出洋游学毕业生分等授官,包括翰林院编修、翰林院检讨、翰林院庶吉士、郎中、员外郎、内阁中书、七品小京官、知县,以及其他官职^②。

第五,重视师资培养质量。"新政"改革时期,清末中国日益陷入半封建半殖民地社会的深渊。"教育救国论"是当时诸多人士的思想中规避"亡国灭种"的唯一手段,于是新式学校教育借机勃发,然而新型的师资却相当缺乏,清末中国政府为此正式出台多个制度性的文件,用以培养与延聘新式学校教育机构的师资。

1903 年,张百熙等上呈"奏派学生赴东西洋各国游学折",深入地论述"教习乏才",强调"宜派学生出洋分习专门,以备教习之选""臣等随时体察,益觉咨遣学生出洋之举万不可缓,诚以教育初基,必从培养教员入手。而大学堂教习尤当储之于早,以资任用"^③"亟应多派学生分赴东西洋各国学习专门,以备将来学成回国,可充大学教习,庶几中国办理学堂尚有不待借材

---

① 1905年（光绪三十一年）,学务处组织对回国游学生进行了考试,分别有2人"给予进士出身,赏给翰林检讨",5人"给予进士出身,按照所习学科,以主事分部学习行走",1人"给予举人出身,以内阁中书用",6人"给予举人出身,以知县分省补用"。1906年（光绪三十二年）,学部上呈《奏定考验游学毕业生章程折》,并附章程五条,详细论述考验和奖励游学生事宜。1907年（光绪三十三年）,学部上呈《奏请钦派大臣会考进士游学毕业各员并酌拟考试章程折》,附章程八条。1908年（光绪三十四年）,宪政编查馆和学部联合上呈《会奏游学毕业生廷试录用章程折》,附章程十一条。可见清政府对出洋游学生学习成效的重视,也以此为手段加强对出洋游学生进行思想控制。参见陈学恂、田正平编：《中国近代教育史资料汇编·留学教育》（上海：上海教育出版社,1991）,页61–69。
② 参见尚小明著：《留日学生与清末新政》（长沙：湖南教育出版社,2003）,页141–142。
③ 陈学恂、田正平编：《中国近代教育史资料汇编·留学教育》（上海：上海教育出版社,1991）,页19。

操纵自如之一日，早为之计，应用无穷，及今不图，后将追悔"。[①]张百熙重视学生出洋学习师范，强调"师范学生最关紧要，著管学大臣择其学术纯正，学问优长者，详细考察，分班派住游学"。[②]

1905 年前后，清末中国游学明治日本进入"高潮"，游日学生的总数达8000 余人。随着"游日浪潮"的兴起，清末中国的归国游学生日益地增多，从而为新式学校教育的开展提供相当数量的速成师资。客观上来讲，清末中国"游日浪潮"的出现对"新政"改革时期新式教育的发展产生深刻的影响作用。但由于上述师资中的大多数是速成培养，质量存在严重的问题，由此对提升新式学堂的师资素质提出新的时代性要求。清末中国的新式学堂采取如下途径选聘教师：一是游学生归国之后大量地充任新式学校的教习；二是从东西方国家聘任大量的来华师资任教。

1906 年，清末中国的学部（1905 年成立）两次通电各省限制游学日本，明治日本政府颁布"清国留学生取缔规则"，同时存在其他的原因，由此促使清末中国"游日浪潮"出现回落的发展态势。清末中国的学部"通电"是针对游日学生参与海外革命组织及其活动事宜所做出的规定。其中强调：

赴西洋者人较少，弊较轻，容再另达。其赴日本者，一、资格宜限定，学长期者，除习浅近工艺，仅须豫备语言，于学科无庸求备外，凡欲入高等以上学校及各专门学校者，必有中学堂以上毕业之程度，且通习彼国语文，方为及格。有一不足，应先在本国补习。短期者，除游历官绅可少宽限制，其习速成科者，或政法或师范，必须中学与中文俱优，年在二十五岁以上，于学界政界实有经验者，方为及格，否则不送。无论官费私费长期短期游历游学，必品行端谨无劣迹，身体强健无宿疾，否则不送。非由咨送，公使概不送学，非经考验，本省概不咨送。一、期限宜画一。日本各学校以西历四、九两月为学期之始，各省选送学生除需才太急不能久待，且核计人数能自成一班者，可以不拘此限外，其余无论长期短期官费私费，宜按道里远近，预

---

① 陈学恂、田正平编：《中国近代教育史资料汇编·留学教育》（上海：上海教育出版社，1991），页19。

② 陈学恂、田正平编：《中国近代教育史资料汇编·留学教育》（上海：上海教育出版社，1991），页20。

计程期，使到东之日恰在开学之前，平日概不零星派送。①

清末中国的学部"通电"论及"推广各项学堂"，强调"专门绝学固当取资海外，普通知识务于本国养成，未经考验给咨者毋得率尔赴东，徒劳往返。唯游学既有限制，则本国学堂更应赶紧推广，切实整顿。"②

1907年，清末中国的学部上呈"附奏官费游学生回国后皆令充当专门教员五年片"，宣称"此次大学堂优级师范毕业生，除照章分拨各处学堂充当教员以尽义务外，由大学堂总监督详加考校，择其性行端谨，外国文根柢较优者，发给官费，咨送美欧各国分习专科，以备将来高等专门教员之选""凡此次所选派之出洋游学生，及以前学务大臣暨臣部先后所派之官费出洋游学生，将来毕业回国，皆令充当专门教员五年，以尽义务，其义务年限未满之前，不得调用派充他项差使，庶几本国之专门教育，可渐振兴，也无用违其长之虑"。③最终在20世纪初期，清末中国形成大规模赴日学习速成师范的社会潮流。

第六，推择办理学堂员绅出洋考察。随着新式学校教育事业的发展，清末中国对新式师资的质量提出新的时代性要求。20世纪初期，清末中国政府加大推择办理学堂员绅出洋考察的力度。1904年，张百熙、荣庆和张之洞草拟"奏定学堂章程"（即"癸卯学制"）——清末中国首部正式全国颁行的"学制"。"学务纲要"是"癸卯学制"的前言解道，即总纲，强调"各省办理学堂员绅，宜先派出洋考察"④。"癸卯学制"的颁行充分地体现出从注重学堂的教习到特别重视学堂管理者的转移发展——既是新式学校教育阶段性发展的重要标志，也是新式学校教育规范发展的重要体现。"学务纲要"规定，"学

---

① 学部：《通行各省选送游学并推广各项学堂电》，《学部奏咨辑要》，卷1，参见陈学恂、田正平编：《中国近代教育史资料汇编·留学教育》（上海：上海教育出版社，1991），页72。
② 学部：《通行各省选送游学并推广各项学堂电》，《学部奏咨辑要》，卷2，参见陈学恂、田正平编：《中国近代教育史资料汇编·留学教育》（上海：上海教育出版社，1991），页73。
③ 学部：《附奏官费游学生回国后皆令充当专门教员五年片》，《学部奏咨辑要》，卷3，参见陈学恂、田正平编：《中国近代教育史资料汇编·留学教育》（上海：上海教育出版社，1991），页73–74。
④ 《奏定学堂章程. 学务纲要》，湖北学务处本。参见陈学恂、田正平编：《中国近代教育史资料汇编·留学教育》（上海：上海教育出版社，1991），页20。

堂所重不仅在教员，尤在有管理学堂之人。必须有明于教授法、管理法者，实心从事其间，未办者方易开办，已办者方能得法，否则成效难期，且滋流弊"①，即新式学堂举办的关键要素在于教员和管理者，而学堂管理者合理与有效的管理方法对新式学堂的成功开办具有重要的作用，继而强调"各直省亟宜于官绅中，推择品学兼优，性情纯挚，而平日又能留心教育者，陆续资派出洋，员数以多为贵，久或一年，少或数月，使之考察外国各学堂规模制度，及一切管理教授之法，详加询访体验"②，其中特别提出，各直省按规定都应派出官绅出洋考察学务，"此事为办学堂入门之法，费用万不可省，即边瘠省份，至少也必派两员"③，至于出洋考察目的地国家，强调"美欧各国，道远费重，即不能多往，而日本则断不可不到"④。由于"边瘠"的省份难以更多地派员出洋考察，因此提出可以采取的间接办法：

> 广购江楚等省已经译刊之教育学、学校管理法、教育行政法、学校卫生学、师范讲义、学务报、教育丛书等类，颁发各属，俾从事学务之人考究研求，则所办学堂不致凌杂无序，也不致枉费师生功力，庶较胜于冥行歧误者。⑤

20世纪初期之后，清末中国掀起新式学堂办理员绅出洋游历考察的社会潮流——具有重要的社会影响与时代意义：不仅促使办理学堂的员绅切身地感受西方政治经济和文化教育等各领域发生的实质变化，深化认识与理解西方近代学校教育及其相关制度，而且引发出洋员绅传统思想观念的迅速转变，促使其切实地感受到时代所已出现历史性的发展与变化，以及进行传统中国

---

① 《奏定学堂章程·学务纲要》，湖北学务处本。参见陈学恂、田正平编：《中国近代教育史资料汇编·留学教育》页20。

② 《奏定学堂章程·学务纲要》，湖北学务处本。参见陈学恂、田正平编：《中国近代教育史资料汇编·留学教育》（上海：上海教育出版社，1991），页20。

③ 《奏定学堂章程·学务纲要》，湖北学务处本。参见陈学恂、田正平编：《中国近代教育史资料汇编·留学教育》（上海：上海教育出版社，1991），页21。

④ 《奏定学堂章程·学务纲要》，湖北学务处本。参见陈学恂、田正平编：《中国近代教育史资料汇编·留学教育》（上海：上海教育出版社，1991），页21。

⑤ 《奏定学堂章程·学务纲要》，湖北学务处本。参见陈学恂、田正平编：《中国近代教育史资料汇编·留学教育》（上海：上海教育出版社，1991），页21。

社会和教育等变革的必要性与迫切性，从而增强办理新式学校教育的思想信念以及从事新式学校教育的实践动力。

第七，奖励职官出洋游历游学。20 世纪初期，清末中国的社会文化心理模式逐步地历经由被动对外开放向主动对外开放的时代过渡与转变发展过程，出洋游学游历遂成重要的社会思潮，奖励职官出洋游历游学成为出洋游学游历政策的重要内容。1900 年，清末中国的学部下发"通行京外给咨出洋游历简章文"[①]，规定游历申请程序、宗旨预呈、东西洋时限、愿书登记造册、核准备案和给咨核办等方面，以及规制出洋考察政治、学术和实业等[②]，并且对京外职官出洋游历提出相关素质的要求：

> 必平日于各项政学夙有研究，始足以资印证，且必久于其地，分类考求，乃能窥见实际。兹由本部酌定游历简章，除一、二大员及特派出洋考察人员不在此限外，其余京外各员呈请给咨出洋游历者，均按照规定简章办理，合格者始予给咨，并将该员愿书咨送本部以备查核。不合格者概不给咨遣，免致有名无实。[③]

1904 年，张百熙、荣庆和张之洞的"奏请奖励职官游历游学片"强调，出洋游学游历"能考察其内政、外交、海陆军备、农、工、商各项实业，及其章程办法"，鼓励"采听其议论，参观其政俗""均宜详晰记载，笔之于书"，并且规定"有札记著作实有所得者，方准给奖"，同时强调"游学游历为尤有实际，最为成就人才之要端"，给予内外职官以优擢补缺和免扣资俸，以"广求人才讲求时务"，认为自备资斧学生出洋游学"流弊甚多"，而"已入仕途之人"（即职官）大多"读书明理，循分守法"，因此"择其素行端谨，志趣

---

① 1904年（光绪三十年），外务部、学务大臣曾《奏准游学西洋简明章程》，章程对游学西洋规定五点，分别对游学对象国家的诸学优长，游学派赴条件，游学选派程序，边省游学生选派办法，游学管理等方面做出规定，章程简明扼要。参见陈学恂、田正平编：《中国近代教育史资料汇编·留学教育》（上海：上海教育出版社，1991），页26—27。

② 《学部奏咨辑要》，卷2，参见陈学恂、田正平编：《中国近代教育史资料汇编·留学教育》（上海：上海教育出版社，1991），页30—31。

③ 《学部奏咨辑要》，卷2，参见陈学恂、田正平编：《中国近代教育史资料汇编·留学教育》（上海：上海教育出版社，1991），页29—30。

远大者，使之出洋游历，分门考察，遇事咨询，师人之长，补己之短，用以开广见闻，增长学识，则实属有益无弊。其能亲入外国学堂留学者尤善"。职官出洋游历游学不仅能够增长见识，而且可以结识和审查在洋游学生，因此要"灼知其品谊才识""异时以类相求"，由此对职官回国招聘教员以及相互联络与咨教等都有好处；职官具有丰富的阅历，"守法明理""行端志远"，对改变所接触或影响的在洋游学生也有益处，能够获取潜移默化的成效，即"邪说诐词，势自孤而不敌，学生嚣张之气，也必可默为转移"，并且职官的层级愈高，影响游学生愈显，更应出洋游历游学；职官出洋游历游学与奉命出使存在本质的不同，因此形式上也应具有差别，比如翻译、随从"尤须简少，游学者无庸随带翻译""游历所以资历练，非以壮观瞻；省事节费，犹其余事"。正是基于职官出洋游历游学所具有上述的益处，因而"奏折"强调"拟请明降谕旨，无论京外大小官员，凡能自备资斧出洋游历游学者""拟其等差""分别从优奖励以劝之"。[1]1905 年，清末中国政府派出"五大臣"出洋游历考察，借以推进"新政"的改革与发展。

---

[1]　陈学恂、田正平编：《中国近代教育史资料汇编·留学教育》（上海：上海教育出版社，1991），页21–22。

清末出洋游历游学分别等差对照表 [1]

	目的国家	时限	目标	内容	要求	给奖
游历	遍涉东西洋各国。	往返在三年以外。	以能考察其内政，外交，海陆军备，农工商各项实业，及其章程办法，为要义。	除一二品大员，兼综博览，及其贤士大夫，以多接见其文武大臣，采听其议论，参观其政俗，务其远者大者外，其庶司百职，或各因性学之所近，或各就职业之所切，以分门考察，能得其实际为要义。	凡游历考察所及，均宜详晰记载，笔之于书。回国后，或应呈进善呈御览，或应呈送政务处及各部院，督抚衙门考核，当视其官秩，分别酌定。	凡应给奖者，仍必须有札记著作实有所得者，方准给奖。年限虽是，毫无记录者，仍不给奖。
	择游美欧两洲之一二国，或二三国。	往返在两年以外。				
	专游美欧各国中之一国。	往返在一年以外。				
	仅至东洋游历。	在一年以内。				
游学	东西洋各国。	岁月较久，一般三年以上。	尤为实际，最为成就人才之要端。	无论实缺候补，自备资斧，出洋游学。	由普通而达专门，考求实在而有用之学。	得有彼国学堂毕业凭照者，回国后尤宜破格奖励，立予擢用。游学毕业者，回国分别学业等差，比照大考等例，优予升擢，或升迁补缺。
备注	其游学西洋者，道远费重，应格外加优。至游历奖励，比游学应减一等。凡出洋游历游学人员，并准一概免扣资俸。					

① 本对照表具体内容参酌张百熙、荣庆、张之洞《奏请奖励职官游历游学片》中表述出洋游历游学之间的"等差"进行分栏列而成。参见陈学恂、田正平编：《中国近代教育史资料汇编·留学教育》（上海：上海教育出版社，1991），页22—23。

　　清末中国职官出洋游历游学对"西学输入"及其本土化的发展进程存在重要的推进作用，促使消除"中西学"之间的界阈与传统的社会观念，"新学"思想由此也获取新的发展，对外开放的思想意识逐步地成为清末中国社会思维的基本方式，由此充分地体现出"中西文化理解"的发展过程中所存在"中国主体"意识的阶段发展与深刻变化，从而有力地推动清末中国社会和教育事业的发展与进步。

　　第八，遣派进士学员出洋游学。清末中国传统科举考试制度的改革存在逐步发展的过程。1840年至1905年，清末中国新式教育与传统科举考试制度并存。为了适应新型人才标准与社会时代需求，1904年清末中国政府为新进士初登仕途补求实学，于是在京师大学堂附设进士馆，癸卯（1903年）和甲辰（1904年）两科进士先后入馆，"分班授课""翰林中书为内班，分部各员愿在本衙门（指学部）当差者为外班"。①

　　1905年，传统中国科举考试制度终被废止。此后，清末中国的"进士馆"学员遣送出洋游学，但"癸卯进士"学员临近毕业，因此决定留馆继续学习，"俟毕业后再行遣派出洋游历"②，而将"甲辰内班"学员先行遣送日本东京法政大学游学。1906年，清末中国的学部上呈"奏变通进士馆办法遣派学员出洋游学折"，强调"所有甲辰进士现在馆肄业之内班均送入法政大学补修科，其外班之分部各员有志游学者分别选择送入法政大学速成科。至因有事故未经到馆之翰林中书，拟由臣部电咨各省，催取各员赶紧来京，与外班各员一体送入速成科肄业"。③对于"进士"学员出洋游学的时限安排，强调"将来入补修科各员以在馆日期并算，适足三年。其入速成科各员虽未满三年，而所习学科较多，视本馆章程较为完备，应准其于毕业回京时一律考验，按照

①　顾明远主编：《教育大辞典》，卷10，《中国近现代教育史》，（上海：上海教育出版社，1991），页145。又学部《奏变通进士馆办法遣派学员出洋游学折》，《学部奏咨辑要》，卷2，参见陈学恂、田正平编：《中国近代教育史资料汇编·留学教育》（上海：上海教育出版社，1991），页30–31。

②　学部：《奏变通进士馆办法遣派学员出洋游学折》，《学部奏咨辑要》，卷2，参见陈学恂、田正平编：《中国近代教育史资料汇编·留学教育》（上海：上海教育出版社，1991），页28。

③　学部：《奏变通进士馆办法遣派学员出洋游学折》，《学部奏咨辑要》，卷2，参见陈学恂、田正平编：《中国近代教育史资料汇编·留学教育》（上海：上海教育出版社，1991），页28。

定章分别奖励"①，同时强调"变通办法于储才致用不无裨益"，因此"拟由臣部（指学部）于进士馆经费项下拨给学费，定期派遣出洋，其进士馆原有堂舍应即筹办别项学堂"。②

　　1907 年，清末中国的"进士馆"改称京师法政学堂，新式学校教育制度获取较大程度的发展，新式学校选派的学生逐步地取代遣派"进士"学员出洋游学。但遣派"进士"学员出洋游学具有重要的影响作用，即充分地表明传统中国科举考试制度及其思想意识走向终结的途程；清末中国的新式教育获取巨大的时代性发展，并且从接受新式教育的内容转向出洋学习"西学"；出洋游学游历对清末中国的社会文化心理结构产生深刻的影响作用，从而为新式教育制度的确立奠定坚实的社会思想基础。

　　第九，奖劝宗王贵胄子弟出洋游学游历。20 世纪初期，清末中国出洋游学游历的社会影响日益增强，最初"甄别生"的派遣逐步扩展到宗王贵胄子弟。1904 年，张百熙、荣庆和张之洞的"奏请奖励职官游历游学片"重视宗王子弟出洋游学游历。宗室勋戚以及王公子弟"自备资斧，出洋游学""得有彼国学堂毕业凭证者，回国后尤宜破格奖励，立予擢用"；宗王子弟出洋游学毕业者，给予科举的名衔，"优予擢用"。同时，"凡出洋游历游学人员，并准一概免扣资俸。"

　　1907 年，清末中国的外务部和学部等联呈"会奏请派贵胄出洋游学折"，声称"窃维东西各国所由驯致富强在乎无人不学，往往贵为储贰以及近支皇族，咸使游学异国与寻常学生无异""欲振国民之教育必自贵介率以精神，欲固皇室之本根必于公族宏其造就，其所计至深远也"，因此强调贵胄出洋游学"诚不可缓"，不仅学习陆军而且学习政法，而游学目的地国家"自以分英美德三国为宜"，并且强调贵胄出洋游学的重要性，即"亲贵子弟士民视为模范，风气待以转移，若能使之悉心研究，学成而归，异日者出贵近而履戎行，近懿亲而谋国是，其提倡较为有力，其效验自必异常"。

---

① 学部：《奏变通进士馆办法遣派学员出洋游学折》，《学部奏咨辑要》，卷2，参见陈学恂、田正平编：《中国近代教育史资料汇编·留学教育》（上海：上海教育出版社，1991），页28。
② 学部：《奏变通进士馆办法遣派学员出洋游学折》，《学部奏咨辑要》，卷2，参见陈学恂、田正平编：《中国近代教育史资料汇编·留学教育》（上海：上海教育出版社，1991），页28。

上述的"会奏请派贵胄出洋游学折"尚拟订"贵胄游学章程缮单"。游学遣送对象：在王公子弟及贵胄学堂高才生中选取；游学目的地国家：以英美德为主要；游学内容：研究专门科学，包括政法、陆军；游学年期：均以三年为限。同时规定出洋游学管理各项，比如日常管理方面：由出使大臣选定学堂上课肄习，并且平常稽查，译员、教员均受节制，学期功课品行造册报告外务部；惩奖擢用方面：品行不端、学业无望者，由出使大臣报告外务部调回，其尤甚者从严惩戒，而始终勤奋、学业有成、期满回华，"即予擢用，其尤为优异者破格超擢。"①

综合上述，20 世纪前后清末中国出洋游学游历步入崭新的发展阶段，从最初的甄别贫穷子弟和家境艰难生徒转变成鼓励宗王贵胄子弟出洋游学游历。上述实践和政策的转变发展充分地体现出清末中国出洋游学游历在社会观念层次上的内涵发展与深刻变化。

第二节　清末中国"庚款"游美政策的兴起及其历史影响

"庚款"游美是清末中国政治经济、文化教育和军事外交等领域发展中出现的社会历史现象，也是清末中国游学游历美欧赓续及其政策发展中的重要实例。中日"马关条约"签订之后，清末中国政府就已遭受财政经济的困境，"闽厂"游欧生徒两次学业未竟而中途撤回，主要的原因就在于存在严重财政经济方面的问题。中日甲午战争之后，清末中国依靠西方国家的银行团借款，维持社会经济运行的稳定，但随之而来的是国家利权的丧失。"辛丑条约"巨额地赔款东西方列强，不仅标志清末中国的财政经济体系濒临崩溃的边缘，而且深刻地影响到出洋游学游历事业的发展。为了解决中央财政经济困窘的局面，清末中国政府在出洋游学游历政策方面采取分省资遣的方式，即由直省负责资遣生员出洋游学游历。但由于各直省都担负不平等条约规定的战争赔款责任，因而地方财政经济同样面临诸多的困境，只能在艰难

---

① 陈学恂、田正平编：《中国近代教育史资料汇编·留学教育》（上海：上海教育出版社，1991），页31-32。

之中尽力地解决出洋游学游历中的经济难题。清末中国"游日浪潮"的掀起在美国社会中引发极大的震动，促使美国产生退还超收的"庚款"、用于鼓励清末中国游美的教育政策思想，同时由此促成清末中国制订"庚款"游美的教育政策。上述教育政策的思想产生与具体实施有效地促进清末中国新式教育事业的深化发展，并且对中国社会和教育近代化的发展进程产生深刻的影响作用。

"南北战争"之后，美国对中国在内的远东地区采取积极的外交政策，用以避免开展直接军事行动的潜在风险，但对英法日等东亚侵略殖民的政策采取支持态度，借以扩张美国在亚洲东部的势力影响。鸦片战争之后，美国迫签"中美望厦条约"（即1844年"五口贸易章程"），攫取协定关税、五口通商、领事裁判权和片面最惠国待遇等在华的特权；"日朝江华条约"之后，美国强迫朝鲜政府签订"美朝通商条约"（1882年），确认约定关税、美国在朝的领事裁判权和最惠国待遇等在朝的权利，其后获取在朝开矿、筑路和海关等特权。美国企图借助甲午中日战争和中日"马关条约"签订的时机，更大限度地打开远东特别是传统中国的"门户"。但美国对清末中国执行双重且彼此矛盾的政策，其实有损于美国自身的战略利益，比如19世纪90年代美国会同英法日俄德等国家，力图获取在华的租让权与势力范围，清末中国面临东西方列强瓜分的严重危机，但上述的国际社会情势对美国并非有利。19世纪末中美经济关系日显紧密，1896年，美国对华贸易居第二位（仅次英国），美国的资本获取在华建设铁路和电报线路等特权。因此，美国需要阻止欧日列强对华新的领土掠夺，甚至支持清末中国抵抗列强新的侵略企图，目的是为了美国获取更多的贸易优惠与租让特权[1]，由此美国提出"门户开放"和"机会均等"的对华外交政策。美国时任外务大臣海约翰最早提出对华"门户开放"的政策：

今日推原两国友谊，当以前外部长海约翰之开放门户政策为前茅，而以还赠庚子赔偿为后劲。主门户开放政策者之言曰："列强不得向中国要索利权，致碍别国商务之利。"此语势力所被，可以保全中国领土。中国人虽闻壮言，

---

① 李元明著：《世界近代国际关系史》（北京：中共中央党校出版社，1988），页557–558。

必求佐证；及庚子赔款退还，方信我美度量深宏，非徒以虚言市惠，感我之情弥久弥深。今者中国岁岁派遣生徒来美就学，核其数已过四百；而在本国预备科诵习者咸受此赔款之赐；友谊日笃，推诚相与，至今日遂随我美同呼邪许，振臂而讨世界之公敌。①

　　1900年，八国联军侵略清末中国，进攻京津地区。1901年，李鸿章和奕劻担任清末中国的全权议和大臣，签订"辛丑条约"，赔偿银4.5亿两，本息合计银9.8亿余两②，即"庚子"赔款——"人均一两，以示侮辱。"美国获取清末中国"庚子"赔款美金2444余万元，超索美金1278.5余万元，赋予利息计算，则超索美金5300余万元。③美国的朝野同意退还部分超收的"庚款"，用于清末中国派员游美的教育用途，但清末中国"庚款"游美政策的出台历经复杂的发展过程。

　　就美国方面来讲：1901年，驻北京的美国公使柔克义陈言，"赔款太重，宜体物情，略减担负。"④当然，柔克义的陈言依然建立在维护美国自身利益的基础之上。

---

① ［美］宾德（Silas Bent）:《美国退还赔款记详》，参见舒新城编:《中国近代教育史资料》（下册，北京：人民教育出版社，1981），页1100-1101。
② 《辛丑条约》原文规定，"大清皇帝允定，付诸国偿款海关银四百五十兆两""此四百五十兆按年息四厘，正本由中国分三十分年，按后附之表各章清还（附十三）。本息用金付给"。《辛丑条约》，1901。参见梁为楫、郑为则主编:《中国近代不平等条约选编与介绍》，（北京：中国广播电视出版社，1993），页429，按上述有关规定，从1902年至1940年，清末中国赔偿各国银本息"应付之总数即九百八十二兆八千一百五十两"（即银982,268,150两）。参见梁为楫、郑为则主编:《中国近代不平等条约选编与介绍》，（北京：中国广播电视出版社，1993），页439。其中，俄（130,370,000余两），德（90,070,000余两），法（70,870,000余两），英（50,620,000余两），日本（34,790,000余两），美（32,930,000余两），意大利（26,610,000余两），其余由奥地利、比利时、西班牙、葡萄牙等国瓜分。参见梁为楫、郑为则主编:《中国近代不平等条约选编与介绍》，（北京：中国广播电视出版社，1993），页425。
③ 苏云峰著:《从清华学堂到清华大学（1911-1929）》（北京：三联书店，2001），页2。
④ ［美］宾德（Silas Bent）:《美国退还赔款记详》，参见舒新城编:《中国近代教育史资料》（下册，北京：人民教育出版社，1981），页1101。

当 1901 年各国代表在天津商议庚子赔款时，美国虽表示同情中国，但也不忘怀自身利益。美国务卿海约翰（John Hays）令驻华公使康格（E.H.Conger）及辛丑条约全权代表柔克义（W.W.Rockhill）于会议中提出：一、为免中国财政不胜负荷，全部赔款不得超过 15000 万美元。二、美国应分得全部赔款的 1/6（约 16.6%），即 2500 万美元。海约翰明知他的要求超过美方实际损失，但思以此作为与中国谈判关税和贸易筹码，争取美商利益，而美驻华公使康格和柔克义则认为海约翰未免过分。[①]

就中国方面来讲：清末中国驻美公使梁诚主动地交涉美国退还超收的"庚款"事宜，上述的外交举动具有历史性的重要推动作用。

1905 年 1 月，驻美公使梁诚和海约翰商谈庚款付金或付银问题，要求美方同意付银，以减轻中国负荷，却为海氏所拒。梁诚乃恳切希望海氏同情中国财政支绌，若一律付金，势必增加租税，民间负荷过重，仇洋之念益张，大局动摇，也不符美国利益。"海为动容，默然良久，乃谓庚子赔款原属过多。"梁得此超收讯息，就放弃付银问题，转而主动向海约翰交涉退还超收庚款，而有相当的进展。[②]

梁诚向清末中国政府报告，指称美国外务大臣海约翰已经接受要求美国政府与国会退还超收"庚款"的建议。[③]针对美国政府关注退还超收"庚款"的教育用途，梁诚在宣示传统中国具有退还超收"庚款"的自由支配权同时，依然建议将美国退还超收的"庚款"用于教育的用途，继而建议清末中国的外务部：

似宜声告美国政府，请将此项赔款归国，以为广设学堂，派遣游学之用。在美廷既喜地归款之义声，又乐观育才之盛举，纵有少数议绅或生异议，而

---

① 苏云峰著：《从清华学堂到清华大学（1911–1929）》（北京：三联书店，2001），页1–2。

② 《驻美公使梁诚致外务部函》，光绪30年12月14日（1904年），中研院近史所藏外交档，《美国减收赔款》，02-07/19-2。《梁诚奏报呈递美国国书情形由》，罗香林，《梁诚的出使美国》，（台北：文海出版社，无出版日期），页200–201，参见苏云峰著：《从清华学堂到清华大学（1911–1929）》（北京：三联书店，2001），页2–3。

③ 苏云峰著：《从清华学堂到清华大学（1911–1929）》（北京：三联书店，2001），页3。

词旨光大，必受全国欢迎。此二千二百万金之断不致竟归他人掌握矣。在我国以己出之资财，造就无穷之才俊，利害损益已适相反。况风声所树，薄海同欢，中兴有基，莫或余侮，其为益又岂可以尺寸计耶！①

但随后清末中国与美国之间的外交关系陷入发展的低谷，美国总统罗斯福搁置退还超收的"庚款"事宜。1906年，美国公理会牧师施蜜士（A.H.Smith）再向华盛顿政府提议，退还超收的"庚款"用于清末中国发展游美教育的事业②。同时清末中国驻美公使梁诚游说美国的朝野，争取美国退还超收的"庚款"。1907年底，罗斯福"在国会咨文中同意退款，并请国会授权"，但1908年美国的参众"两院"出现不同的意见。清末中国接替梁诚任驻美公使的伍廷芳密托友人开展系列的活动，在同情和支持清末中国的美国人士的努力斡旋之下，而终获美国参众"两院"的同意，但依然为美国的商人保留美金200万元。最终"美方同意索赔之款由2444万美元，减为1365.5万余元，年息四厘在外。应退还中国者为1078.5万余元，本息合计为2840余万元"。③1908年，美国的"国书"宣称，"我国宜实力援助中国厉行教育，使此巨数之国民能以渐融洽于近世之境地；援助之法，宜招导学生来美，入我国大学及其他高等学社，使修业成器，伟然成材，亮我国教育界必能体此美意，同力合德，赞助国家成斯盛举"④，同时美国的参众"两院"会议通过"豁免中国部分赔款"的法案，随即将扣留备作偿付"一年内由私人向美国债务法庭提出的申

①　《梁诚致外务部》，光绪31年4月10日（1905年），中研院近史所藏外交档，《美国减收赔款》，02–07/19–2。参见苏云峰著：《从清华学堂到清华大学（1911–1929）》（北京：三联书店，2001），页3。

②　［美］宾德（Silas Bent）:《美国退还赔款记详》，参见舒新城编：《中国近代教育史资料》（下册，北京：人民教育出版社，1981），页1101–1102。

③　苏云峰著：《从清华学堂到清华大学（1911–1929）》（北京：三联书店，2001），页4–6。

④　［美］宾德（Silas Bent）:《美国退还赔款记详》，参见舒新城编：《中国近代教育史资料》（下册，北京：人民教育出版社，1981），页1103。

述"款项一并退还中国——此即退还的"庚款"①，由美国驻华公使柔克义照会清末中国政府。清末中国的外务部照会美国公使柔克义，"中国政府乘此机会愿表明实感美国之友谊，且念近年贵国大伯理玺天德（President）提倡中国学生来美分授高等教育，此事征之往事，入美国学堂结果甚善，而裨益中国良非浅鲜。"②

　　清末中国政府获知美国退还超收的"庚款"，遂派员与美国商洽与交涉退还超收"庚款"的教育用途③，最后达成清末中国与美国之间的共识，即清末中国派遣学生赴美国的各大专学校深造；清末中国创设"清华学堂"，作为清末中国学生赴美深造的预备学校；在华盛顿设立"游美学生监督处"④。随即，

---

① 《辛丑条约》中美国获赔银3293,9055万两，合计24440778.81美元，外加年息，本息共达53354511.15美元，《豁免中国部分赔款》法案规定，将美国所得庚款减至13655492.69美元，其余额10785286.12美元"退还"中国，另将"私人申述"款项余额1175835.64美元合并"退还"，共计"退还"庚款总数达11961121.76美元。"退还"办法，采取从1909年至1940年逐年按月方式，其中1909–1910年，每年退还483094美元，1911–1914年，每年541198美元，1915年，724993美元，1916–1931年，每年790196美元，1932–1940年，每年1380378美元。参见谢长法著：《借鉴与融合：留美学生抗战前教育活动研究》（石家庄：河北教育出版社，2001），页21–22。但1908年参众两院出现不同意见，最终退还庚款为：1078.5万余美元，本息合计2840余万美元。《驻美国大臣伍廷芳致外务部函》（光绪三十四年六月八日，1908年），《美国公使柔克义致外务部照会》（光绪三十四年六月十五日，1908年），《清华大学史料选编》，第1册，页85–88，参见苏云峰著：《从清华学堂到清华大学（1911–1929）》（北京：三联书店，2001），页5–6。
② 苏云峰著：《从清华学堂到清华大学（1911–1929）》（北京：三联书店，2001），页10。
③ 最早承办将对外赔款用于教育用途的为岑春煊，1902年他上呈《奏请将晋省赔款五十万两交英人设学折》，将因山西教案事对英赔款五十万两商洽用于发展晋省教育用途，并"呈拟山西教案章程七条，内第三条略云：晋省筹给赔款银五十万两，建立学堂。也经全权大臣核饬晋省商酌。嗣各会教士到晋商办一切，均极和平。统计七会被毁教堂及教民所失财物，应赔银八十一万九千余两。除减让银四十六万四千余两拨归大案赔款，抵付银十一万六千两，实共银二十三万八千余两，陆续清结"，又"据周之骧电呈合同草底八条，大致令晋省筹银五十万两，分期交付总教士开办中西学校。十年以内，学堂课程及延聘教习及考选学生，均归该总教士（指李提摩太）主政。十年以外，学堂房屋及一切书籍仪器概交晋省，并不估价。"1902年，李提摩太又建议"将中西学堂并入晋省大学堂，作为西学专斋"，归并办理。《政艺丛书，政书通辑》，卷5，第5。参见舒新城编：《中国近代教育史资料》（下册，北京：人民教育出版社，1981），页1092–1095。
④ 卫道治主编：《中外教育交流史》（长沙：湖南教育出版社，1998），页164。

清末中国制订"庚款"游美的相关教育政策。

1908 年，清末中国的外务部和学部联呈"派遣美国游学生章程草案"①，内容包括总则、总目标、游学生资格、候选人提名方法、游学生的考试和选拔、培训学校、游学生在国外的监督，以及游学生归国考验八条：声明赴美游学由美国退还"庚款"支付费用，清末中国政府负责选派和考验赴美游学生，创办赴美游学培训学校，并且任命游学生监督，由清末中国的外务部和美国公使馆具体负责；明确派遣赴美游学所专修学科 80% 将在工业技术、农学、机械工程、采矿、物理及化学、铁路工程、建筑、银行和铁路管理以及类似学科，专修学科 20% 将在法律和政治学；游学生资格要求质地聪明、性格纯正、身体强壮、身家清白、恰当年龄、中文基本知识和能力、英文听讲能力，以及完成预备课程；候选人的提名由清末中国的学部和外务部招考；游学生的考试和选拔须由西医检查身体状况、通过中文考试、通过英文及一般课程考试；由清末中国的外务部创办游美培训学校及分校，游学生皆由上述学校培训之后选派，第一年为六个月，此后则为一年，若发现不适合者将被除名；在美国华盛顿和芝加哥或别个中心城市设"游美监督处"，委任毕业于美国大学的能力卓著者为监督，并且任命四至五名助理，襄助赴美游学的管理事宜；完成学习课程，获取毕业证书的游学生将由清末中国的学部照章组织考试，并且按清末中国的学部标准授予学籍。②

1909 年，清末中国外务部和学部的"会奏为收还美国赔款遣派学生赴美游学办法折"宣称：

> 窃查光绪三十四年六月二十二日，外务部奏称美国减收赔款，经与驻京美使商定，自拨还赔款之年起，初四年每年遣派学生约 100 名赴美游学，自

① 庚款游美时期,在清政府相关政策文件中出现"游学"与"留学"混用的现象,"留学"概念开始普及使用，但是，在驻外机构名称中，仍较常使用"游学"概念，如游美肄业馆、游美学务处。

② 《柔克义公使致国务卿鲁特》，1908年10月31日（光绪三十四年），《清华大学史料选编》第1册，页105–108；英文名称为：Proposed Resulations xor the students to be Sent to America. Ni U.S. Congressional Rewrd both longress Id Session 1909 Honse Representive Docament 1275,PP,9–11。参见苏云峰著：《从清华学堂到清华大学（1911–1929）》（北京：三联书店，2001），页11–13。

第五年起，每年至少续派 50 名……此项赔款，业于宣统元年正月起，按照议定减收数目，逐月摊还……臣等公同商酌，拟在京设立游美学务处，由外务部、学部派员管理。综司考选学生、遣送出洋、调查稽核一切事宜；并附设肄业馆一所，选取学生入馆试验，择其行为优美，资性纯笃者，随时送往美国肄业，以十分之八习法政、理财、师范诸学……至于学生名额，自应按照各省赔款数目，分匀摊给，以示公允。①

上述的"奏折"开列"遣派游学学生办法大纲"清单五条：由清末中国的外务部和学部会派专司游美学生考选、预备期间的管理和遣送，以及与驻美监督的通信联络，美国驻华公使及其他人员商榷游美一切事宜；专为选取各省学生暂留学习、以便考察品学而设立"肄业馆"，延用美国高等初等各科的教习，仿照美国的学堂，以便学生熟悉相关课程；选取学生以二十岁以下和十五岁以下分成"两格"，均须"身体强及性情纯正、相貌完全、身家清白，始为合格"，采用"甄别生办法送赴美国留学；"由驻美出使大臣或部派驻美留学监督查照，确系在大学正班肄习实业，已入第二年班以上，功课实有成绩，景状实在困苦者，方为合格"；专设"驻美监督"，负责驻美游学管理事宜，并且"准其调用汉洋文书记，支应员各一人，帮同办理"。②

1909 年，清末中国的外务部和学部"会奏"，在北京设立"游美学务处"，负责选派赴美游学生以及筹办"游美肄业馆"。随后选定清华园为馆址，任命周自齐为督办，唐国安和范源濂为帮办，此即清华学堂的雏形。但周自齐和范源濂尚分别任职外务部与学部，无法兼顾"游美肄业馆"的具体事务，乃推颜惠庆为督办。此前尚拟订"游美学务处暂行章程"，内容划分六节与附则，共 23 条，主要包括总纲、本处与学堂及驻美监督之关系、办事人员、办事规则、经费、簿册文件和附则等项，后附"游美学务处"的任事人员衔名和薪水数目清单③，并且"游美学务处"发布"呈报本年应送游美学生考试取录办

---

① 刘英杰主编：《中国教育大事典（1840-1949）》（杭州：浙江教育出版社，2001），页108。
② 《学部奏咨辑要》，续编，参见陈学恂、田正平编：《中国近代教育史资料汇编·留学教育》（上海：上海教育出版社，1991），页173-174。
③ 刘真主编：《留学教育》，第1册，页148-154。参见陈学恂、田正平编：《中国近代教育史资料汇编·留学教育》（上海：上海教育出版社，1991），页175-178。

法文"①，规范游美学生的招考管理。但"游美肄业馆"并未实现原先设置的学生未赴美国前的暂留学习职能，而仅在1909年和1910年两次甄别派遣学生赴美学习②。

1911年，清末中国的"游美肄业馆"迁入清华园，改称"清华学堂"——清华办学的历史起点。此后，"游美学务处"提出"改行清华学堂章程缘由致外务部申呈"，提交"清华学堂章程"修正案，内容划分八章，分别为总则、学程、入学、修业毕业、游学、升学、管理通则和职员。③"清华学堂章程"及其修正案是"清华学堂"办学管理的基本性纲领与依据性规制。"游美学务处"制订"招考清华学堂学生简章"，开列考试学科的要目，用以指导"庚款"游美学生的招考事宜。④考试学科的要目包括：国文；英文文学作文；德文或法文作文、翻译英文；地理以本国为主兼及外国；本国历史；外国历史，上古、中古、近世通史；代数初等、高等；几何平面、立体；三角；物理；化学以无机为主兼及有机；动植生理；地文地质。"除国文、地理、本国历史外，余均用英文考试，其德文或法文未曾习过而其他学科均能合格者，也准与考"⑤，由此充分地体现出游学预备考试的性质。

清末中国举办三次"庚款"游学考试：1909年，考试选取学生47名；

① 《学部官报》，第102期，参见陈学恂、田正平编：《中国近代教育史资料汇编·留学教育》（上海：上海教育出版社，1991），页187–188。

② 1909年8月，游美学务处在北京城内史家胡同举办第一次留美生的甄别考试，录取金邦正、梅贻琦等共47名，1910年8月举办第二次甄别考试，录取胡适、竺可桢、赵元任、张彭春等共71名。参见苏云峰著：《从清华学堂到清华大学（1911–1929）》（北京：三联书店，2001），页15–16。另一说法第二次甄别考试录取学生是70名，此处存疑。

③ 中国第一历史档案馆：《清政府开办清华学堂史料选》，《历史档案》，1987年第3期。参见陈学恂、田正平编：《中国近代教育史资料汇编·留学教育》（上海：上海教育出版社，1991），页182–186。

④ 游美学务处：《添招留学生缘由及招考简章致外务部申呈》，中国第一历史档案馆：《清政府开办清华学堂史料选》，《历史档案》，1987年第3期。参见陈学恂、田正平编：《中国近代教育史资料汇编·留学教育》（上海：上海教育出版社，1991），页181–182。

⑤ 陈学恂、田正平编：《中国近代教育史资料汇编·留学教育》（上海：上海教育出版社，1991），页182–183。

1910 年，考试选取学生 70 名[1]；1911 年，考试选取学生 62 名。由于通过甄别考试确定游美学生的资格，因此"庚款"游美学生又称"甄别生"[2]。但 1910 年"游美肄业馆"改称"清华学堂"之后，开始重视出洋游学生的养成教育——仅限在"清华学堂"高等科毕业之后，通过严格的考试，即"养成生"，才能获取赴美游学的资格[3]。1912 年至 1929 年，"清华学堂"派出赴美游学的"养成生"共 1100 名[4]。"庚款"游美生的大多数在美国著名的大学接受正规的科学研究训练，同时受业于顶尖级别的科学家，进行前沿性的学术与科学研究。因此，清末中国"庚款"游美对近现代中国人才培养、科技进步和社会发展等具有显著的推进作用。

美国退还超收的"庚款"用于教育，目的并非想让清末中国真正地走向富强之境。1906 年，美国伊里诺大学校长詹姆士呈交总统罗斯福的"备忘录"强调：

> 中国正临近一次革命……哪一个国家能够做到教育这一代青年中国人，哪一个国家就能由于这方面所支付的努力，而在精神和商业的影响上取回最大的收获……如果美国在 30 年前已经做到把中国学生的潮流引向这一个国家来，并能使这个潮流继续扩大，那么，我们现在一定能够使用最圆满和最巧妙的方式，控制中国的发展——这就是说，使用那从知识上和精神上支配中国的领袖的方式……为了扩展精神上的影响而花一些钱，即使从物质意义上说，也能够比用别的方法获取更多。商业追随精神上的支配，比追随军旗更为可靠。[5]

---

[1] 还有一说第二次庚款留美甄别生为71名。参见苏云峰著：《从清华学堂到清华大学（1911–1929）》（北京：三联书店，2001），页15–16。但卫道治主编：《中外教育交流史》（长沙：湖南教育出版社，1998）、陈学恂、田正平编：《中国近代教育史资料汇编·留学教育》（上海：上海教育出版社，1991）都认为是70名，此处存疑。

[2] 卫道治主编：《中外教育交流史》（长沙：湖南教育出版社，1998），页166。

[3] 苏云峰著：《从清华学堂到清华大学（1911–1929）》（北京：三联书店，2001），页16。

[4] 卫道治主编：《中外教育交流史》（长沙：湖南教育出版社，1998），页166。

[5] 斯密士著：《今日的美国与中国》，美国纽约，1907，页213–218。参见孙敦恒编著：《清华国学研究院史话》（北京：清华大学出版社，2002），页2–3。

当时美国的"纽约周报"刊文宣称：

夫美国退还中国之款，固仍以补助美国学校，然此区区利益，与中美二国之亲密联结较之，又何足此数耶？学成归国中国少年，一旦在中国教育商政诸界具有势力，即美国之势力一旦将在中国历史上为操纵一切元素，此在今日尤有特别意味。盖日本目前正执亚洲之牛耳，然不得谓日本将永执此牛耳也。就近事观之，中国终非容易受人指挥者，真正之指挥，或有一日转操之于中国，诚未可知。而此中国，乃一部分受训练于美国中国也。①

美国退还超收的"庚款"用于教育，推动清末中国政府制订"庚款"游美的教育政策，由此标志清末中国"西学输入"及其本土化获取新的发展，"中西学关系"进入新的发展阶段。当然，美国退还超收"庚款"的教育政策存在文化霸权的心态和政治外交的野心，出于强烈文化渗透的战略目的，但对经济困境和文化濒危的清末中国来讲，却存在缓解出洋游学游历的财政经济压力的重要作用，并且由此有力地推动清末中国游学游历美欧的赓续及其政策的发展进程。由上可见，对清末中国与美国政府来讲，推进清末中国"庚款"游美事宜的社会与文化战略意图都极明显：美国政府着眼于长期对华的社会和文化战略利益，通过培养新型专门人才以及输入美国文化等手段，达成控制未来中国的社会政局和文化发展等战略目标；清末中国政府则着眼于利用"庚款"，发展因为财政拮据而深陷困境的出洋游学游历事业，培养未来中国社会和文化事业发展的建设人才。历史的发展充分地表明，清末中国的"庚款"游美造就大量掌握西方近代文化和先进科学技术（即"西学"）的新型专门人才，对近现代中国政治经济、科学技术和文化教育等领域的发展做出诸多杰出的贡献，充分地体现出清末中国"庚款"游美及其政策发展的社会影响作用。同时以"庚款"游美为始点，其他列强国家亦陆续退还部分超收的"庚款"，用以鼓励清末中国派员出洋游学游历，由此进一步地推动近现代中国出洋游学游历及其政策的新发展。

综合上述，清末中国"庚款"游美政策的出台具有重要的现实价值与历史意义，充分地体现出明清之际以来传统中国"中西文化理解"的发展过程

①　卫道治主编：《中外教育交流史》（长沙：湖南教育出版社，1998），页164–165。

中所存在"中国主体"意识的阶段发展与深刻变化，由此为近现代中国的社会和教育等事业发展奠定新型专门人才育成与储备等重要的智识基础，从而有力地推动中国社会和教育近现代化的发展进程。

第八章　思维发展与时代创新：中国近代化思维发展逻辑形态特征

　　明清之际到清末时期，传统中国的社会环境出现历史性的发展与变化，现代性因素的形成与生长推动传统中国朝向近代化的发展，突出地呈现出对外开放思维发展的逻辑模式、"西学输入"及其本土化的逻辑过程，以及传统及其内外部现代性因素交互作用的逻辑关系等中国近代化思维发展逻辑形态特征。上述的章节基于"大历史"和"大教育"的研究范式，构建"中西文化理解"的分析框架，深入地探析中国近代化中思想理论和社会实践的文化基础，探索其中形成与发展的深层根源，进行文本的解读与历史的诠释，阐明内涵特征、递嬗过程与影响作用，由此阐明"中西文化理解"的阶段发展与深刻变化，深入地探讨"中国主体"意识的发展变化与阶段递嬗，深刻地揭示中国近代化思维发展的逻辑模式、逻辑过程与逻辑关系等形态特征及其时代价值与历史意义。同时以清末中国出洋游学游历为实证个案，深入地探讨其思想生成与政策演进，由此例证与阐释中国近代化（包括教育近代化）思维发展逻辑形态特征，即运用典型个案分析进行具体的史证。针对中国近代化研究中的西方现有理论模式，比如偏重以文化为衡量标准的"西方中心观"，以及偏重以历史为衡量标准的"中国中心观"，提出"中国主体观"——偏重以思维为衡量标准，即注重考察中国近代化的发展进程中所存在"中国主体"意识的阶段发展与深刻变化，由此深刻地揭示中国近代化（包括教育近代化）思维发展逻辑形态特征。

第一节　对外开放思维发展的逻辑模式

明清之际到清末时期是传统中国社会内外部关系产生巨变的特殊历史发展时期，其中重要的标志是对外开放思维发展的逻辑模式获取较大程度上的发展。长期以来的"闭关锁国"政策促使传统中国与近代西方国家在社会生产关系和社会生产力等方面鲜明地呈现出阶段性发展差距，即当传统中国依然处在封建社会生产关系和社会生产力等发展的状态之时，西方列强业已历经文艺复兴、宗教改革和工业革命等发展的阶段，获取近代资本主义社会生产关系和社会生产力等的长足发展，科学技术获取巨大的进步，拥有强大的"坚船利炮"，并且在世界范围掀起侵略殖民的社会潮流。清末时期是传统中国对外开放思维发展逻辑模式中的重要阶段。李鸿章对清末中国时局的判断非常契合当时世界局势的发展特征。李鸿章论述：

> 然则今日所急，惟在力破成见以求实际而已。何以言之，历代备边多在西北，其强弱之势、客主之形皆适相埒，且犹有中外界限。今则东南海疆万余里，各国通商传教，来往自如，麕集京师及各省腹地，阳托吞噬之计，一国生事，诸国构煽，实为数千年未有之变局。轮船电报之速，瞬息千里；军器机事之精，工力百倍；炮弹所到，无坚不摧，水陆关隘，不足限制，又实为数千年未有之强敌。①

实质上来讲，清末时期传统中国已经成为西方列强"环伺虎视"的"猎物"。马克思在论述中国革命时，深刻而生动地描述：

> 中国在1840年战争失败后被迫付给英国的赔款，大量的非生产性的鸦片消费，鸦片贸易所引起的金银外流，外国竞争对本国生产的破坏，国家行政机关的腐化，这一切就造成了两个后果：旧税捐更重更难负担，此外又加上

---

① 李鸿章：《筹议海防折》（1874年，同治十三年），参见张晓生主编：《中国近代战策辑要》（下，北京：军事科学出版社，1993），页740。

了新捐税。所有这些破坏性因素，都同时影响着中国的财政、社会风尚、工业和政治结构，而到 1840 年就在英国大炮的轰击之下得到了充分的发展；英国的大炮破坏了皇帝的权威，迫使天朝帝国与地上的世界接触。与外界完全隔绝曾是保存旧中国的首要条件，而当这种隔绝状态在英国的努力之下被暴力所打破的时候，接踵而来的必然是解体的过程，正如小心保存在紧密封闭棺材里的木乃伊一接触新鲜空气便必然要解体一样。①

邓小平概括性地总结传统中国"闭关锁国"思维发展的逻辑模式：

因为现在任何国家要发达起来，闭关自守都不可能。我们吃过这个苦头，我们的老祖宗吃过这个苦头。恐怕明朝明成祖时候，郑和下西洋还算是开放的。明成祖死后，明朝逐步衰落。以后清朝康乾时代，不能说是开放。如果从明代中叶算起，到鸦片战争，有三百多年的闭关自守，如果从康熙算起，也有近二百年。长期闭关自守，把中国搞得贫穷落后，愚昧无知。②

中国近代化的发展进程是传统中国社会内外部现代性因素交互作用的发展过程，集中地体现为明清之际以来传统中国"中西文化理解"的发展过程中所存在"中国主体意识"的阶段发展与深刻变化。"中学"具有内敛性的特征，而"西学"则具有外向性的特征，"两者"之间存在迥然的差别。随着中西方经济和技术等实力的不断消长，鸦片战争之后西方列强结束传统中国的"中央帝国"迷梦——清末中国迫签多项不平等的条约。特拉维斯·黑尼斯三世和弗兰克·萨奈罗评论：

卡尔·冯·克劳塞维茨曾经写道，"战争是另一种形式的外交。"如果这位普鲁士军事理论家研究过中国的鸦片战争，他大概还会加上一句：滥用违禁物 (substance abuse) 则是外交的另外一种形式，在某些情况下，可能比战争更有效。1839–1842 年及 1856–1860 年的两次战争统称为鸦片战争，是英国

---

① 马克思著：《中国革命和欧洲革命》，参见中共中央马克思、恩格斯、列宁、斯大林著作编译局编：《马克思恩格斯选集》（卷2，北京：人民出版社，1972），页3。
② 邓小平：《在中央顾问委员会第三次全体会议上的讲话》（1984.10.22）。参见《邓小平文选》（卷3，北京：人民出版社，1993），页90。

以及后来的法兰西帝国与清帝国间的战争。时至今日，这场战争已被西方世界轻易地遗忘或是在很大程度上忽略了。然而对于中国人以及其他东方民族来说，这两次冲突仍然是西方帝国主义统治的令人尴尬的历史印迹，其影响一直延续到今天。这种冲突也留下了西方几个世纪以来以无耻的手段对待东方的永久的、令人难堪的象征。[1]

鸦片战争之后，西方传教士和洋员洋商借助各种不平等条约的规制保障，堂而皇之地进入清末中国的政府机构，甚至遍及内地的城乡，促使清末中国被迫实行对外开放，由此"西学东渐"再次"波起"。随着清末中国"西学输入"及其本土化的逐步加深，并且中国近代化的社会实践由"以西学东渐为主"过渡到"以采西学为主"和"以倡新学为主"的发展阶段，形成鲜明具有阶段性发展特征的学习"西学"过程。"思维是意识形式的一种心理反应，是一种潜在的意识形式。但思维的潜在特性却主导着人们对事物及其发展的主观看法和意见。思维一旦显示出其外表特性，即成为人们有意识的行动指南。人们在长期的思维过程中，将各种思维要素、形式和方法通过优化选择，形成某种习惯性思考问题的方向、程序和定型化的思维结构，即思维方式。思维方式的社会化定型，即思维模式。具体来讲，思维模式是深层次蕴藏于人们心理的主导人们行为的潜在意识形式。它对社会历史的发展具有重要意义。"[2] 由上可见，思想理论的发展过程都受到特定时代的社会发展阶段中思维发展逻辑模式的有效支配。

在中国近代化的发展进程中，明清之际以来传统中国的思想理论历经从"中西会通"到"中主西辅""中体西用"和"弥合中西"的阶段发展过程；中国近代化的社会实践历经从"以西学东渐为主"到"以采西学为主"和"以倡新学为主"的阶段发展过程。上述的阶段发展过程都受到明清之际以来中国近代化思维发展逻辑模式的有效支配，即集中地表现为从封闭向开放以及从被动对外开放向主动对外开放的转变发展过程，即充分地体现出从传统封

---

① ［美］特拉维斯·黑尼斯三世、弗兰克·萨奈罗著：《鸦片战争：一个帝国的沉迷和另一个帝国的堕落》（周辉荣译，杨立新校，北京：三联书店，2005），页1–2。

② 严加红著：《现代社会与教育的思维模式探析》，太原：山西大学学报（哲学社会科学版），2000（2），页97。

闭思维发展逻辑模式向对外开放思维发展逻辑模式的深化发展过程。

　　明清之际以来传统中国出现"中西会通"思想，由此标志"采西学"的发生。鸦片战争之后，明清之际以来传统中国存在传统及其内外部现代性因素的交互作用，由此促使中国近代化思维发展的逻辑模式由传统封闭向对外开放的转变发展，而清末时期是传统中国由封闭社会向对外开放社会转变发展的"过渡时代"。[①]赵靖将近代中国的开放划分为两种不同的性质与前途：

　　一种是殖民地式的开放。这种开放是以中国日益丧失主权、日益沦为帝国主义列强的半殖民地、殖民地为特征的。帝国主义侵略者及其卵翼下的中国买办、卖国势力，是力图使中国实行这种性质的对外开放的……另一种是独立自主的对外开放。这种开放以保持中国的主权为前提，由中国根据自己的利益和需要主动地实行。可以在平等互利的原则下，同外国进行贸易，利用外国的资金、技术和人才；可以允许外国人在中国投资办企业，经营谋利，但必须受中国行政和法律的管辖。只有这种开放，才是对中国有利的开放，才是中国发展、进步和富强的有利条件。[②]

　　上述的划分充分地体现出明清之际以来传统中国的"西学东渐"和"采西学"思想特征。同时，虽然上述两种思想的性质与前途存在明显的差异，但在发展上却相激相荡与不断前进，以致发展到"弥合中西"（即"新学"思想）的阶段。赵靖强调，"近代的先进中国人，一方面积极呼吁实行对外开放以取得学习外国先进事物，利用外国资金、技术的便利；一方面激烈抨击帝

[①]　最初提出"开放社会"和"封闭社会"概念的为法国哲学家柏格森，1932年他在撰述的《道德与宗教的两个来源》中，将"封闭社会"描述为"人类初次脱离自然界控制所形成的社会"，而"开放社会"则是批判禁忌，依靠人类理智权威，并经过讨论来做抉择的社会。1943年，英国哲学家卡尔·波普在《开放社会及其敌人》中对"开放社会"概念进行了细致的论述，深化了对"开放社会"概念的阐释。参见叶自成著：《对外开放与中国的现代化——经济文化政治的开放及其正负效应》（北京：北京大学出版社，1997），页6-7。

[②]　此为赵靖在给郑学益著《走向世界历史足迹——中国近代对外开放思想研究》（北京：北京大学出版社，1990，页6-7）序中所论述的。从今天看来，若辩证对待清末"西学东渐"和"采西学"这段历史，确实需要对这两种类型的对外开放重新予以界定，如对洋务新政和教会教育的评价等方面，关键的问题是要看清政府主权是否损益，独立自主的权利是否获得保障。

国主义列强侵犯中国领土主权的不平等条约。"①

对外开放思维发展的逻辑模式同样存在不断发展与进步的过程。以甲午中日战争为界线，中国近代化中的对外开放思维发展逻辑模式可以划分为被动对外开放和主动对外开放。石泉在深刻地分析甲午中日战争前后清末中国政局时强调：

无论就远东国际情势，或就中国局势言之，皆为近代史上划时代之大事。就国际情势而言，中国之失败与日本之崛起，使英法联军以来奠定之三十年间远东国际均势为之破坏。列强瓜分中国之议大起，而瓜分之形势也日具……就中国国内局势言之，自同治中兴以至甲午，二三十年间大致可称稳定，在此期间，李鸿章身统海陆精锐，总绾北洋兵权，创行洋务，筹办海防，以肆应中外，当天下之冲，实为一时重心。而甲午惨败之后，精华略尽，淮军声势一落千丈，李氏本人退居闲散。京畿重地之政局形势，也随之巨变。②

石泉确切地评论甲午中日战争在清末中国社会政治发展中的重要地位与影响作用。其实在明清之际以来传统中国"采西学"的阶段发展过程中，同样应以甲午中日战争为界线：之前更多地呈现为被动对外开放思维发展的逻辑模式，而之后则更多地呈现为主动对外开放思维发展的逻辑模式③。

严复翻译赫胥黎的《天演论》，其中"物竞天择，适者生存"的进化思想产生极大的社会影响作用，特别是清末中国社会遭受甲午中日战争中的失败刺激以及存在明治日本维新的启发，从而促使中国近代化思维发展的逻辑模式急速地由被动对外开放向主动对外开放转变发展，甚至提出"以强敌为师资"的主张，由此导致明治日本成为清末中国政治思想论争与革命思想传播的中心，乃至确立"以日本为中介"学习"西学"的思想，学习"西学"的内容也由器物技能层次向制度层次和思想行为层次不断地拓展，基本上涵盖

① 郑学益著：《走向世界历史足迹——中国近代对外开放思想研究》（北京：北京大学出版社，1990），序，页7。

② 石泉著：《甲午战争前后之晚清政局》（北京：三联书店，1997），页1。

③ 清末游学游历及其政策演进的被动和主动两种对外开放思维逻辑模式是相对而言的。当然这种划分只有程度上的区别，没有本质上的区别，因为在甲午中日战争以前也存在主动对外开放的思维逻辑模式，但在主动与被动之间，被动的成份更为明显。

西方近代所有的社会科学和自然科学领域。清末中国"新政"改革阶段更掀起史无前例的"游日浪潮"，随后游欧政策思想赓续发展，并且开启"庚款"游美的新时代，同时由"洋务西化运动"时期传统中国注重译才和技术人才的培养，转向注重师范、政法和实业等专门人才的培养，不断地拓展新式教育的形式（包括新式学校教育和出洋游学游历等）与内容。上述的方面充分地表明，主动对外开放思维发展的逻辑模式获取空前的进展。由上可见，中国社会和教育近代化的发展进程鲜明地呈现出由传统封闭到对外开放以及由被动对外开放到主动对外开放思维发展逻辑模式的转换发展。

第二节　"西学输入"及其本土化的逻辑过程

明清之际以来，传统中国"西学东渐"的社会思潮对封闭的社会文化心态改变起到积极的推进作用，但同时充分地体现出东西方列强所进行文化侵略和渗透的过程特征。龚书铎在论述清末中国"西学输入"及其本土化的特征时强调：

近代中国输入西方文化，具有二重性格。一方面是西方列强为了侵略中国的需要，对中国输入西方文化，以便按照自己的面貌来改造中国，使中国殖民化，成为它们的从属部分，另一方面是中国人为了抵御西方列强的侵略，拯救祖国免于被灭亡，走上独立、民主、富强的道路，经历千辛万苦，向西方国家寻找真理，学习西方文化。这种输入西方文化的二重性格特点，跟西方资本主义国家独立、主动地吸收外来文化不一样，它是半殖民地国家的特殊情况的表现。既然是二重性，就存在着又有联系又有矛盾和斗争。不论是被动输入或主动输入，都是西方文化，就有相联系的一面。但是，二者的出发点不一样，道不同不相为谋，前者是要使中国殖民化，必然要对后者施加影响和制约，将其纳入自己的轨道；而后者则是要救亡图存、振兴中华，无疑要反对西方殖民化"文明"的影响，摆脱其制约，维护自己的独立性和主动性。这样，在西方文化输入的过程中，不可避免地存在着影响与反影响、制约与反制约的矛盾与斗争。①

　　传统中国的"西学输入"必然会引发中国本土的意识反应，包括实现从封闭到开放以及从被动对外开放到主动对外开放思维发展逻辑模式的转变发展，并且由此导致传统中国社会产生具有阶段性特征的转型发展过程。明清之际以来传统中国的社会实践实现从"以西学东渐为主"向"以采西学为主"和"以倡新学为主"的阶段转移发展——是冲突和妥协的复杂发展过程，既是中西文化交流与交互的发展过程，又是"中国主体"意识的阶段发展与深刻变化过程，充分地表明传统中国社会在对外开放的过程中主动思维发展程度的日益加深。

　　随着"中国主体"意识的逐渐增强，明清之际以来传统中国"西学输入"的主动权由西方传教士和洋员洋商逐步地转至先进的中国人，由此导致历经"西学本土化"的发展过程。中西文化的论争充分地体现出明清之际以来传统中国"西学输入"及其本土化中的文化矛盾与冲突，但最终确立传统中国自主地权衡与独立地处置"中西学关系"（即"西学输入"及其本土化）的权利。本质上来讲，明清之际传统中国的"中西会通""中主西辅""中体西用"和"弥合中西"（即"新学"）等思想就是传统"以中融西"模式在中国近代化中的应用发展，即"西学本土化"的思想理论呈现形式。

　　明清之际到清末时期，传统中国对"西学"的态度历经具有阶段性发展特征的重大转变，即中国近代化的社会实践由"以西学东渐为主"到"以采西学为主"和"以倡新学为主"的转变发展过程，从而实现中国近代化思维发展的逻辑模式相应地由封闭到开放以及由被动对外开放到主动对外开放的转变发展过程，充分地体现出学习"西学"时的"本土化"取向。明清之际以来，传统中国实现由"西学中源"思想的附会转移至"中国主体"意识的觉醒，突出地呈现为"西学本土化"的阶段发展过程，努力地泯灭中西方文化之间的界限。"新学"概念的提出是中西方文化交融的重要分界，并且在清末中国"采西学"的发展进程中发挥革命性的影响作用，由此"新学"替代

---

① 龚书铎著：《社会变革与文化趋向：中国近代文化研究》（北京：北京师范大学出版社，2005），页88。

"西学"在中西文化交互理解中的关键地位，开始在"倡新学"的旗帜之下自觉和积极地"引进来"与"走出去"，由此促使传统中国初步地形成社会文化和教育等思想对外开放的局面，以及对清末中国"新学"思想的具体内涵和形式发展起到重要的促进作用，同时对中国社会和教育近代化的发展进程产生重要的影响作用。

清末中国"新学"思想的出现同样是明清之际以来传统中国"西学东渐"社会思潮的发展结果。西方传教士较早地提出"新学"的概念及其内涵。1888年，李提摩太的《〈新学〉序》将"新学"概括为横竖普专"四大"特征："然则新学之立，愿不宜急乎。且于横、竖、普、专之四字而得观国之表焉。苟持此以观人国其将来之兴衰可预知也"①——上述的方面是西方传教士在明清之际传统中国"西学东渐"中采取的新策略，希冀消除"西学输入"过程中传统中国内外观念上的隔阂，以及传统中国社会文化心态的障碍。现在难以真实地界定李提摩太所提出"新学"概念的内在动机，但结果莫过于两种：一是推动"西学"进一步地输入传统中国，加强对"中学"的冲击与渗透；二是运用"新学"思想，消除传统中国的"中西学"界限，通过"新旧之分"而非"中外之别"，界定舶来"西学"的历史功用，由此平息明清之际以来传统中国的"中西文化论争"，增强"西学"对"中学"的冲击力，由此进一步地推动"西学输入"及其本土化的发展进程。

"戊戌维新"前后，清末中国以康有为、梁启超、严复和陈宝箴等为代表，倡导和实践"新学"思想，努力地规避"中西之分"，而仅列"新旧之别"，从而有力地促进由"以采西学为主"到"以倡新学为主"的转移发展，以及进一步地推动"西学输入"及其本土化的发展进程，由此标志"西学东渐"与"采西学"思想的合流，促使"中学"概念的范畴及其内涵比如主辅、本末、体用和中西等失去应有的解释力，以及促使中华传统文化加速向近代中国文化的转型发展，由此对中国社会和教育近代化的发展进程产生重要的影响作用，从而为进一步的"西学输入"及其本土化提供坚实的思想基础，促使"中体西用"思想逐渐地失去原有的影响力（"中体西用"思想的指导地位终结于1911年前后，但社会影响作用却极为深远）。由上可见，"戊戌维新"

① 钱钟书主编：《万国公报文选》（北京：三联书店，1998），页518–519。

到"新政"改革时期，清末中国"新学"思想在中国社会和教育近代化的发展进程中发挥重要的推进作用。

"新学"思想既是清末中国思想发展阶段的重要标识，也是近代中国政治论争的重要工具与手段。从文化观发展的角度来讲，"新学"思想在意识行为的层次上增强中西文化之间的贯通与融合。清末中国提出"新学"思想之后，"中学"与"西学"渐合为一，由此促使学习"西学"向更深厚度与更广范畴不断地拓展，同时促使中国近代化思维发展的逻辑模式更显开放与主动，思想理论也更为全面与系统，由此有力地推动中国社会和教育近代化的发展进程。

明清之际到清末时期，传统中国的"西学中源"思想同样是从现实社会的发展状况出发而提出的"中庸融合"观点：强调"中学"的核心与基础地位，即保持"中学"的"正统"与"主体"地位，借以迎合传统中国社会中大量存在的保守与顽固心态，同时通过将"西学"看成源于"中学"的思维方式，成功地将"西学"置于"中学"的延续与发展地位，由此有效地减轻对"西学东渐"风险和阻力的保守认识，从而为传统中国"采西学"的进一步发展开辟道路。19世纪中叶前后，传统中国"西学中源"思想极为流行，甚至成为其他"中西学观"的立论基础，从而在传统文化教育哲学的框架范畴之内，构建阐释中西文化地位的思想理论。1896年，孙家鼐奏陈"京师大学堂立学宗旨"时，依然存在上述的思想观点：

中国五千年来，圣神相继，政教昌明，决不能如日本之舍己耘人，尽弃其学而学西法。今中国京师创立大学堂，自应以中学为主，西学为辅；中学为体，西学为用。中学有未备者，以西学补之；中学有失传者，以西学还之。以中学包罗西学，不能以西学凌驾中学，此是立学宗旨。①

1898年，盛宣怀奏设南洋公学，同样遵循"西学中源"的思想，清晰地阐述如下思想观点：

中外古今，教学宗旨，本无异同。特中土文明之化，开辟最先，历世愈

① 《皇朝经世文新编》（卷5，上），页18。参见王尔敏著：《晚清政治思想史论》（桂林：广西师范大学出版社，2005），页57。

远，尚文胜质，遗实探华。而西人学以致用为本，其学校之制，转与吾三代以前施教之法相暗合。今日礼失而求诸野，讲西学延西师，学堂之规模近似矣。①

　　王尔敏将"中体西用"思想划分为"道器""本末""主辅""内外""存我""会通"和"归返"等观念②。上述的观念无论在思想理论的阐述中存在何等的差异，但立论的基础都是"西学中源"思想，以期达成的理论目标为"中体西用"，从而在实践上"以洋为师"，由此排除传统顽固思想观念的阻力，促使"西学"在传统中国社会中传播开来。清末中国同样存在某些顽固保守的人物，期待借助"西学中源"思想及其他传统的思想观念与"采西学"对立。湖南守旧官绅苏舆辑成《翼教丛编》，其中收录顽固保守人士叶德辉的文评、书信和著述③。叶德辉批驳康梁"新学"思想时论述：

　　夫康有为乱民也，梁启超诐士也，考据训诂之不明，乃以训诂当破碎之考据，以微言大义统之口说，不知口说，只有微言，斯皆逞一己之私心，侮圣人之制作，其为学术人心之害，何可胜言。今举《学记》之尤谬者，分条摘驳，以明是非，而以《读〈西学书法〉书后》一篇附于卷末，俾知康、梁之说不中不西，学使之书非今非古，庶二千年之正学，不得淆乱于异端。④

　　概括地来讲，从社会实践路径的角度来讲，中国近代化集中地体现为从"以西学东渐为主"向"以采西学为主"和"以倡新学为主"的阶段发展过程。上述的阶段发展与深刻变化都受到开放和主动两类思维发展的逻辑模式支配，由此充分地表明思想理论形态与社会实践路径之间存在紧密的联系，以及逻辑过程与实践过程之间存在相互对应的促进关系。从思想理论形态的角度来讲，中国近代化历经"中西会通""中主西辅""中体西用"和"弥合

---

① 《戊戌变法档案史料》，页250。参见王尔敏著：《晚清政治思想史论》（桂林：广西师范大学出版社，2005），页58。

② 王尔敏著：《晚清政治思想史论》（桂林：广西师范大学出版社，2005），页43—55。

③ 王尔敏著：《晚清政治思想史论》（桂林：广西师范大学出版社，2005），页50。叶德辉是积极反对维新变法的守旧官绅。

④ 叶德辉著：《〈长兴学记〉驳义》，参见苏舆编：《翼教丛编》（上海：上海书店出版社，2002），页97。

中西"思想等阶段发展过程，同时存在"西学中源"思想。但无论是从思想理论形态还是从社会实践路径的角度来讲，中国近代化的发展进程都充分地体现出明清之际以来传统中国"西学输入"及其本土化的逻辑过程，由此促使"中西文化理解"获取深化发展，"中国主体"意识得到进一步的提升，从而有力地推动中国社会和教育近代化的发展进程。

第三节　传统及其内外部现代性因素交互作用的逻辑关系

中国近代化是中国现代化（包括教育现代化）的早期发展阶段，鲜明地呈现出诸多具有现代社会特征（即"现代性"）的因素。同时，中国近代化是中西文化之间交互理解的发展过程，传统及其内外部现代性因素交互作用贯穿于全部发展过程之中。明清之际到清末时期，传统及其内外部现代性因素之间不断产生交互作用，中西方特色的文明形态在中国近代化的发展进程中相互论争与交融，从而不断地推进中国社会和教育近代化的发展进程。明清之际，西方传教士叩开传统中国"闭关锁国"的"门户"，主动地将西方近代文化和先进的科学技术（即"西学"）介绍到日趋落伍的传统中国，并且获取传统中国政府（即"朝廷"）和开明士大夫的认同与支持。

黄兴涛、杨念群论述：

中国融入世界是一个双向流动的过程。中国走向世界，同时也意味着世界走向中国。从某种意义上说，在这一过程中，外来的人们还表现得更为"主动"，正如钱钟书先生所言："咱们开门走出去，正由于外面有人推门，敲门，撞门，甚至破门跳窗进来。"①

叶自成强调：

在中国，最先进入中国的是西方的传教士，他们一方面把西方先进的文化、科技介绍到中国，同时又大量盗运中国文物到西方，并把中国的政治、

---

① 黄兴涛、杨念群：《"西方的中国形象"译丛总序》，参见［英］罗伯茨（J.A.G.Roberts）编著，蒋重跃、刘林海译：《十九世纪西方人眼中的中国》（北京：中华书局，2006），页1。

军事、经济情况传回西方，成为西方对中国侵略扩张的先行者。[①]

梁启超将20世纪中华传统文明与西方近代文明以"男女婚姻育儿"进行比对，形象化地论述"中西文化理解"的发展过程：

今则全球若比邻矣，埃及、安息、印度、墨西哥四古国，其文明皆已灭，故虽与欧人交，而不能生新现象。盖大地今日只有两文明：一泰西文明，欧美是也；二泰东文明，中华是也。二十世纪，则两文明结婚之时代也。吾欲我同胞张灯置酒，迓轮侯门，三揖三让，以行亲迎之大典。彼西方美人，必能为我家育宁馨儿以亢我宗也。[②]

钱穆在概述中西文化的近代接触以及中国文化的近代更新特点时强调：

若照中国文化的自然趋向，继续向前，没有外力摧残阻抑，他的前程是很鲜明的，他将不会有崇尚权力的独裁与专制的政府，他将不会有资本主义的经济上之畸形发展。他将没有民族界限与国际斗争，他将没有宗教信仰上不相容忍之冲突与现世厌倦。他将是一个现实人生之继续扩大与终极融和。[③]

张星烺从"有形欧化"（即欧洲物质文化的输入）和"无形欧化"（即欧洲思想文明的输入）方面深入地探讨中国近代化进程中"西学"思潮的发展过程：

中国与欧洲文化，有形上及无形上，皆完全不同。上自政治组织，下至社会风俗，饮食起居，各自其数千年之历史展转推演，而成今日之状态。东西文化孰为高下，诚不易言。但自中欧交通以来，欧洲文化逐渐敷布东土，犹之长江、黄河之水，朝宗于海，自西东流，昼夜不息，使东方固有文化，日趋式微，而代以欧洲文化。则是西方文化，高于东方文化也。尤以有形物质文明，中国与欧洲相去，何啻千里。不效法他人，必致亡国灭种。至若无

---

① 叶自成著：《对外开放与中国的现代化——经济文化政治的开放及其正负效应》（北京：北京大学出版社，1997），页102。

② 梁启超撰、夏晓虹导读：《论中国学术思想变迁之大势》（上海：上海古籍出版社，2001），页7–8。

③ 钱穆著：《中国文化史导论》（北京：商务印书馆，1994），页204。

形之思想文明，则以东方民族性不同，各国历史互异之故，行之西洋则有效，而行中国则大乱。各种思想与主义，无非为解决民生问题……但东西交通即起。有形贸易与无形贸易，滔滔不可复止。是在国中之政治家，善自掌舵而已。兹不论其高下，与夫结果之善恶，但凡欧洲人所创造，直接或间接传来，使中国人学之，除旧布新，在将来历史上留有纪念痕迹者，皆谓之欧化。①

梁启超在论述"西学"思潮时，特别强调明清之际西方近代文化和先进的科学技术（即"西学"）对传统中国的思想影响与社会作用：

自明徐光启、李之藻等广译算学、天文、水利诸书，为欧籍入中国之始，前清学术，颇蒙其影响，而范围也限于天算。"鸦片战役"以后，渐怵于外患。洪杨之役，借外力平内难，益震于西人之"船坚炮利"。于是上海有制造局之设，附以广方言馆，京师也设同文馆，又有派学生留美之举，而目的专在养成通译人才，其学生之志量，也莫或逾此。故数十年中，思想界无丝毫变化。②

明清之际到清末时期，中国近代化的社会实践历经从"以西学东渐为主"到"以采西学为主"和"以倡新学为主"的阶段发展过程，以及思想理论历经从"中西会通"到"中主西辅""中体西用"和"弥合中西"的阶段发展过程，由此充分地表明"中西文化理解"过程中传统内部因素的重要影响作用，集中地反映出传统因素从具有交互性特征向具有现代性特征的转变发展过程，突出地表现为现代性因素的生成与发展过程，包括传统内部现代性因素的生成与发展、传统外部现代性因素的输入与内化（即"西学输入"及其本土化）过程。哈贝马斯对现代性内涵的理解充分地体现出上述的发展观点，其中论述：

"现代性"这种表达以其在各个情况下的不同含义，反复解说着对一个时段的意识，这一意识回溯古典时代的过去，恰是为了将自身理解成从旧到新的转变之结果。③

---

① 张星烺著：《欧化东渐史》（北京：商务印书馆，2000），页3-4。

② 梁启超撰、朱维铮导读：《清代学术概论》（上海：上海古籍出版社，1998），页96-97。

③ 尤根·哈贝马斯：《现代性：一个未完成的方案》，赵千帆译，http://www.wenyixue.com/new/jdwb/content/20thxf/xdx.htm。

褚宏启在论述传统与现代性之间的关系时强调：

传统与现代性的存在状态并不是互相对立、互不相容的消极状态而是共存的过渡状态，正是在这种共存的过渡状态中，传统与现代性因素发生互动，使传统发生变化和改造以适应现代化的需要。传统的东西并不总是同现代性因素矛盾的，在传统社会中已蕴含着丰富的现代性因素，在现代社会中也保留了许多优良的传统因素。[①]

从教育近代化的发展进程角度来讲，传统及其内外部现代性因素交互作用的逻辑关系集中地体现为教育传统及其内外部现代性因素的交互作用机制。诸多的教育历史现象充分地表明，上述的交互作用机制在明清之际以来传统中国教育近代化的发展进程中具有重要的影响作用，不仅促使"中西文化理解"过程中传统因素实现从具有交互性特征到具有现代性特征的转变发展过程，而且有力地推进教育近代化的深化发展。

第一，教育传统内部现代性因素的形成与发展。明清之际传统中国出现资本主义社会生产关系的初步萌芽，社会的内部孕育阶段变革的发展条件。虽然明清之际传统中国正处封建时代的发展高峰，但社会内部的矛盾突出，传统制度和政策的弊端显现，但传统实学思想的影响力显著增强，黄宗羲、顾炎武、王夫之和颜元等为代表的早期启蒙思想蜂拥呈现，教育传统内部的现代性因素逐渐地形成，并且获取较大程度上的发展。鸦片战争前后，传统中国社会的内部产生"更法"的时代需要，龚自珍、魏源和林则徐等为代表的清末中国早期开明士人对新式专门人才的育成提出时代性的急切要求，由此传统中国教育遭受有史以来的重大抨击。清末中国出现科举考试制度的革废和传统书院的改制，并且确立新式学校教育制度。因此，教育近代化与教育传统内部现代性因素的形成和发展存在紧密的关联。

第二，教育传统外部现代性因素的输入与内化。教育传统外部现代性因素的输入与西方传教士存在紧密的关联。明清之际西方传教士到达传统中国，在传教的过程中感到融入传统中国社会的艰难，因此传播西方近代文化和先进科学技术（即"西学"），借以获取传统中国社会的容纳。清代康熙年间传

---

① 褚宏启著：《教育传统与教育现代性的关系研究》，《教育理论与实践》，2000（5）。

统中国实施"禁教"政策之后，"西学东渐"转向低潮。鸦片战争之后，清末中国社会面临史无前例的外部压力，西方传教士获取在传统中国内地传播宗教的权利，从而客观上促进传统外部现代性因素的输入及其"内化"（即"本土化"）过程。清末中国传统思维发展的逻辑模式出现更为深刻的变化，对外开放思维发展的逻辑模式获取较大程度上的发展，西方近代文化和先进科学技术（即"西学"）的输入速度明显地加快，教育传统外部现代性因素加速走向"本土化"，从而有力地推进"西学输入"及其本土化的发展进程。

第三，教育传统内外部现代性因素的交互作用机制。教育传统内外部现代性因素的交互作用主要通过教育近代化进程中的具体社会历史现象而鲜明地呈现出来，当然可以通过深入地探讨具体社会历史现象，从而深刻地揭示教育近代化思维发展逻辑形态特征。明清之际传统中国的徐光启和李之藻等先进士人与科学家注重倡导边缘地位的传统实学思想，强调学问"经世致用"的社会功能，回应利玛窦等西方传教士传播的西方近代文化和先进科学技术（即"西学"），并且与西方传教士合作编译西方的科学著作，促进中西方科学技术和文化教育等以平等的身份进行交流与融合，由此充分地体现出教育传统及其内外部现代性因素的交互作用机制。鸦片战争之后，随着教育传统外部现代性因素影响作用的日益增强，教育传统及其内外部现代性因素的交互作用更显频繁与激烈。甲午中日战争之后，清末中国对外开放思维发展的逻辑模式由被动对外开放转变成主动对外开放的发展状态，出现西方近代文化和先进科学技术（即"西学"）全面输入的社会发展局面，由此充分地表明教育传统外部现代性因素的输入与"内化"力度显著地增强。从思想理论的角度来讲，清末中国近代化的思想理论集中地呈现出从"中体西用"到"弥合中西"的阶段发展过程。从教育实践的角度来讲，集中地呈现出从洋务教育、"维新"教育到"新政"教育的阶段发展过程。上述的方面充分地表明，教育传统内外部现代性因素之间存在交互作用的机制，并且集中地体现为"西学本土化"的发展进程中所存在"中国主体"意识的阶段发展与深刻变化特征。

第四，教育传统及其内外部现代性因素之间的交互理解。一是存在于教育传统内部因素之间。教育传统可以划分为内部"正统性"因素（或保守性因素）和内部发展性因素（或现代性因素）——上述"两者"的交互作用在漫长的教育传统变迁中存在与发展。教育传统正统性与发展性地位的划分就是上述交互作用的发展结果。但明清之际开始，传统中国的经世实学和早期启蒙思想作为内部现代性因素存在并且获取发展，同时与教育传统内部保守性因素之间展开激烈的交互作用；二是存在于教育传统内部现代性因素与外部现代性因素之间。在教育近代化的发展进程中，上述"两种"现代性因素之间的交互作用具有重要的意义，充分地反映出外部现代性因素逐步融入教育传统内部的发展过程，即"西学输入"及其本土化的逻辑过程，导致传统中国与近代西方（包括明治日本）在思想理论和社会实践等层面上产生深度的交互作用，从而促使外部现代性因素在教育传统内部产生重要的影响作用，由此极大地减少由于"中外差别"所导致内外部现代性因素之间融合的阻力与障碍；三是存在于教育传统内部保守性因素与内外部现代性因素之间——往往是通过中西文化教育论争的具体形式而鲜明地呈现出来，比如清代康熙初年传统中国出现"中西历法之争"、清代乾隆年间传统中国出现"中西礼仪之争"，清末洋务时期传统中国出现"京师同文馆设置之争"。上述的文化教育论争充分地反映出教育传统内部保守性因素与内外部现代性因素之间的激烈交互作用。

综合上述，教育近代化的重要内涵是由传统教育向近现代教育的转型发展过程，即在传统中国社会的内部历史性地形成诸多的现代性因素，同时受到传统中国社会外部的诸多现代性因素深刻影响作用——形成内外部现代性因素之间的互动关系，并且与教育的传统产生激烈的交互影响作用——形成教育的传统及其内外部现代性因素之间的交互作用，由此推进传统教育向近现代教育的转型发展，从而有力地推动教育近代化的发展进程。

第九章　历史启示与现实借鉴：教育近代化的经验及其现代价值

中国近代化历经漫长的社会发展时期。明清之际到清末时期，传统中国显著地呈现出中国社会和教育近代化的阶段发展过程特征。"中西文化理解"在中国社会和教育近代化中存在深刻的影响作用，并且促使传统因素从具有交互性特征转变成具有现代性特征，清末中国出洋游学游历充分地体现出"中西文化理解"与教育近代化之间的紧密关系及其阶段发展与深刻变化，促使"中西学"交互理解转变成现代性因素的生成与发展，从而有力地推动中国社会和教育近代化的发展进程。但与西方国家的相比，中国社会和教育近代化的发展进程不仅跨越更为漫长的发展时期，而且凸显出更加鲜明的中国特色，显著地呈现出中国近代化思维发展逻辑形态特征，即对外开放思维发展的逻辑模式、"西学输入"及其本土化的逻辑过程，以及传统及其内外部现代性因素交互作用的逻辑关系。教育近代化是中国近代化的缩影和重要组成部分，鲜明地呈现出阶段发展与深刻变化特征，囊括中国近代化中的所有相关要素，见证传统中国近代化的阶段发展过程，具有重要的历史启示与现实借鉴意义。

第一节　教育近代化研究的初步结论

在中华传统文明的发展进程中，中国近代化具有鲜明和独特的时代特征。明清之际到清末时期，中国社会存在传统及其内外部现代性因素的交互作用，但由于封建"正统"力量异常顽固与保守，传统中国社会内部最初现代性因素的发展较早地遏阻在萌芽的状态，鲜明地呈现出缓慢与不稳定的特征。明清之际以来，西方传教士带来西方近代文化和先进的科学技术（即"西学"），由此产生中西方文化之间的论争，导致传统外部现代性因素的输入面临难以预测的暗淡前景。但在传统及其内外部现代性因素的交互作用中，传统中国社会踏步近代化的发展进程。鸦片战争难以改变传统中国社会发展的总体趋向，却可以促使传统中国改变社会实践的发展路径。清末中国逐渐具有半封建半殖民地社会性质，由此改变明清之际以来传统及其内外部现代性因素的交互作用态势，西方的侵略殖民和文化霸权促使传统中国急速向近现代社会转型发展，中西方文化之间的矛盾与冲突日益激烈。但从另一方面来讲，中西文化的冲突与融合之间存在紧密的联系。明清之际到清末时期，传统中国社会、文化和教育等各领域都逐渐地步入近代化的发展进程，其中重要的体现就是中西文化的冲突与融合，充分地表现为"中西文化理解"的阶段发展与深刻变化特征。

西方近代教育与中国传统教育相比，具有完全不同的组织机构设置与教育行为模式。但在认识传统中国新式学校教育的形成与发展过程中，不应否定传统内部现代性因素的影响作用——因为这是传统中国新式学校教育形成与发展的前提条件。黄宗羲"公其是非于学校"的民主启蒙思想，以及颜元漳南书院的斋堂设置与规章制度等，都显著地体现出传统内部现代性因素的影响作用，传统中国新式学校教育的形成与发展难以摆脱对西方近代学校教育模式的借鉴成分。但传统外部的现代性因素也不能脱离传统内部现代性因素的影响作用，即明清之际以来传统中国的"西学输入"必须历经"西学本土化"的发展过程，此即传统中国文化融汇外来文化（即"以中融外"）模式的重要特色（比如古印度佛教文化的中国"本土化"的发展过程）。鸦片战争引发的巨变改变传统中国社会发展的既定轨迹，半封建半殖民地的社会性质决定在中国近代化的发展进程中对新式专门人才特别是翻译和外交人才需求的激增，而新式学校教育的现实发展状况难以适应清末中国社会的时代性发展对新式专门人才的急切需求。在中国社会和教育近代化的发展进程中，"西学本土化"的发展过程是传统外部现代性因素起作用的重要条件。传统及其内外部现代性因素交互作用的重要基础就是"西学"需要历经中国"本土化"的文化迁移与发展过程，因此在"中西文化理解"与教育近代化之间的关系中，鲜明地呈现出"中国主体"意识的阶段发展与深刻变化，由此对教育近代化的发展进程产生重要的影响作用。

清末中国新式学校教育及其制度的发展过程见证教育近代化的发展进程，充分地体现出中国近代化（包括教育近代化）思维发展逻辑形态特征。从1862年京师同文馆的设置到1912年北京大学的命名，清末中国的新式学校教育历经"洋务西化运动""戊戌变法"和"新政"改革等发展阶段，由此为中国社会和教育近代化育成大批的新式专门人才。社会和教育近代化的发展进程为清末中国出洋游学游历提供重要的社会条件。清末中国出洋游学游历的思想生成与政策演进的过程充分地表明，"中国主体"意识在社会和教育近代化中逐步地增强，集中地体现为中国近代化思维发展逻辑形态特征内涵的发展与变化。

在教育近代化的发展进程中，传统内部的现代性因素发挥决定性的影响作用。但之前的研究论及传统中国的教育，多述其弊端、关注其"恶疮"，而且秉持批评的态度。传统中国的教育确实存在诸多的弊端，教条式是其中的重要体现。陈启天论述：

> 明清两代的传统教育，有两大类教条。第一类教条，为经典及圣贤之言。凡士子作文，必须以经典及圣贤之言为依据……第二大类教条为明清两代特定的学校条规。明代学校条规，就是洪武十五年制颁的八条禁例。此项禁例，刻为卧碑，置于国子监及全国各府州县学内明伦堂……清代前期顺治九年重立的卧碑，也酌采以上两条禁例在内，并增定一条政治性的禁例……其后康熙颁布的圣谕十六条，雍正颁布的御制朋党论以及乾隆颁布的训饬士子文，均与卧碑同具教条的性质，为士子所必遵。①

但选题研究更注重探索传统中国的教育走向进步的方面，强调传统中国教育的发展性优势，即注重探求传统中国教育内部现代性因素的形成与发展及其在教育近代化中的重要影响作用。

教育近代化的发展进程充分地反映出中国近代化思维发展逻辑形态特征。选题研究依托"上位"层次和"下位"层次的范畴："上位"层次秉持宏观的视野，深入地探讨"中西文化理解"与教育近代化之间的紧密关系及其阶段

---

① 陈启天著：《近代中国教育史》（台北：台湾中华书局，1979），页27–28。

发展与深刻变化，深刻地揭示中国近代化思维发展逻辑形态特征；"下位"层次秉持中观与微观的视角，深入地分析清末中国出洋游学游历的思想源流、政策演进及其转向成因，由此例证"中西文化理解"与教育近代化之间的紧密关系及其阶段发展与深刻变化，从而更深刻地揭示中国近代化思维发展逻辑形态特征。

选题研究获取如下初步结论：

第一，明清之际以来传统中国"中西文化理解"与教育近代化之间的紧密关系及其阶段发展与深刻变化是由中国近代化思维发展逻辑形态特征所决定的发展结果，充分地体现出传统内部的现代性因素在教育近代化中的重要影响作用。从思维发展的角度来讲，教育近代化是从传统中国教育封闭思维发展逻辑模式向近现代中国教育对外开放思维发展逻辑模式的转变发展过程。对外开放思维发展的逻辑模式首先表现为从传统封闭向对外开放的转变。中国近代化思维发展逻辑模式的转变是长期深化发展的过程，在社会实践上存在器物技能层次、制度层次和思想行为层次的阶段发展与深刻变化，从而对中国近代化中思想理论形态和社会实践路径的形成与发展产生重要的推进作用。明清之际传统中国与近代西方出现短暂的文化教育交流现象，西方近代文化和先进科学技术（即"西学"）在传统中国的开明士大夫中存在深刻的影响作用。但并未影响到传统中国社会文化教育的理念与制度，特别清代康雍乾时期"西学"逐步地消没在"康乾盛世"的"落日辉煌"里，因为"闭关锁国"政策切断"中西学"的交流渠道，由此充分地反映出传统中国封闭思维发展的逻辑模式依然存在强大的势力影响，并且给中国社会和教育近代化的发展进程带来不利的影响作用。鸦片战争之后，清末中国的涉外事务日益地增多，因而对擅长外事业务新式专门人才的社会需求激增。1861年，清末中国设置新式学堂（即京师同文馆），用以培养熟知西方语言文字的新式专门人才，由此充分地体现出对外开放思维发展的逻辑模式在中国社会和教育近代化的发展进程中的影响日益增强。随着从"以西学东渐为主"向"以采西学为主"思想的转变，"采西学"内容的范畴不断地拓展，逐步地涉及西方的军事器械、科学技术、自然科学和社会科学等诸多领域，由此促使清末中国社会和教育的思想观念产生实质性的转变。甲午中日战争之后，传统中国对外开放思维发展的逻辑模式内涵处在重要的发展阶段，学习"西学"内容的范畴逐步地涉及西方的近代政治制度和科学研究方法等领域，并且出现戊戌时期的"维新变法"——激进的社会变革路径，以及"新政"时期的政治改革，上述的时代变革充分地体现出对外开放思维发展逻辑模式的内涵获取崭新的发展与变化，由此推动中国社会和教育近代化的发展进程，以及清末中国出洋游学游历的思想生成与制度的演进过程。

在中国社会和教育近代化的发展进程中，对外开放思维发展逻辑模式的内涵出现从被动对外开放向主动对外开放的转变发展。明清之际，由于西方传教士采取"科技传教"和"走上层路线"的策略，传统中国的知识精英主动地学习西方近代文化和先进科学技术（即"西学"）。但实施"闭关锁国"政策之后，上述对外开放思维发展的逻辑模式随之落到边缘的位置，封闭思维发展的逻辑模式在传统中国社会和教育的思想观念中占据主导的地位。鸦片战争之后，由于东西方列强逼迫清末中国签署多项不平等的条约，并且要求支付超额的战争赔款，由此清末中国走向半封建半殖民地社会的发展状态，被迫与东西方列强进行广泛的交往。随着"西学东渐"思潮的"波起"，逐步地出现"西学东渐"思想与"采西学"思想的合流，对外开放思维发展的逻辑模式借势重新发展。甲午中日战争之后，清末中国的"传统日本观"发生深刻的变化，"朝贡"外交体制急速地崩解，但同时"采西学"思想逐步地发展到"新学"思想的阶段，对外开放思维发展逻辑模式中的主动程度明显地增强，并且在内涵和实践等方面显著地呈现出发展的趋势。比如，清末中国出洋游学游历获取较大程度上的发展，由此不仅增强清末中国对外开放的发展程度，而且加速中国社会和教育近代化的发展进程。

由于"西学输入"及其本土化获取确立与发展，传统中国社会呈现出既需发扬传统又要输入"西学"的时代需求，传统及其内外部现代性因素的交互作用不断地增强，由此导致中国社会和教育近代化的发展进程日益地加速。中外文化的交融并非从明清之际开始，毕竟中华传统文化并非在完全封闭的社会环境而是在相对开放的社会环境中形成与发展。从中华传统文化发展的角度来讲，传统中国曾经出现中外文化交融的典型例证，比如汉代输入传统中国的古印度佛教文化，并且在不同的历史时期历经中国"本土化"的发展过程，近现代中国的佛教文化已经鲜明地呈现出中华传统文化的特征，突出地表现在佛像造型和佛教教义等内外部的表征之中。明清之际开始的"西学东渐"过程同样需要历经中华传统文化的深刻影响与作用过程。在中国社会和教育近代化的发展进程中，上述"以中融西"的文化交融理念贯穿于明清之际以来传统中国"西学输入"及其本土化的全程，充分地体现在中国社会和教育近代化中的思想发展及其阶段变化之中。明清之际传统中国存在"中西会通"和"西学中源"思想，"前者"突出地表明中西文化交融的发展观念，积极和主动地推进"西学输入"的发展过程，由此标志"中西文化理解"过程中"西学本土化"的确立；"后者"既鲜明体现出"传统中心主义"思想，突出地呈现出封闭与开放的双重特色。"西学中源"思想贯穿于教育近代化的全程（选题研究涉及明清之际和清末时期），是传统中国"西学输入"及其本土化的另类表达方式，即首先确认"西学"的"中学"源流，从而达成学习"西学"的目标。从上述的角度来讲，"西学中源"思想具有时代进步性的特征，即确认学习"西学"的实质是"中学"回归中国的本土，由此为摆脱传统保守思想的束缚提供重要的理论阐释途径。"西学中源"思想毕竟不是体系完善的理论观点，即显著地存在理论上的缺陷。清末中国"西学中源"思想的理论缺陷日益地呈现，但"西学中源"思想催生"中主西辅""中体西用"和"弥合中西"等思想观点，并且促使"新学"的概念内涵和思想体系逐步地确立，"西学本土化"获取显著的发展，从而有力地推动中国社会和教育近代化的发展进程。

　　除了对外开放思维发展的逻辑模式、"西学输入"及其本土化的逻辑过程之外，中国社会和教育近代化思维发展的逻辑形态特征尚存在传统及其内外部现代性因素交互作用的逻辑关系。上述的逻辑关系在"中西文化理解"与教育近代化之间构筑牢固的关联，并且在中国社会和教育近代化的发展进程中处在作用机制的重要地位。教育近代化的发展进程不可能脱离教育传统的深刻影响作用，必然需要继承与发展教育的优良传统。教育传统及其内外部现代性因素交互作用的逻辑关系并非单向或单面的影响与作用过程，而是交错互动的影响与作用过程，历经教育传统及其内部现代性因素之间、教育传统内外部现代性因素之间、教育传统及其外部现代性因素之间，以及教育传统及其内外部现代性因素之间等交互作用过程，鲜明地存在动态与互动的特征。"中西文化理解"与教育近代化之间的紧密关系通过上述的交互作用机制而鲜明地呈现出来，从而不断地推进"中西文化理解"的阶段发展过程，由此对中国社会和教育近代化的发展进程产生重要的影响作用。

第二，在"中西文化理解"与教育近代化之间的紧密关系中，明清之际以来传统中国"西学输入"及其本土化中的思想理论形态和社会实践路径鲜明地呈现出阶段发展与深刻变化特征，西方传教士在其中发挥重要的促进作用。依据学习"西学"的自觉程度，选题研究把明清之际到清末时期传统中国的"西学输入"划分为"以西学东渐为主""以采西学为主"和"以倡新学为主"等发展阶段：一是"以西学东渐为主"阶段——主要是以西方传教士为主体。清代康熙时期到清末鸦片战争，由于实施"禁教"政策，传统中国出现"西学输入"及其本土化的"低谷"，导致呈现出"西学东渐"思潮的"波起"；二是"以采西学为主"阶段——"中国主体"意识觉醒，开始有选择性地学习"西学"，以张之洞的"中体西用"思想为代表；三是"以倡新学为主"阶段——以破除"中外之别"为主要的特征，突出地表现为不论"中学"与"西学"的区别，而只论"新学"与"旧学"的差异，集中在"维新变法"和"新政"改革时期，以康有为和梁启超的"新学"思想体系以及严复和陈宝箴的"新学观"为代表，充分地体现出"西学本土化"的阶段发展与深刻变化，即"中西文化理解"的程度明显地增强，鲜明地呈现出"弥合中西"的发展趋势。上述"三大"发展阶段存在时段重叠的现象。从思想理论的角度来讲，学习"西学"历经"中西会通""中主西辅"（包括"中本西末""中道西器"等）"中体西用"和"弥合中西"（即"新学"）等思想发展阶段，充分体现出"中国主体"意识的不断增强。当然尚应关注贯穿于明清之际到清末时期始终的"西学中源"思想——同样充分地体现出"中国主体"意识的特征。从社会实践的角度来讲，学习"西学"历经器物技能层次、制度层次和思想行为层次等发展阶段的递进，鲜明地呈现出中国近代化思维发展逻辑形态的阶段发展与深刻变化。选题研究概括出上述中国近代化思维发展逻辑形态特征的内涵，即对外开放思维发展的逻辑模式、"西学输入"及其本土化的逻辑过程，以及传统及其内外部现代性因素交互作用的逻辑关系。

在明清之际以来传统中国"西学输入"及其本土化的发展进程中，西方传教士在其中发挥重要的推进作用，不仅表现为促使学习"西学"的社会实践由器物技能层次、制度层次发展到思想行为层次的阶段转变发展，而且对"中国主体"意识的形成和发展产生重要的影响作用。从主观层面的角度来讲，西方传教士东来传统中国，存在传播西方宗教信仰的时代职责与工作任务。但从客观角度来讲，西方传教士却带来西方近代文化和先进的科学技术（即"西学"），在西方科技书籍的译述、西方社会科学知识的输入以及西方社会观念的传播，特别是在崭新概念的创立和思想观念的提出等方面，具有先导性的社会影响作用。西方传教士尚带来全新的西方近代文化教育思想，同时结合传统中国社会与教育的实际发展状况，提出诸多富有建设性的思想观念变革建议，从而对中国社会和教育近代化的发展进程产生重要的促进作用，包括清末中国出洋游学游历的思想生成与政策演进。在西方传教士布朗夫妇的扶助下，传统中国最早民间赴美游学的教育实践（即容闳、黄胜、黄宽赴美游学）成为社会的现实。西方传教士尚运用举办报刊、出版"西学"书籍，以及创办教会学校和慈善机构等做法，加强对传统中国社会的舆论宣传与现实影响作用。上述的方面客观上有力地推动明清之际以来传统中国社会观念与世界观念的深化发展。

西方传教士依托"科技传教"和"走上层路线"的策略，对传统中国的士大夫阶层产生深刻的影响作用。西方传教士与传统中国的开明士大夫通过"授录西书""修订历法"和"传播工艺"等手段，不断地推进明清之际以来传统中国"西学输入"及其本土化的发展进程，促使中西文化之间增进交互理解，并且实现从器物技能层次、制度层次到思想行为层次的转变发展，由此对中国社会和教育近代化的发展进程产生现实的影响作用。虽然清代康雍乾时期传统中国实施"闭关锁国"的政策，促使"西学东渐"转入低潮，但西方的科学精神却持续地对中国社会和教育近代化的发展进程产生内在的影响作用。清代前期"中西会通"思想并未因为传统中国政治和政策的变化而完全地终止，而是在传统中国的开明士大夫中继续地产生思想的影响作用，由此出现具有西方科学精神的哲学家和科学家，比如方以智、梅文鼎和王锡阐等，以致成为明清之际传统中国"中西会通"思想的突出代表人物。

随着"采西学"程度的逐步加深，清末中国的"采西学"思想发展到"弥合"中西文化差异的程度。西方传教士不断地提出崭新的概念内涵与思想观点，力图"弥合"中西文化的差异。1888年，李提摩太的《西学汇编》强调，学术应该不断地随着时代的发展而变迁，首先提出"中主西辅"思想，并且对"新学"的概念内涵进行原初意义上的阐释——《新学汇编》《时事新论》

和《新政策》等论著中存在上述的相关概念内涵，同时林乐知和李佳白等也提到上述的相关思想观点。上述的新概念与新思想在"西学东渐""采西学"和"倡新学"中不断地推动中国近代化的发展进程。"新学"思想强调"弥合"中西文化之间的界阈，即只讲"新旧之别"，而不讲"中外之分"。"新学"思想的出现标志"西学东渐"与"采西学"思想的合流，并且受到清末中国知识精英和地方督抚等官吏的支持与阐扬。张之洞的思想观点鲜明地体现出由"以采西学为主"向"以倡新学为主"的阶段过渡性质，虽然张之洞对"新学"概念内涵的理解尚为"西学"概念的借指，深层的中国"本土化"含义并不显著；康梁"新学"思想体系是"新学"思想的重要发展阶段，促使"新学"成为戊戌时期"维新变法"的重要思想，虽然当时"中体西用"思想依然具有强劲的社会影响与指导作用；严复的"新学"思想具有更深刻的"学理"特色，强调自由与民主，主张学术独立、学术与政治分立，强调科学研究方法的重要性，由此对近现代文化教育观念和学术思想的发展产生深远的影响作用，以及对清末中国出洋游学游历的思想生成与政策演进产生重要的推动作用。清末中国学习"西学"的社会实践历经从"以西学东渐为主"到"以采西学为主"和"以倡新学为主"的阶段发展过程，充分地体现出"中西文化理解"的过程存在从"中西之分"到"新旧之别"的阶段发展与深刻变化。清末中国的政治和知识精英特别是顺应时势的督抚官吏，接受"新学"思想，由此标志清末中国社会的思想观念出现实质性的发展与变化——因而具有思想解放的时代意义，从而对清末中国出洋游学游历的思想生成与政策演进产生重要的推动作用。

在探讨西方传教士在中国社会和教育近代化的发展进程中客观作用同时，也不能忽视西方传教士到传统中国传教的真正目标。西方传教士应对清末中国社会半封建半殖民地程度的日益加深负有相应的历史责任——这是辩证地分析西方传教士来华对中国社会和教育近代化的影响作用所应秉持的客观态度。

第三，在"中西文化理解"与教育近代化之间的紧密关系及其阶段发展与深刻变化中存在"交互文化性"，充分地体现出教育的传统及其内外部现代性因素交互作用的逻辑关系。从近现代社会转型发展的角度来讲，明清之际传统中国社会内部出现最初资本主义社会生产关系（即内部现代性因素）的萌芽，由此产生朝向近现代社会转型发展的时代性条件，特别是以黄宗羲、顾炎武、王夫之和颜元为代表，以求实和求是的精神对传统中国的文化教育观念进行深刻的批判，提出具有初步民主主义思想的文化教育主张。明清之际、清代前期和清末民国时期是传统中国社会、文化和教育朝向近现代转型发展的重要阶段。在教育近代化的发展进程中，教育传统及其内外部现代性因素的交互作用贯穿于传统教育朝向近现代教育的转型发展过程之中——它并非起端于鸦片战争之后，而是在明清之际和清代前期就已存在鲜明的呈现，但鸦片战争之后获取明显的增强，从而促使传统教育出现更深刻的近现代转型发展过程。选题研究强调，"交互文化性"是明清之际以来传统中国的"中西文化理解"阶段发展中的重要逻辑基点，有助于深刻地揭示传统及其内外部现代性因素交互作用的逻辑关系，从而更深入地探究中国社会与教育近代化的发展进程中的相关思想理论与社会实践问题。

教育传统及其内外部现代性因素的交互作用是教育近代化的阶段发展与深刻变化机制。从教育近代化的发展进程角度来讲，集中地体现在明清之际以来传统中国"西学输入"及其本土化中思想理论形态和社会实践路径的阶段发展过程之中。教育传统附着于中华民族的思想体系，并且深入传统中国的社会生活，形成稳固的社会心理结构。传统内部的现代性因素形成于明清之际，传统外部的现代性因素则最初源于明清之际西方传教士东来传播的西方近代文化和先进科学技术（即"西学"）。上述内外部现代性因素的出现主要存在如下方面的成因：首先，教育的现实难以逃避教育的历史及其发展趋向，现代性因素也难以回避教育的传统。因此在教育近代化的发展进程中，难以否定教育传统及其内外部现代性因素交互作用的社会历史现象；其次，教育传统及其内外部现代性因素的交互作用并非呈现出稳固与静止的状态，而是鲜明地呈现出教育近代化的发展进程中所客观存在和符合逻辑模式的特征。

教育思想形态是教育传统及其内外部现代性因素交互作用的理论呈现方式。在教育近代化的发展进程中，传统中国"中西文化理解"过程中的思想理论形态鲜明地呈现出"中西会通""西学中源""中主西辅""中体西用"和"弥合中西"等多种类型，其中的共同点都是阐述中西方文化教育的源流和地位问题。"中体西用"思想经过张之洞《劝学篇》的系统总结与全面阐述，以及由于契合清末中国教育转型发展的实际需要，因而成为清末中国社会和教育近代化的根本指导思想，由此产生重要的现实影响与作用。传统中国教育近代化的思想理论形态具体地表现在如下方面：首先，以教育传统内部现代性因素的增长为开端，教育传统及其内部现代性因素之间产生交互作用的逻辑关系，比如明清之际传统中国出现实学教育思潮的复兴与启蒙教育思潮的掀起；其次，随着教育传统外部现代性因素的现实"势场"与影响力度不断地增大，教育传统内外部的现代性因素之间产生激烈的互动作用，从而促使外部现代性因素鲜明地呈现出趋向中国"本土化"（即"内化"）的发展过程，由此客观上增强现代性因素在教育传统中的重要地位与影响作用，但同时进一步地加剧教育传统及其内外部现代性因素之间的"平衡危机"，引发"中学"与"西学"之间更强烈的交互作用。明清之际到清末时期，传统中国的"西学中源"思想获取形成与发展，以及"西学东渐"的社会思潮"波起"，充分地体现出上述的交互作用及其阶段发展与深刻变化特征，由此导致传统中国教育产生深刻变革与转型发展，从而有力地推动教育近代化的发展进程。

　　教育实践路径是教育传统及其内外部现代性因素交互作用的实践呈现形式。传统书院制度的改革、科举考试制度的革废、学校教育体系的形成、出洋游学游历的出现，以及新式学校制度的建立等教育实践路径及其阶段发展与深刻变化，充分地表明教育传统及其内外部现代性因素之间存在激烈的交互作用。比如，明清之际颜元创办漳南书院，借鉴北宋胡瑗的分斋办学制度，倡导传统实学教育思想，由此变革与创新传统的书院制度——其与清末中国的"书院改学堂"等变革举措都充分地反映出教育传统及其内外部现代性因素之间交互作用的逻辑关系。科举考试制度是传统中国教育的制度标志，但清末时期随着传统中国的社会形势和教育发展不断地出现崭新的变化，1905年传统科举考试制度终遭废止，取而代之的是新式学校制度和人才选拔制度。在传统科举考试制度革废与新式学校制度建立的过程中，教育传统及其内外部现代性因素的交互作用表现明显。清末中国出洋游学游历的阶段发展过程是教育传统及其内外部现代性因素交互作用的现实表现形式，通过实际出洋学习西方近代文化和先进的科学技术（即"西学"），由此对传统教育的转型发展产生重要的促进作用。清末中国学校教育体系的形成与发展既可以看成教育传统及其内外部现代性因素交互作用的发展结果，也可以看成上述交互作用过程的具体表现形式。

　　第四，"中国主体观"既是认识"中西文化理解"与中国近代化之间紧密关系及其阶段发展与深刻变化特征的核心理念，又是理解中国社会和教育近代化研究的理论模式。选题研究深入地剖析西方学者提出的"西方中心观"和"中国中心观"，用以揭示西方有关中国近代化研究理论模式的偏颇，以及西方文化霸权观念的内在本质，并且站在"中国主体"意识的立场，确立"中国主体观"研究理论模式——继承与发展传统中国"以中融西"模式的思想观点，但也存在显著的区别。传统中国"以中融西"模式的立论基础存在于长期封建时代中西方文化发展的相异程度与环境特征。中华传统文化是世界文化发展中的重要形态。欧洲"新航道"开辟之前，中华传统文化处在封建时代世界文化的发展顶峰，拥有世界文化发展中的比较优势，是西方社会钦慕的文化形态，以致在18世纪西方社会急速向近代转型发展的进程中，仍然出现学习中华传统文化的"社会热潮"，但传统中国存在"天朝上国"的虚骄心态。中国的本土具有产生"传统中心主义"（即"传统中心观"）的社会基础：春秋时期传统中国思想家孟子《滕文公章句上》论述，"吾闻用夏变夷者，未闻变于夷者也"。朱熹注释：所谓"夏"，指"诸夏礼仪之教也"；所谓"变夷"，指"变化蛮夷之人也"；所谓"变于夷"，指"反见变化于蛮夷之人也"[1]。由上可见，传统中国的"以中融西"模式建立在中华传统文化处在比较优势的基础之上，充分地体现出当时世界文化发展的时代情形与社会特征。罗兹曼深刻地阐述在中华传统文化视野中对世界秩序的认识与理解：

　　在帝制时代后期，中国关于世界秩序的构想，是把安全和权力的实际现状与理论和观念上的中华中心论结合起来。中华中心论是中国文化优越性在制度上的表现形式，中国历代王朝对这一点的强调是不遗余力的，需知中华帝国晚期的纳贡体系就是为在礼仪上制度化地表达不平等和等级制而精心设计出来的。在纳贡体系的实践中，中国表现出自己是个中央之国，周围是一些文化低

---

[1] 朱熹著：《四书集注》（北京：中国书店，1994），页239。

贱的藩属国，其统治者接受中国的册封，进而按约期朝贡并与中国互市。[①]

上述的论述深入地揭示出"传统中心观"的思想特征。但明清之际以来传统中国的社会环境与时代背景已经发生深刻的变化，传统中国"以中融西"模式的存在基础出现历史性的动摇：19世纪中后期世界文化的发展形势出现显著的变化，西方近代文化获取时代性特征的巨大发展，逐步地形成对中华传统文化的比较优势，并且集中地体现为西方近代政治经济和科学技术等的迅猛发展，但中华传统文化所固有陈腐的世界观念和社会观念尚未获取根本性的改变，由此严重地制约中国近代化的发展进程。同时，西方占据近代文化发展的比较优势之后，逐步地形成文化霸权的心态，充分地体现在中国近代化研究理论模式中的"欧洲中心论"（即"西方中心观"），以致现今依然在相当大的程度上存在，比如萨缪尔·亨廷顿的"文明冲突论"。柯文的"中国中心观"从"内部取向"的角度出发，谨慎地指出"西方中心观"的狭隘主义倾向。当然，"中国中心"取向也可能会蜕变为新的狭隘主义——由于低估西方19、20世纪对传统中国的影响作用，以致仅仅把夸大西方作用的老狭隘主义颠倒过来，因而丝毫无助于更好地了解传统中国的历史真相，但"中国中心"取向并不包含必然导致上述后果的因素[②]，可见柯文的"中国中心观"尚存在内在的逻辑困境[③]。

综合上述，从思想理论构建的角度来讲，"传统中心观""西方中心观"和"中国中心观"都存在思想理论上的缺陷与问题，难以摆脱思想理论的偏见与内在逻辑的困境，并且尚存在社会文化与历史研究差异等难以解决的问题。选题研究强调，思维发展逻辑形态内涵的阶段发展与深刻变化是中国近

---

① 吉尔伯特·罗兹曼著：《中国的现代化》（国家社会科学基金"比较现代化"课题组译，南京：江苏人民出版社，2005），页28。

② 柯文著：《在中国发现历史——中国中心观在美国的兴起》（林同奇译，北京：中华书局，2002），页210–211。

③ 夏明方通过分析柯文有关"中国中心观"与"西方中心观"的论述，把"中国中心观"的内在逻辑概为"去冲击论""去近代化论"和"解放"帝国主义，并对这种中心观的内在逻辑困境做了探究（本项选题研究的理论基础部分已经对此做了分析与阐述）。夏明方著：《一部没有"近代"的中国近代史——从"柯文三论"看"中国中心观"的内在逻辑及其困境》，《近代史研究》，2007（1）。

代化研究中的关键问题，即凸显"中国主体"意识的阶段发展与深刻变化在中国近代化的发展进程中具有重要的影响作用。因此，既不能从"传统中心主义"的角度出发更不能从"欧洲中心主义"的角度出发来认识、理解和探究中国近代化的发展进程。柯文的"中国中心观"虽然力图摆脱"西方中心观"对传统中国社会外部因素的依赖，但却不可避免地走向另一端，即抛弃从社会文化的视角而追求从社会历史的视角，因此也就难以阐明中国近代化的发展进程中的相关思想理论与社会实践问题。

　　针对"西方中心观"和"中国中心观"的理论困境，选题在辩证地分析与批判地反思中国近代化研究相关理论模式的基础之上，基于"中国本土""中国主体"意识以及"中西文化理解"等概念范畴，深入地阐述中国近代化中的相关思想理论与社会实践问题，即从思维发展的视角，提出"中国主体观"的研究理论模式，借以阐释中国近代化中"中国主体"意识的阶段发展与深刻变化，诠释"中西文化理解"和中国近代化的发展进程及其思维发展逻辑形态特征。"中国主体观"的研究理论模式具有不同于以往相关研究理论模式的特征：其一，既不同于"传统中心主义"的研究理论模式，也不同于"西方中心观"的研究理论模式，即不存在"中国至上主义"和"欧洲中心主义"的研究倾向；其二，基于思维发展的视角，不同于"中国中心观"偏重历史的研究理论模式，以及"西学中心观"偏重文化的研究理论模式，但实现历史发展与文化发展的统一。从历史发展的视角来讲，倾向于把研究的时限范畴划定在明清之际到清末时期（甚至延伸民国时期）；从文化发展的视角来讲，倾向于探究中国近代化中相关思想理论形态和社会实践路径的阶段发展与深刻变化特征；其三，充分地表达出"中国主体"意识的阶段发展与深刻变化，具有鲜明的中国特色，符合传统中国"以中融西"模式的特征。"中国主体观"更不同于"传统中心主义"的研究理论模式——建立在"中国主体"意识的阶段发展与深刻变化的基础之上，充分地体现出积极和能动地借鉴外来文明的博大胸怀与历史智慧，立论的基础存在于对外开放思维发展逻辑模式中的自觉意识、"西学输入"及其本土化中的"主体"力量，以及传统及其内外部现代性因素交互作用中的传统"本位"。上述的方面正是中国近代化思维发展逻辑形态特征的集中体现，即"中国主体观"的研究理论模式所要揭示的是"中国主体"意识的阶段发展与深刻变化及其在中国近代化的发展进程中的重要影响作用。"中国主体观"的研究理论模式存在内部核心与文化理解"两大"要素："前者"致力抛弃对"传统中心主义"和"欧洲中心主义"的文化偏见，强调传统内部因素在"中西文化理解"与中国近代化之间紧密关系中的核心地位与影响作用；"后者"则充分地体现出批判性反思"传统中心观"的文化失落，关注中西文化之间交互作用的机制。"中国主体观"的研究理论模式强调"中国主体"意识的阶段发展与深刻变化在教育近代化的发展进程中的重要地位与影响作用，并且基于"中国本土"和"中国主体"意识，深入地探究"中西文化理解"和教育近代化之间的紧密关系及其阶段发展与深刻变化，由此利于阐释教育近代化的发展进程中的相关思想理论与社会实践问题，以及深刻地揭示教育近代化思维发展逻辑形态内涵的阶段发展与深刻变化特征。

第五，以清末中国出洋游学游历为实证个案，深入地探究"中西文化理解"与教育近代化之间的紧密关系及其阶段发展与深刻变化，由此从思维发展的视角深刻地揭示教育近代化思维发展逻辑形态特征，阐明"交互文化性"在"中西文化理解"过程中的基础性地位，以及"中国主体"意识的阶段发展与深刻变化在教育近代化的发展进程中的重要影响作用，从而在社会实践的层次上深入地认识与理解"中国主体观"的研究理论模式。

随着"中西文化理解"程度的不断加深，清末中国出洋游学游历出现相应的阶段发展与深刻变化，但学习"西学"仍然是"中西文化理解"过程中的核心内容，"中西文化理解"的发展过程中所存在"中国主体"意识的阶段发展与深刻变化仍然是教育近代化研究的核心问题。清末中国出洋游学游历充分地体现出"中国主体"意识的阶段发展与深刻变化在中国社会和教育近代化的发展进程中的核心地位，即"中国主体观"的研究理论模式对深度地探讨中国社会和教育近代化的发展进程具有重要的指导意义。

第二节　清末中国出洋游学游历的现代启示

清末中国出洋游学游历充分地体现出传统中国社会和教育近代化中的基本发展规律，具有重要的历史价值与时代影响。由于存在时代的局限，清末中国出洋游学游历的思想生成与政策演进中必定会存在诸多时代性的缺陷与社会性的问题，比如教育政策发展中的战略思维相对欠缺、政策理念与对象选取之间出现异位，以及教育决策存在时代性的失误。以史为鉴，可以知兴替。无论是清末中国出洋游学游历所具有的历史价值和时代影响，还是所存在的问题与局限，对中国社会和教育现代化的发展进程都具有重要的启示意义。

第一，正确地对待中华传统文化，需要善于吸取其精华，坚决摒弃其糟粕。中华传统文明是世界现存唯一具有持续发展特征的古老文明，特别是对世界古代文明的发展产生过重大的思想影响与社会作用。中华传统文明"是指整个中华民族文化与社会生活的主要形态、主体脉络及其总体水平，包括物质文明与精神文明'两大'范畴，以及'二者'兼有的自然生存环境"[①]。中华传统文明的核心部分是中华传统文化。在漫长的社会历史发展进程中，中华传统文化塑造出中华民族的独特性格，并且成为世界文化的重要组成部分，在封建社会的时代甚至达到世界文化发展的重要主峰。因此，中华传统文化可以看成传统中国先辈积累的珍贵遗产与重要资源。"历史文化传统是一个国家在长期历史发展过程中积淀形成的，是一个国家、一个民族最为宝贵的资源和发展的基础。任何国家的文化建设都不能脱离本国文化的历史传统，并且由于教育是专事传承发展文化和培育人的社会实践活动，所以，一般对继承和发扬历史传统文化负有更直接的责任，具有更大的历史依赖性"[②]。

在西方近代文化和先进的科学技术（即"西学"）取得重大发展的时期，传统中国只要依然采取"闭关锁国"的政策，就难以继续保持自身的生存和长远的发展，传统保守的思想观念也就会成为中国近代化的发展进程中的重要阻碍因素，"然而传统文明长期形成的惯性和定势的思维方式，严重地禁锢着人们的头脑，即使先进的人物一时也难以察觉长期积累起来的痼疾，中国不能不通过长期的痛苦，才能完成更新观念、改造传统文明的过程。这也就是说，对西方文明的认识，难以避免地表现出迟钝，难以深入堂奥，只是在

---

① 胡绳武总纂：《中华文明史》（卷十，清代后期，石家庄：河北教育出版社，1994），前言，页1。

② 国家教育行政学院编著：《高等教育论纲》（天津：南开大学出版社，2003），页78。

经历了一次次的失败和耻辱的逼迫下，才由浅入深，缓慢地吸收西方文明的成果。这样，当然不足以适应世界格局的激烈变迁，从而造成步步落后的严重后果"。①

当前全球化的发展日趋明显，国际经济合作和文化教育交往日益密切，多元文化的并存与交融已经成为当代社会发展的重要特征，开展广泛的国际交流与合作已经成为现代社会和教育等发展的时代要求。中华传统文化所固守的某些准则与原理已经难以适应中国社会和教育等现代化发展的迫切要求。因此，应该慎重地择取传统文化教育思想，既需要撷取其精华也需要剔除其糟粕；既需要继承也需要发展；既需要着眼传统也需要关注现实；既需要发扬传统的自信也需要吸收先进的胸怀。在明清之际以来传统中国的东西方文化交汇过程中，传统及其内外部现代性因素交互作用的逻辑关系显得异常的复杂，鲜明地呈现出多种思想理论的形态。清末中国出洋游学游历是深入地探讨中国社会和教育近代化的重要窗口，充分地体现出传统中国"西学东渐""采西学"和"倡新学"思潮的交互生辉与转化发展过程，同时鲜明地体现出中华传统文化的深刻影响作用。

中国近代化是中国现代化的发展进程中的早期阶段，其中的经验与教训对中国现代化的发展进程具有重要启示与影响作用。传统中国的文化惯性与定势思维依然会在当代社会的发展进程中鲜明地呈现出来，并且也会深刻地影响教育现代化的发展进程。当然不应无视中华传统文化中的精华部分，更不应简单地否定中华传统文化，而应当在传承中华传统文化中保持辨证分析的态度，自觉和慎重地采撷中华传统文化中的精华部分，但同时亟须借鉴近现代世界各国社会和教育等发展中的经验与教训，从而利于推进中国社会和教育等现代化事业的健康、持续与快速发展。

第二，坚持将对外开放作为教育改革与发展中的主导思维模式，努力地适应现代社会和教育等发展的步伐与脉动。随着"采西学"进程的持续推进，以及"西学"认识的不断深化，清末中国立足于新式学校造就掌握"西学"的新式专门人才，已经不能适应时代发展的急切需要，特别是在列强环伺、

---

① 胡绳武总纂：《中华文明史》（卷十，清代后期，石家庄：河北教育出版社，1994），前言，页2。

侵略日紧和民贫国困以及"洋务西化运动"蓬勃发展的关键时期[①]。清末中国出洋游学游历充分地体现出中国近代化对外开放思维发展逻辑模式的深刻影响作用。

首先，清末中国的传统教育形式日显陈旧与单一，保持"闭关自守"的固有特性，学生接受的时空存在局限，同时清末中国原有的教育系统和新式学校教育机构也难适应内外社会发展形势的急剧变化与迫切需要，由此促使新式教育的形式亟须进一步的发展。清末中国出洋游学游历是近代新式教育形式发展中不可分割的重要组成部分，充分地体现出中国近代化对外开放思维发展逻辑模式特征。国际社会形势的发展与变化促使清末中国亟须造就政治经济和文化教育等各领域的新式专门人才，由此带来"学术观""知行观""西学观"和"人才观"等方面的深刻发展与变化。由于清末中国新式学校教育的形式难以满足新式专门人才质量和数量等方面的时代发展要求，以致促使出洋游学游历——这种新式教育的形式，获取产生与发展。因此，清末中国出洋游学游历的出现标志原有传统教育的形式发生深刻的发展与变化，同时大大地拓展近代新式教育的新形式。

其次，清末中国出洋游学游历促使生徒投身国际社会的现实发展环境，直接地与国际社会的各阶层进行紧密的接触，以致能够真切地感受国际社会发展的实际状况，直观地接受西方先进近代文化的熏陶，以及学习西方先进的科学技术。同时，东西方列强的政府对清末中国选派游学生出洋学习"西学"普遍地采取积极和鼓励的政策，由此促成游美、游欧和游日的社会"浪潮"持续地"波起"。从学习"西学"内容的角度来讲，东西方列强都致力推进"西学东渐"与进行文化渗透，但无论目的和意图何在，教学内容的设置都关注西方近代文化和先进科学技术（即"西学"）的输出，虽然清末中国官派出洋游学游历的内容设置增加传统中国教育教学的具体内容，但最根本的依然是西方近代文化和先进的科学技术（即"西学"）。因此，清末中国出洋游学游历标志新式教学的内涵出现深刻的发展与变化。

再次，清末中国传统教育偏重封建道德思想的涵育，致力培养圣贤、鸿

---

① 严加红著：《中国近代早期改良思潮教育思想研究》（北京师范大学硕士学位论文，1997），页25。

儒和通儒，强调道德修养的评价，而清末中国出洋游学游历偏重学习西方近代文化和先进的科学技术（即"西学"），利于学生冲破封建顽固的枷锁，着力地培养适应国际社会发展形势以及掌握先进科学技术的新式专门人才。清末中国出洋游学游历具有官方和民间两种资遣出洋的方式：官方的派遣需要接受清末中国"主流"的意识形态，往往增设封建特色的教育教学内容，而民间的资遣则较自由，往往在学习西方近代文化和先进的科学技术（即"西学"）方面走得更远。因此，清末中国出洋游学游历充分地体现出新式教育教学的社会功用不断地获取延展。

当代中国教育的对外交往日益增多，教育的国际交流与合作已经成为实现人才培养模式转变、加速科学技术成果流入，以及了解世界各领域发展信息的重要渠道。因此，对外开放思维发展的逻辑模式已经成为当代中国教育发展的重要决策模式。当前不能妄图在封闭的社会环境中获取持续的发展，对外开放是当代中国政治经济和文化教育等发展形势所要求且必须采取的基本途径。世界各国的文化具有民族性与多元性的特征，教育的对外开放既充分地表现为当代中国与世界各国之间的相互学习与借鉴，同时充分地表现为相互之间的矛盾与斗争，因此需要基于战略和政策的层面，主动地把握对外开放在当代中国社会和教育等事业发展中的重要影响作用。

第三，坚持社会开放系统的思想观点，促使教育系统与社会其他系统之间保持紧密的互动联系与协调发展，由此有力地推动教育现代化的发展进程。从广义层次的角度来讲，现代化是指"欧洲工业革命以来世界经济急剧变革、工业化程度不断提升的过程"[1]，是人类认识自然、利用自然和控制自然的能力空前提升的发展过程，也是传统农业社会向现代工业和信息社会的转变发展过程，目的是创造高度发展的物质文明与精神文明。从狭义层次的角度来讲，"现代化不是一个自然地历史演变过程，它是落后国家通过有意识地学习西方发达国家采用先进的经济技术手段迅速赶上先进工业国的发展过程[2]。"现

---

[1] 全国干部培训教材编审委员会组织编写：《从文明起源到现代化——中国历史25讲》（北京：人民出版社，2002），页599。

[2] 全国干部培训教材编审委员会组织编写：《从文明起源到现代化——中国历史25讲》（北京：人民出版社，2002），页604。

代化的核心是人的现代化，人的现代化的关键是教育现代化，而教育现代化是社会现代化的重要组成部分。现代化理论是在社会急剧变革时代所出现的社会观与发展观，其思想理论的内涵历经逐步发展的过程，存在现代化与近代化、现代性与传统、现代性与后现代性、世界体系论与全球时代论等研究范畴。

无论是广义的现代化还是狭义的现代化，抑或现代化理论所囊括的丰富研究范畴，都是从学术研究的层次上观察现代化的基本内涵。若要具体地探究中国社会和教育等的现代化，尚需从系统的角度对现代化进行深层的因素分析。西方社会学家帕森斯将现代化系统划分为经济（A）、政治（G）、社会（I）、文化（L）四个子系统，并且构建 AGIL 图式。由上可见，文化系统是现代化系统构成的重要部门[①]。帕森斯的现代化理论为深入地探究中国社会和教育等的现代化提供重要的方法论基础。

明清之际至清末时期，传统中国近代化（即早期现代化）历经复杂、曲折和多变的发展进程。何兹全在论述近代中国的"新思潮"时强调：

接受资本主义，接受资本主义文化，这是促进中国社会、中国文化向更高处发展的必经之路。这是突破封建经济向资本主义经济发展的必经之路。但中国这条路却是伴随着殖民主义者的大炮轰击一块儿进来的。这就扭曲了中国近代化的路程，为中国的近现代化增加了困难。[②]

20 世纪 80 年代，陈景磐运用阶级分析的研究方法，深入地阐述近代中国文化教育的产生与发展及其类型。陈景磐论述：

中国近代新的文化教育的产生和发展，是随着新经济、新阶级的政治力量产生和发展的。"没有资本主义经济，没有资产阶级、小资产阶级和无产阶级，没有这些阶级的政治力量，所谓新的观念形态，所谓新文化，是无从发生的。"中国近代主要有三种不同的文化教育，反映了中国近代三种不同的政治经济基础：帝国主义的奴化教育，目的在于培养为帝国主义服务的知识干

---

① 富永健一著：《日本的现代化与社会变迁》（李国庆、刘畅译，北京：商务印书馆，2004），页26。

② 何兹全著：《中国文化六讲》（郑州：河南人民出版社，2004），页97。

部和愚弄广大的中国人民，使中国变成它们的半殖民地和殖民地；封建地主阶级的旧文化教育，目的在于巩固中国封建的统治；资产阶级的新文化教育，目的在于发展资本主义。[①]

陈景磐从阶级分析的角度清晰地勾勒出近代中国文化教育的基本概况与发展脉络，以及中国文化和教育近代化所面临复杂的社会背景与时代环境。

清末中国出洋游学游历充分地体现出教育近代化所面临复杂多变的时代环境与社会氛围，深刻地揭示教育近代化并非单一教育系统的近代化发展过程，而是社会开放系统整体近代化的重要组成部分。教育近代化的复杂发展过程充分地表明，教育系统并非封闭存在的领域，而与社会开放系统存在紧密的关联。若要实现教育近代化，就需要考虑社会开放系统的整体近代化、拥有对外开放的胸怀以及"走向世界"的视野，深刻地把握社会开放系统内外部复杂的联系要素，以及系统要素之间相互依存与互动影响的紧密关系。因此，教育现代化不能简单地从教育系统入手，而需要考虑社会开放系统整体现代化的相关要素，增强教育发展与社会现代化之间的互动联系，从而更有力地推进教育现代化的发展。

第四，关注教育政策的制订与执行环节，努力地减少教育的决策失误。教育政策属于公共政策的范畴，教育政策的制订包括制订主体、价值目标和行动计划等方面的概念内涵。目前政府机关是教育政策的制订主体，既可能是中央或地方政府，也可能是立法或行政机关。教育政策的制订受到内外部社会因素的深刻影响作用，既存在制订机构或个人等因素，也存在社会背景或社会力量等因素[②]。由于受到各种影响因素（包括个性气质、人际关系、文化传统、政治经济和民族宗教等）的制约，教育政策的制订与执行需要冲破重重的阻力，以及具有开拓创新的精神。在清末中国出洋游学游历的发展进程中，容闳、沈葆桢和梁诚等是具有开拓创新精神的典型代表人物。

教育政策制订之后，尚需进行持之以恒的坚守，以及具有承受挫折的韧性——当然并非某个人所应具备的素质，而是在解决错综复杂的公共社会问

---

① 陈景磐编：《中国近代教育史》（北京：人民教育出版社，1983），页2。

② 马凤岐著：《教育政治学》（北京：人民教育出版社，2003），页146–147。

题时，国家和政府的机关应该具备的综合决策能力。清末中国容闳和沈葆桢等所开创幼童赴美游学与游学游历欧洲事业的最终结局充分地表明，上述的政策品质显著地具有公共性的特征，同时充分地体现出上述的相关政策对中国社会和教育近代化的发展进程所具有的重要影响作用。

容闳从胸怀"幼童赴美教育计划"到最终"奏准"，符合公共政策的制订程序，充分地体现出思想形成、问题提出和"奏准"实施等教育政策的公共决策过程。1872年，容闳"幼童赴美教育计划"实施，当时容闳被指派为清末中国"出洋肄业局"的副监督，但依然受到正监督的管理与钳制。陈兰彬和吴子登心怀对曾国藩与丁日昌等的个人恩怨，同时坚持传统保守的文化心态，以致"奏请"撤回赴美的幼童，破坏曾国藩、丁日昌和容闳等共同开创的幼童赴美游学教育的事业。1876年之后，美国出现种族歧视的"排华浪潮"，容闳让赴美幼童入学美国陆海军学校的要求遭到拒绝，由此直接地导致具有开创意义的"幼童赴美教育计划"流产。容闳的"幼童赴美教育计划"遭到夭折，最终的根源依然在于清末中国政府在幼童游美的决策层次上存在问题，致使陈兰彬和吴子登的破坏企图一时得逞。因此，教育政策的制订与执行尚应努力地减少决策性的失误。

"闽厂"生徒游欧与幼童赴美游学在决策层次上存在迥然的差异：生徒游欧由华洋监督负责管理，而幼童游美则实施正副监督制度；生徒游欧确立"蝉联"制度，存在政策的延续性，而幼童游美则具有试验性质。同时，游欧选派生徒而非幼童，注重实用的知识与技能，学成之后见效快。正因为游欧存在上述的优越性，因此即使在清末中国出洋游学游历发展的低迷时期，虽然间或遭受经费难筹等原因而造成出现生徒学业未竟而中途撤回的状况，但游欧依然获取"蝉联"制度的保障，并未出现"闽厂"生徒游欧完全中断的局面，由此确保游欧的政策获取延续发展。

第五，在具体层次上既要规范管理，又要保持相对灵活和具有弹性，由此促进当代游学游历（即留学教育和出国考察等）事业的持续发展。清末中国出洋游学游历在具体管理的层次上对当代留学教育和出国考察等事业的发展具有重要的启示意义。首先表现在出洋游学游历管理机构设置及其职能变迁状况的方面。从政府官派的角度来讲，清末中国官派出洋游学游历起初并无统一负责管理的机构，而由选派的机构通过一定的考选程序录取学生和人员，管理的规章由选派的机构"奏批"实施。幼童赴美游学是依据中美所签订相关游学条款的规定，并且通过曾国藩和李鸿章奏准的"幼童赴美教育计划"以及制订的"选派幼童赴美办理章程"等途径。清末中国的学务处和学部成立之后，游学生的派遣事务由各省督抚办理，但录取的学生必须咨报备案——清末中国"游日浪潮"期间，各省选派游学生的过程就是鲜明的例证。其次表现在出洋游学游历者派遣方法及其模式变化的状况方面。在清末中国的游学生派遣中，除了"官费生"之外，尚存在"自备资斧生"（即"自费生"）"教会出洋生"和"清华留美生"[①]。"自费生"录选的资格限制较宽，无须经过特定的考试，游学期间选修的课程及科目等保持相对的灵活与自由；"教会出洋生"是由外国教会或境内教会学校派送，出洋的时间较早，外国化的程度相对最高；"清华游美生"是依据中美政府退还超收的"庚款"用于游美教育的约定，由"清华预备游美学校"选派学生，选派办法和程序的制订受到美国因素的深刻影响作用。

　　清末中国出洋游历者的派遣存在官派、自费和特邀等多种方式。官派出洋游历存在官派生徒出洋游历和官绅出洋游历（包括使臣出洋游历和特务出洋游历）等方式，出洋游历者享受中央或地方政府的经费资助，以斌椿、郭嵩焘、张德彝、王之春、罗振玉和吴汝纶等为代表。自费出洋游历存在自费生徒出洋游历和绅商出洋游历等方式，出洋游历者不能享受政府的经费支持，即"自备资斧"，以张謇、林柄章和朱绶等为代表。特邀出洋游历存在官绅特邀出洋游历、生徒特邀出洋游历和文士特邀出洋游历等方式，出洋游历者的经费由特邀方提供，以林鍼和王韬等为代表。清末中国多种类别派遣出洋游历的社会功用与影响作用在出洋游历者所作游记中存在充分的体现。1901年罗振玉赴日考察教育，参观明治日本各级类学校，购买学校额教科书、理科实验的设备和生物的标本，收集学校的制度性资料和教育统计的数据，并且建议确立近代学校教育制度。在分析明治日本强盛的成因时，罗振玉强调"首在便交通，继在兴工业，三在改军制""军政修明又加之以兴教育，国力乃日

---

① 舒新城编：《近代中国留学史》（上海：上海文化出版社，影印本，1989年4月），页235–256。

臻强盛"①。张謇是促进清末中国实业教育事业发展的典型代表人物,由于深感"图存救亡,舍教育无由",因此1903年自费赴日考察教育,在总结明治日本的维新时论述,"自维新变法三十余年,教育、实业、政治、法律、军政,一意规仿欧美,朝野上下,孜孜矻矻,心摹力追,今男女学生制服也渐次变更矣。孟子以晋国为仕国,余谓日本也学国也""其命脉在政府有知识,能定趣向,士大夫能担任赞成,故上下同心,以有今日"②。上述思想观点与教育实践对中国社会和教育近代化的发展进程具有重要的推进作用。

甲午中日战争之前,清末中国出洋游学游历主要以中央和地方政府的官派出洋方式进行,自费出洋游学游历尚不盛行。游日政策制订之后,清末中国自费出洋游学游历者显著地增多,并且逐渐地促成"游日浪潮"的社会局面。但由于诸多自费游日者与"反清革命"存在紧密的联系,因此清末中国制订限制自费出洋游学游历的政策,并且运用外交的途径提请明治日本出台相应的政策措施。在清末中国政府和明治日本政府的双重政策束缚之下,以及随着辛亥革命形势的发展,清末中国的"游日浪潮"趋向低潮。20世纪初,清末中国采取约束与奖励结合的出洋游学游历管理措施,同时确立鼓励游学游历美欧的政策,并且形成"庚款"游美的社会潮流,由此促使清末中国出洋游学游历鲜明地呈现出既增强规范管理又保持相对灵活和具有管理弹性的政策特征。至民国时期,传统中国更掀起出洋游学游历的社会热潮。上述的方面对当代游学游历(即留学教育与出国考察等)的政策决策与事业发展都具有重要的启示与借鉴意义。

第三节　创新贡献、存在的问题与深化研究的建议

教育近代化是相对宽泛的研究领域。选题研究从"中学"与"西学"之

---

① 罗振玉著:《扶桑两月记》,参见王晓秋著:《近代中国与世界——互动与比较》(北京:紫禁城出版社,2003),页112—113。

② 张謇著:《东游日记》,参见王晓秋著:《近代中国与世界——互动与比较》(北京:紫禁城出版社,2003),页121。

间的关系以及文化与教育之间的关系等视角，深入地探究中国近代化中的相关思想理论与社会实践问题。由于选题研究是在"中西文化理解"的视野中深入地探讨中国近代化的发展进程及其思维发展逻辑形态特征，必定会存在某些难以逾越的问题，比如研究方法的选择与运用、研究资料的检索与掌控、研究过程的梳理与把握，以及研究时限和研究资料的查询等。上述的问题都会对研究结果产生现实性的影响作用。创新的贡献是选题研究的价值所在；存在的问题是选题研究所需要克服的缺陷所在；针对问题提出建设性的意见则是推进选题研究的重要步骤。

一、创新的贡献

选题着眼于"大历史"和"大教育"的研究范式，构建"中西文化理解"的分析框架，深入地探讨中国近代化中的相关思想理论与社会实践问题，深刻地揭示中国近代化思维发展逻辑形态特征。通过深入地分析"中学"和"西学"之间冲突与融合的发展过程，阐述明清之际以来传统中国"中西文化理解"与中国近代化之间的紧密关系及其阶段发展与深刻变化，以及"西学输入"及其本土化在中国近代化的发展进程中的重要地位与影响作用，强调"中西学关系"及其阶段发展与深化变化是中国近代化中的重要主题。通过确立"中国主体观"的研究理论模式，梳理明清之际以来传统中国的"西学输入"及其本土化过程，提出中国社会和教育近代化中"以学习西学为中心"的思想观点，强调"中西文化理解"过程的重要地位与影响作用，同时阐明"中国主体"意识的阶段发展与深刻变化对中国近代化进程的重要影响作用。为了增强分析研究问题的深度，尚以清末中国出洋游学游历为实证个案，例证中国近代化的发展进程及其思维发展逻辑形态特征，并且强调"中国主体观"的研究理论模式在中国近代化研究中所具有的重要地位与指导作用。

选题研究秉持点与面相结合、局部与整体相结合，以及中心问题与具体问题相结合的原则：一是辨析相关概念内涵之间的联系与区别，明确时限范畴及其阶段划分、层次范畴与核心概念，确定研究的时空框架；二是深入地探究明清之际以来传统中国"中西文化理解"过程中的相关思想理论与社会实践问题，深化认识"西学输入"及其本土化的发展进程中所存在"中国主体"意识的阶段发展与深刻变化，以及"交互文化性"对"中西文化理解"

过程的深刻影响与社会作用，辩证地评判中国近代化的发展进程中的相关思想理论与社会实践问题；三是深入地分析清末中国出洋游学游历的实证个案，更清楚地阐明"中西文化理解"与教育近代化之间的紧密关系及其阶段发展与深刻变化，更深刻地揭示中国近代化思维发展逻辑形态特征及其在中国近代化的发展进程中的深刻影响作用。

选题研究梳理"中学"和"西学"之间交互作用的阶段发展与深刻变化特征：鲜明地呈现出从"以西学东渐为主"到"以采西学为主"和"以倡新学为主"等社会实践的阶段发展过程；从器物技能层次到制度层次和思想行为层次等学习"西学"内容的阶段发展过程；从"中西会通"到"中主西辅""中体西用"和"弥合中西"等思想理论的阶段发展过程，并且本质地揭示和关联地探讨明清之际以来传统中国的"西学中源"思想，既分析其时代的进步性也探讨其历史的局限性。同时以清末中国出洋游学游历为实证个案，深入地探究"中国主体"意识及其阶段发展与深刻变化，深刻地揭示"中西文化理解"与中国近代化之间的紧密关系及其阶段发展与深刻变化特征，清晰地阐释中国近代化思维发展的逻辑模式、逻辑过程和逻辑关系。随着"中西文化理解"程度的不断加深，清末中国出洋游学游历中学习"西学"的内容、层次和范围以及政策内涵及其特征等方面都获取深化发展，充分地反映出中国近代化（包括教育近代化）思维发展的逻辑形态特征。实质上来讲，清末中国出洋游学游历及其政策的转向发展是"中西文化理解"和教育近代化之间的紧密关系及其阶段发展与深刻变化特征的重要体现，当然难以脱离传统中国社会内部因素的主导作用，由此充分地反映出"中国主体"意识的阶段发展与深刻变化在"中西文化理解"和教育近代化中的重要地位与影响作用。从目的地国家选择的角度来讲，清末中国出洋游学游历以游美和游欧为开端，以游日为中介，以游美和游欧的回归为赓续，充分地体现出学习"西学"的核心目标，由此强调"中西学关系"及其阶段发展与深刻变化是中国社会和教育近代化研究中的重要主题。

在分析"中西学关系"及其阶段发展与深刻变化之时，选题研究强调明清之际以来传统中国"西学输入"及其本土化的实现途径及其阶段发展与深刻变化过程，以及由此对中国社会和教育近代化的发展进程产生的重要影响作用。随着清末中国"西学输入"及其本土化的纵深发展，出现从器物技能层次到制度层次、思想行为层次（内容选择），从"以西学东渐为主"到"以采西学为主""以倡新学为主"（实践路径），以及从"中主西辅"到"中体西用""弥合中西"（思想理论）的转变发展过程。"中西学关系"及其阶段发展与深刻变化不断地推进清末中国出洋游学游历的思想生成和政策演进过程，同时促使"中西文化理解"朝向纵深发展，上述的方面有力地推动中国社会和教育近代化的发展进程。在"中西文化理解"过程中，清末中国出洋游学游历中学习"西学"的具体内容历经不断发展与变化的过程：一是最初游美和游欧的发展阶段——出洋学习"西学"的内容是以西方的语言文字和器物技能为主，尚未涉及西方的近代政治制度，严重地存在"中西之别"，充斥传统道德教育的内容与形式；二是"以日本为中介"（游日）的发展阶段——出洋学习"西学"内容的范围获取大幅度的拓展，涉及西方近代政治制度在内的广泛内容，"新学"思想的出现及其内涵的发展打破传统"中学"与"西学"之间的界限，思想理论也逐步地过渡到"弥合中西"的发展阶段，"以日本为中介"学习"西学"的目的性表现明确；三是游美和游欧赓续的发展阶段——学习"西学"的内容已经没有限制，对外开放思维发展的逻辑模式基本上已经占据清末中国社会文化心理结构中的主导地位。

在阐述中西"交互文化性"特征时，选题研究通过深入地分析明清之际以来传统中国从"以西学东渐为主"到"以采西学为主""以倡新学为主"的社会实践发展路径，以及从"中西会通"到"中主西辅""中体西用"和"弥合中西"的思想理论发展与变化，清晰地阐明"中西文化理解"的发展过程中所存在"中国主体"意识的阶段发展与深刻变化对中国社会和教育近代化进程的影响作用，并且对清末中国出洋游学游历进行实证个案分析，从而深刻地理解中国社会和教育近代化的发展进程及其思维发展逻辑形态特征。在洋务时期游学游历美欧的阶段，清末中国"西学输入"及其本土化的社会实践路径进入从"以西学东渐为主"向"以采西学为主"的转变发展阶段，因而清末中国游学游历美欧显著地呈现出开创时期的显著特征，即幼童赴美的试办性质与挫折结局，以及"闽厂"生徒游欧建立"蝉联"制度与学习西方的器物技能，充分地体现出"中西学关系"及其阶段发展与深刻变化特征。赴美幼童的学习课程充斥传统封建性质的教育教学内容，以及存在传统封建思想和幼童"西化"思想之间的尖锐矛盾与激烈冲突，同时鲜明地呈现出清末中国"西学输入"及其本土化的阶段发展与深刻变化特征，比如从幼童赴美的试办性质到"闽厂"生徒游欧"蝉联"制度的建立，以及从幼童赴美学习西方的语言文字到"闽厂"生徒游欧学习西方的器物技能。"维新变法"和"新政"改革时期，清末中国出洋游学游历也鲜明地呈现出"西学输入"及其本土化的特定时代特色。"维新变法"前后，清末中国出洋游学游历进入制度化的发展阶段，确立出洋游历制度，废止传统科举考试制度，并且形成"游日浪潮"，学习"西学"的内容扩展到包括西方近代政治制度在内的广泛范畴，"新学"思想逐步地取代"中体西用"思想的指导地位，并且获取深度的发展，由此进入"弥合中西"的新时代。从出洋游学游历政策演进的角度来讲，清末中国制订分省选派与资遣的政策，采取鼓励与约束相结合的管理政策，以及确立招考养成的体制。

在分析清末中国出洋游学游历的阶段发展与深刻变化特征时，选题研究强调，随着教育近代化的持续推进，"西学"影响的程度逐步地增大，清末中国出洋游学游历的相关政策和制度内涵也日益深化发展：一是从试办的性质到"蝉联"制度的确立。清末中国幼童赴美游学明确地界定为试办的性质，但"闽厂"生徒游欧则确立"蝉联"制度，从而保证游欧政策的连续性；二是从正副监督制度到华洋监督制度的发展与变化。曾国藩"奏请"设置"游美肄业局"时，建立正副监督制度，清末中国任命陈兰彬为正监督，容闳为副监督，正副监督存在明确的行政关系，但在"闽厂"生徒游欧的政策中，明确地建立华洋监督的制度，华洋监督之间不存在行政关系，而确立起协调与合作的关系；三是从中央财政拨付经费转变成分省资遣。幼童游美的经费直接由清末中国政府拨付，"闽厂"生徒游欧的经费则是清末中国政府通过划拨南洋船政再行拨付，但从李鸿章派遣北洋生徒赴德游学时开始，分省选派与资遣成为主要的渠道；四是从传统管理转变成约束与鼓励相结合的管理模式。初期游学生徒的管理采取"中体西用"的模式，教学内容的设置注重传统性的课程，严格地管束游学生徒的日常行止。但随着游学规模的日益扩大，以及"中西学关系"及其内涵的不断深化，严格管束的方式已经不适合清末中国出洋游学游历的发展需要。特别是"戊戌维新"之后，维新思想与革命思想在清末中国的游日学生中产生深刻的影响作用，因此张之洞等主张采取管束与鼓励相结合的管理模式；五是从甄别学生转变成建立招考养成的体制。

最初出洋游学游历在清末中国的新式教育中并没有重要的地位，甄别的赴美幼童大多数为贫家的子弟，离家之前尚需学生的家属立据为凭。但由于存在"中西学关系"的不断深化、新式教育的持续发展、游学游历生徒归国之后的优享待遇等原因，清末中国出洋游学游历的生徒规模逐步地扩大，以致出现规模空前的"游日浪潮"，由此为由甄别学生转变成建立招考养成的体制创造重要的条件。同时，以美国为代表的西方国家对清末中国游学生的资格要求趋向严格，作为利用超收"庚款"创办的"清华游美预备学校"，首先实现由招收"甄别生"转变成招考"养成生"，并且逐步地建立招考养成的体制；六是从奖给科举的头衔转变成建立出洋游学游历人才的考选制度。清末中国出洋游学游历中显著地存在传统科举考试制度的深刻影响，最初出洋游学游历人才归国之后授予相应的科举头衔，但1905年传统科举考试制度废止前后，清末中国建立出洋游学游历归国人才的考选制度。

在论述清末中国游学游历日本的思想生成与政策演进时，选题研究深入地阐述甲午中日战争前后清末中国"传统日本观"的发展与变化，深刻地揭示清末中国"游日浪潮"形成的内在原因：首先，清末中国社会的内外发展形势出现深刻的变化。中日"马关条约"的巨额赔偿基本上摧毁清末中国的中央和地方财政经济体系，导致西方列强的资本输入日益加剧，从而造成利权的进一步丧失。出洋游学游历的成本节约促使清末中国选择近便的明治日本作为目的地国家。从思想观念的角度来讲，甲午中日战争之后清末中国学习"西学"出现从被动转变成主动的发展趋向，学习"西学"的层次与深度也获取增强，并且着力地借鉴明治日本的维新经验；其次，明治日本实施诱导的策略。明治日本的策略目的在于：联合清末中国政府对付势力南下的沙俄，以及培植清末中国的"亲日派"，从而进一步地推进实施"大陆政策"。从清末中国的角度来讲，以地方督抚张之洞和"维新"人士唐才常等为代表的"实力派"大力地支持游学游历日本。随着"传统日本观"的发展与变化，以及"朝贡"外交体制的急速崩解，清末中国出洋游学游历出现显著性的阶段发展与深刻变化特征，逐步生成"以日本为中介"学习"西学"的政策思想，由此促使清末中国在国家意志的层次上制订鼓励游日的政策，进而导致出现规模空前的"游日浪潮"。游日政策的确立与"游日浪潮"的掀起在社会事实的层次上标志清末中国出洋游学游历的重大转向，即目的地国家由原先的"以美欧为主"转变成"以日本为主"，但上述的转向并不能改变清末中国出洋游学游历的核心目标。清末中国游日政策的目的是学习和借鉴明治日本维新的成功经验，借以推进学习"西学"根本目标的实现，即具有强烈的"以日本为中介"学习"西学"的思想。

在论述"中国主体观"的研究理论模式时，选题批判地审视和深刻地反思"传统中心主义"与"欧洲中心主义"（即"西方中心观"），以及柯文的"中国中心观"，并且分析与评论现有的研究理论模式，深刻地揭示西方文化霸权的本质存在，以及中国近代化中社会和教育现象的内在本质特征。通过深入地分析西方现有研究理论模式的缺陷，提出富有本土特色的概念内涵——"中国主体"意识，强调传统内部的现代性因素对中国近代化的深刻影响作用，以及"中国主体"意识的阶段发展与深刻变化在中国近代化的发展进程中的重要地位与影响作用。学习"西学"的取向促使中国近代化中的相关政策和制度内涵不断地深化发展。选题研究以清末中国出洋游学游历为实证个案，深入地探讨教育近代化中学习"西学"的取向，强调"中国主体"意识的阶段发展与深刻变化是"中西文化理解"与教育近代化之间紧密关系研究的重要思想基础。选题研究充分地表明，明清之际以来传统中国的"西学输入"及其本土化发展并非一蹴而就：思维发展历经由封闭到开放以及由被动对外开放到主动对外开放的阶段发展过程；社会实践历经由"以西学东渐为主"到"以采西学为主""以倡新学为主"的阶段发展过程；学习"西学"的内容历经由器物技能层次到制度层次、思想行为层次的阶段发展过程；思想理论历经从"中主西辅"到"中体西用""弥合中西"的阶段发展过程，从而进一步地印证"中国主体观"的研究理论模式在中国近代化研究中的解释力与说服力，以及"中国主体"意识的阶段发展与深刻变化在"中西文化理解"和中国近代化之间紧密关系中的重要影响作用。

选题研究指出传统历史分期的局限，提出中国近代化"以明清之际为开端"的思想观点，确立"交互文化性"在中国近代化的发展进程中的深刻影响作用，以及通过构建"中西文化理解"的分析框架，在文化与教育之间构建交互作用的"桥梁"，从而避免在教育近代化研究中存在文化与教育的"两张皮"现象。选题研究统筹考察游学与游历的概念内涵，注重运用文本的解读与诠释、理论的构建与论证，以及案例的实证分析等研究方法，着力地探讨清末中国出洋游学游历的阶段发展过程及其内在的本质，更深刻地确证中国近代化思维发展逻辑形态特征，从而更清晰地阐明"中西文化理解"与教育近代化之间的紧密关系及其阶段发展与深刻变化，以及"中国主体"意识的阶段发展与深刻变化对教育近代化进程的重要影响作用，由此充分地体现出理论与实践相结合以及继承与发展相结合的研究特色。

二、存在的问题

由于历史文献搜集、检索和整理的任务繁重，成文的时间又极紧促，同时既要注重宏观的分析，又要关照中观与微观的探究，因而选题研究尚存在诸多方面的问题：

第一，由于研究的范畴较为宽泛，研究的目标定位得很宏观，因而清晰地阐释相关的研究问题略显艰难。比如，提出"中国主体"意识、"中西文化理解"、游学游历、教育近代化等概念及其内涵，但其中的逻辑关联尚未论述得非常清晰；构建"中西文化理解"的分析框架，从"中学"与"西学"之间的关系以及文化与教育之间的关系等角度，深入地探究教育近代化中的相关思想理论与社会实践问题，具体的研究过程中又难以脱离关联地分析其他的社会子系统，但社会子系统之间关系的分析尚不太足够；考虑研究的时限范畴时，重点选择明清之际到清末时期，避而少论清末中国之后的相关研究问题，比如没有足够重视"庚款"游美政策出台之后，其他列强退还部分超收的"庚款"，用于传统中国学生出洋游学游历的后续跟进，以及民国时期传统中国学生游学游历美欧的社会热潮及其发展与变化过程等。

第二，虽然做到点与面的结合、局部与整体的结合，以及具体问题与中心问题的结合，但具体的研究过程中尚存在相当程度上的不足，深化中观和微观研究方面也做得不太足够。比如，更多地关注清末中国出洋游学游历的阶段发展过程、"中西学关系"及其阶段发展与深刻变化特征，以及"中西文化理解"与教育近代化之间的紧密关系及其内在的本质等研究问题，而对清末中国新式学校教育的分析与探究尚不太足够。但新式学校教育与出洋游学游历是清末中国新式教育的两种重要形式，"两者"之间存在紧密的关联；虽然注重分析明清之际以来西方传教士的思想观点及其在中国社会和教育近代化的发展进程中的深刻影响作用等，但对西方传教士的具体教育实践则关注不足，比如较少地关注西方传教士创设的教会学校等新式教育机构、慈善组织以及其他的社会活动等。但西方传教士及其创办的教会学校在清末中国新式教育中具有重要地位与影响作用，以及对中国社会和教育近代化的发展进程具有深刻的影响作用。同时，比较缺乏深入地探讨清末中国出洋游学游历中的相关细节问题，比如分析清末中国的"游日浪潮"时，并未将明治日本"游学五校"的机构安排、课程内容和教学管理等纳入研究的范畴，也未具体地探究"游日浪潮"中学习师范、法政和军事等社会"思潮"的问题。

第三，文献研究方法的选择侧重文本的解读与诠释，但尚存在一定的问题。比如，较多地采用公开出版的文献资料，而引用尚未公开和有待挖掘的原始文献资料偏少；在文献的采集和整理过程中，相对缺乏外国文献资料的广泛与有力支撑。由于存在外国文献支撑力度的不足，因而某些思想观点的论述尚未达到预想的深度。比如，在阐述中国近代化研究的现有理论模式时，由于相对地缺乏外国原始文献资料的支撑，文本解读和诠释的力度略显不足。

三、深化研究的建议

教育近代化是具有广阔前景的研究领域，特别是处在古今和中外教育思想与实践交融发展的阶段，因而对教育现代化具有重要的历史借鉴与现实启示意义。选题研究从"中学"与"西学"之间的关系以及文化与教育之间的关系等视角，深入地探究教育近代化中的相关思想理论与社会实践问题，深刻地揭示教育近代化思维发展的逻辑模式、逻辑过程和逻辑关系等形态特征，但尚感存在继续深化研究的空间。比如，可以从拓宽社会开放系统的视阈、扩展选题研究外延的范畴、深化研究问题的内涵，以及提升研究的素质等方面，进一步地提升教育近代化研究成果的质量与水平。

第一，在教育近代化与社会开放系统之间存在较大的思考空间。教育近代化是社会开放系统的重要组成部分，具有动态发展的过程特征，当然可以在更宽广的视阈深入地思考与分析教育近代化中的相关思想理论与社会实践问题，比如注重探究政治经济和军事外交等因素对教育近代化的深刻影响作用，深入地探讨教育近代化中各种社会子系统之间的关系，深刻地揭示其中发展与变化的基本规律，从而对教育现代化提供历史的镜鉴。教育现代化是教育近代化的高级呈现形式，充分体现出教育近代化中的思想理论和社会实践及其阶段发展与深刻变化的深刻影响作用。教育现代化同样存在漫长的阶段发展过程，而教育近代化是上述发展过程的初始阶段，因此可以在教育现代化的视阈中深入地探究教育近代化中的相关思想理论与社会实践问题。

第二，选题研究明显地存在外延的限制，比如研究的时限范畴确定在明清之际到清末时期，并未囊括教育近代化的全部时限范畴；研究的内容集中在"中西文化理解"的发展过程及其阶段发展与深刻变化特征的探究，以及清末中国出洋游学游历的实证个案分析，同样没有深度地涉及其他的内容范畴；研究目标限定在深刻地揭示中国近代化思维发展逻辑形态特征，以及阐明"中国主体观"的研究理论模式。深化研究可以采取扩展选题外延范畴的做法，比如可以选取明清之际前后传统中国的中西文化交流内涵差异；明清之际传统中国"西学东渐"与"东学西传"的历史影响与社会作用；清末中国新式学校教育与出洋游学游历之间的关系；清末中国教会学校教育的近代影响与社会意义；清末中国新式教育与传统科举考试制度之间的关联；清末中国"庚款"游学游历的后续发展状况；民国时期传统中国学生出洋游学游历的政策演进，以及现代"新儒家"对"西学"的接受及其中国"本土化"探索等研究范畴。同时可以选择其他外延范畴扩展的办法，比如传统"朝贡"外交体制与"传统日本观"的转型发展研究、近代中西文化转型发展的比较研究等。上述的方面都与中国社会和教育近代化的发展进程存在紧密的关联。

第三，选题研究提出"中国主体"意识和"西学本土化"等概念范畴，构建"中国主体观"的研究理论模式，运用社会开放系统、交互文化理解和文化现代性等基础理论观点，涉及"中学"与"西学"之间的关系以及"中西文化理解"与教育近代化之间的关系等。上述研究问题的内涵深化尚都存在较大的思考空间。在具体研究问题的内涵方面也可以进行深度的挖掘，比如明清之际以来传统中国"西学东渐""采西学"和"倡新学"等阶段发展过程，以及"中西会通""西学中源""中体西用"和"弥合中西"等思想内涵及其阶段发展与深刻变化；清末中国"新学"思想的体系构建等。在清末中国出洋游学游历的实证个案分析过程中，同样存在某些内涵深化的问题，比如清末中国出洋游学生的选派、资遣与管理及其政策的演进、清末中国学习"西学"目标与明治日本中介之间的深层关系，以及清末中国游日学习师范、法政和军事等社会"潮流"的成因分析。当然尚存在深入地分析清末中国出洋游学游历与"中西文化理解"、教育近代化等之间的关系问题。虽然选题深刻地揭示中国近代化思维发展逻辑形态特征，但相关研究问题的内涵仍需获取深化，比如传统中国社会内部现代性因素的形成、发展与作用；明清之际以来传统中国"西学输入"及其本土化的阶段发展与动力基础，以及明清之际以来传统中国教育近代化思维发展的逻辑关系在"中西文化理解"的阶段发展过程中的作用方式等研究问题。

　　研究素质的提升对深化研究同样重要。历史研究的显著特点就是深入地分析与探究具体的社会历史现象，由此就需要不断地增强问题历史的研究意识，努力地提升研究过程中科学性与系统性的程度。因此必须确立历史研究中的问题意识，增强相关文献资料（包括原始文献、研究资料）的收集、整理与分析能力，提升对具体社会历史现象中相关研究问题的分析深度。理论思维能力的强化与历史研究技术的锤炼同样重要，需要通过总结具体社会历史现象中的经验与教训，概括出符合历史发展规律的思想理论观点，从而提升历史研究成果的层次与水平。同时，需要深入地探索与熟练地运用其他的研究方法，比如叙事和质性等研究方法，由此更深入地探究中国社会和教育近代化的发展进程中的相关思想理论与社会实践问题，以及更有力地推进中国社会和教育近代化研究的深度与广度，从而更深刻地揭示中国近代化（包括教育近代化）思维发展逻辑形态特征。

附录　人生哲理诗文存稿

缘　起

　　繁花若命，开败乃天地之规，生死亦人世之矩。吾弱冠之时，精气旺盛激越，奋发图为，阑兴夜寐。勤学油灯下，久而罩已墨黑，光亦昏黄迷雾。夏时防蚊虫，盛水入足，凡经年不辍习业。今忆过往，不胜嘘唏感叹。世事迁移，宗旨难变，总在纷扰之间。阅人事而知盈缺，经风雨而晓世道。乃眷念一室之内，放心天下经纬。人生若此，亦不幸哉。

　　当今世势，利益至上，风气日下。造炸弹者，难为饮食欲望；煮鸡蛋者，却可充饥果腹。至于明星之类，激起娱情别绪、雅致文思，从容先富，或移民或慈善，人品道德，泾渭分明。乃知邓公先富论，选类错乱。后富者，何人带之。故知先富者，应属袁隆平之辈。世人有言：仇富不仇袁隆平。由是当知，先富者，应为先进者；而先进者，当为科学者。歌星、影星、文星之类，昔为戏子，今亦可称，调品社会与人生而已。

　　时有小记，长而有功，录而辑之。此时便欣欣然，更是字斟句酌，妄追前贤士夫，实亦无畏、无味矣。但人生平常，情趣亦然，想必与文为伴，乐而知己苟活，感无罪食品，抑或心安。心安而已，怎理得乎？掐肤知痛，方晓仍活，何不常做小记，聊表宽慰，不啻自觉心安，窃寻理得矣。

游金海

独步金海①乐淘忧，半坡忽现一篁幽②。峰林竹篱灯火暗，深门石凳杏翁③游。

明月河汉与北斗，静夜风涛和乐奏④。遥念生徒千古事⑤，琅琅诗书彻九州。

谕儿书

恒儿：

成人矣，兹嘱汝言。

身体发肤，受之父母，诚当珍爱。人生之要义，当以身健心康为第一。

父母健康，应当志在高翔，笃定游学四方；父母老额，诚该精心旁侍，切毋居离至远。

友朋天下，当以精神耦合为贵。毋交物质之朋，当交精神之友。毋以朋党相约，而求志同道合。

秉以大人立身，持以鸿志立世。志立则千钧不可摧，矢志则万难不可阻。精诚竭力，义勇直前。

立身于世，诚当平淡视事。始知人生之艰辛，亦欣然而生味，诚知生活之深蕴，乃知人生之滋味，意韵或至无穷。

人生路途，顺畅平坦，坎坷深壑，皆应弦歌不歇，逆旅奈我若何。成败乃世间俗务，何必存得失之意，淡而处之可矣。志立持正而往，非成而无悔，何必挂念至深，澹然而卧可矣。

成人之后，乃知世事艰辛；而立之时，乃可立业持家；不惑年岁，乃晓人生平凡；天命之际，乃念身出何处；耳顺之后，乃欲究天地人生之要。

立身处世，当以家国为先。家乃人生之港湾，国乃身家之设处，诚当珍

---

① 金海指北京市平谷区金海湖风景区，这里指位于金海湖附近的北京市教工休养院。

② 篁幽指位于北京市教工休养院内的幽篁书院，后证实此处是借用唐代诗人王维《竹里馆》中诗句命名的豪华客房。

③ 杏翁指位于幽篁书院前的镌刻石柱，这里借指教师，也特指作者。

④ 和乐奏指北京市教工休养院内的狂欢场面。

⑤ 千古事指幽篁书院草创和盛时生徒相聚论学的场景，当时尚不清楚此处为豪华客房，而误认为是古代书院。

惜之矣。家国盛而知荣耀，家国败而知耻辱。

志业乃人生之歌咏，家睦乃人生之琴弦。立定志向、成就事业，乃人生之乐章。

谨知忠信孝悌，方晓礼义廉耻。朋友之间事，当以交心互信处之矣。

诚能若是，方知人生之来路，又知人生之况味，乃真成人矣。

祭父文

想起山中的父亲，思念山中的父亲，又到心痛的时刻！山中的柏树是否成林？或许尚为苗圃。但心中好想它们成林。在极乐天堂，可以悠闲偎卧树下，父亲活像醉仙。忆念父亲，音容笑貌。在梦境中，与父同在。忆念点滴，心存感恩！父爱如山。在世之时，感受不深，而逢此刻，深入骨髓。想起父亲尊容，威严而慈爱，知道心有父亲。

同学聚会，席间摄影，在微博中赏析，发现极像父亲尊容。心中一震，而知心有父亲血脉。在血脉里，父亲时刻没有远离。时光流逝，物是人非。父亲，在极乐天堂，是否仍挂念，人世的忧伤；是否尚忧虑，生活的琐细；是否还高唱，增广的贤文。回忆父亲，音容犹在，笑貌难觅，偶尔发见，深在内心。

父爱如山。山，巍峨、峻拔，或秀美、旖旎。故乡的山，多属后者。在松柏林中，是否孤单，其实心与同在。在阴阳之间，心中有父亲。随着时光隧道，父亲不曾走远。父亲，可以卧丛林、享清净，了无尘世喧嚣，唯有山林风涛、自然万物陪伴。在极乐天堂，可以悠然独处，或携友神聊，或开怀畅饮，再无人世清苦。才懂父爱，深邃如山。

思念父亲，在梦境中。知父远离，却感犹在，不曾分离。在祭日里，思念父亲；在祭日里，感恩父亲；在祭日里，与父同在。

参考文献

一、中文史著

梁启超 . 日本书国志 [M]. 上海：大同译书局，1898.

舒新城 . 近代中国教育史料 [M]. 北京：中华书局，1928.

丁致聘 . 中国近七十年来教育记事 [M]. 南京：国立编译馆，1934.

徐宗泽 . 明清间耶稣会士译著提要 [M]. 北京：中华书局，1949.

杨松，邓力群 . 中国近代史资料选辑 [M]. 荣孟源重编 . 北京：三联书店，1954.

周谷成 . 中国通史 [M]. 上海：上海人民出版社，1957.

张枬，王忍之 . 辛亥革命前十年间时论选集：卷 1[M]. 北京：三联书店，1960.

中共中央马克思，恩格斯，列宁，斯大林著作编译局 . 马克思恩格斯选集：卷 2[M]. 北京：人民出版社，1972.

王佩净 . 龚自珍全集 [M]. 上海：上海古籍出版社，1975.

汤志钧 . 章太炎政论选集 [M]. 北京：中华书局，1977.

刘大年 . 中国近代史问题 [M]. 北京：人民出版社，1978.

陈启天 . 近代中国教育史 [M]. 台北：台湾中华书局，1979.

陈东原 . 中国教育史 [M]. 台北：台湾商务印书馆，1980.

舒新城 . 中国近代教育史资料 [M]. 北京：人民教育出版社，1981.

汤志钧 . 康有为政论集 [M]. 北京：中华书局，1981.

王韬 . 扶桑游记 [M]. 长沙：湖南人民出版社，1982.

夏东元 . 郑观应集 [M]. 上册 . 上海：上海人民出版社，1982.

陈景磐 . 中国近代教育史 [M]. 北京：人民教育出版社，1983.

熊明安.中国高等教育史 [M].重庆：重庆出版社，1983.

杨坚.郭嵩焘奏稿 [M].长沙：岳麓书社，1983.

广东省文史研究馆.鸦片战争史料选译 [M].北京：中华书局，1983.

陈学恂.中国近代教育文选 [M].北京：人民教育出版社，1983.

朱有瓛.中国近代学制史料 [M].上海：华东师范大学出版社，1983–1993.

毛礼锐.中国教育史简编 [M].北京：教育科学出版社，1984.

沈福伟.中西文化交流史 [M].上海：上海人民出版社，1985.

黄宗羲.明夷待访录：学校篇.黄宗羲全集：第 1 册 [M].杭州：浙江古籍出版社，1985.

毛礼锐，沈灌群.中国教育通史 [M].济南：山东教育出版社，1985–1989.

王承仁，曹木清，吴剑杰等.中国近百年史辞典 [M].武汉：湖北人民出版社，1986.

梁启超.中国近三百年学术史 [M].北京：东方出版社，1986.

王栻.严复集：第 1 册 [M].北京：中华书局，1986.

陈学恂.中国近代教育史教学参考资料 [M].北京：人民教育出版社，1986–1987.

姜义华，吴根梁，马学新.港台及海外学者论近代中国文化 [M].重庆：重庆出版社，1987.

李喜所.近代中国的留学生 [M].北京：人民出版社，1987.

伊文成、马家骏.明治维新史 [M].沈阳：辽宁教育出版社，1987.

余英时.士与中国文化 [M].上海：上海人民出版社，1987.

李元明.世界近代国际关系史：上册 [M].北京：中共中央党校出版社，1988.

马洪林.康有为大传 [M].沈阳：辽宁人民出版社，1988.

吴廷嘉.戊戌思潮纵横谈 [M].北京：中国人民大学出版社，1988.

舒新城.近代中国留学史 [M].上海：上海文化出版社，影印本，1989.

白莉民编.西学东渐与明清之际的教育思潮 [M].北京：教育科学出版社，1989.

冯契.中国近代哲学的革命进程 [M].上海：上海人民出版社，1989.

孙玉宗.对外开放与对外贸易 [M].北京：对外贸易教育出版社，1989.

郑学益.走向世界历史足迹——中国近代对外开放思想研究 [M].北京：北京大学出版社，1990.

陈元晖.中国近代教育史资料汇编 [M].上海：上海教育出版社，1990-1997.

夏田蓝.龚定庵全集类编 [M].北京：中国书店，1991.

顾明远.教育大辞典 [M].上海：上海教育出版社，1991.

冯国瑞.系统论、信息论、控制论与马克思主义认识论 [M].北京：北京大学出版社，1991.

黄新宪.中国近代留学教育的历史反思 [M].成都：四川教育出版社，1991.

陈旭麓.近代中国社会的新陈代谢 [M].上海：上海人民出版社，1992.

季镇淮.来之文录 [M].北京：北京大学出版社，1992.

高奇.中国高等教育思想史 [M].北京：人民教育出版社，1992.

留学生丛书编委会.中国留学史萃 [M].北京：中国友谊出版公司，1992.

邓小平.邓小平文选：卷 3[M].北京：人民出版社，1993.

方晓.留学教育文集 [M].厦门：厦门大学出版社，1993.

王玉苍.科学技术史 [M].北京：中国人民大学出版社，1993.

曲士培.中国大学教育发展史 [M].太原：山西教育出版社，1993.

李喜所，元青.梁启超传 [M].北京：人民出版社，1993.

龚书铎.近代中国与文化抉择 [M].北京：北京师范大学出版社，1993.

张晓生.中国近代战策辑要 [M].北京：军事科学出版社，1993.

梁为楫，郑则民.中国近代不平等条约选编与介绍 [M].北京：中国广播电视出版社，1993.

钱穆.中国文化史导论 [M].北京：商务印书馆，1994.

熊月之.西学东渐与晚清社会 [M].上海：上海人民出版社，1994.

王炳照，阎国华.中国教育思想通史：卷 4[M].长沙：湖南教育出版社，1994.

吕达.中国近代课程史论 [M].北京：人民教育出版社，1994.

朱熹.四书集注 [M].北京：中国书店，1994.

葛荣晋.中国实学思想史 [M].北京：首都师范大学出版社，1994.

高时良 . 中国教会学校史 [M]. 长沙：湖南教育出版社，1994.

李侃，李时岳，李溉证，杨　策，龚书铎 . 中国近代史：第四版 [M]. 北京：中华书局，1994.

吴廷璆 . 日本史 [M]. 天津：南开大学出版社，1994.

马金科，洪京陵 . 中国近代史学发展叙论：1840–1949[M]. 北京：中国人民大学出版社，1994.

郑师渠 . 中国近代史 [M]. 北京：北京师范大学出版社，1994.

胡绳武 . 中华文明史：卷十 . 清代后期 [M]. 石家庄：河北教育出版社，1994.

张岱年，方克立 . 中国文化概论 [M]. 北京：北京师范大学出版社，1994.

丁伟志，陈崧 . 中西体用之间：晚清中西文化观述论 [M]. 北京：中国社会科学出版社，1995.

孙培青，李国钧 . 中国教育思想史 [M]. 上海：华东师范大学出版社，1995.

陈学恂 . 中国教育史研究 . 明清分卷 [M]. 上海：华东师范大学出版社，1995.

张志建 . 严复学术思想研究 [M]. 北京：商务印书馆，1995.

王勇 . 中日关系史考 [M]. 北京：中央编译出版社，1995.

胡适 . 胡适文存 . 第四集 [M]. 合肥：黄山书社，1996.

王炳照，阎国华 . 中国教育思想通史 [M]. 长沙：湖南教育出版社，1996.

钱曼倩，金林祥 . 中国近代学制比较研究 [M]. 广州：广东教育出版社，1996.

郝侠君，毛磊，石光荣 . 中西 500 年比较 [M]. 北京：中国工人出版社，1996.

田正平 . 留学生与中国教育近代化 [M]. 广州：广东教育出版社，1996.

周谷平 . 近代西方教育理论在中国的传播 [M]. 广州：广东教育出版社，1996.

孙宏安 . 中国古代科学教育史 [M]. 沈阳：辽宁教育出版社，1996.

孙培青 . 中国教育管理史 [M]. 北京：人民教育出版社，1996.

冯天瑜等 . 中华开放史 [M]. 武汉：湖北人民出版社，1996.

朱国仁.西学东渐与中国高等教育近代化 [M].厦门：厦门大学出版社，1996.

徐庆全.出卖中国——不平等条约签订秘史 [M].北京：光明日报出版社，1996.

王晓秋.近代中日关系史研究 [M].北京：中国社会科学出版社，1997.

郭湛波.近五十年中国思想史 [M].济南：山东人民出版社，1997.

胡绳.从鸦片战争到五四运动 [M].北京：人民出版社，1997.

何金彝，马洪林.大儒列传 [M].康有为.长春：吉林文史出版社，1997.

石泉.甲午战争前后之晚清政局 [M].北京：三联书店，1997.

叶自成.对外开放与中国的现代化——经济文化政治的开放及其正负效应 [M].北京：北京大学出版社，1997.

汪荣祖.陈寅恪评传 [M].南昌：百花洲文艺出版社，1997.

黄仁宇.中国大历史 [M].北京：三联书店，1997.

王元化.清园夜读 [M].北京：中国社会科学出版社，1997.

龚书铎.中国近代文化概论 [M].北京：中华书局，1997.

王凯符.后期桐城派文选译 [M].成都：巴蜀书社，1997.

沈殿成.中国人留学日本百年史：上下册 [M].沈阳：辽宁教育出版社，1997.

龚书铎.中国近代文化探索 [M].北京：北京师范大学出版社，1997.

中国孔子基金会.中国儒学百科全书 [M].北京：中国大百科全书出版社，1997.

董宝良，周洪宇.中国近现代教育思潮与流派 [M].北京：人民教育出版社，1997.

夏晓虹.追忆康有为 [M].北京：中国广播电视出版社，1997.

王立新.美国传教士与晚清中国现代化 [M].天津：天津人民出版社，1997.

陈景磐，陈学恂.清代后期教育论著选 [M].北京：人民教育出版社，1997.

戴逸.近代文史名著选译丛书 [M].成都：巴蜀书社，1997.

严加红.中国近代早期改良思潮教育思想研究 [M].北京师范大学 1994 级硕士学位论文，1997.

容闳.西学东渐记 [M].沈潜、杨增麒评注，郑州：中州古籍出版社，1998.

钱钟书 . 万国公报文选 [M]. 北京：三联书店，1998.

钱钟书 . 郭嵩焘等使西记六种 [M]. 北京：三联书店，1998.

梁启超 . 梁启超史学论著四种 [M]. 长沙：岳麓书社，1998.

梁启超 . 清代学术概论 [M]. 上海：上海古籍出版社，1998.

张君劢 . 明日中国文化 [M]. 济南：山东人民出版社，1998.

卫道治 . 中外教育交流史 [M]. 长沙：湖南教育出版社，1998.

史静寰，王立新 . 基督教教育与中国知识分子 [M]. 福州：福建教育出版社，1998.

夏东元 . 盛宣怀传 [M]. 天津：南开大学出版社，1998.

崔运武 . 中国早期现代化中的地方督抚 [M]. 北京：中国社会科学出版社，1998.

杜成宪，崔运武，王伦信 . 中国教育史学九十年 [M]. 上海：华东师范大学出版社，1998.

许明龙 . 欧洲 18 世纪"中国热" [M]. 太原：山西教育出版社，1999.

潘玉田，陈永刚 . 中西文献交流史 [M]. 北京：北京图书馆出版社，1999.

唐德刚 . 晚清七十年 [M]. 长沙：岳麓书院，1999.

李泽厚 . 中国思想史论 [M]. 合肥：安徽文艺出版社，1999.

汪向荣 . 古代中日关系史话 [M]. 北京：中国青年出版社，1999.

焦润明 . 中国近代文化史 [M]. 沈阳：辽宁大学出版社，1999.

杨志玖 . 马可波罗在中国 [M]. 天津：南开大学出版社，1999.

尹飞舟 . 湖南维新运动研究 [M]. 长沙：湖南教育出版社，1999.

熊贤君 . 湖北教育史：上卷 [M]. 武汉：湖北教育出版社，1999.

梁漱溟 . 东西文化及其哲学 [M]. 北京：商务印书馆，1999.

丁守和 . 中国近代启蒙思潮 [M]. 北京：社会科学文献出版社，1999.

王宝平，吕顺长 . 晚清中国人日本考察记集成：教育考察记 [M]. 杭州：杭州大学出版社，1999.

范文澜，翦伯赞等 . 中国近代史资料丛刊 [M]. 上海：上海书店出版社，2000.

梁启超 . 李鸿章传 [M]. 天津：百花文艺出版社，2000.

罗志希 . 科学与玄学 [M]. 北京：商务印书馆，2000.

张星烺 . 欧化东渐史 [M]. 北京：商务印书馆，2000.

王晓秋 . 近代中日文化交流史 [M]. 北京：中华书局，2000.

李国钧，王炳照 . 中国教育制度通史 [M]. 济南：山东教育出版社，2000.

顾卫民 . 中国与罗马教廷关系史略 [M]. 北京：东方出版社，2000.

钟书河 . 走向世界——近代中国知识分子考察西方的历史 [M]. 北京：中华书局，2000.

王青建 . 科学译著先师：徐光启 [M]. 北京：科学出版社，2000.

吴孟雪，曾丽雅 . 明代欧洲汉学史 [M]. 北京：东方出版社，2000.

周宁 . 中西最初的遭遇与冲突 [M]. 北京：学苑出版社，2000.

徐海松 . 清初士人与西学 [M]. 北京：东方出版社，2000.

李喜所，刘集林等 . 近代中国的留美教育 [M]. 天津：天津古籍出版社，2000.

安宁，周棉 . 留学生与中外文化交流 [M]. 南京：南京大学出版社，2000.

薛福成 . 出使四国日记 [M]. 北京：社会科学文献出版社，2001.

段超 . 淘澍与嘉道经世思想研究 [M]. 北京：中国社会科学出版社，2001.

北京大学现代科学与哲学研究中心 . 钱学森与现代科学技术 [M]. 北京：人民出版社，2001.

谢长法 . 借鉴与融合：留美学生抗战前教育活动研究 [M]. 石家庄：河北教育出版社，2001.

赵德宇 . 西学东渐与中日两国的对应——中日西学比较研究 [M]. 北京：世界知识出版社，2001.

苏云峰 . 从清华学堂到清华大学：1911-1929[M]. 北京：三联书店，2001.

闻奇，周晓云 . 清华精神九十年 [M]. 北京：民族出版社，2001.

刘英杰 . 中国教育大事典：1840-1949[M]. 杭州：浙江教育出版社，2001.

张西平 . 中国与欧洲早期宗教与哲学交流史 [M]. 北京：东方出版社，2001.

周积明 . 文化视野中的《四库全书总目》[M]. 北京：中国青年出版社，2001.

商丽浩 . 政府与社会——近代公共教育经费配置研究 [M]. 石家庄：河北教育出版社，2001.

吴孟复 . 桐城文派述论 [M]. 合肥：安徽教育出版社，2001.

梁启超 . 论中国学术思想变迁之大势 [M]. 上海：上海古籍出版社，2001.

《学习时报》编辑部 . 落日的辉煌——17、18 世纪全球变局中的"康乾盛世"[M]. 北京：中央党校出版社，2001.

施培毅，徐寿凯 . 吴汝纶全集 [M]. 合肥：黄山书社，2002.

郑振铎 . 晚清文选 [M]. 北京：中国社会科学出版社，2002.

林则徐 . 四洲志 [M]. 北京：华夏出版社，2002.

康有为 . 大同书 [M]. 北京：华夏出版社，2002.

梁启超 . 变法通议 [M]. 北京：华夏出版社，2002.

谭嗣同 . 仁学 [M]. 北京：华夏出版社，2002.

王韬 . 弢园文录外编 [M]. 上海：上海书店，2002.

苏舆 . 翼教丛编 [M]. 上海：上海书店出版社，2002.

冯桂芬 . 校邠庐抗议 [M]. 上海：上海书店，2002.

花之安 . 自西徂东 [M]. 上海：上海书店出版社，2002.

傅兰雅 . 佐治刍言 [M]. 上海：上海书店出版社，2002.

郑观应 . 盛世危言 [M]. 北京：华夏出版社，2002.

张之洞 . 劝学篇 [M]. 北京：华夏出版社，2002.

钟书河 . 走向世界丛书叙论集：从东方到西方 [M]. 长沙：岳麓书社，2002.

陈洪捷 . 德国古典大学观及其对中国大学的影响 [M]. 北京：北京大学出版社，2002.

丁钢 . 历史与现实之间：中国教育传统的理论探索 [M]. 北京：教育科学出版社，2002.

冯天瑜，黄长义 . 晚清经世实学 [M]. 上海：上海社会科学院出版社，2002.

葛兆光 . 域外中国学十论 [M]. 上海：复旦大学出版社，2002.

陈以爱 . 中国现代学术研究机构的兴起——以北大研究所国学门为中心的探讨 [M]. 南昌：江西教育出版社，2002.

全国干部培训教材编审指导委员会 . 从文明起源到现代化——中国历史 25 讲 [M]. 北京：人民出版社，2002.

孟醒仁 . 桐城派三祖年谱 [M]. 合肥：安徽大学出版社，2002.

严加红 . 现代教育管理引论 [M]. 南昌：江西高校出版社，2002.

韩震，孟鸣歧 . 历史·理解·意义——历史诠释学 [M]. 上海：上海译文出版社，2002.

孙敦恒编.清华国学研究院史话[M].北京：清华大学出版社，2002.

金宏达.太炎先生[M].北京：中国华侨出版社，2003.

栗洪武.西学东渐与中国近代教育思潮[M].北京：高等教育出版社，2002.

朱谦之.日本哲学史[M].北京：人民出版社，2002.

易孟醇.曾国藩传[M].太原：北岳文艺出版社，2002.

沈语冰.透支的想象——现代性哲学引论[M].北京：学林出版社，2003.

王尔敏.中国近代思想史论[M].北京：社会科学文献出版社，2003.

田玲.中国高等教育对外交流现象研究[M].北京：民族出版社，2003.

郑匡民.梁启超启蒙思想的东学背景[M].上海：上海书店出版社，2003.

戚印平.日本早期耶稣会史研究[M].北京：商务印书馆，2003.

郑翔贵.晚清传媒视野中的日本[M].上海：上海古籍出版社，2003.

尚小明.留日学生与清末新政[M].南昌：江西教育出版社，2003.

南炳文，汤纲.明史[M].上海：上海人民出版社，2003.

周积明，郭莹等.震荡与冲突——中国早期现代化进程中的思潮与社会[M].北京：商务印书馆，2003.

曹云耕.维新运动与两湖教育[M].武汉：湖北教育出版社，2003.

席泽宗.科学史十论[M].上海：复旦大学出版社，2003.

杨联芬.晚清至五四：中国文学现代性的发生[M].北京：北京大学出版社，2003.

于建胜，刘春蕊.落日的挽歌——19世纪晚清对外关系简论[M].北京：商务印书馆，2003.

刘大椿，吴向红.新学苦旅：中国科学文化兴起的历程[M].桂林：广西师范大学出版社，2003.

王晓秋.近代中国与世界——互动与比较[M].北京：紫禁城出版社，2003.

马凤岐.教育政治学[M].北京：人民教育出版社，2003.

罗志田.近代中国史学十论[M].上海：复旦大学出版社，2003.

国家教育行政学院.高等教育论纲[M].天津：南开大学出版社，2003.

梁漱溟.东西文化及其哲学[M].北京：商务印书馆，2004

陈序经.东西文化观[M].北京：中国人民大学出版社，2004.

331

陈序经.中国文化的出路 [M].北京：中国人民大学出版社，2004.

罗荣渠.现代化新论——世界与中国的现代化进程 [M].北京：商务印书馆，2004.

田正平.中外教育交流史 [M].广州：广东教育出版社，2004.

杜成宪，邓明言.教育史学 [M].北京：人民教育出版社，2004.

杨晓.中国近代教育关系史 [M].北京：人民教育出版社，2004.

陈左高.历代日记丛谈 [M].上海：上海画报出版社，2004.

衣俊卿.文化哲学十五讲 [M].北京：北京大学出版社，2004.

郭存孝.历史的碎片 [M].天津：百花文艺出版社，2004.

何兆武.文化漫谈——思想的近代化及其他 [M].北京：中国人民大学出版社，2004.

何兹全.中国文化六讲 [M].郑州：河南人民出版社，2004.

刘海峰.科举学导论 [M].武汉：华中师范大学出版社，2005.

钟叔河.中国本身拥有力量 [M].南京：江苏教育出版社，2005.

高宣扬.鲁曼社会系统理论与现代性 [M].北京：中国人民大学出版社，2005.

周宪.文化现代性与美学问题 [M].北京：中国人民大学出版社，2005.

王晓秋.近代中国与日本——互动与影响 [M].北京：昆仑出版社，2005.

王尔敏.晚清政治思想史论 [M].桂林：广西师范大学出版社，2005.

王尔敏.中国近代思想史论续集 [M].北京：社会科学文献出版社，2005.

费孝通.乡土中国 [M].北京：北京出版社，2005.

郑彭年.西风东渐——中国改革开放史 [M].北京：人民出版社，2005.

龚书铎.社会变革与文化趋向——中国近代文化研究 [M].北京：北京师范大学出版社，2005.

李喜所.留学生与中外文化 [M].天津：南开大学出版社，2005.

张世保.西化思潮的源流与评价 [M].上海：华东师范大学出版社，2005.

王辉耀.海归时代 [M].北京：中央编译出版社，2005.

张亚群.科举革废与近代中国高等教育的转型 [M].武汉：华中师范大学出版社，2005.

刘晓琴.中国近代留英教育史 [M].天津：南开大学出版社，2005.

王棼 . 日本对华 ODA 的战略思维及其对中日关系的影响 [M]. 北京：中国社会科学出版社，2005.

夏光 . 东亚现代性与西方现代性：从文化的角度来看 [M]. 北京：三联书店，2005.

郑大华，邹小站 . 西方思想在近代中国 [M]. 北京：社会科学文献出版社，2005.

陈国庆 . 中国近代社会转型研究 [M]. 北京：社会科学文献出版社，2005.

陈序经 . 文化学概观 [M]. 北京：中国人民大学出版社，2005.

汪荣祖 . 康章合论 [M]. 北京：新星出版社，2006.

汪荣祖 . 史学九章 [M]. 北京：三联书店，2006.

黄士嘉 . 晚清教育政策演变史：1862-1911[M]. 台北：心理出版社，2006.

谢长法 . 中国留学教育史 [M]. 太原：山西教育出版社，2006.

赵世瑜 . 大历史与小历史：区域社会史的理念、方法与实践 [M]. 北京：三联书店，2006.

陈嘉明 . 现代性与后现代性十五讲 [M]. 北京：北京大学出版社，2006.

梁启超 . 李鸿章传 [M]. 天津：百花文艺出版社，2006.

费孝通 . 中国绅士 [M]. 北京：中国社会科学出版社，2006.

樊树志 . 国史十六讲 [M]. 北京：中华书局，2006.

李帆 . 章太炎、刘师培、梁启超清学史著述之研究 [M]. 北京：商务印书馆，2006.

赵林 . 文明冲突与文化演进 [M]. 北京：东方出版社，2006.

张君劢 . 明日中国文化 [M]. 北京：中国人民大学出版社，2006.

李怡 . 现代性：批判的批判——中国现代文学研究的核心问题 [M]. 北京：人民文学出版社，2006.

朱谦之 . 中国哲学对欧洲的影响 [M]. 上海：上海世纪出版集团、上海人民出版社，2006.

杨槱 . 郑和下西洋史探 [M]. 上海：上海交通大学出版社，2007.

王佐书 . 中国文化战略与安全研究 [M]. 北京：人民出版社，2007.

二、外文译著

魏特.汤若望传 [M].杨丙辰，译.北京：商务印书馆，1949.

利奇温.十八世纪中国与欧洲文化的接触 [M].朱杰勤，译.上海：商务印书馆，1962.

史扶邻.孙中山与中国革命的起源 [M].北京：中国社会科学出版社，1981.

实藤惠秀.中国人留学日本史 [M].潭汝谦，林启修，译.北京：三联书店，1983.

李约瑟.四海之内——东方和西方的对话 [M].北京：三联书店，1987.

丹尼尔．贝尔.文化矛盾 [M].赵一凡，蒲隆，任晓晋，译.北京：三联书店，1989.

阿部洋.向日本借鉴：中国最早的近代化教育体制 [M].上海：上海人民出版社，1990.

斯当东.英使谒见乾隆纪实 [M].叶笃义，译.香港：三联书店香港有限公司，1994.

张灏.梁启超与中国思想的过渡：1890–1907[M].崔志海，葛夫平，译.南京：江苏人民出版社，1995.

夏瑞春.德国思想家论中国 [M].陈爱政等，译.南京：江苏人民出版社，1995.

升味准之辅.日本政治史：第 2 册 [M].董果良，译.北京：商务印书馆，1997.

约翰·科特，詹姆斯·赫斯克特.企业文化与经营业绩 [M].曾中，李晓涛，译.李晓涛，校.北京：华夏出版社，1997.

潘吉星.李约瑟集 [M].天津：天津人民出版社，1998.

孟德卫.莱布尼茨和儒学 [M].张学智，译.南京：江苏人民出版社，1998.

王国斌.转变的中国——历史变迁与欧洲经验的局限 [M].李伯重，连玲玲，译.南京：江苏人民出版社，1998.

郭颖颐.中国现代思想中的唯科学主义 [M].雷颐，译.南京：江苏人民出版社，1998.

费尔南·门德斯·平托.葡萄牙人在华闻见录 [M].王锁英，译.海口：海南出版社、三环出版社，1998.

野村浩一.近代日本对中国认识 [M].张学锋,译.北京:中央编译出版社,1999.

斯塔夫里阿诺斯.全球通史:1500 年以后的世界 [M].吴象婴、梁赤民,译.上海:上海社会科学院出版社,1999.

马丁·布思.鸦片史 [M].任华梨,译.海口:海南出版社,1999.

许美德.中国大学(1895-1995)——一个文化冲突的世纪 [M].许洁英,译.王嘉毅、陆永玲,校.北京:教育科学出版社,2000.

罗伯特·G·欧文斯.教育组织行为学 [M].窦卫霖,温健平,王越,译.袁振国,校.上海:华东师范大学出版社,2001.

爱德华·卡伊丹斯基.中国的使臣——卜弥格 [M].张振辉,译.郑州:大象出版社,2001.

朱维铮.利玛窦中文著译集 [M].上海:复旦大学出版社,2001.

方苏雅.晚清纪事(1886-1904)——一个法国外交官的手记 [M].罗顺江等,译.昆明:云南美术出版社,2001.

卡特林娅·萨里莫娃,欧文·V·约翰宁迈耶.当代教育史研究与教学的主要趋势 [M].方晓东等,译.北京:教育科学出版社,2001.

黄仁宇.十六世纪明代中国之财政与税收 [M].阿风,许文继,倪玉平,徐卫东,译.北京:三联书店,2001.

柯文.在中国发现历史——中国中心观在美国的兴起 [M].林同奇,译.北京:中华书局,2002.

德尼兹·加亚尔,贝尔纳成特·德尚等.欧洲史 [M].蔡鸿宾,桢裕芳,译.海口:海南出版社,2002.

赫胥黎.天演论 [M].严复,译.北京:华夏出版社,2002.

森有礼.文学兴国策 [M].林乐知,译.任廷旭,述.上海:上海书店出版社,2002.

艾尔·巴比.社会研究方法基础 [M].邱泽奇,译.北京:华夏出版社,2002.

汤森·马礼逊——在华传教士的先驱 [M].郑州:大象出版社,2002.

莱斯利.A·豪·哈贝马斯 [M].陈志刚,译.曹卫东校.北京:中华书局,2002.

马克斯·韦伯.新教伦理和资本主义精神 [M].彭强,黄晓京,译.西安:

陕西师范大学出版社，2002.

塞缪尔·亨廷顿，劳伦斯·哈里森.文化的重要作用 [M].程克雄，译.北京：新华出版社，2002.

马克斯·韦伯.儒教与道教 [M].王容芬，译.北京：商务印书馆，2003.

安东尼·吉登斯.社会学 [M].赵旭东，齐心，王兵，马戎，阎书昌等，译.刘琛，张建忠等，校.北京：北京大学出版社，2003.

怀特海.思维方式 [M].刘放桐，译.北京：商务印书馆，2004.

韩南.中国近代小说的兴起 [M].徐侠，译.上海：上海教育出版社，2004.

彼得·李伯庚.欧洲文化史 [M].赵复三，译.上海：上海社会科学院出版社，2004.

富永健一.日本的现代化与社会变迁 [M].李国庆，刘畅，译.北京：商务印书馆，2004.

罗伯特·F·墨菲.文化与社会人类学引论 [M].王卓君，吕迺基，译.北京：商务印书馆，2004.

斯坦利·巴兰、丹尼斯·戴维斯.大众传播理论：基础、争鸣与未来 [M].曹书乐，译.北京：清华大学出版社，2004.

詹姆斯·施密特.启蒙运动与现代性——18 世纪与 20 世纪的对话 [M].徐向东，卢华萍，译.上海：上海人民出版社，2005.

吉尔伯特·罗兹曼.中国的现代化 [M].国家社会科学基金"比较现代化"课题组，译.南京：江苏人民出版社，2005.

汪民安、陈永国、张云鹏.现代性基本读本 [M].开封：河南大学出版社，2005.

格莱夫斯.中世教育史 [M].吴康，译.上海：华东师范大学出版社，2005.

布林顿.西方近代思想史 [M].王德昭，译.上海：华东师范大学出版社，2005.

罗兹曼.中国的现代化 [M].国家社会科学基金"比较现代化"课题组，译.南京：江苏人民出版社，2005.

马克·汉森.教育管理与组织行为 [M].冯大鸣译.X．燕．麦希施密特校.上海：上海教育出版社，2005.

莱布尼茨.中国近事——为了照亮我们时代的历史 [M].梅谦立 [法]，杨保筠，译 . 郑州：大象出版社，2005.

特拉维斯·黑尼斯三世、弗兰克·萨奈罗 . 鸦片战争：一个帝国的沉迷和另一个帝国的堕落 [M]. 周辉荣，译 . 杨立新，校 . 北京：三联书店，2005.

李提摩太 . 亲历晚清四十年——李提摩太在华回忆录 [M]. 李宪堂，侯林莉，译 . 天津：天津人民出版社，2005.

罗兹·墨菲 . 亚洲史：第四版 [M]. 黄磷，译 . 北京：商务印书馆，2005.

罗伯茨 . 十九世纪西方人眼中的中国 [M]. 蒋重跃，刘林海，译 . 北京：中华书局，2006.

周宪 . 文化现代性精粹读本 . 北京：中国人民大学出版社，2006.

陶东风 . 文化研究精粹读本 [M]. 北京：中国人民大学出版社，2006.

任达 . 新政革命与日本——中国 1898-1912[M]. 李仲贤，译 . 南京：江苏人民出版社，2006.

马可·波罗 . 马可波罗行纪 [M]. 冯承钧，译 . 上海：上海世纪出版集团，2006.

德罗伊森 . 历史知识理论 [M]. 耶尔恩 . 吕森，胡昌智，编选 . 胡昌智，译 . 北京：北京大学出版社，2006.

三、专题论文

皮明麻 . 近代西学东渐三个阶段及其社会影响 [J]. 江汉论坛 .1986（10）.

楼宇烈 . 向西方学习与弘扬民族文化 [J]. 知与行 .1990（1）.

熊月之 .1842 年至 1860 年西学在中国的传播 [J]. 历史研究 .1994（4）.

张颐武 . "现代性" 终结——一个无法回避的课题 [J]. 战略与管理 .1994（3）.

陈麟辉 . 留日运动与中国现代化 [J]. 学术月刊 .1995（6）.

王扬宗 . 西学中源说在明清之际的由来及其演变 [J]. 台北：大陆杂志 .1995（6）.

魏正书 . 文化交流与文化对抗——近代中日教育关系的演变 [J]. 锦州师范学院学报 .1999（1）.

郭三娟 . 述评清末民初新学制对日本学制的模仿 [J]. 山西大学学报：哲学社会科学版 .1999（2）.

龚书铎，黄兴涛 . "儒臣" 的应变与儒学的困境——张之洞与晚清儒学 [J]. 清史研究 .1999（3）.

张艺梅 . 日本明治时期教育政策争论刍议 [J]. 日本学论坛 .1999（3）.

郭双林 . 晚清驻外使领与维新运动 [J]. 河南大学学报：社会科学版 .1999（3）.

王伦信 . 教育近代化的启动与基督教教育策略的调整 [J]. 华东师范大学学报：教育科学版 .1999（4）.

张灏 . 中国近代思想史的转型时代 [J]. 二十一世纪 .1999（4）.

周积明 . 中国早期现代化过程中中央与地方的冲突 [J]. 湖北大学成人教育学院学报 .1999（4）.

雷颐 .50 年来的海外中国近代史研究著述译介 . 近代史研究 .1999（5）.

赵建民 . 吴汝纶赴日考察与中国学制近代化 [J]. 档案与史学 .1999（5）.

田正平，良小朋 . 中国与日本近代化改革的比较考察——以戊戌维新和明治维新为中心 [J]. 浙江大学学报：人文社会科学版 .1999（6）.

乔志航 . 王国维学术思想与日本中介资源问题 [J]. 江汉论坛 .2000（2）.

李玉 . 中国的日本研究：回顾与展望 [J]. 国际政治研究 .2000（2）.

严加红 . 现代社会与教育思维模式探析 [J]. 山西大学学报：哲学社会科学报 .2000（2）.

王宝平 . 日本东京所藏近代中日关系档案 [J]. 历史档案 .2000（3）.

杨玉昌 . 从中西文化冲突看 20 世纪初中国的现代化探索 [J]. 燕山大学学报：社会科学版 .2000（3）.

张亚群 . 论清末留学教育的发展 [J]. 华侨大学学报 .2000（4）.

郭三娟 . 述评清末以来我国的学制变迁 [J]. 山西大学学报：哲学社会科学版 .2000（4）.

江琳 . 张百熙与晚清教育改革 [J]. 高等师范教育研究 .2000（4）.

褚宏启 . 教育传统与教育现代性的关系研究 [J]. 教育理论与实践 .2000（5）.

林琼 . 清末早期驻外使节对西方文化的传输 [J]. 广西民族学院学报：哲学社会科学版 .2000（5）.

杨晓，田正平 .《劝学篇》于 20 世纪初年的留学日本热 [J]. 华东师范大学学报：教育科学版 .2000（12）.

陈铁夫 . 试比较中日历史条件的差异性 [J]. 中国农业大学学报：社会科学版 .2001（2）.

罗肇前 . 中日两国近代化殊途探因 [J]. 史学月刊 .2001（6）.

郑师渠. 鸦片战争前后士大夫西学观念的演进 [J]. 中国文化 .2001（17/18）.

李细珠. 张之洞与《江楚会奏变法三折》[J]. 历史研究 .2002（2）.

唐拥华. 中日近代高等教育的比较——以戊戌维新、明治维新为中心 [J]. 日本问题研究 .2002（4）.

李细珠. 张之洞与清末新学制的制订 [J]. 河北学刊 .2002（6）.

王雪华. 晚清两湖地区的教育改革 [J]. 江汉论坛 .2002（7）.

程志敏. 现代性语境中的文化大革命研究 [J]. 重庆市高校纪念中国共产党成立 80 周年理论研讨会论文 .2002.

陈君静. 论柯文的中国中心观 [J]. 史学月刊 .2002（3）.

吴伯娅.《四库全书总目》对西学的评价 [J]. 首都博物馆丛刊 .2002.

田正平，肖朗. 教育史学科建设的回顾与前瞻 [J]. 教育研究 .2003（1）.

张小莉. 试析清政府新政时期教育政策的调整 [J]. 河北师范大学学报：教育科学版 .2003（2）.

李细珠. 试论新政、立宪与革命的互动关系 [J]. 社会科学战线 .2003（3）.

陈平原. 我看北大百年变革 [J]. 南方周末 .2003 年 3 月 10 日.

崔志海. 国外清末新政研究专著述评 [J]. 近代史研究 .2003（4）.

徐保安. 试论清季官员教育 [J]. 首都师范大学学报：社会科学版 .2003（5）.

张宇权. 晚清保守思想的成因及其对近代中国的影响 [J]. 厦门大学学报：哲学社会科学版 .2003（5）.

金冲及. 中国近代历史的几个根本问题 [J]. 解放日报 .2004.2.20.

丁钢. 早期教育现代化的选择与失落：一个比较视角 [J]. 高等教育研究 .2004（3）.

李伯娅. 乾嘉时期清廷的西方文化政策 [C]. 暨南史学：第 3 辑，2004.

戴东阳. 晚清驻外使臣与政治派系 [J]. 史林 .2004（6）.

石方杰. 晚清湖北教育发展概略 [J]. 江汉论坛 .2004（12）.

徐静波. 中国文化的流风遗韵与近代日本项选题研究人的汉学修养 [J]. 日本学论坛 .2005（2）.

刘克敌. 教育的使命与文学的使命——从《文学兴国策》说起 [J]. 书屋 .2005（3）.

肖朗. 晚清传教士对西方教育的论述与中国教育早期现代化 [J]. 华南师范

大学学报：社会科学版 .2005（3）.

严加红 . 中国近代早期采西学教育思想的产生与发展评述 [J]. 国家教育行政学院学报 .2005（4）.

李喜所 . 中国留学生研究的历史考察 [J]. 文史哲 .2005（4）.

严加红 . 中国近代中体西用文化教育思想的内涵发展及其历史价值 [J]. 国家教育行政学院学报 .2005（9）.

严加红 . 容闳的社会理想及其社会政治和教育实践述评 [J]. 河南师范大学学报：哲学社会科学版 .2006（2）.

刘绍春 . 晚清科举制度废除以后新教育的发展及存在的问题 [J]. 北京化工大学学报：社会科学版 .2006（2）.

解晓东 . 岩仓使节团及其对日本现代化的意义 [J]. 渤海大学学报：哲学社会科学版 .2006（2）.

曲铁华，陈亚囡 . 中国近现代留学热潮中民众选择留学的动机探究 [J]. 河北师范大学学报：教育科学版 .2006（2）.

马鸿，曹凤娇 . 从西洋化到日本化：日本教育近代化的探索 [J]. 内蒙古师范大学学报：教育科学版 .2006（3）.

王晓秋 . 中国人留学日本 110 年历史的回顾与启示 [J]. 徐州师范大学学报：哲学社会科学版 .2006（4）.

夏明方 . 一部没有"近代"的中国近代史——从"柯文三论"看中国中心观的内在逻辑及其困境 [J]. 近代史研究 .2007（1）.

严加红 . 近代晚清中体西用文化教育观的理论意义与实践价值 [J]. 国家教育行政学院学报 .2007（6）.

严加红 . 教育近代化思维发展的逻辑形态特征探析 [J]. 河北师范大学学报：教育科学版 .2008（3）.

倪梁康 . 交互文化理解中的"格义"现象——一个交互文化史的和现象学的分析 [N/OL].http://www.cnphenomenplogy.com/0205071.htm.

张宪 . 人类如何能够相互理解 [N/OL]. http//www.cnphenomenplogy.com/0209294.htm.

张宪 . 交互文化性·传统·现代 [N/OL].http://202.116.73.82/jdjsx/info_Show.asp?/ArticleID=323.

王宝平 . 近代出洋游历制度的建立——游历制度的提出 [N/OL].http://www.

ch.zju.edu.cn/rwxy/rbs/RBS10/luenwen1.htm.

四、外文著述

Talcott Parsons and Edward Shils, Categories of the Orientation and organization of Action, in Toward a Gerneral Theory of Action[M]. T.Parsons and E.Shils, eds, New York: Harper and Row, 1962.

Daniel Katz and Robert Kahn, The Social Psychology of Organization[M]. Copyright by John Wiley & Sons, Inc, 1966.

Ayers, W., Chang Chih-Tung and educational reform In China[M]. Cambridge, Harvard University Press, 1971.

Ramon H. Myers and Mark R.Peatile, eds., The Japanese Colonial Empire, 1895-1945[M]. Princeton, N.J.: Princeton University Press, 1984.

Peter Duus, Ramon H. Myers and Mark R. Peatile, eds., The Japanese Informal Empire in China, 1895-1937[M]. Princeton,N.J.: Princeton University Press, 1989.

Benjamin Elman and Alexander Woodside,eds.,Education and Society in Late Impirial China,1600-1900[M]. Berkeley: University of California Press, 1994.